Bankenhaftung bei geschlossenen Immobilienfonds

Schriftenreihe zum Gesellschafts- und Kapitalmarktrecht

Herausgegeben von Lutz Michalski,
Axel Jäger und Klaus-Rudolf Wagner

Band 1

PETER LANG
Frankfurt am Main · Berlin · Bern · Bruxelles · New York · Oxford · Wien

Volker Schulenburg

Bankenhaftung bei geschlossenen Immobilienfonds

Zugleich eine Untersuchung der Wissenszurechnung im Konzern

PETER LANG
Europäischer Verlag der Wissenschaften

Die Deutsche Bibliothek - CIP-Einheitsaufnahme

Schulenburg, Volker:

Bankenhaftung bei geschlossenen Immobilienfonds : zugleich eine Untersuchung der Wissenszurechnung im Konzern / Volker Schulenburg. - Frankfurt am Main ; Berlin ; Bern ; Bruxelles ; New York ; Oxford ; Wien : Lang, 2002
(Schriften zum Gesellschafts- und Kapitalmarktrecht ; Bd. 1)
Zugl.: Bayreuth, Univ., Diss., 2001
ISBN 3-631-39026-2

Gedruckt auf alterungsbeständigem,
säurefreiem Papier.

D 703
ISSN 1619-117X
ISBN 3-631-39026-2

Printed in Germany 1 2 3 4 5 7

www.peterlang.de

Meinen Eltern

Vorwort

Die Arbeit wurde im Sommersemester 2001 von der Rechts- und Wirtschaftswissenschaftlichen Fakultät der Universität Bayreuth als Dissertation angenommen. Für die Veröffentlichung wurde die Arbeit im September 2001 aktualisiert.

Sehr herzlich danken möchte ich meinem Doktorvater und verehrten Lehrer Herrn Professor Dr. Lutz Michalski für die fruchtbare Zeit, die ich an seinem Lehrstuhl verbringen durfte, für die vielfältige Förderung, die er mir zukommen ließ und nicht zuletzt für die Anregung zu dieser Arbeit. Dank gebührt auch Herrn Professor Dr. Karl-Georg Loritz für die zügige Zweitkorrektur.

Aufrichtiger Dank gilt meinen Freunden und Kollegen für die vielen Diskussionen und kritischen Auseinandersetzungen. Zu nennen sind hier insbesondere Herr Wiss. Mitarb. Dr. Kolja de Vries, Herr Assessor Matthias Dominok, Herr Rechtsreferendar Dr. Wolfgang Barth und Herr Rechtsreferendar Dr. Michael Grüner.

Ganz besonderer Dank gilt meinen Eltern. Sie ermöglichten mir nicht nur eine wunderbare Zeit an der Universität, sondern unterstützten mich auch sonst in jeder erdenklichen Weise und begleiteten die Entstehung dieser Arbeit bis ins Detail.

Bayreuth, November 2001 — Volker Schulenburg

Inhaltsübersicht

Inhaltsverzeichnis

Abkürzungsverzeichnis

a.A.	andere(r) Ansicht
aaO	am angegebenen Ort
a.F.	alte Fassung
ABl.	Amtsblatt
AcP	Archiv für civilistische Praxis
AfA	Absetzung für Abnutzung
AG	Aktiengesellschaft; Die Aktiengesellschaft
AGB	Allgemeine Geschäftsbedingungen
AGBG	Gesetz zur Regelung des Rechts der Allgemeinen Geschäftsbedingungen
AktG	Aktiengesetz
Alt.	Alternative
Anh.	Anhang
Anm.	Anmerkung
Art.	Artikel
AT	Allgemeiner Teil
BayObLG	Bayerisches Oberstes Landesgericht
BB	Der Betriebsberater
Bd.	Band
BDSG	Bundesdatenschutzgesetz
BetrAVG	Gesetz zur Verbesserung der betrieblichen Altersversorgung
BeurkG	Beurkundungsgesetz
BGB	Bürgerliches Gesetzbuch
BGBl.	Bundesgesetzblatt
BGE	Entscheidungen des Schweizerischen Bundesgerichts (amtliche Sammlung)
BGH	Bundesgerichtshof
BGHZ	Entscheidungen des Bundesgerichtshofs in Zivilsachen (amtliche Sammlung)
BNotO	Bundesnotarordnung
BörsG	Börsengesetz
BR-Drucks.	Bundesratsdrucksache
Bsp.	Beispiel
BT-Drucks.	Bundestagsdrucksache

BVerfG	Bundesverfassungsgericht
BVerfGE	Entscheidungen des Bundesverfassungsgerichts (amtliche Sammlung)
bzw.	beziehungsweise
c.i.c.	culpa in contrahendo
CR	Computer und Recht
d.h.	das heißt
DB	Der Betrieb
ders., dies.	derselbe, dieselben
Diss.	Dissertation
DJT	Deutscher Juristentag
DNotZ	Deutsche Notar-Zeitschrift
DRiZ	Deutsche Richterzeitung
DStR	Deutsches Steuerrecht
EG	Europäische Gemeinschaft(en)
EGV	Vertrag zur Gründung der Europäischen Gemeinschaft
Einl.	Einleitung
endg.	endgültig
EStG	Einkommensteuergesetz
EStR	Einkommensteuer-Richtlinien
etc.	et cetera
EU	Europäische Union
EuGH	Europäischer Gerichtshof
EuZW	Europäische Zeitschrift für Wirtschaftsrecht
EWiR	Entscheidungen zum Wirtschaftsrecht
f., ff.	folgende, fortfolgende
FAZ	Frankfurter Allgemeine Zeitung
FernAbsG	Fernabsatzgesetz
Fn.	Fußnote
FR	Finanz-Rundschau
FS	Festschrift
GBO	Grundbuchordnung
GbR	Gesellschaft bürgerlichen Rechts

GewO	Gewerbeordnung
GG	Grundgesetz
ggf	gegebenenfalls
GmbH	Gesellschaft mit beschränkter Haftung
GmbHG	Gesetz betreffend Gesellschaften mit beschränkter Haftung
GmbHR	GmbH-Rundschau
grds.	grundsätzlich
GRUR Int	Gewerblicher Rechtsschutz und Urheberrecht, Internationaler Teil
GS	Gedächtnisschrift
h.M.	herrschende Meinung
Hdb.	Handbuch
HGB	Handelsgesetzbuch
Hs.	Halbsatz
HTWG	Gesetz über den Widerruf von Haustürgeschäften
HypBankG	Hypothekenbankgesetz
insbes.	insbesondere
InsO	Insolvenzordnung
iSv.	im Sinne von
iVm.	in Verbindung mit
JuS	Juristische Schulung
JW	Juristische Wochenschrift
JZ	Juristen Zeitung
KAGG	Gesetz über Kapitalanlagegesellschaften
Kap.	Kapitel
KG	Kammergericht, Kommanditgesellschaft
KO	Konkursordnung
KTS	Konkurs-, Treuhand- und Schiedsgerichtswesen
KWG	Gesetz über das Kreditwesen
LG	Landgericht
lit.	litera
m. w. Nachw.	mit weiteren Nachweisen

MaBV	Verordnung über die Pflichten der Makler, Darlehens- und Anlagenvermittler, Bauträger und Baubetreuer
Mio.	Millionen
MitbestG	Gesetz über die Mitbestimmung der Arbeitnehmer
MM	Manager Magazin
Nachw.	Nachweise
NJW	Neue Juristische Wochenschrift
NJW-RR	Neue Juristische Wochenschrift-Rechtsprechungs-Report
Nr.	Nummer(n)
NZG	Neue Zeitschrift für Gesellschaftsrecht
NZM	Neue Zeitschrift für Miet- und Wohnungsrecht
OLG	Oberlandesgericht
OLGR	OLG-Report
PublG	Publizitätsgesetz
RegE	Regierungsentwurf
RG	Reichsgericht
RGZ	Entscheidungen des Reichsgerichts in Zivilsachen (amtliche Sammlung)
Rn.	Randnummer
s.	siehe
S.	Seite, Satz
SJZ	Schweizerische Juristen-Zeitung
sog.	sogenannte(r)(s)
Sp.	Spalte
StGB	Strafgesetzbuch
SZW	Schweizerische Zeitschrift für Wirtschaftsrecht
u.a.	und andere, unter anderem
UWG	Gesetz gegen den unlauteren Wettbewerb
v.	vom, von
VerbKrG	Verbraucherkreditgesetz

VerkProspG	Verkaufsprospektgesetz
VersR	Versicherungsrecht
vgl.	vergleiche
Vorb.	Vorbemerkung
WiB	Wirtschaftsrechtliche Beratung
WM	Wertpapier-Mitteilungen
WpHG	Gesetz über den Wertpapierhandel
WuB	Entscheidungssammlung zum Wirtschafts- und Bankrecht
z.B.	zum Beispiel
ZBB	Zeitschrift für Bankrecht und Bankwirtschaft
ZGR	Zeitschrift für Unternehmens- und Wirtschaftsrecht
ZHR	Zeitschrift für das gesamte Handelsrecht und Wirtschaftsrecht
ZIP	Zeitschrift für Wirtschaftsrecht und Insolvenzpraxis
zit	zitiert
ZNotP	Zeitschrift für die NotarPraxis
ZPO	Zivilprozessordnung
ZZP	Zeitschrift für den Zivilprozeß

EINLEITUNG

Der Markt mit geschlossenen Immobilienfonds boomte in den 90er Jahren[1]. Eine Vielzahl von Anlegern schloss sich zu Gesellschaften (Fonds) zusammen, um Immobilien zu erwerben oder zu errichten, die oft die finanziellen Möglichkeiten eines Einzelnen überstiegen. Anleger investierten bis zu DM 18,3 Mrd. im Jahr in solche von Initiatoren entwickelte und betreute Projekte[2]. Die Fonds wiederum investierten – unter Zuhilfenahme von Bankkrediten – bis zu DM 26 Mrd. im Jahr in Immobilienanlagen[3].

Ausgelöst wurde dieser Boom durch die großzügige steuerliche Förderung von Investitionen in den neuen Bundesländern. Um nach der Wiedervereinigung die Wirtschaft dort anzukurbeln, gewährte der Staat Steuerersparnisse durch eine bis zu 50%-ige Sonderabschreibung[4] auf Immobilieninvestitionen.

Nicht nur die Fondsgesellschaften vergrößerten ihr Investitionsvolumen mit Hilfe von Banken. Auch viele Anleger nahmen Darlehen auf. Sie finanzierten mit Hilfe von Banken ihre Einlage in die Fondsgesellschaften. Aus steuerlichen Gründen konnte es für die Anleger sogar sinnvoll sein[5], ihre Einlage in die Fondsgesellschaft mit einem Kredit zu finanzieren[6]. Bei manchen Fonds

---

1 *Lange/Frank* WM 2000, 2364, 2364; *Hetzer/Palan/Seeger* MM 4/2001, 245, 246; *Loipfinger* FAZ vom 5.2.1999, S. 52.

2 *Hetzer/Palan/Seeger* MM 4/2001, 245, 246 für das Jahr 1996. Nach *Loipfinger* FAZ vom 18.7.1997, S. 39 wurden in 1996 „nur“ DM 11,98 Mrd. investiert. Dafür sollen in 1998 ca. DM 12,4 Mrd. als Einlagen in geschlossene Immobilienfonds eingezahlt worden sein, *ders.* FAZ vom 5.2.1999, S. 52.

3 *Loipfinger* FAZ vom 5.2.1999, S. 52.

4 Gesetz über Sonderabschreibungen und Abzugsbeträge im Fördergebiet vom 24.6.1991. In der ursprünglichen Fassung war nur eine Laufzeit bis Ende 1994 vorgesehen. Nach mehreren Änderungen wurde es letztmalig durch das Jahressteuer-Ergänzungsgesetz 1996 geändert und darin bis auf das Ende des Jahres 1998 verlängert.

5 Finanzierungskosten sind als Werbungskosten von der Einkommensteuer abzugsfähig; außerdem erhöht die Einlagenfremdfinanzierung auch die Verlustzuweisungsquote auf das eingesetzte Eigenkapital, vgl. *Gast* Fremdfinanzierung, 142. Als weitere Gründe für eine Fremdfinanzierung nennt *Wagner* in Wagner/Loritz Bd. 2 Rn. 62 den Einstieg in den Fonds zu erleichtern und ein höheres Beteiligungsvolumen zu ermöglichen.

6 Das Verhältnis von Eigen- zu Fremdkapitel richtet sich insbesondere danach, ob der Fonds eher rendite- oder steuersparorientiert konzipiert ist. Bei renditeorientierten Fonds wird eine Minimierung der Zinslast angestrebt und daher möglichst viel Eigenkapital und wenig Fremdkapital eingeworben beziehungsweise aufgenommen, vgl. dazu statt aller *Wagner* in Wagner/Loritz Bd. 2 Rn. 34 f. Steuerorientierte Fonds, die darauf ausgerichtet sind, ihren Anlegern steuerliche Effekte weiterzugeben, die bei der Fondsgesellschaft anfallen, arbeiten regelmäßig mit höheren Fremdkapitalanteilen, da

war den Anlegern eine solche Fremdfinanzierung der Einlage zwingend vorgeschrieben, oft wurde ihnen die Entscheidung allerdings selbst überlassen. In diesen Fällen lag dem Fondsverkaufsprospekt häufig ein vorformulierter Darlehensvertrag einer Bank bei[7].

Doch der große Boom ist vorbei. Es ist Ernüchterung, bei vielen Anlegern sogar Katerstimmung eingetreten. Denn die Erwartungen vieler Investoren in ihre Anlage wurden enttäuscht[8]. Statt an einer Gesellschaft beteiligt zu sein, in deren Eigentum sich eine wertvolle, florierende Immobilie befindet, stehen sie mit einem wertlosen Anteil an einem maroden Fonds da, der (bestenfalls) die prognostizierten Renditen nicht erzielt, wenn er nicht sogar insolvent ist. In diesen Fällen erkennt das Finanzamt wegen fehlender Gewinnerzielungsabsicht oft noch nachträglich die Verlustzuweisungen ab, so dass auch vermeintlich ersparte Steuern nachgezahlt werden müssen.

In dieser Situation versuchen sich viele Anleger schadlos zu halten und die entstandenen Schäden ersetzt zu verlangen. Ansprüche gegen die Initiatoren lassen sich jedoch in der Regel nicht durchsetzen, die Initiatoren sind entweder jetzt schon insolvent oder werden es aufgrund der gegen sie gerichteten Ansprüche. Nur eine Inanspruchnahme der darlehensgewährenden Banken verspricht den „geschädigten" Anlegern daher die Möglichkeit, sich schadlos zu halten[9]: Viele Anleger stellen sich daher auf den Standpunkt, sie seien von

---

die Finanzierungslasten steuerlich abzugsfähig sind, vgl. dazu *Wagner* in Wagner/Loritz Bd. 2 Rn. 42.

7 Dieser stellt lediglich eine invitatio ad offerendum dar. Erst durch Angebot des Anlegers auf Abschluss eines Darlehensvertrags und Annahme seitens der Bank kommt dann ein Darlehensvertrag nach § 607 BGB zustande, dessen Valuta zur Finanzierung der Einlage verwendet wird.

8 Die praktische Relevanz des Themas wird deutlich, wenn man sich vor Augen führt, dass nach Schätzungen von Experten 60 - 80% aller Fonds „schlimm enden" und sich als „miserables Geschäft" herausstellen werden; „Der Spiegel" 15/1994, 104, 108. *Hetzer/Palan/Seeger* MM 4/2001, 245, 246 („Milliardengrab"). Exemplarisch auch *Looman* FAZ vom 27.11.1999, S. 27; *ders.* in FAZ vom 12.8.2000, S. 25. Vgl. auch *Wagner* NZG 1998, 289; *ders.* NZG 1999, 868 oder die Berichte in der FAZ vom 17.7.2000, S. 34 oder im Bayerischen Rundfunk, B5-aktuell vom 17.7.2000 (Beitrag: Immobilien-Flop). Nach *Looman* FAZ vom 9.9.2000, S. 23 sind „selbst die geschlossenen Immobilienfonds führender Anbieter in aller Regel nur Mittelmaß". Zu der Zukunft von Immobilienkapitalanlagen vgl. *Loritz* BB 2000/11, 2 ff.

9 Für dieses Vorgehen verwenden *Fuellmich* in FS Deutsch, 919, 921 f.; *ders./Rieger* ZIP 1999, 427, 428 die Bezeichnung „deep pockets" Grundsatz. Ausdrücklich auch *Streit* ZIP 1999, 477, 478; *Stüsser* NJW 1999, 1586, 1586; *Gallandi* WM 2000, 279, 281 f.; jedenfalls für „wirtschaftlich erfolgversprechender" halten *Spickhoff/Petershagen* BB 1999, 165, 165 dieses Vorgehen; *Hadding* in FS Schimansky, 67, 68; *Het-*

der Bank über die Gefahren des Anlageprojekts nicht richtig aufgeklärt worden und somit stünden ihnen Schadensersatzansprüche gegen die Bank zu.

Unter welchen Voraussetzungen ein Anleger einen Schadensersatzanspruch gegen die darlehensgebende Bank hat, soll im Rahmen dieser Arbeit untersucht werden. Dazu werden in Kapitel 1 zunächst die Rechtsgrundlagen von Aufklärungspflichten einer Bank gegenüber Anlegern dargestellt. Dabei konzentriert sich die Arbeit auf solche Aufklärungspflichten, die nicht als Hauptpflicht aus einem Beratungs- oder Vermittlungsvertrag entstehen, sondern die aus einer Nebenpflicht zum geplanten Darlehensvertrag resultieren.

Grundvoraussetzung für eine Aufklärungspflicht als Nebenpflicht ist das Wissen um den Umstand, über den aufgeklärt werden soll. Das Wissen einer arbeitsteilig tätigen Gesellschaft zu bestimmen, ist nicht einfach. Erheblich verschärft wird das Problem, wenn mehrere rechtlich selbständige Unternehmen arbeitsteilig zusammenwirken. Wie das Wissen in diesen Fällen zu bestimmen ist, wird in Kapitel 2 intensiv untersucht.

Nachdem das Problem des Wissens geklärt wurde, wendet sich die Arbeit in Kapitel 3 der Frage zu, wann dieses Wissen eine Aufklärungspflicht begründet: Denn grundsätzlich ist jede Partei für ihre Entscheidungen selbst verantwortlich und hat sie daher auch eigenverantwortlich vorzubereiten. Dies umfasst auch, sich vorher selbständig zu informieren. Im Einzelnen wird überprüft, ob sich die Grundsätze, die der *BGH* für Kapitalanlagen in Bauherren- und Erwerbermodelle entwickelt hat, auch auf geschlossene Immobilienfonds übertragen lassen. Im Anschluss hieran werden die einzelnen Fallgruppen analysiert und strukturiert. Diese Fallgruppen werden jeweils im Hinblick auf drei Problemfälle hin untersucht, die möglicherweise besonders anfällig sind für Aufklärungspflichten (Stichtags-, Kleinanleger- und Auslandsfälle). Nachdem die Strukturen der Fallgruppen herausgearbeitet wurden, wird die Einführung einer zusätzlichen weiteren Fallgruppe diskutiert.

In Kapitel 4 wird ein besonderes Augenmerk auf solche Konstellationen gerichtet, in denen Dritte beteiligt sind, sei es, dass sie einen besonderen Vertrauenstatbestand setzen, sei es, dass sie in die Darlehensvergabe eingeschaltet waren.

Als Ergänzung der Arbeit werden in Kapitel 5 alternative Lösungsansätze behandelt. Es wird untersucht, wie den Problemen der Insolvenz der Initiatoren

---

zer/Palan/Seeger MM 4/2001, 245, 254. Sehr kritisch hierzu *Kiethe* NZG 2001, 107, 107.

und des Fehlschlagens der Fondsprojekte, die der ganzen Haftungsfrage letztlich zugrunde liegen, begegnet werden kann.

Eine Zusammenstellung der wichtigsten Thesen dieser Arbeit bildet den Abschluss.

Kapitel 1: Grundlagen zu Aufklärungspflichten der Banken gegenüber Anlegern

Zu Beginn der Arbeit werden die Grundlagen dargestellt, die für die Untersuchung von Aufklärungspflichten im Hinblick auf die Rechtsbeziehungen zwischen darlehensgebender Bank und ihren Darlehensnehmern relevant sind. Dafür werden die möglichen Rechtsgrundlagen für eine Aufklärungspflicht (A.) und die allgemeinen Grundsätze der Aufklärungspflichten (B.) dargestellt. Im Anschluss daran wird die Bedeutung dieser allgemeinen Grundsätze für die Finanzierung von Immobilienanlagen (C.) beschrieben.

A. Rechtsgrundlagen für Aufklärungspflichten

Möchten Anleger von einer Bank Ersatz für den Schaden, den sie durch den Beitritt zu einem geschlossenen Immobilienfonds erlittenen haben, kommt als Anknüpfungspunkt für den Schadensersatzanspruch gegen die Bank insbesondere die Verletzung von Aufklärungspflichten in Betracht. Aufklärungspflichten können im Rahmen einer vertraglichen Beziehung entweder Haupt- oder Nebenpflichten[10] sein[11]. Zur Hauptpflicht werden sie insbesondere bei Beratungs- und Vermittlungsverträgen[12]. Im Rahmen dieser Arbeit soll jedoch nur das Entstehen von Aufklärungspflichten als Nebenpflichten im Zusammenhang mit der Darlehensvergabe an den Anleger untersucht werden[13]. Als Rechtsverhältnisse, aus denen sich eine solche Nebenpflicht ergeben kann, kommen der Darlehensvertrag und die Geschäftsbeziehung im weiteren Sinne zwischen Bank und Anleger in Betracht, die im Folgenden dargestellt werden.

---

10 Zu der uneinheitlichen Terminologie von Neben- und Nebenleistungspflichten vgl. *Heinrichs* in Palandt vor § 241 Rn. 6 f.; *Kramer* in MünchKomm BGB § 241 Rn. 17 einerseits; *Vollkommer* in Jauernig BGB § 242 Rn. 16 andererseits. Zu der Abgrenzung von Haupt- und Nebenpflichten vgl. statt aller *Kramer* in MünchKomm BGB § 241 Rn. 18.

11 *Reifner* Kreditrecht § 8 Rn. 2 f.

12 Vgl. dazu *Hoegen* in FS Stimpel, 247, 248 ff.; *v. Heymann* in Assmann/Schütze Hdb.KapitalanlageR § 5 Rn. 19 ff. m. w. Nachw.; *ders.* Bankenhaftung, 21 ff., 49 ff.; sowie *Ellenberger* WM 2001/1, 2, 3 ff.

13 Auf das Erfordernis der genauen Bestimmung der verletzten Pflicht weist *Hadding* in FS Schimansky, 67, 68 ff. hin.

I. Darlehensvertrag, § 607 BGB

Aufklärungspflichten in Bezug auf die Kapitalanlage, die als Nebenpflichten aus einem bereits abgeschlossenen Darlehensvertrag entspringen[14], kommen in den hier diskutierten Fällen aus zeitlichen Gründen regelmäßig nicht in Betracht[15]. Denn wenn der Anleger das Darlehen zur Finanzierung der Anlage erst einmal aufgenommen und für die Anlage verwendet hat, kommt eine Aufklärung über die mit der Anlage verbundenen Risiken zu spät.

Aufklärungspflichten können sich als Nebenpflichten aber auch schon im Vorfeld eines Vertrages ergeben. Die hierfür erforderliche Sonderbeziehung wird zwischen der Bank und dem Darlehensnehmer jedenfalls durch die Aufnahme von Verhandlungen über den konkreten Kreditvertrag begründet. Verletzt eine der Parteien die daraus resultierenden Pflichten schuldhaft, so ist sie nach den Grundsätzen des Verschuldens bei Vertragsanbahnung (culpa in contrahendo, c.i.c.) zum Schadensersatz verpflichtet[16].

II. Geschäftsbeziehung

Unklar ist, ob über den Darlehensvertrag hinaus ein zusätzlicher rechtlicher Rahmen besteht (sog. Bankvertrag[17]). Es ist im Einzelnen umstritten[18], ob durch die Aufnahme von Vertragsverhandlungen über das Darlehen[19] oder durch schon vorher bestehende, andere vertragliche Beziehungen zwischen der Bank und dem Kunden (z.B. Girovertrag nach §§ 675, 676f BGB) ein solcher rechtlicher Rahmen geschaffen wird und wenn ja, wie er ausgestaltet ist.

---

14 Anspruchsgrundlage für den Schadensersatzanspruch bei Verletzung einer solchen Pflicht wäre eine positive Vertragsverletzung (pVV). Dazu siehe statt aller *Heinrichs* in Palandt § 276 Rn. 104 ff.; *Emmerich* in MünchKomm BGB vor § 275 Rn. 203 ff.

15 Weiter *Immenga* ZHR 151 (1987) 148, 150 („abgeschlossenen oder noch abzuschließenden Darlehensvertrag").

16 Allgemein zur c.i.c. vgl. *Heinrichs* in Palandt § 276 Rn. 65 ff.; *Emmerich* in MünchKomm BGB vor § 275 Rn. 48 ff.

17 *Pikart* WM 1957, 1238, 1238 ff.; *Claussen* BankR § 4 Rn. 10c ff. spricht von „rechtlicher Glocke"; *Köndgen* NJW 1992, 2263, 2263 f.

18 Für die Einordnung als Vertrag *Hopt* in Schimansky/Bunte/Lwowski BankrechtsHdb. § 1 Rn. 15; *Claussen* BankR § 4 Rn. 10g; *Sprau* in Palandt § 675 Rn. 9; für die Einstufung als gesetzliches Schuldverhältnis ohne primäre Leistungspflicht: *Canaris* BankVR Rn. 12 ff.; *Kümpel* BankR Rn. 2.762 ff.; *Schwark* Anlegerschutz, 100 ff.; *Fuchs* Bankvertrag, 196.

19 Dieser Kontakt soll bereits genügen: *Pikart* WM 1957, 1238, 1238; *Hopt* in Schimansky/Bunte/Lwowski BankrechtsHdb. § 1 Rn. 34; kritisch dazu *Horn* ZBB 1997, 139, 143.

Dies kann hier jedoch ungeklärt bleiben. Selbst wenn sich aus dem Bankvertrag Aufklärungspflichten ergeben, so ist hier dennoch auf den Darlehensvertrag als Grundlage der Pflicht abzustellen. Denn die Aufklärungspflichtverletzungen im Vorfeld des Vertragsschlusses beziehen sich auf den konkreten Darlehensvertrag. Ein Rückgriff auf den allgemeinen Bankvertrag – in welcher Ausgestaltung auch immer – ist somit nicht erforderlich[20].

Daher wird im Rahmen dieser Arbeit von einer c.i.c. des Darlehensvertrags als Anspruchsgrundlage für einen Schadensersatzanspruch wegen Verletzung der Aufklärungspflichten ausgegangen.

III. Vertrag mit Schutzwirkung zugunsten Dritter

Ob sich unter dem Gesichtspunkt des Vertrages mit Schutzwirkung zugunsten Dritter[21] aus einer Darlehensbeziehung zwischen Bank und Fonds eine Aufklärungspflicht der Bank den Anlegern gegenüber ergeben kann, wird im Rahmen dieser Arbeit nicht untersucht. Die hierbei relevanten Fragen betreffen den Vertrag mit Schutzwirkung zugunsten Dritter und lenken von der hier vordringlichen Frage der Aufklärungspflichten ab. Gegen eine solche Pflicht spricht jedoch bereits der Umstand, dass die Bank die Anleger vor dem Beitritt zu dem Fonds nicht kennt und daher auch nicht aufklären kann. Außerdem hat der Fonds gar kein Interesse, die Anleger mit in den Schutzbereich des Darlehens aufzunehmen[22]. Anders kann die Beurteilung aber bei einem arglistigen Zusammenwirken von Fonds und Bank zu Lasten der Anleger ausfallen.

IV. Sonstige Anspruchsgrundlagen

Wie bereits angedeutet werden aus der Untersuchung auch die sonstigen möglichen Anspruchsgrundlagen wie §§ 826, 823 Abs. 2 BGB iVm. § 264a StGB oder Prospekthaftung ausgeklammert. Die Arbeit konzentriert sich auf solche

---

20 So auch *Horn* ZBB 1997, 139, 143; anders *Kümpel* BankR Rn. 2.780 für bankmäßige Geschäftsverbindung als Rechtsgrundlage; so auch *Hopt* in Schimansky/Bunte/Lwowski BankrechtsHdb. § 1 Rn. 55.

21 Vgl. dazu nur *Heinrichs* in Palandt § 328 Rn. 13 ff.

22 *Gottwald* in MünchKomm BGB § 328 Rn. 142 für einen GmbH-Gesellschafter im Hinblick auf einen Kreditvertrag zwischen der Bank und seiner GmbH; *Rümker* EWiR 1985, 61, 61 f.; *Canaris* BankVR Rn. 44 erwägt die Möglichkeit, im Hinblick auf den Schutz eines Geheimnisses den Schutzzweck auf einen Gesellschafter einer Personengesellschaft auszudehnen.

Aufklärungspflichten, die aus einer Nebenpflicht zum geplanten Darlehensvertrag resultieren.

B. Allgemeine Grundsätze der Aufklärungspflichten

Im Folgenden soll untersucht werden, ob und gegebenenfalls in welchem Umfang ganz allgemein Aufklärungspflichten als Nebenpflichten bei einer Darlehensvergabe bestehen.

Grundsätzlich gilt, dass die Parteien eines Vertrages ihr gegenseitiges Rechtsverhältnis durch einen Vertrag gestalten (Privatautonomie). Jede Partei hat dabei ihre Interessen eigenverantwortlich wahrzunehmen. Nach allgemeiner Meinung besteht daher grundsätzlich keine Verpflichtung, die andere Partei umfassend über die Risiken eines Vertragsschlusses aufzuklären[23].

Zum Schutz der Willensfreiheit als einem zentralen Element der Privatautonomie[24] besteht eine Aufklärungspflicht ausnahmsweise jedoch dann, wenn die eine Partei bestimmte Umstände kennt, die für den Vertragspartner erkennbar von Bedeutung sind und nach Treu und Glauben und nach der Verkehrsauffassung eine Aufklärung erwartet werden darf[25]. Infolge der Aufklärung soll es jedem Einzelnen möglich sein, eine eigenverantwortliche Entscheidung in Kenntnis der entsprechenden Umstände zu fällen. Vorausset-

---

23 Exemplarisch: *BGH* WM 1970, 132, 133 = NJW 1970, 653, 655; *LG Stuttgart* WM 2000, 1388, 1389; *Roth* in MünchKomm BGB § 242 Rn. 269; *Dilcher* in Staudinger BGB § 123 Rn. 8; *Reifner* Kreditrecht § 8 Rn. 5. Die genaue Bedeutung des Begriffs „Aufklärung" ist umstritten. So verstehen *Nobbe* Aufklärungspflichten, 235, 237 f.; *Horn* ZBB 1997, 139, 141; *ders.* in FS Schimansky, 653, 657 und *Lang* WM 2000, 450, 451 den Begriff im Sinne von reiner Information. Richtigerweise gehört zu einer Aufklärung aber nicht nur eine Information, sondern – soweit erforderlich – auch eine Erläuterung, um das Verständnis für die Zusammenhänge zu vermitteln; *Hadding* in FS Schimansky, 67, 73 f. Vermittelnd *Ellenberger* WM 2001/1, 2, 3 („verständliche Mitteilung von Tatsachen").

24 BVerfGE 89, 214, 230 f. = WM 1993, 2199, 2202 = NJW 1994, 36, 38; *Breidenbach* Informationspflichten, 12; *Faßbender* Aufklärungspflichten, 8; *Horn* in FS Schimansky, 653, 653 f.; *Teichmann* in Soergel BGB § 242 Rn. 138.

25 BGHZ 47, 207, 211; 72, 92, 101 = NJW 1978, 2145, 2147; WM 1977, 756, 758 = NJW 1978, 41, 42; *BGH* WM 1967, 481, 481; WM 1988, 1566, 1568 = NJW 1989, 763, 764; *BGH* WM 1969, 560, 561; *BGH* WM 1970, 132, 133 = NJW 1970, 653, 655; *BGH* WM 1988, 48, 50 = NJW-RR 1988, 348, 350; *BGH* WM 1996, 315, 316 f. = NJW 1996, 451, 452; *BGH* WM 1990, 920, 922 = NJW-RR 1990, 876, 877; BGHZ 114, 87, 90 f. = WM 1991, 1086, 1087 = NJW 1991, 1819, 1819; *Vortmann* Aufklärungspflichten, Rn. 13; *Vollkommer* in Jauernig BGB § 242 Rn. 19; *Roth* in MünchKomm BGB § 242 Rn. 269.

zung dafür, dass es zu einer Aufklärungspflicht kommen kann, ist immer ein Informationsgefälle zwischen den Parteien.

Für den Abschluss von Darlehensverträgen bedeutet dies, dass eine Bank grundsätzlich nur über ihre Kreditbedingungen aufzuklären hat[26]. Ansonsten trifft sie keine Aufklärungspflicht über Risiken der Kreditaufnahme und der beabsichtigten Verwendung[27]. Die Bank muss sich nicht für den Zweck der Darlehensaufnahme interessieren und hat den Kreditnehmer auch nicht auf den Sinn oder Unsinn seines Verhaltens hinzuweisen[28].

Solange sie ausreichende Sicherheiten hat, kann ihr der Grund der Kreditaufnahme gleichgültig sein. Ob genügend Sicherheiten vorhanden sind, hat die Bank zu prüfen (interne Richtlinien oder § 18 KWG). Dies kann sie dazu zwingen, die Werthaltigkeit der in Aussicht genommenen Beteiligung zu begutachten. Diese Prüfung entfaltet aber keinen Schutz zugunsten des Darlehensnehmers, sondern dient nur der Risikobegrenzung der Bank[29]. Sie begründet daher keine Pflicht der Bank zu einer Aufklärung über eine vermutlich bestehende finanzielle Überforderung mit der Tilgung[30]. Vielmehr ist es Sache des Kreditnehmers selbst, die Vor- und Nachteile einer Kreditaufnahme abzuwägen und seine eigenen finanziellen Möglichkeiten einzuschätzen[31].

---

26 *OLG Celle* WM 1987, 1329, 1331; *OLG Köln* WM 2000, 2139, 2141; *Vortmann* WM 1989, 1557, 1557; *v. Heymann* Bankenhaftung, 141; *ders.* in Assmann/Schütze Hdb.KapitalanlageR § 6 Rn. 122.

27 *BGH* WM 1969, 560, 561; *BGH* WM 1986, 995, 996 = NJW-RR 1986, 1433, 1434; WM 1987, 1546, 1546; *BGH* WM 1996, 196, 197; WM 1997, 662, 662 = NJW 1997, 1361, 1362; *BGH* WM 1999, 678, 679 = NJW 1999, 2032, 2032; *LG Berlin* WM 2000, 1484, 1486; *Canaris* BankVR Rn. 114; *Emmerich* in MünchKomm BGB vor § 275 Rn. 116; *v. Heymann* in Assmann/Schütze Hdb.KapitalanlageR § 6 Rn. 122; *Vortmann* WM 1989, 1557, 1557; *Rümker* ZHR 151 (1987) 162, 165; *Immenga* ZHR 151 (1987) 148, 151; *Roth* ZHR 154 (1990) 513, 514; weiter noch das *RG* Warneyers 1916, Nr. 277, S. 455, 456 wonach der Bankier den Kunden „treu beraten und über alle Umstände aufklären muss".

28 *BGH* WM 1989, 665, 666 = NJW 1989, 1667, 1667 f.; *OLG Köln* WM 2000, 2139, 2141.

29 *BGH* NJW 1973, 321, 321; *BGH* WM 1984, 131, 131; *Nirk* KWG, 243; *Bock* in Boos/Fischer/Schulte-Mattler KWG § 18 Rn. 3; *Früh* ZIP 1999, 701, 702.

30 BGHZ 107, 92, 101 = WM 1989, 480, 483 = NJW 1989, 1276, 1278; *v. Heymann* Bankenhaftung, 138; *ders.* NJW 1999, 1577, 1579; *Eckert* WM 1990, 85, 92; *Rösler* DB 1999, 2297, 2297; *Siol* in Schimansky/Bunte/Lwowski BankrechtsHdb. § 44 Rn. 14; unzutreffend daher *LG Freiburg* BB 1999, 1727.

31 *BGH* WM 1978, 896, 897 = NJW 1978, 2547, 2547; *BGH* WM 1987, 1546, 1546; *LG Ulm* WM 2000, 825, 826. Sehr weit daher *OLG Düsseldorf* WM 1986, 253, 254 das bei Untragbarkeit der Belastung die Pflicht auferlegen, von dem Geschäft abzuraten.

C. Auswirkung der allgemeinen Grundsätze der Aufklärungspflichten auf die Finanzierung von Immobilienanlagen

Nachdem soeben[32] die allgemeinen Grundsätze dargestellt wurden, die bei jedem Vertragsschluss gelten, stellt sich nun die Frage, ob bei der Darlehensgewährung zur Finanzierung von Immobilienanlagen Besonderheiten gelten (I.). Untersucht wird danach (II.), ob für die Beantwortung dieser Frage möglicherweise nach der Art der Immobilienanlage differenziert werden muss. Zum Schluss (III.) wird die Frage aufgeworfen, wie sich die gefundenen Grundsätze in drei besonderen Situationen konkret auswirken.

I. Grundsatz

Diese soeben dargestellten, allgemeinen Grundsätze[33] gelten auch, wenn das Darlehen zur Finanzierung steuersparender Immobilienanlagen verwendet werden soll. D.h. auch hier besteht nur ausnahmsweise eine Pflicht zur Aufklärung über andere Umstände als die reinen Darlehenskonditionen: Die Bank muss den Darlehensnehmer nur dann aufklären, wenn sie Umstände kennt, die für den Darlehensnehmer erkennbar von Bedeutung sind und dieser nach Treu und Glauben und der Verkehrsauffassung eine Aufklärung durch die Bank erwarten darf. Der besondere Zweck des Darlehens begründet somit keine allgemeine Aufklärungspflicht der Bank[34].

Bei der Anwendung dieser allgemeinen Grundsätze auf steuersparende Immobilienanlagen besteht jedoch eine Besonderheit. Denn bei Anlegern, die in steuersparende Immobilienanlagen investieren, kann davon ausgegangen werden, dass sie selbst über die erforderlichen Kenntnisse verfügen oder sich der Hilfe von Fachleuten bedienen, um sich über die Vor- und Nachteile so-

---

Bedenken hiergegen bei *Rümker* Bankrechtstag, 39. Zu weitgehend auch *OLG Karlsruhe* WM 1999, 127, 128 = NJW-RR 1999, 124, 125 wonach die Bank die Anleger darauf hätte hinweisen müssen, dass sich die finanzielle Lage durch die Anlage eher verschlechtert als verbessert. Ablehnend auch *Früh* ZIP 1999, 701, 702.

32 Unter Kapitel 1, B. (S. 8 ff.).

33 Unter Kapitel 1, B. (S. 8 ff.).

34 BGHZ 93, 264, 268 = WM 1985, 221, 222 = NJW 1985, 1020, 1021; WM 1986, 6, 7; WM 1986, 8, 9 = NJW-RR 1986, 205, 206; *BGH* WM 1990, 920, 922 = NJW-RR 1990, 876, 876 f.; WM 1992, 216, 217 = NJW-RR 1992, 373, 374; *OLG Frankfurt* WM 1997, 27, 31; *OLG Schleswig* WM 2000, 1381, 1385; *Vortmann* WM 1989, 1557, 1558; *Rümker* Bankrechtstag, 50; *ders.* ZHR 151 (1987) 162, 164.

wie die Risiken der in Aussicht genommenen Anlage zu informieren[35]. Somit fehlt es regelmäßig an der besonderen Schutzwürdigkeit des Kreditnehmers. Jeder Anleger muss die Wirtschaftlichkeit der Anlage, die Seriosität des Initiators, die steuerlichen Auswirkungen und die Möglichkeit von langfristigen Wertsteigerungen selbst beurteilen und darf sich nicht darauf verlassen, dass er insoweit durch die Bank aufgeklärt wird. Die Grenze, ab der der Anleger nach Treu und Glauben eine Aufklärung durch die Bank erwarten darf, wird durch seine eigene Prüfungspflicht also herausgeschoben.

Bei steuersparenden Kapitalanlagen sind die Banken demnach mangels besonderer Schutzbedürftigkeit der Anleger nur unter erhöhten Voraussetzungen zur Aufklärung über die Risiken der Anlage verpflichtet.

II. Differenzierung nach Art des Fonds?

Der *BGH* wendet diese soeben[36] beschriebenen, erhöhten Voraussetzungen für das Vorliegen der Aufklärungspflichten explizit nur bei „steuersparenden" Kapitalanlagen an[37]. Damit stellt sich die Frage, ob diese Regelung auch für *renditeorientierte* geschlossene Immobilienfonds gelten soll, die zwar steuerlich optimiert sind, deren primäres Ziel es aber nicht ist, Steuern zu sparen.

Die Frage besitzt praktische Relevanz, weil immer mehr Immobilienfonds als renditeorientierte Projekte aufgelegt werden, nachdem die mit dem Fördergebietsgesetz[38] einhergehenden, attraktiven Abschreibungsmöglichkeiten[39] weggefallen sind.

Ob diese Grundsätze des *BGH*, die zu erhöhten Anforderungen an die Schutzwürdigkeit der Anleger bei steuersparenden Kapitalanlagen führen, auch auf renditeorientierte Projekte übertragbar sind, wird unter verschiedenen Aspek-

---

[35] BGHZ 93, 264, 268 = WM 1985, 221, 222, 224 = NJW 1985, 1020, 1021, 1023; WM 1986, 8, 9 = NJW-RR 1986, 205, 206; *BGH* WM 1990, 920, 922 = NJW-RR 1990, 876, 877; WM 1992, 216, 217 = NJW-RR 1992, 373, 374; WM 1992, 901, 902 = NJW-RR 1992, 879, 880; *OLG Jena* WM 1999, 2315, 2318; *LG Berlin* WM 2000, 1484, 1486; *Siol* in Schimansky/Bunte/Lwowski BankrechtsHdb. § 44 Rn. 25; *v. Heymann* Bankenhaftung, 151.

[36] Siehe unter Kapitel 1, C. I. (S. 10 f.).

[37] Z.B. BGHZ 93, 264, 270 = WM 1985, 221, 222, 224 = NJW 1985, 1020, 1021, 1023; WM 1986, 8, 9 = NJW-RR 1986, 205, 206; WM 1986, 995, 995 = NJW-RR 1986, 1433,1434; *BGH* WM 1990, 920, 922 = NJW-RR 1990, 876, 877; WM 1992, 901, 902 = NJW-RR 1992, 879, 880; WM 1992, 216, 217 = NJW-RR 1992, 373, 374.

[38] Vgl. dazu Fn. 4 (S. 1).

[39] Vgl. dazu oben in der Einleitung (S. 1).

ten geprüft. Zu beginnen ist mit dem genauen Wortlaut der Passagen, in denen der *BGH* von den erhöhten Anforderungen spricht. Teilweise formuliert der *BGH* sehr eng und beschränkt sich auf Aussagen zu den jeweils entscheidungsrelevanten Modellen[40]. In anderen Entscheidungen wiederum finden sich Ansatzpunkte dafür, dass neben Steuersparmodellen auch in weiteren Fällen eine Erhöhung des Aufklärungsmaßstabes möglich ist[41]. Allein eine Anknüpfung an den Wortlaut hilft insofern nicht weiter. Er steht einer Ausdehnung auf renditeorientierte Fonds nicht entgegen, er macht sie aber auch nicht zwingend erforderlich.

Als nächstes ist daher das Argument zu untersuchen, mit dem der *BGH* die Anforderungen an die Schutzwürdigkeit verschiebt. Trifft es auch bei renditeorientierten Kapitalanlagen zu, so spricht dies für eine Ausdehnung der Erhöhung des Aufklärungsmaßstabes auch auf renditeorientierte Anlagen. Begründet wird der strenge Maßstab damit, dass diejenigen, die in einem Steuersparmodell investieren, „selbst über die notwendigen Kenntnisse und Erfahrungen verfügen oder sich der Hilfe von Fachleuten bedienen“[42]. Wer in solchen Projekten investiert, sei als geschäftlich erfahren anzusehen[43]. Ob der Umstand, dass eine Investition aus Steuerspargründen erfolgt, den zwingenden Rückschluss auf geschäftliche Erfahrenheit nahe legt, erscheint indes zweifelhaft[44]. Für die Frage der Übertragbarkeit dieser Grundsätze auf renditeorientierte Geschäfte ergibt sich hieraus jedenfalls kein Argument.

---

40 BGHZ 93, 264, 270 = WM 1985, 221, 222, 224 = NJW 1985, 1020, 1021, 1023; *BGH* WM 1990, 920, 922 = NJW-RR 1990, 876, 877.

41 *BGH* WM 1985, 993, 994 („wird ... bei einer Darlehensgewährung im Rahmen eines steuersparenden Bauherrenmodells regelmäßig fehlen“); *BGH* WM 1992, 901, 902 = NJW-RR 1992, 879, 880 („insbesondere bei steuersparenden Bauherren- oder Erwerbermodellen“); auch *LG Ulm* WM 2000, 825, 826 („Dies gilt besonders bei Steuersparmodellen“).

42 *BGH* WM 1990, 920, 922 = NJW-RR 1990, 876, 877; WM 1992, 216, 217 = NJW-RR 1992, 373, 374; WM 1992, 901, 902 = NJW-RR 1992, 879, 880; BGHZ 93, 264, 268 = WM 1985, 221, 222, 224 = NJW 1985, 1020, 1021, 1023; *OLG Jena* WM 1999, 2315, 2318.

43 BGHZ 93, 264, 268, 270 = WM 1985, 221, 222, 224 = NJW 1985, 1020, 1021, 1023; WM 1986, 8, 9 = NJW-RR 1986, 205, 206; *BGH* WM 1990, 920, 922 = NJW-RR 1990, 876, 877; WM 1992, 216, 217 = NJW-RR 1992, 373, 374; WM 1992, 901, 902 = NJW-RR 1992, 879, 880; *OLG Jena* WM 1999, 2315, 2318; *LG Berlin* WM 2000, 1484, 1486; *Siol* in Schimansky/Bunte/Lwowski BankrechtsHdb. § 44 Rn. 25; *Vortmann* WM 1989, 1557, 1558.

44 Selbst der *BGH* zieht diese Schlussfolgerung nicht immer. So legt er im Bereich der Prospekthaftung für den selben Adressatenkreis einen ungleich niedrigeren Maßstab an, vgl. dazu die Nachweise in Fn. 571 (S. 167) und in Fn. 588 (S. 173).

Die erhöhten Anforderungen an die persönlichen Aufklärungspflichten der Anleger können aber aus folgender Überlegung heraus auch auf renditeorientierte Projekte übertragen werden: Sobald ein Anleger zur Finanzierung seiner Kapitalanlage einen Kredit aufnimmt, weiß er, dass er damit ein besonderes Risiko eingeht[45]. Unabhängig von dem Erfolg seiner Kapitalanlage muss er nämlich jedenfalls das Darlehen wieder tilgen. Daher ist es ihm zumutbar, die Kapitalanlage sehr genau unter die Lupe zu nehmen und die damit verbundenen Risiken zu ergründen. Mit dieser eigenen Obliegenheit korrespondiert dann, den Banken nur geringere Aufklärungspflichten aufzuerlegen[46]. Dies gilt für steuerorientierte wie für renditeorientierte Immobilienanlagen gleichermaßen. Die fehlende Schutzbedürftigkeit des Anlegers resultiert aus der Risikoverteilung bei solchen Geschäften: Der Darlehensnehmer verspricht sich von der finanzierten Anlage einen wirtschaftlichen Erfolg. Damit übernimmt er zugleich aber auch das wirtschaftliche Risiko, dass sich die Anlage als nachteilig herausstellen könnte. Die Bank ihrerseits partizipiert weder an der Rendite, noch will sie an dem Risiko des Kreditnehmers beteiligt sein und ist daher nur an der Rückzahlung des hingegebenen Geldes nebst Zinsen interessiert. Andernfalls würde sie sich selber direkt an der Anlage beteiligen. Diese Verteilung der Interessen- und Risikolage führt dazu, dass die Bank auch nur für die von ihr übernommene Finanzierungsfunktion die Haftung übernehmen muss[47]. Insofern kann der Anleger nicht erwarten, von der Bank über die Risiken der Anlage aufgeklärt zu werden[48]. Somit können auch nicht

---

45 Diesen Aspekt erwähnt auch *BGH* WM 1985, 993, 994.

46 In diese Richtung auch *Siol* in Schimansky/Bunte/Lwowski BankrechtsHdb. § 44 Rn. 25, der die vier unter Kapitel 3, B. – E. (S. 103 ff.) diskutierten Fallgruppen auf alle Kreditgeschäfte anwenden will. Dies bedeutet aber nicht unbedingt, dass für alle Arten von Kreditgeschäften auch der gleiche Maßstab hinsichtlich der Ausfüllung dieser Fallgruppen gilt.

47 Sog. Grundsatz der „rollenbedingten Verantwortung" in der arbeitsteiligen Gesellschaft, nach der jeder nur für die von ihm übernommenen Funktionen haften muss. *LG Stuttgart* WM 2000, 1388, 1390; *Rümker* ZHR 151 (1987) 162, 165; *Vortmann* WM 1989, 1557, 1557; *ders.* Aufklärungspflichten Rn. 133 f; *Immenga* ZHR 151 (1987) 148, 151; *v. Heymann* in Assmann/Schütze Hdb.KapitalanlageR § 6 Rn. 131 f.; *ders.* NJW 1999, 1577, 1577; *ders.* BB 2000, 1149, 1149; *Rösler* Die Bank 1999, 856, 856; vgl. zu der Aufteilung des wirtschaftlichen Risikos auch *OLG Braunschweig* WM 1998, 1223, 1228; *Früh* WM 1998, 2176, 2178.

48 Der Erwerb der Anlage und der dies finanzierende Darlehensvertrag stellen grundsätzlich auch kein wirtschaftlich einheitliches Geschäft dar. Zum einen ist selbst rechtsunkundigen Laien bekannt, dass Verkäufer und Bank eigenständige Rechtsträger sind, die mit den jeweiligen Verträgen eigene Interessen verfolgen, *BGH* WM 1980, 1446, 1447 f. = NJW 1981, 389, 390 f.; WM 1986, 1561, 1562; *OLG Braunschweig* WM 1998, 1223, 1228; *OLG Hamm* WM 1998, 1230, 1233; *OLG Stuttgart* WM 2000, 292,

später auftretende Nachteile aus dem Geschäft auf die Bank abgewälzt werden.

Da dieser Aspekt gleichermaßen für Anleger in renditeorientierten Fonds wie für Anleger in steuerorientierten Projekten gilt, ist im Hinblick auf die Aufklärungspflichten zwischen ihnen nicht zu differenzieren. Gegen eine Differenzierung spricht zudem, dass die konkrete Ausgestaltung des Fonds kaum Einfluss auf die Aufklärungspflichten der Bank haben kann. Dies gilt um so mehr, als eine genaue Abgrenzung schwierig ist[49], denn die Grenze zwischen steuerorientiert und steueroptimiert ist fließend.

300; *OLG Stuttgart* WM 2000, 2146, 2150; *OLG Köln* WM 2000, 2139, 2145; *LG Stuttgart* WM 2000, 1388, 1393; *v. Heymann* in Assmann/Schütze Hdb.KapitalanlageR § 6 Rn. 179, 183; *Früh* ZIP 1999, 701, 702 f.; a.A.: *OLG Stuttgart* WM 1999, 2305, 2310. Zum anderen will der Anleger die Aufspaltung, denn er möchte die damit verbundenen Steuervorteile nutzen. Damit entsteht nicht der Eindruck einer Einheit, bei der der Verkäufer und die Bank gemeinsam als Vertragspartner gegenüberstehen: *BGH* WM 1980, 1446, 1448 = NJW 1981, 389, 391; *OLG Braunschweig* WM 1998, 1223, 1228; *OLG Köln* WM 2000, 2139, 2145; *LG Stuttgart* WM 2000, 1388, 1393. Somit ist ein Einwendungsdurchgriff ausgeschlossen – unabhängig davon, ob er auf § 9 VerbrKrG oder auf § 242 BGB gestützt wird.

49 Allein der Umstand, dass aus der Sicht der Bank „Anhaltspunkte dafür vor[liegen], dass der Erwerb (auch) der Steuerersparnis dienen“ soll (*OLG München* WM 1997, 254, 257), kann als Abgrenzungskriterium nicht maßgeblich für die Bestimmung der Pflicht der Bank sein. Um eine objektive Abgrenzung hat sich der Gesetzgeber in dem durch das Steuerentlastungsgesetz 1999/2000/2002 vom 24.3.1999 (BGBl. I 1999, 402) eingefügten § 2b EStG bemüht, in dem er versucht hat, steuerorientierte Kapitalanlagen zu definieren („Negative Einkünfte auf Grund von Beteiligungen an Gesellschaften (...) dürfen nicht mit anderen Einkünften ausgeglichen werden, wenn bei dem Erwerb oder der Begründung der Einkunftsquelle die Erzielung eines steuerlichen Vorteils im Vordergrund steht. (...) Die Erzielung eines steuerlichen Vorteils steht insbesondere dann im Vordergrund, wenn nach dem Betriebskonzept der Gesellschaft (...) die Rendite auf das einzusetzende Kapital nach Steuern mehr als das Doppelte dieser Rendite vor Steuern beträgt und ihre Geschäftsführung überwiegend auf diesem Umstand beruht, oder wenn den Kapitalanlegern Steuerminderungen durch Verlustzuweisungen in Aussicht gestellt werden.“). Mit diesem Versuch dürfte er gescheitert sein. Diese Regelung ist vielfach kritisiert und überwiegend als zu unbestimmt und damit als verfassungswidrig bezeichnet worden (*Beck* Grundeigentum 1999, 830, 830; *Birk/Kulosa* FR 1999, 433, 436; *Raupach/Böckstiegel* FR 1999, 617, 623; *Stuhrmann* NJW 1999, 1657, 1663; *Seer/Schneider* BB 1999, 872, 873; Bedenken auch bei *Eisolt/Verdenhalven* NZM 1999, 385, 386). De facto wird die Generalklausel des § 2b S.1 EStG „... bei dem die Erzielung eines steuerlichen Vorteils im Vordergrund steht“, die als „juristisch kaum auslegungsfähig“ (*Beck* Grundeigentum 1999, 830, 830) angesehen wird, nur durch zwei, nicht abschließende Beispiele („insbesondere“) konkretisiert, die wiederum nicht eindeutig sind (vgl. dazu nur *Beck* Grundeigentum 1999, 830, 831). Vgl. zu dem Vorgehen des Gesetzgebers nur die Warnungen von *Loritz/Wagner* WM 1993, 489, 489 f.

Daher können geschlossene Immobilienfonds einheitlich behandelt werden, egal ob sie rendite- oder steuerorientiert sind. Damit gelten die für die steuerorientierten Kapitalanlagen entwickelten Grundsätze der erhöhten Anforderungen an die eigene Aufklärung auch für renditeorientierte Anlagen.

Auch wenn aufgrund der Vielzahl der veröffentlichten Gerichtsentscheidungen der Eindruck entsteht[50], die Rechtsprechung bejahe in der Mehrzahl der Fälle die Haftung der Banken, dann täuscht dies darüber hinweg, dass es bei der großen Masse der Fälle bei den eben aufgezeigten Grundsätzen bleibt. Hierzu werden nur keine Entscheidungen mehr veröffentlicht, da der *BGH* Revisionen häufig erst gar nicht mehr annimmt[51].

III. Fälle besonderer Schutzbedürftigkeit

Im letzten Abschnitt (II.) wurde festgestellt, dass einen Darlehensnehmer, der den Darlehensbetrag in einen geschlossenen Immobilienfonds investieren möchte, erhöhte eigene Aufklärungspflichten treffen. Doch auch wenn ein solcher Darlehensnehmer weniger schutzwürdig ist und grundsätzlich nicht aufgeklärt werden muss, so gibt es dennoch Fälle, in denen er schutzbedürftig ist. Dann können nach Treu und Glauben Aufklärungspflichten über solche Umstände bestehen, die für den Anleger erkennbar von Bedeutung sind. Dann darf die Bank ihren „Kunden nicht sehenden Auges in ihr Unglück rennen lassen“[52].

Damit stellt sich die Frage, wo die Grenze zwischen schutzwürdig und nicht schutzwürdig verläuft. Wann ist der Darlehensnehmer so besonders schutzwürdig, dass er von der Bank ausnahmsweise aufzuklären ist?

Dieser Frage wird hier intensiver nachzugehen sein. Dabei wird eine intensive Auseinandersetzung mit den vom *BGH* zur Beantwortung dieser Frage her-

---

50 *Hopt* Bankrechtstag, 2; *Lang* WM 2000, 450, 450 sieht eine Umkehr des Regel-Ausnahmeverhältnisses im Hinblick auf die Verpflichtung zur Aufklärung bereits für gegeben.

51 *Schimanksy* Diskussion, 67, 68.

52 *Emmerich* in MünchKomm(3) BGB vor § 275 Rn. 130; *Horn* in FS Schimansky, 653, 654 weist zurecht darauf hin, dass die Aufklärung das Risiko natürlich überhaupt nicht beeinflusst, sondern nur auf den Umgang mit dem Risiko Einfluss hat. So auch *Breidenbach* Informationspflichten, 12.

ausgearbeiteten[53] vier formelhaften Fallgruppen[54] (Bank als Projektbeteiligte[55], konkreter Wissensvorsprung[56], zusätzliche Anlegergefährdung durch die Bank[57] und Interessenkonflikt[58]) erfolgen.

Als Abschluss eines Gedankengangs werden die jeweils theoretisch gefundenen Ergebnisse zur Frage der Grenzziehung konkret auf drei tatsächliche Situationen angewendet, die für die Entstehung von Aufklärungspflichten möglicherweise besonders anfällig sind: Dazu gehören erstens die im Folgenden als „Stichtagsfälle" bezeichneten Fälle, in denen die Anleger erst unmittelbar vor Ablauf des aus steuerlichen Gründen maßgeblichen Stichtags (31. Dezember) ihre Anlage zeichnen und finanziert haben möchten. Ungefähr ein Drittel aller Vertragsabschlüsse über Steuersparmodelle werden erst in den letzten Tagen des Jahres gezeichnet[59].

---

53 *BGH* WM 1988, 561, 562 = NJW 1988, 1583, 1584; *BGH* WM 1990, 920, 922 = NJW-RR 1990, 876, 877; WM 1992, 216, 217 = NJW-RR 1992, 373, 374; *OLG Schleswig* WM 2000, 1381, 1385; *OLG Köln* WM 2000, 2139, 2141 f.; *OLG Stuttgart* WM 2000, 2146, 2147; *LG Stuttgart* WM 2000, 1388, 1389; diese werden in der Literatur aufgegriffen: *Früh* WM 1998, 2176, 2177; *ders.* ZIP 1999, 701, 701; *Bruchner* WM 1999, 825, 832; *Rösler* DB 1999, 2297, 2299; *v. Heymann* Bankenhaftung, 162 ff.; *ders.* in Assmann/Schütze Hdb.KapitalanlageR § 6 Rn. 149; *Kümpel* BankR Rn. 2.795; *Emmerich* in MünchKomm BGB vor § 275 Rn. 118; *Vortmann* Aufklärungspflichten, Rn. 141 ff., 156 und *Rümker* ZHR 151 (1987) 162, 167 ff., die allerdings den Fall der Projektbeteiligung extra behandeln und daher scheinbar nur drei Fallgruppen haben; *Wagner* NZG 1999, 229, 233 kommt auf fünf Fallgruppen, von denen sich wiederum aber seine ersten beiden problemlos unter der Überschrift „Projektbeteiligung" zusammenfassen lassen. Diese Fallgruppen gelten nicht nur bei einer End- sondern auch bei einer Zwischenfinanzierung, *BGH* WM 1991, 85, 85 = NJW 1991, 693, 693; *OLG Düsseldorf* WM 1991, 500, 502 = NJW-RR 1991, 367, 368.

54 Kritisch zu der Bindungswirkung von Fallgruppen *Weber* AcP 192 (1992) 516, 529, 535 ff. Kritisch hierzu wiederum *Mayer-Maly* AcP 194 (1994) 105, 132 ff. und *Beater* AcP 194 (1994) 82, 82 ff.

55 Siehe unten unter Kapitel 3, B. (S. 103 ff.).

56 Siehe unten unter Kapitel 3, C. (S. 125 ff.).

57 Siehe unten unter Kapitel 3, D. (S. 152 ff.).

58 Siehe unten unter Kapitel 3, E. (S. 154 ff.).

59 Laut *Loipfinger* FAZ vom 5.2.1999, S. 52; *ders.* FAZ vom 20.2.1998, S. 45 werden ein Drittel aller Zeichnungsscheine, die dann zudem noch überdurchschnittlich hohe Beträge aufweisen, erst im Dezember und weitere 20% im November unterschrieben. Vgl. auch den Sachverhalt von *OLG München* NZG 2000, 1090, 1092 wo z.B. innerhalb von nur 19 Tagen nach der ersten Präsentation am 20. November von 450 Anlegern ein Gesamtkapital von DM 44 Mio. gewonnen werden konnte.

Besonders anfällig für die Entstehung von Aufklärungspflichten sind zweitens möglicherweise die – teilweise sehr reißerisch – diskutierten[60] Fälle, in denen die Fondsbeteiligungen an Kleinanleger verkauft wurden, die geschäftlich völlig unerfahren waren und bei denen aus steuerlichen Gründen ein steuersparorientiertes Konzept wenig sinnvoll ist (hier „Kleinanlegerfälle").

Drittens wird untersucht, ob geschlossene Immobilienfonds, die im Ausland investieren, für die Banken besondere Aufklärungspflichten generieren. Diese „Auslandsfälle" sind seit dem Auslaufen des Fördergebietsgesetzes, mit dem Investitionen in den neuen Bundesländern gefördert werden sollten, verstärkt in den Vordergrund getreten. Bevorzugte Ziele sind dabei die USA und die Niederlande[61].

Bevor jedoch im Einzelnen untersucht wird, wann genau die Bank bei der Darlehensvergabe zur Finanzierung einer Immobilienfondsanlage eine Aufklärungspflicht trifft, ist zunächst einmal das Augenmerk auf die Grundvoraussetzung jeder Aufklärungspflicht zu richten: Das Wissen.

---

60 *Fuellmich/Rieger* ZIP 1999, 427 und 462; *Stüsser* NJW 1999, 1586; *Spickhoff/Petershagen* BB 1999, 165; vgl. dazu auch die Beiträge im Bayerischen Rundfunk, B5-aktuell vom 17.7.2000 (Beitrag: Immobilien-Flop) und von *Jahn* FAZ vom 17.7.2000, S. 34 über eine Versammlung von Anlegern unter der Leitung von Anwälten, die sich auf Klagen gegen Banken spezialisiert haben.

61 *Loipfinger* FAZ vom 18.2.2000, S. 57. Über einen Rückgang der Immobilieninvestitionen in den USA aufgrund des hohen Dollarkurses berichtet allerdings *Olsen* FAZ vom 28.7.2000, S. 53. Über Gefahren bei Investitionen in „Hollandfonds" berichtet *Looman* FAZ vom 11.12.1999, S. 27.

KAPITEL 2: WISSEN UND WISSENSZURECHNUNG

A. Allgemeines

Grundvoraussetzung für das Bestehen einer Aufklärungspflicht als Nebenpflicht ist der Wissensvorsprung in Bezug auf den Umstand, über den aufgeklärt werden soll.

Dieser Punkt ist unproblematisch, sofern der einzelne Bankangestellte, der mit einem Kunden das Kreditgespräch führt, umfassende Kenntnisse über die Risiken der geplanten Anlage hat. Dieser scheinbar banale Punkt wirft aber ungeheure Fragen auf, wenn man sich das Erscheinungsbild einer deutschen Großbank vor Augen führt, in der Tausende von Angestellten in vielen Filialen und Geschäftsstellen über ein großes Gebiet verteilt arbeiten, wobei jeder von ihnen möglicherweise andere Umstände kennt. Die Aufklärungspflicht trifft nämlich nicht den einzelnen Angestellten, sondern die Bank. Daher ist auch nicht sein, sondern ihr Wissen maßgeblich.

Wie hier das Wissen der Bank zu bestimmen ist, wenn nicht der Kundenberater selbst, sondern ein Kollege der gleichen Abteilung, ein Angestellter einer anderen Abteilung in derselben Filiale, ein Angestellter einer anderen Filiale oder sogar ein Angestellter eines Tochterunternehmens Kenntnis über diese Umstände hat, ist aber von entscheidender Bedeutung[62]. Denn danach richtet sich, was die Bank weiß und worüber (etwa in Person des handelnden Kundenberaters) sie gegebenenfalls aufzuklären hat: Wird ein weiter Kreis des Wissens gezogen, dann trifft die Bank eine umfangreichere Aufklärungspflicht als bei einem enger gezogenen Kreis.

Dieser Frage soll im Folgenden nachgegangen werden. Dazu werden erst die Grundsätze dargestellt, die für die Wissenszurechnung innerhalb von Unternehmen gelten (B.). Danach wird untersucht, inwieweit und unter welchen Voraussetzungen auch eine Zurechnung von Wissen über Unternehmensgrenzen hinweg möglich sein kann (C.). Im Anschluss daran (D.) werden die Grenzen einer jeglichen Wissenszurechung aufgezeigt. Doch zunächst soll der

---

62 Sofern etwa bei der Einziehung abhandengekommener Schecks bei § 990 BGB im Rahmen der Kenntnis nur auf das Wissen der mit der Hereinnahme befassten Personen abgestellt wird (BGHZ 102, 316, 320 = WM 1988, 147, 149 = NJW 1988, 911, 912; *BGH* WM 1993, 541, 542 f. = NJW 1993, 1066, 1067; *OLG Karlsruhe* WM 1995, 378, 380; *Nobbe* in Schimansky/Bunte/Lwowski BankrechtsHdb. § 61 Rn. 145 ff.; *Canaris* BankVR Rn. 798; *Kümpel* BankR Rn. 4.614.

Grundfall der Wissenszurechung innerhalb von Unternehmen dargestellt werden.

B. Wissenszurechnung innerhalb von Unternehmen

Die „schwierige Frage"[63], wie das Wissen[64] in einem Unternehmen zugerechnet wird, ist gesetzlich nicht speziell normiert und wird daher aus allgemeinen Vorschriften und Regeln abgeleitet[65]. In der Frage, wie en detail das Wissen zugerechnet wird, hat sich in jüngerer Zeit ein Rechtsprechungswechsel vollzogen. Daher werden sowohl die älteren Auffassungen (I.) als auch die neuere Linie in Literatur und Rechtsprechung (II.) dargestellt, ehe (III.) zu den Meinungen Stellung genommen wird.

I. Ältere Auffassungen

Nach den bisher vertretenen Auffassungen[66] wurde im Hinblick auf die Wissenszurechnung innerhalb einer Organisation danach differenziert, ob es um das Wissen von Organmitgliedern (1.) oder Mitarbeitern (2.) ging.

1. Wissen von Organmitgliedern

a. Überwiegende Ansicht

Nach der überwiegenden, älteren Auffassung wird das Wissen eines Organmitgliedes einer juristischen Person allein wegen der Organstellung immer als Wissen der Gesellschaft berücksichtigt[67]. Dies gilt selbst dann, wenn der Wis-

---

63 *V. Reinersdorff* WiB 1996, 395, 395.

64 Die Relevanz des Wissens wird deutlich, wenn *Aden* NJW 1999, 3098, 3099 verlangt, eine Körperschaft als Träger von Informationen zu definieren.

65 *Waltermann* AcP 192 (1992) 181, 216 ff. fordert eine solche gesetzliche Regelung.

66 Vgl. dazu sogleich die Nachweise unter Kapitel 2, B. I. 1. (S. 20 ff.) und Kapitel 2, B. I. 2. (S. 23 f.).

67 Zu diesem Ergebnis gelangt man über verschiedene Erklärungsansätze: Teilweise wird vertreten, dass das Wissen der Organe das Wissen der Gesellschaft ist (*RG* JW 1935, 2044; *BGH* WM 1955, 830, 832; WM 1959, 81, 84; *Richardi* AcP 169 (1969) 385, 388; *Leptien* in Soergel BGB § 166 Rn. 5); ein Gedanke der letztlich (*Flume* AT I/2 § 11 IV (S. 399); *Baumann* ZGR 1973, 284, 288; *Adler* Wissenszurechnung, 58) auf *v. Gierkes* Theorie der realen Verbandspersönlichkeit der juristischen Person zurückgeht (*v. Gierke* Privatrecht, Bd. I § 59; *ders.* Genossenschaftstheorie, 624; *ders.* Verbände, 30). Teilweise wird vertreten, dass die juristische Person selbst nichts weiß, ihr aber das Wissen der Organe immer zugerechnet wird (*RG* JW 1927, 1675, 1676; RGZ 53, 227, 231; 78, 347, 353; BGHZ 20, 149, 153; BGHZ 109, 327, 331 = WM 1990, 524,

sende an dem fraglichen Geschäft nicht beteiligt war und von ihm auch gar nichts wusste[68].

Unterschiedlich wird innerhalb dieser Auffassung die Frage beantwortet, inwieweit das Wissen bereits ausgeschiedener oder sogar verstorbener Organmitglieder zu berücksichtigen ist. Hierbei wird teilweise vertreten, dass das Ausscheiden des wissenden Organmitglieds sich nicht auf das Wissen der Gesellschaft auswirkt[69]. Was die Gesellschaft einmal wusste, weiß sie für alle Zeit[70]. Sie kann nichts vergessen. Für Personengesellschaften soll dies allerdings nicht gelten, da sie „in ihrem Bestand nicht in dem Maße von den jeweils handelnden Gesellschaftern unabhängig sind, wie juristische Personen von ihren Organvertretern“[71]. Teilweise wird eine solche per-se Zurechnung aber auch bei juristischen Personen abgelehnt und das Wissen eines ausgeschiedenen Organmitglieds nur dann zugerechnet, wenn es sich um „typischerweise aktenmäßig festgehaltenes Wissen“ handelt[72]. Es wurde nämlich erkannt, dass sich die Frage der Wissenszurechnung nicht mit „logisch be-

---

525 = NJW 1990, 975, 976; *K. Schmidt* GesellR § 10 V 2 (S. 293); *Schilken* Wissenszurechnung, 138; *ders.* in Staudinger BGB § 166 Rn. 31; *Schramm* in MünchKomm(3) BGB § 166 Rn. 19). Anders wohl in der Schweiz, wo nur das Wissen derjenigen berücksichtigt wird, die an dem Geschäft beteiligt sind oder um dessen Abschluss wissen oder wissen müssten: *Watter* SJZ 1991, 109, 112 m. w. Nachw. zur Schweizer Rechtslage. Für Personengesellschaften ist dies bei Einzelvertretung umstritten; dafür: RGZ 43, 104, 106; BGHZ 34, 293, 297 = NJW 1961, 1022, 1022; dagegen: *Hueck* oHG § 19 III Fn. 16 (S. 274).

68 RGZ 53, 227, 231; *RG* JW 1927, 1675, 1676; *RG* JW 1935, 2044; *BGH* WM 1955, 830, 832; BGHZ 20, 149, 153; BGHZ 109, 327, 331 = WM 1990, 524, 525 = NJW 1990, 975, 976; *Richardi* AcP 169 (1969) 385, 388; *Schilken* Wissenszurechnung, 138; *ders.* in Staudinger BGB § 166 Rn. 31; *Schramm* in MünchKomm(3) BGB § 166 Rn. 19; *Leptien* in Soergel BGB § 166 Rn. 5.

69 *BGH* WM 1959, 81, 84, nach *Flume* AT I/2 § 11 IV (S. 401) ein „Paradebeispiel“; BGHZ 109, 327, 331 = WM 1990, 524, 525 = NJW 1990, 975, 976; *BGH* WM 1995, 1145, 1146 f. = NJW 1995, 2159, 2160; *Heinrichs* in Palandt § 28 Rn. 2; *K. Schmidt* GesellR § 10 V 2 (S. 293).

70 *Scheuch* GmbHR 1996, 828, 829 spricht von „ewigem Wissen“; nach *Leptien* in Soergel BGB § 166 Rn. 5 „bleibt [das Wissen] gewissermaßen an der juristischen Person haften.“.

71 *BGH* WM 1995, 1145, 1146 f. = NJW 1995, 2159, 2160; *v. Reinersdorff* WiB 1996, 395, 395; *Leptien* in Soergel BGB § 166 Rn. 5; vgl. zu der Frage der Wissenszurechnung bei Personengesellschaften ausführlich *Scheuch* in FS Brandner, 121 ff.

72 BGHZ 109, 327, 332 = WM 1990, 524, 525 = NJW 1990, 975, 976; *BGH* WM 1995, 1145, 1146 f. = NJW 1995, 2159, 2160; WM 1996, 824, 826 = NJW 1996, 1205, 1206; in diese Richtung auch *Schilken* Wissenszurechnung, 139.

grifflicher Stringenz (...), sondern nur in wertender Beurteilung"[73] entscheiden lässt. Wegen der wertenden Betrachtungsweise ergeben sich jedoch Schwierigkeiten etwa bei der GmbH & Co. KG, die zwar eine Personengesellschaft, aber möglicherweise aus Wertungsgesichtspunkten wie eine juristische Person zu behandeln ist[74].

b. Andere Ansicht

Um eine uferlose Wissenszurechung zu vermeiden, wird nach einer anderen Ansicht die Zurechung des Wissens der Organe auf § 166 Abs. 1 oder Abs. 2 BGB gestützt[75]. Begründet wird diese Beschränkung mit einem hinter § 166 BGB stehenden allgemeinen Rechtsgedanken, wonach grundsätzlich nur das Wissen derjenigen maßgeblich sein soll, die den rechtsgeschäftlichen Tatbestand als Vertreter verwirklichen. Das Wissen der anderen ist nach dieser Ansicht nur dann zu berücksichtigen, wenn der Nichtwissende (entsprechend § 166 Abs. 2 BGB) auf Weisung des Wissenden gehandelt hat. Der Begriff der Weisung ist insofern weit auszulegen und soll bereits den Fall erfassen, dass der Wissende den Handelnden zu dem Verhalten nur veranlasst hat oder dass er den Handelnden nicht von einem Geschäft abhält, obwohl er das relevante Wissen hat[76]. Nach dieser Ansicht kann das Wissen Ausgeschiedener nicht erfasst werden – sofern sie nicht ihre Weisung noch vor dem Ausscheiden erteilt haben, so dass keine unendlich lange Zurechnung von Wissen erfolgt.

---

73 BGHZ 109, 327, 331 = WM 1990, 524, 525 = NJW 1990, 975, 976; 132, 30, 35 = WM 1996, 594, 596 = NJW 1996, 1339, 1340.

74 *BGH* WM 1995, 1145, 1147 = NJW 1995, 2159, 2160. Dabei wäre es ganz einfach, schrittweise nacheinander vorzugehen: Bei der KG geht es um das Wissen des Komplementärs, also der GmbH. Das Wissen der GmbH richtet sich nach den Regeln, die für juristische Personen entwickelt wurden. Dem kann auch nicht entgegengehalten werden, damit werde die KG wie eine juristische Person behandelt, denn scheidet die GmbH aus und tritt an ihre Stelle ein anderer Komplementär, dann wäre das Wissen der GmbH nicht mehr zu berücksichtigen. Anders *Scheuch* GmbHR 96, 828, 830.

75 *Schramm* in MünchKomm BGB § 166 Rn. 21; *Baumann* ZGR 1973, 284, 291 ff.; *Altmeppen* BB 1999, 749, 750; *Tintelnot* JZ 1987, 795, 799 f.; *Schilken* in Staudinger BGB § 166 Rn. 3.

76 BGHZ 38, 65, 68; BGHZ 50, 364, 368; *BayObLG* NJW-RR 1989, 907, 910; *Leptien* in Soergel BGB § 166 Rn. 29; *Flume* AT I/2 § 11 IV (S. 400) „Das wissentliche Geschehenlassen ist (...) der Beteiligung am Handeln für die juristische Person gleichzuachten.".

2. Wissen von Mitarbeitern, die keine Organstellung innehaben

Nachdem die verschiedenen Ansätze der Behandlung des Wissens von Organmitgliedern dargestellt wurden, wird im Folgenden beschrieben, wie das Wissen der übrigen Mitarbeiter zu berücksichtigen ist. Denn da die Anzahl der Mitarbeiter die der Organmitglieder regelmäßig weit übersteigt, ist es wichtig, auch hier Regeln zu haben, nach denen die Zurechnung ihres Wissens erfolgt.

a. Verfassungsmäßig berufene Vertreter

Auf verfassungsmäßig berufene Vertreter werden teilweise die Grundsätze über die Wissenszurechnung bei Organen angewandt[77]. Begründet wird dies mit § 31 BGB, der diese Personengruppen gleichstellt.

b. Sonstige Mitarbeiter

Bei allen anderen Mitarbeitern in einer arbeitsteilig tätigen Organisation wird das Wissen dieser Mitarbeiter regelmäßig dann berücksichtigt, wenn sich die Organe der juristischen Person dieser Mitarbeiter als Wissensvertreter bedienen[78]. Wissensvertreter ist derjenige, der „nach der Arbeitsorganisation des Geschäftsherrn dazu berufen ist, im Rechtsverkehr als dessen Repräsentant bestimmte Aufgaben in eigener Verantwortung zu erledigen und die dabei angefallenen Informationen zur Kenntnis zu nehmen sowie gegebenenfalls weiterzuleiten“[79]. Gestützt wird diese Zurechnung des Wissens eines Wissensvertreters auf eine analoge Anwendung des § 166 BGB bzw. einen hinter dieser Norm stehenden, allgemeinen Rechtsgedanken der Wissenszurech-

---

77 BGHZ 117, 104, 106 = WM 1992, 792, 793 = NJW 1992, 1099, 1100 obiter dictum; kritisch hierzu *Grunewald* in FS Beusch, 301, 309 f.; vgl. die Darstellung bei *Kieser/Kloster* GmbHR 2001, 176, 178 f.

78 BGHZ 83, 293, 296 = WM 1982, 707, 707 = NJW 1982, 1585, 1586; *BGH* WM 1984, 1309, 1311 = NJW 1984, 1953, 1954; *BGH* NJW 1985, 2583, 2583; BGHZ 134, 268, 293 = WM 1997, 375, 385; *Schramm* in MünchKomm BGB § 166 Rn. 36; *Leptien* in Soergel BGB § 166 Rn. 6; *Heinrichs* in Palandt § 166 Rn. 6; *Lehmann* DStR 1995, 1027, 1028.

79 BGHZ 117, 104, 106 f. = WM 1992, 792, 793 = NJW 1992, 1099, 1100; *Richardi* AcP 169 (1969) 385, 397 f.; *Grunewald* in FS Beusch, 301, 312; *Scheuch* GmbHR 1996, 828, 829; nach *Medicus* in Karlsruher Forum, 4, 10, ist allein der zweite Teil der Definition maßgeblich; zustimmend *Taupitz* in Karlsruher Forum, 16, 25; BGHZ 83, 293, 296 = WM 1982, 707, 707 = NJW 1982, 1585, 1586 stellt noch nur auf den ersten Teil der Definition ab.

nung[80]. Denn derjenige, der sich einer Hilfsperson bedient und damit die Gefahr einer Wissensaufspaltung überhaupt erst schafft[81], soll auch daraus resultierende Nachteile in Kauf nehmen müssen, wie etwa, dass schutzwürdige Dritte in das Wissen der Hilfsperson vertraut haben[82].

3. Zwischenergebnis

Zusammenfassend lässt sich sagen, dass es sich nach den älteren Auffassungen bei der Wissenszurechnung innerhalb von Unternehmen um eine „mit vielen Unklarheiten versehene Rechtsprechung"[83] handelt. So wirkt sich nicht nur die Rechtsform der Gesellschaft sondern auch die formale Stellung des Wissenden entscheidend auf das Wissen der Gesellschaft aus.

II. Neuere Linie in Literatur und Rechtsprechung

In einer Reihe von neueren Urteilen haben sich mehrere Senate des *BGH* von ihrer früheren Linie zur Wissenszurechnung bei arbeitsteilig aufgebauten Organisationen verabschiedet[84]. Ausgehend von Vorarbeiten in der Literatur[85] haben sie eine neue Leitlinie zur Behandlung der Wissenszurechnung entwickelt[86], die im Folgenden (1.) beschrieben wird. Daran schließt sich dann eine Darstellung der Kritik an, die dieser Meinung entgegengesetzt wird (2.).

---

80 *BGH* WM 1984, 1309, 1311 = NJW 1984, 1953, 1954; *BGH* WM 1996, 824, 825 = NJW 1996, 1205, 1205; *Richardi* AcP 169 (1969) 385, 401 f.; Tintelnot JZ 1987, 795, 796; *Lehmann* DStR 1995, 1027, 1028.

81 *Waltermann* AcP 192 (1992) 181, 197; *Baum* Wissenszurechnung, 68 f.

82 *Wilhelm* AcP 183 (1983) 1, 18; *Baum* Wissenszurechnung, 67.

83 *V. Reimersdorff* WiB 1996, 395, 395.

84 BGHZ 132, 30 = WM 1996, 594 = NJW 1996, 1339; NJW-RR 1997, 270, 270; BGHZ 133, 36 = WM 1996, 1618 = NJW 1996, 2734; 135, 202, 207 = WM 1997, 1092, 1093 = NJW 1997, 1917, 1917 f.; BGHZ 140, 54, 61 f. = WM 1998, 2543, 2546 = NJW 1999, 284, 286.

85 *Medicus* in Karlsruher Forum, 4, 11 ff.; *Taupitz* in Karlsruher Forum, 16, 24 ff.; *Bohrer* DNotZ 1991, 124, 129; *Grunewald* in FS Beusch, 301, 304 ff.(für Organe), 310 f. (für Vertreter), 313 (für Nichtvertreter): „Es liegt auf der Hand, dass mit dieser Sichtweise [Abstellen darauf, welche Kenntnisse bei ordnungsgemäßer Organisation verfügbar wäre] ein ganz erheblicher Schritt weg von der pauschalen Form der Wissenszurechnung (...) getan würde."(306); so auch schon *Canaris* BankVR Rn. 106, 800a, der allerdings sehr strenge Maßstäbe an die Organisationspflicht stellt.

86 Kritisch zu dieser Entwicklung *Koller* JZ 1998, 75, 77 ff. Einen Überblick über die Entwicklung der Rechtsprechung des *V. Senats* und deren Hintergründe gibt *Hagen* DRiZ 1997, 157 ff.

1. Darstellung der neuen Auffassung

In seiner Entscheidung vom 2.2.1996[87] hat sich der *V. Senats* des *BGH* von der bisherigen, starren Anknüpfung an die formale Stellung des Wissenden gelöst und statt dessen eine pflichtenbezogene Wissenszurechnung geschaffen. Der Wissenszurechnung liegt damit ein neuer Ansatz zugrunde, der einheitlich für alle Mitarbeiter einer arbeitsteilig tätigen Gesellschaft gleich welcher Rechtsform gilt[88]. Maßgeblich ist hierfür eine Pflicht der Gesellschaft zur ordnungsgemäßen Organisation der internen Kommunikation. Diese Pflicht setzt sich aus zwei Aspekten zusammen: Das Unternehmen hat zum einen dafür zu sorgen, dass relevantes Wissen gespeichert und zum anderen an die zuständigen Personen weitergeleitet oder jedenfalls für sie verfügbar gehalten wird, damit diese bei gegebenem Anlass darauf zugreifen können. Solche Informationen sind als Wissen der Gesellschaft zu berücksichtigen.

Damit die Kenntnis irgend eines Mitarbeiters als Wissen der Gesellschaft angesehen werden kann, müssen also zwei Voraussetzungen erfüllt sein. Zum einen müsste die Information gespeichert werden, was davon abhängt, ob für den Wissenden erkennbar ist, dass sie zu einem späteren Zeitpunkt für weitere Geschäftsvorfälle von Relevanz sein kann[89]. Dies ist jedenfalls bei solchen Umständen der Fall, die „typischerweise aktenmäßig festgehalten" werden[90].

---

87 BGHZ 132, 30 = WM 1996, 594 = NJW 1996, 1339 unter ausdrücklicher Berufung auf *Taupitz* in Karlsruher Forum, 16, 25 f., 28 ff. und *Medicus* in Karlsruher Forum, 4, 11 ff.; *Scheuch* GmbHR 1996, 828, 828 bezeichnet sie als „weitreichend", nach BGHZ 135, 202, 207 = WM 1997, 1092, 1093 = NJW 1997, 1917, 1918 handelt es sich um eine „Grundsatzentscheidung". So auch *v. Reinersdorff* WiB 1996, 495, 495. Nachfolgend auch die Entscheidungen des XI. Senats, BGHZ 133, 36 = WM 1996, 1618 = NJW 1996, 2734 und BGHZ 135, 202, 207 = WM 1997, 1092, 1093 = NJW 1997, 1917, 1917 f.; sowie erneut des V. Senats, *BGH* NJW-RR 1997, 270, 270.

88 *Flume* AcP 197 (1997) 441, 445 Fn. 10, wonach es sich um eine einheitliche Problematik bei allen Gesellschaften handelt; *Bohrer* DNotZ 1991, 124, 129 f.; sogar für GbR: BGHZ 140, 54, 61 f. = WM 1998, 2543, 2546 = NJW 1999, 284, 286.

89 Ob der hierfür maßgebliche Zeitpunkt der der erstmaligen Wissenserlangung ist (so BGHZ 132, 30, 38 = WM 1996, 594, 597 = NJW 1996, 1339, 1341) oder auch zeitlich danach liegen kann, wenn die Relevanz des Wissens erst später erkennbar wird (*Taupitz* JZ 1996, 734, 736, dem aufgeschlossen gegenüber *Hagen* DRiZ 1997, 157, 161), ist noch nicht geklärt. Gute Gründe sprechen dafür, auch eine spätere Erkennbarkeit der Relevanz genügen zu lassen, sofern der Wissende sein Wissen dann noch parat hat.

90 BGHZ 132, 30, 35 = WM 1996, 594, 596 = NJW 1996, 1339, 1340. Nach *Pfeiffer* EWiR 96, 635, 636 kommt dem typischen Akteninhalt insofern mittelbar Bedeutung zu, als er die Verkehrserwartung prägt und unzumutbare Erwartungen ausschließt. *Hamann* EWiR 1998, 61, 62 kritisiert die neue Formel als zu weit und verlangt eine strikte Beschränkung auf „typischerweise aktenmäßig festgehaltene" Informationen.

Zum anderen muss für den handelnden Mitarbeiter, bei dem es auf das Wissen der Gesellschaft ankommt, „eine reale Möglichkeit, aber auch ein Anlass bestehen, sich das einmal erworbene Wissen aus dem eigenen Gedächtnis, aus Speichern oder von anderen Menschen zu beschaffen“[91], d.h., auf gespeichertes Wissen zurückzugreifen. Dabei sind insbesondere auch die Schwierigkeiten einer Suche nach der Information zu berücksichtigen[92]. Dies bedeutet, dass das etwa für eine Aufklärung relevante Wissen der Gesellschaft für jeden einzelnen Vorgang des handelnden Mitarbeiters neu bestimmt wird, weil vom Anlass abhängt, wie intensiv er sich Informationen zu beschaffen hat.

Ausschlaggebend für die Statuierung einer Organisationspflicht war der Gedanke, dass eine arbeitsteilig tätige Gesellschaft ihr Wissen nicht bloß einseitig (zu ihren Gunsten) durch gezielte Organisation ihrer Mitarbeiter verwenden können soll. Vielmehr muss sie sich aus Verkehrsschutzgründen auch zu ihren Lasten an ihrem Wissen festhalten lassen[93].

Gestützt wird dieser neuere Ansatz insbesondere auf zwei Argumente. Zum einen wird diese Ansicht mit den Erwartungen des Rechtsverkehrs begründet[94]. Danach kann der Rechtsverkehr eine solche interne Organisation der Gesellschaft erwarten, dass das jeweils maßgebliche Wissen an die zuständigen Personen in dem Unternehmen weitergeleitet wird oder ihnen jedenfalls

---

91 BGHZ 132, 30, 38 = WM 1996, 594, 597 = NJW 1996, 1339, 1341; BGHZ 133, 36, 43 = WM 1996, 1618, 1620 = NJW 1996, 2734, 2736; BGHZ 140, 54, 62 = WM 1998, 2543, 2546 = NJW 1999, 284, 286 (möglich und geboten); a.A.: *Aden* NJW 1999, 3098, 3099 wonach das Wissen der Organisation die Summe des Einzelwissens aller Mitarbeiter ist, selbst wenn kein Zugriff auf dieses Wissen möglich ist.

92 *Medicus* in Karlsruher Forum, 4, 14; angedeutet bei BGHZ 117, 104, 108 f. = WM 1992, 792, 793 = NJW 1992, 1099, 1100; 132, 30, 39 = WM 1996, 594, 597 = NJW 1996, 1339, 1341; BGHZ 123, 224, 229, 231 = NJW 1993, 2807, 2808. Vgl. auch *Hartung* NZG 1999, 524, 529.

93 BGHZ 132, 30, 37 = WM 1996, 594, 596 = NJW 1996, 1339, 1341; *Grunewald* in FS Beusch, 301, 304 ff.; *Bohrer* DNotZ 1991, 124, 129; *Medicus* in Karlsruher Forum, 4, 11; *Taupitz* in Karlsruher Forum, 16, 26; *Meyer-Reim/Testorf* VersR 1994, 1137, 1141; *Schultz* NJW 1996, 1392, 1393. Vgl. auch BGHZ 135, 202, 207 = WM 1997, 1092, 1094 = NJW 1997, 1917, 1918.

94 BGHZ 132, 30, 37 = WM 1996, 594, 596 = NJW 1996, 1339, 1341; *Grunewald* in FS Beusch, 301, 304: „Eine sachgerechte Lösung (...) lässt sich am ehesten wohl dadurch erreichen, dass man die Problematik aus der Sicht des Vertragspartners betrachtet.“, 311, 313; *Bohrer* DNotZ 1991, 124, 129; *Taupitz* in Karlsruher Forum, 16, 26; *Schultz* NJW 1996, 1392, 1393. Ablehnend unter anderem *Schüler* Wissenszurechnung, 82, der auf den Selbstschutz des Unternehmens abstellt. Vgl. auch unter Kapitel 2, B. II. 2. (S. 28 ff.).

der Zugriff auf dieses Wissen möglich ist[95]. Zum anderen wird das Gleichstellungsargument ins Feld geführt, wonach ein Vertragspartner einer Gesellschaft nicht dadurch benachteiligt werden darf, dass es sich bei seinem Vertragspartner nicht um eine natürliche Person sondern um eine arbeitsteilig tätige Organisation mit aufgespaltenem Wissen handelt[96]. Wer eine Wissensaufspaltung veranlasst und durch Organisation beherrschen kann, soll auch deren Risiken tragen.

Aus dem Gleichstellungsargument ergibt sich zugleich auch eine Schranke der Wissenszurechnung: So wie es verbietet, dass eine Vertragspartei dadurch benachteiligt wird, dass ihr Vertragspartner keine natürliche Person sondern eine arbeitsteilige Organisation ist, verbietet es genauso, dass der Vertragspartner einer solchen Unternehmung besser steht, als wenn er den Vertrag mit einer natürlichen Person abgeschlossen hätte. Dieser Aspekt bekommt insbesondere im Hinblick darauf Relevanz, dass eine natürliche Person Informationen auch wieder vergessen kann. Daher muss auch einer Organisation die Möglichkeit zugestanden werden, Informationen nicht (mehr) zu haben. Damit verbietet das Gleichstellungsargument eine Wissensfiktion[97]. Zu einer solchen würde es kommen, wenn der arbeitsteilig organisierten Unternehmung das gesamte Wissen jedes Mitarbeiters zugerechnet würde[98] und dieses Wissen auf alle Zeit in der Unternehmung bliebe. Eine Information muss daher nicht auf Dauer gespeichert und zugänglich gehalten werden, sie darf nach

---

95 BGHZ 132, 30, 37 = WM 1996, 594, 596 = NJW 1996, 1339, 1341; BGHZ 133, 36, 43 = WM 1996, 1618, 1620 = NJW 1996, 2734, 2736; 135, 202, 206 f. = WM 1997, 1092, 1093 = NJW 1997, 1917, 1918; *Grunewald* in FS Beusch, 301, 311, 313; *Bohrer* DNotZ 1991, 124, 129; *Taupitz* in Karlsruher Forum, 16, 26; *Schultz* NJW 1996, 1392, 1393.

96 BGHZ 109, 327, 332 = WM 1990, 524, 525 = NJW 1990, 975, 976; 132, 30, 36 f. = WM 1996, 594, 596 = NJW 1996, 1339, 1341; BGHZ 135, 202, 207 = WM 1997, 1092, 1094 = NJW 1997, 1917, 1918; *Medicus* in Karlsruher Forum, 4, 11; *Diederichsen* in Karlsruher Forum, Diskussion, 38; *Kötz* in Karlsruher Forum, Diskussion, 43; *Canaris* BankVR Rn. 106, 800a; *Bohrer* DNotZ 1991, 124, 129 f.; kritisch hierzu *Koller* JZ 1998, 75, 77 ff. und *Taupitz* in Karlsruher Forum, 16, 27; *Schramm* in MünchKomm BGB § 166 Rn. 26; *Schüler* Wissenszurechnung, 75; *Lutter* ZHR 145 (1981) 225, 242: Ziel der Wissenszurechnung ist es, „Außenstehende vor den Tücken einer großen Organisation zu schützen“; *Beuthien* NJW 1999, 3585, 3587. Differenzierend *Baum* Wissenszurechnung, 186 ff.

97 BGHZ 132, 30, 38 = WM 1996, 594, 597 = NJW 1996, 1339, 1341; BGHZ 135, 202, 205 = WM 1997, 1092, 1093 = NJW 1997, 1917, 1917; *Medicus* in Karlsruher Forum, 4, 16.

98 So aber *Aden* NJW 1999, 3098, 3099.

einer gewissen Zeit gelöscht werden. Die Zeitdauer richtet sich nach der Relevanz der Information.

Zusätzlich bestätigt das Gleichstellungsargument, dass nicht alle Informationen, die in Speichern außerhalb des Gedächtnisses eines handelnden Mitarbeiters niedergelegt sind, als sein Wissen gelten können. Vielmehr muss – wie bei einer natürlichen Person sonst auch – ein Anlass bestehen, die Speicher zu befragen[99].

2. Kritik an der neuen Auffassung

Diese neue Linie in Literatur und Rechtsprechung, nach der sich die Frage des Wissens einer arbeitsteiligen Gesellschaft aus Verkehrsschutzgründen nach einer Pflicht zur Organisation der Kommunikation richtet, ist auf Kritik gestoßen.

So wird zwar teilweise dem Ansatz einer Wissenszurechnung über Organisationspflichten noch zugestimmt, aber die als Argument angeführten Verkehrsschutzgründe, insbesondere die Verkehrserwartung, werden dann abgelehnt. Teilweise wird auch schon grundlegend die Frage gestellt, ob das Problem des Wissens innerhalb einer juristischen Person über eine Pflicht zur ordnungsgemäßen Organisation der Kommunikation gelöst werden kann.

Schüler befürwortet zwar eine Wissenszurechnung aufgrund von Organisationspflichten[100], er sieht aber den Grund für die Wissenszurechnung innerhalb einer Gesellschaft nicht im Verkehrsschutz sondern im Selbstschutz der Unternehmen[101]. Er stellt darauf ab, dass das Wissen den Betroffenen schlechter stellt und das Unternehmen somit vor dieser Schlechterstellung geschützt werden muss[102].

Baum lehnt eine Wissenszurechnung aufgrund einer ordnungsgemäßen Organisation der Kommunikation unter dem Gesichtspunkt der Vertrauenshaftung ab. Da eine ordnungsgemäße Organisation nicht zu bestimmen sei[103], sei auch

---

99 *Medicus* in Karlsruher Forum, 4, 12, wobei sich die Intensität der Suche nach der Schwierigkeit und dem Anlass der Suche richten muss, 14; *Taupitz* JZ 1996, 734, 736; *Armbruster/Jansen* DStR 1999, 1907, 1909, wonach ein Informationsaustausch möglich und geboten sein muss; enger *Adler* Wissenszurechnung, 145, der verlangt, dass die Information tatsächlich abgerufen wurde.

100 *Schüler* Wissenszurechnung, 79, 84.

101 *Schüler* Wissenszurechnung, 41 ff., 44, 82.

102 *Schüler* Wissenszurechnung, 41 f., 44.

103 *Baum* Wissenszurechnung, 213.

nur ein schwacher Vertrauenstatbestand gegeben. Zudem fehle es regelmäßig an einer ganz ungewöhnlich großen Vertrauensinvestition, die aber erforderlich sei, um eine Vertrauenshaftung begründen zu können[104]. Nichtsdestotrotz verfolgt er genauso den Gedanken einer wertenden Wissenszurechnung. Er schlägt jedoch statt dessen vor, sich auf allgemeine Risikoerwägungen zu stützen, wonach derjenige, der ein Risiko schafft, Dritte mit angemessenem, zumutbarem Aufwand vor dessen Realisierung schützen muss[105].

Kieser und *Kloster* bezeichnen den Verkehrsschutzansatz als „zweifelhaft". Sie schlagen vor, die Wissenszurechnung als eine Haftung aus der Verletzung von Verhaltenspflichten zu konstruieren, um die Frage der sachgerechten Zuweisung des durch die Wissensaufspaltung entstehenden Risikos zu lösen[106]. Voraussetzung der Wissenszurechnung sei eine Verletzung der Pflicht, eine das Risiko der Wissensaufspaltung minimierende Organisation zu schaffen[107]. Damit nähern sie sich dem Ansatz von *Baum*[108] an, der auch auf eine Risikoschaffung abstellt.

Auch *Buck* lehnt den neuen Ansatz der Wissenszurechnung ab. Ihrer Auffassung nach kommt es zu einer Vermischung der Wissens- und der Zurechnungsebene[109]. Sie schlägt statt dessen vor, auf den Gedanken von Treu und Glauben in Ausprägung des Rechtsmissbrauchs zurückzugreifen. Dieser Rückgriff auf Treu und Glauben führt nach ihrer Ansicht weiter, da so weder der Kenntnisbegriff unzulässig modifiziert werde noch auf der Zurechungsebene ein Widerspruch zu den herkömmlichen Zurechnungsgrundsätzen entstehe[110]. Damit wird ihrer Meinung nach vermieden, dass bereits fahrlässige Unkenntnis zur Begründung von positiver Kenntnis ausreicht[111].

In die gleiche Richtung zielt auch die grundlegende Kritik von *Altmeppen*[112]. Er bemängelt an der neuen Ansicht, „dass sie sich dogmatisch nicht verankern

---

104 *Baum* Wissenszurechnung, 210 ff., 356.
105 *Baum* Wissenszurechnung, 225 ff., 306, 376.
106 *Kieser/Kloster* GmbHR 2001, 176, 180.
107 *Kieser/Kloster* GmbHR 2001, 176, 180.
108 *Baum* Wissenszurechnung, 225 ff., 306, 376.
109 *Buck* Wissen, 322, 518.
110 *Buck* Wissen, 518 f.
111 *Buck* Wissen, 322, 518.
112 *Altmeppen* BB 1999, 749 ff.

lässt", da sie „fahrlässige Unkenntnis mit Kenntnis gleichsetzt"[113] und so zu einer vollständigen Aufgabe der Arglisttatbestände führe[114]. Nach seiner Auffassung ist das Problem der Wissenszurechnung allein über eine weite Auslegung des § 166 Abs. 2 BGB zu lösen, der „jedoch aufgrund der besonderen Situation der Wissensaufspaltung im Verband Modifikationen der Darlegungs- und Beweislast verlangt"[115]. Insbesondere soll dem Vertragspartner durch zwei widerlegbare Vermutungen geholfen werden, wonach bei typischerweise aktenmäßig festgehaltenen Umständen entweder vermutet wird, dass der Handelnde „selbst das gespeicherte Wissen (...) hatte" oder „ein Fall des § 166 Abs. 2 BGB vorliegt, weil zumindest irgendein anderer Vertreter, der für Kenntnisnahme und Weiterleitung der relevanten Information intern zuständig war, sie bewusst nicht an den handelnden Wissensvertreter weitergeleitet hat"[116].

Kritisiert wird weiterhin, dass die Schaffung allgemeiner Zurechnungs- und Verantwortungsprinzipien die Grenzen der zulässigen richterlichen Rechtsfortbildung sprengen würde[117].

Auch werden die hinter dieser Entwicklung stehenden Topoi in Frage gestellt[118]. So führt *Koller* gegen die „Gleichstellung von Einzelpersonen und arbeitsteiligen Organisationen" an, dass dem Vertragspartner einer arbeitsteiligen Organisation durch die Arbeitsteilung viele Vorteile erwachsen[119]. Dann müsse er konsequenterweise auch die Nachteile hinnehmen. Außerdem bemängelt *Koller*, dass bei der Gleichstellungsthese die Kosten und Risiken der Speicherung sowie Übermittlung von Informationen ausgeblendet würden, die zu Wettbewerbsverzerrungen und unkalkulierbaren Risiken führten[120]. Auch

---

113 *Altmeppen* BB 1999, 749, 750; *ders.* in Roth/Altmeppen GmbHG § 35 Rn. 77; in diese Richtung auch *Koller* JZ 1998, 75, 85, wonach es auf eine Pflicht zur Organisation nur im Bereich von „Wissen müssen" ankommt. Bedenken auch bei *Steffen* in Karlsruher Forum, Diskussion, 33.

114 In diese Richtung auch *Flume* AcP 197 (1997) 441 ff.; im Ergebnis ist das auch die Kritik von *Dauner-Lieb* in FS Kraft 1998, 43, 53 ff.

115 *Altmeppen* BB 1999, 749, 753.

116 *Altmeppen* BB 1999, 749, 753.

117 *Lehmann* DStR 1995, 1027, 1029.

118 *Koller* JZ 1998, 75, 77 ff.

119 *Koller* JZ 1998, 75, 77: Economies of Scale, Senkung der Transaktionskosten, viele Leistungen können überhaupt nur durch arbeitsteilig organisierte Unternehmen erbracht werden. Der Bezugspunkt des Gleichstellungsarguments wird auch von *Baum* Wissenszurechnung, 209 in Frage gestellt.

120 *Koller* JZ 1998, 75, 78.

passe es nicht zu den an Wissen anknüpfenden Gesetzesnormen[121], wenn der Handelnde sich erst Informationen beschaffen müsse, obwohl das Gesetz davon ausgehe, dass er ohne weitere Nachforschungen richtig handeln könne. In diesen Fällen werde eine arbeitsteilige Organisation „bedeutend härter getroffen" als ein Einmannunternehmen. Außerdem zieht *Koller* in Zweifel, ob es ein Vertrauen der Vertragspartner in eine bestimmte Weiterleitung von Wissen überhaupt gebe[122]. Nach seiner Auffassung ist daher eine allgemeingültige Aussage über die Berücksichtigung von Wissen von Hilfspersonen gefährlich[123].

III. Stellungnahme

Diese grundsätzlich verschiedenen Ansätze zur Wissenszurechnung verlangen eine Entscheidung zugunsten der einen oder der anderen Ansicht. Die Entscheidung wird nicht nur von den Vorteilen, sondern auch von der Kraft der jeweiligen Gegenargumente beeinflusst. Daher findet zunächst eine Auseinandersetzung mit der soeben[124] dargestellten Kritik an der neuen Auffassung statt.

1. Ablehnung der Kritik an der neuen Ansicht

Gegen die neuere Auffassung wird eingewandt, dass das „Kennen müssen" dem „Kennen" gleichgestellt werde[125]. In dieselbe Richtung zielt auch der Vorwurf, dass die Pflicht zur internen Organisation gegen den Grundgedanken der gesetzlichen Wissensvorschriften verstoße. Das stimmt jedoch nicht. Die Pflicht zur Organisation der Kommunikation führt zwar zu einer Annäherung an das „Kennen müssen"[126]. Es besteht aber ein entscheidender Unterschied: Denn es wird überhaupt nur dann von einem Wissen der arbeitsteiligen Gesellschaft gesprochen, wenn eine Person in der Gesellschaft die entsprechenden Kenntnisse hat oder hatte und bei ordnungsgemäßer Organisation das Wissen gespeichert und für den Handelnden abrufbar gewesen wäre.

---

[121] Etwa §§ 463,2, 638 I 2.Hs., 819, 852 BGB.

[122] *Koller* JZ 1998, 75, 80 f.; *Buck* Wissen, 317 hält die Vertrauenshaftung jedenfalls bei bestimmten Vorschriften (etwa § 852 BGB) nicht für passend.

[123] *Koller* JZ 1998, 75, 81.

[124] Siehe unter Kapitel 2, B. II. 2. (S. 28 ff.).

[125] Vgl. Nachweise oben in Fn. 111 (S. 29) und in Fn. 113 (S. 30).

[126] *Bohrer* DNotZ 1991, 124, 130; *Grunewald* in FS Beusch, 301, 312; *Medicus* in Karlsruher Forum, 4, 13; *Kieser/Kloster* GmbHR 2001, 176, 180.

Da es aber um die Kenntnis der arbeitsteiligen Gesellschaft als solcher geht, ist ihr Wissen dann zu bejahen. Die Gesellschaft als solche trifft keine Nachforschungspflichten[127]. Was dies für die einzelnen Mitarbeiter der arbeitsteiligen Gesellschaft bedeutet, kann insofern keine Rolle spielen. Diese Kritik überzeugt daher nicht.

Auch sonst kann der Ansatz von *Buck* nicht überzeugen. Der Rückgriff auf Treu und Glauben ist sehr vage und konturenlos. Nach ihrer Auffassung ist letztlich ein Wissen der Gesellschaft aus Gründen des Rechtsmissbrauchs und aus Vertrauensschutzerwägungen zu bejahen. Genau auf diesem Fundament hat aber auch die Rechtsprechung ihre Organisationspflichten errichtet. Im Vergleich zu den Grundsätzen von Treu und Glauben sind die Organisationspflichten jedoch viel konkreter und lassen sie sich genauer bestimmen. Daher ist ihre Auffassung abzulehnen.

Auch die Behauptung, die Grenzen der richterlichen Rechtsfortbildung seien überschritten[128], überzeugt nicht. In Anbetracht der Tatsache, dass eine richterliche Rechtsfortbildung im Zivilrecht in relativ weitem Umfang zulässig ist[129] und die Grenzen schwierig zu bestimmen sind[130], ist die hier betriebene Rechtsfortbildung noch als zulässig anzusehen[131].

Sofern ein Vertrauen der Vertragspartner in eine Weiterleitung von Wissen in Zweifel gezogen wird[132], ist dem Folgendes entgegenzuhalten: Als Grund hierfür wird die Feststellung angeführt, dass eine ordnungsgemäße Organisation schwierig zu bestimmen sei. Diese Feststellung ist zutreffend. Die daraus gezogene Schlussfolgerung überzeugt aber nicht. Es mag im Einzelfall schwierig sein festzustellen, wo genau die Grenze einer ordnungsgemäßen Organisation verläuft. Das heißt aber nicht, dass es nicht Fälle gibt, in denen sie eindeutig überschritten wurde. So mag es zwar eine kleine Grauzone geben – aber auch einen großen Bereich voller Klarheit, in dem Vertrauen in einen Wissenstransfer völlig gerechtfertigt ist. Der Vertragspartner darf bei

---

127 *Bohrer* DNotZ 1991, 124, 130; *Grunewald* in FS Beusch, 301, 312; *Medicus* in Karlsruher Forum, 4, 13.

128 Vgl. Nachweise oben in Fn. 117 (S. 30).

129 BVerfGE 34, 269, 287 ff. = NJW 1973, 1221, 1225; *P. Kirchhof* in FS Heidelberg, 11, 32.

130 BVerfGE 34, 269, 288 = NJW 1973, 1221, 1225; *Larenz/Canaris* Methodenlehre, 245 ff.; *Fischer* Weiterbildung, 28.

131 So auch *Hagen* DRiZ 1997, 157, 157 f.

132 Vgl. Nachweise oben in Fn. 103 (S. 28) und in Fn. 122 (S. 31).

relevanten Informationen sehr wohl davon ausgehen, dass eine Aufklärung durch den für die Gesellschaft Handelnden nicht von dem zufälligen Moment abhängt, wer für die Gesellschaft handelt und ob dieser persönlich Kenntnis hat[133]. Die Kritik überzeugt daher nicht.

Die Kritik von *Baum* ist zudem zu sehr auf den Vertrauensschutz zugespitzt, dabei sprechen die von ihm zitierten Urteile ausdrücklich von Verkehrsschutz, den er als solchen aber außer Betracht lässt. Wenn er bei seinem Ansatz – ausgehend von der Risikoaufspaltung – postuliert, dass die Wissenszurechnung aufgrund von Verkehrspflichten erfolgt, stellt sich weiterhin auch die Frage, worauf sich letztlich diese Verkehrspflichten gründen, wenn nicht auf Verkehrsschutzerwägungen[134].

Mit denselben Argumenten lässt sich auch die Kritik von *Kieser* und *Kloster* entkräften. Denn auch bei ihrem Ansatz bleibt unklar, woraus sich die Pflicht zur Minimierung der Risiken der Wissensaufspaltung ergeben soll, wenn nicht aus Verkehrsschutzgründen.

Auch die Kritik von *Schüler* überzeugt nicht. Positiv formuliert besagt seine Ansicht vom Selbstschutz der Gesellschaft nämlich, dass Dritte durch das Wissen der Gesellschaft besser gestellt werden. Dies ist aber die entscheidende Blickrichtung. Denn entscheidend ist nicht die Auswirkung, die das Wissen auf das Unternehmen selbst hat, das die interne Wissenszurechnung nach eigenem Belieben organisieren kann. Maßgeblich ist vielmehr die Konsequenz, die sich für die Außenstehenden aus dem Wissen der Gesellschaft ergibt. Sie können keinen Einfluss auf das Wissen bzw. die Wissensorganisation innerhalb der Gesellschaft nehmen. Sie stehen der Gesellschaft gegenüber – sie sind damit auch schutzwürdig und ihre Position kann nicht davon abhängen, wie weit das Unternehmen sich selbst zu schützen gedenkt. Eine angemessene Verteilung der Risiken[135] ist nämlich dann nicht möglich, wenn die Gesellschaft, die die Risiken schafft, diese mit verbindlicher Wirkung für andere selbst auch den anderen zuweisen kann. Vielmehr muss die Risikozuweisung unabhängig von dem Willen der Gesellschaft selbst sein und sich

---

[133] So ausdrücklich aber *Faßbender* Aufklärungspflichten, 140.

[134] In diese Richtung auch *Buck* Wissen, 315, die das Bekenntnis zum Risikoprinzip sogar nur als ein „Schlagwort“ bezeichnet.

[135] Die auch *Schüler* Wissenszurechnung, 40 propagiert.

allein nach dem Schutz der Dritten richten. Richtig ist es daher von dem Verkehrsschutz als Grundlage der Wissenszurechnung auszugehen[136].

Bei den anderen Kritikpunkten handelt es sich um Wertungen. So gibt es etwa kein „richtig" oder „falsch" hinsichtlich der Frage, ob der Vertragspartner auch die Nachteile von arbeitsteiligen Organisationen hinnehmen muss[137]. Diese Einwände stehen einer Anwendung der neuen Grundsätze nicht entgegen.

2. Auseinandersetzung zwischen alter und neuer Ansicht

Nachdem die zentralen Kritikpunkte gegen die neuere Sichtweise zur Wissenszurechnung innerhalb arbeitsteiliger Unternehmen entkräftet worden sind, fällt die Entscheidung eindeutig zu Gunsten der neuen Ansicht aus. Denn sie überwindet die Nachteile, die die älteren Auffassungen mit sich bringen. So ist allein die hierarchische Stellung des Wissenden in der arbeitsteiligen Organisation kein überzeugender Anknüpfungspunkt für die Behandlung des Wissens der Gesellschaft. Weiterhin leuchtet nicht ein, wieso ein Problem, das bei allen arbeitsteilig organisierten Gesellschaften auftaucht und nicht zwingend rechtsformspezifisch ist, von Rechtsform zu Rechtsform unterschiedlich gelöst werden soll. Denn zum einen bringt dies erhebliche Schwierigkeiten bei Mischtypen mit sich[138], zum anderen kann es für einen Vertragspartner im Hinblick auf die Wissenszurechnung innerhalb der Gesellschaft keinen Unterschied machen, ob er mit einer juristischen Person oder einer Personengesellschaft kontrahiert; wieso sich für den Vertragspartner hieraus Unterschiede ergeben sollen, leuchtet nicht ein. Auch das Ergebnis[139] der älteren Ansicht, die zu einem ewigen Wissen der Gesellschaft kommt, erscheint wenig sachgerecht und realistisch, denn einer Gesellschaft ist es tatsächlich gar nicht möglich, jede Information eines Organs auf alle Ewigkeit zugriffbereit zu halten.

Die pauschale Zurechnung jeglichen Wissens der Vertreter verstößt zudem gegen den Rechtsgedanken des § 166 BGB. Danach ist grundsätzlich nur der Kenntnisstand der handelnden Person entscheidend (Abs. 1) und Kenntnisse

---

136 So auch der BGH in seiner Leitentscheidung, BGHZ 132, 30, 37 = WM 1996, 594, 596 = NJW 1996, 1339, 1341, sowie *BGH* NJW 2001, 2535, 2536; *Schramm* in MünchKomm BGB § 166 Rn. 26; *Schneider* in Scholz GmbHG § 35 Rn. 83a.

137 So wie hier auch *Buck* Wissen, 321.

138 *BGH* WM 1995, 1145, 1147 = NJW 1995, 2159, 2160.

139 *Hagen* DRiZ 1997, 157, 159 gibt zu, dass die neuere Rechtsprechung ergebnisorientiert entstanden ist.

anderer Personen werden allenfalls dann maßgeblich, wenn diese auf das Handeln steuernd eingewirkt haben (Abs. 2)[140]. Diese Beschränkung auf handelnde Vertreter soll aber für juristische Personen nicht gelten. Auch die Ansätze, die dieses Manko zu korrigieren suchen, vermögen im Ergebnis nicht zu überzeugen, denn ihnen haftet nach wie vor die Ungleichbehandlung der unterschiedlichen Rechtsformen und der unterschiedlichen Personen in einer Organisation an.

Zuzustimmen ist daher dem neuen Ansatz zur Wissenszurechnung, der in wertender Betrachtungsweise darauf abstellt, ob eine Pflicht zur internen Organisation der Kommunikation innerhalb des Unternehmens besteht. Dies bemisst sich nach der Relevanz des Wissens und der konkreten Entscheidung und bietet damit eine einheitliche, von Person und Rechtsform unabhängige Struktur. Im Übrigen ergibt sich auch nach den bisher vertretenen Ansichten rein tatsächlich jedenfalls eine Organisationsobliegenheit[141]. Denn wenn eine juristische Person alles „weiß", was ihre Organe wissen, muss sie dafür sorgen, dass sie auch tatsächlich Kenntnis von den Umständen hat und ihr Wissen dementsprechend organisiert ist, weil sie sonst ständig einem Haftungsrisiko ausgesetzt ist.

3. Ergebnis

Wissen innerhalb arbeitsteiliger Unternehmen kann demnach dem Handelnden dann zugerechnet werden, wenn das Wissen gespeichert und verfügbar gehalten oder gegebenenfalls sogar dem Handelnden zugeleitet werden musste. Ob dies der Fall ist, hängt davon ab, ob für den Wissenden erkennbar ist, dass die Information zu einem späteren Zeitpunkt für weitere Geschäftsvorfälle von Relevanz sein kann. Dies ist bei solchen Umständen der Fall, die typischerweise aktenmäßig festgehalten werden. Weiterhin ist Voraussetzung, dass in der Situation, in der das Wissen dem Handelnden zugerechnet werden soll, für ihn auch ein Anlass bestand, nach gespeicherten Informationen zu suchen[142]. Maßstab hierfür ist insgesamt eine ordnungsgemäße Organisation[143] der Kommunikation.

---

[140] *Taupitz* in Karlsruher Forum, 16, 26; *ders.* JZ 1996, 734, 734; *Heinrichs* in Palandt § 166 Rn. 11.

[141] *Schramm* in MünchKomm BGB § 166 Rn. 23 spricht sogar von einer Pflicht.

[142] Insofern anders *Baum* Wissenszurechnung, 293.

[143] Die Forderung von *Canaris* BankVR Rn. 106, *ders.* in Karlsruher Forum, Diskussion, 34 und *Weyers* in Karlsruher Forum, Diskussion, 43, eine ideale Organisation als Maßstab anzulegen, geht zu weit, denn sie stellt allein auf den Risikozurechnungsge-

Dies bedeutet im Einzelnen Folgendes: Kommen die Beteiligten dieser Pflicht zur internen Kommunikation nach, d.h. speichert der Wissende die relevante Information und greift der Handelnde darauf zu, dann hat der Handelnde das relevante Wissen; eine Wissenszurechnung ist nicht erforderlich. Hatte der Wissende keinen Anlass, die Information zu speichern oder hatte der Handelnde keinen Anlass oder auch bei ordnungsgemäßer Organisation keine Möglichkeit, auf das Wissen zuzugreifen, so hatte die Gesellschaft in der Person des Handelnden kein Wissen und brauchte es auch nicht zu haben[144]. Das Bestehen einer Organisationspflicht bedeutet aber auch, dass die Gesellschaft so gestellt wird, als habe sie in der Person des Handelnden Wissen gehabt, wenn dieser es unterlässt, trotz gegebenen Anlasses auf das Wissen zuzugreifen.

Kritisch ist nur, wie das Wissen zu bestimmen ist, wenn der Wissende die Information fehlerhaft oder pflichtwidrig nicht speichert, so dass der Handelnde auf die Information nicht zugreifen kann. Gegen die Möglichkeit, auch in diesen Fällen das Wissen der Gesellschaft zu bejahen, spricht scheinbar die Formulierung des *BGH*, wonach der Handelnde eine „reale Möglichkeit"[145] gehabt haben muss, auf das Wissen zuzugreifen. Das hatte er hier nicht. Diese Formulierung kann aber nur für den Fall der ordnungsgemäßen Organisation gelten. Entscheidend ist also, dass der Handelnde auf die Information hätte zugreifen können, wenn sie ordnungsgemäß gespeichert worden wäre.

Wollte man für die Wissenszurechung – im Gegensatz zu dem eben Behaupteten – verlangen, dass die Information ordnungsgemäß gespeichert wurde, würde man – ohne erkennbaren sachlichen Differenzierungsgrund – die beiden Teilpflichten der Organisation unterschiedlich behandeln. Dies ist aber abzulehnen, denn für den Rechtsverkehr, zu dessen Schutz die Organisation der Kommunikation erforderlich ist, ist es unerheblich, welche der beiden Teilpflichten verletzt wird. Bejaht man eine Wissenszurechnung aufgrund von

---

danken ab, ohne die Verkehrserwartung zu berücksichtigen. Wie hier *Adler* Wissenszurechnung, 51. Vgl. auch unten bei Grenzen der Wissenszurechnung Kapitel 2, D. I. 1. (S. 81).

144 A.A.: *Schüler* Wissenszurechnung, 81: Auf einen Anlass nachzufragen kommt es nicht an.

145 BGHZ 132, 30, 38 = WM 1996, 594, 597 = NJW 1996, 1339, 1341; BGHZ 133, 36, 43 = WM 1996, 1618, 1620 = NJW 1996, 2734, 2736; BGHZ 140, 54, 62 = WM 1998, 2543, 2546 = NJW 1999, 284, 286.

Organisationspflichten, muss man konsequenterweise auch dieses Ergebnis akzeptieren[146].

Wird eine der Teilpflichten zur Kommunikation verletzt, so ist der Vertragspartner so zu stellen, als ob ihr ordnungsgemäß nachgekommen wäre. Dann hätte der Handelnde – bei gegebenem Anlass – hierauf zugreifen können und auch zugegriffen.

Allerdings sind Ausnahmen möglich: Selbst wenn eine Gesellschaft eine ordnungsgemäße Organisation einrichtet und die Einhaltung durch die Mitarbeiter überwacht, kann es – vergleichbar zu den Ausreißerfällen bei Fabrikationsfehlern[147] – ausnahmsweise dazu kommen, dass ein Mitarbeiter eine Information vergisst, bevor er sie speichern konnte. Dann liegt kein Wissen der Gesellschaft vor[148], denn einzelne solcher Fehler lassen sich nie ganz vermeiden.

C. Wissenszurechnung über Unternehmensgrenzen hinweg

Gegenstand der bisherigen Erörterungen war die Frage der Wissenszurechnung *innerhalb* arbeitsteiliger Unternehmungen[149]. Die organisatorische Ausgestaltung der Arbeitsteilung kann aber variieren und ist häufig eher zufällig. So ist es ebenfalls denkbar, dass ein Unternehmen seine Arbeitsteilung nicht durch rechtlich unselbständige Betriebsabteilungen organisiert, sondern durch rechtlich selbständige Unternehmen, die miteinander verbunden sind. So ist es beispielsweise bei Konzernen[150], denen in unserem heutigen Wirtschaftsleben eine große Bedeutung zukommt[151]. Auch Banken haben häufig eine Vielzahl

---

146 Hierin liegt zweifellos eine Annäherung an ein „Wissenmüssen", vgl. dazu auch oben die Nachweise in Fn. 113 (S. 30). Es sei aber noch einmal auf den Unterschied hingewiesen: Das Wissen ist in die Sphäre der Gesellschaft gelangt. Ablehnend auch *Kieser/Kloster* GmbHR 2001, 176, 180.

147 Vgl. dazu BGHZ 51, 91, 105 = NJW 1969, 269, 275; *Foerste* in Prodhaft.Hdb. § 24 Rn. 133; *Zeuner* in Soergel BGB § 823 Rn. 178; *Michalski* BB 1998, 961, 962.

148 *BGH* WM 1996, 824, 826 = NJW 1996, 1205, 1206.

149 *BGH* NJW-RR 1997, 270, 270; *Taupitz* in Karlsruher Forum, 16, 27.

150 *K. Schmidt* GesellR § 17 I 2 d Beispiel Nr. 3 (S. 500).

151 *Lutter* in FS Stimpel, 825, 826. *Hoffmann-Becking* ZHR 159 (1995) 325, 325 schätzt, dass 90% aller Aktiengesellschaften in Deutschland im Konzernverbund stehen. Ähnlich äußert sich auch *Theisen* Konzern, 1. Seither hat sich die Zahl der Aktiengesellschaften in Deutschland durch eine Vielzahl von kleinen Neugründungen zwar deutlich erhöht, vgl. AG 1999, R67, aber jedenfalls für die großen Gesellschaften dürfte

von selbständigen Tochterunternehmen, die spezielle Aufgaben übernehmen oder auf bestimmten Märkten tätig sind und somit besondere Kenntnisse erwerben.

Ohne weiteres sind natürlich die allgemeinen zivilrechtlichen Regeln zur Wissenszurechnung in dieser Beziehung anwendbar[152]. Wird ein Unternehmen als rechtsgeschäftlicher Vertreter eines anderen Unternehmens eingesetzt, greift § 166 BGB ein. Eine Wissenszurechnung analog § 166 BGB erfolgt, wenn ein Unternehmen ein anderes als Wissensvertreter[153] benutzt.

Im Folgenden wird untersucht, ob neben diesen allgemeinen Regeln auch der neue Ansatz zur Wissenszurechung, der auf einer Organisationspflicht basiert, eine Wissenszurechung über Unternehmensgrenzen hinweg ermöglicht (I.). Nachdem das bejaht wurde, wird versucht, die maßgeblichen Kriterien einer solchen Unternehmensgrenzen überschreitenden Wissenszurechung herauszuarbeiten (II.). Danach wird untersucht, wie sich die weit verbreitete Personalverflechtung zwischen Organmitgliedern auf die Wissenszurechnung auswirkt (III.). Unter IV. werden die Konsequenzen aus der Beendigung einer Wissenszurechnung dargestellt, bevor unter V. der Gleichordnungskonzern auf Besonderheiten hin überprüft wird.

I. Vorüberlegungen

Wenn die Arbeitsteilung in einer Unternehmung nicht durch unselbständige Abteilungen erfolgt, sondern durch rechtlich selbständige Unternehmen, stellt sich die Frage, ob die von Literatur und Rechtsprechung entwickelten Grundsätze zur Wissenszurechnung bei rechtlich selbständigen Unternehmen überhaupt anwendbar sind.

---

die Quote weiterhin gelten. Den Vorteil größerer Flexibilität des Konzerns gegenüber einer Einheitsgesellschaft stellt *Martens* ZGR 1984, 417, 423 f. heraus. Vor- und Nachteile einer Konzernierung haben *Emmerich/Sonnenschein* KonzernR § 1 III 4 (S. 12 ff.) überblickartig zusammengestellt.

152 So auch *Bork* ZGR 1994, 237, 255.

153 BGHZ 117, 104, 106 f. = WM 1992, 792, 793 = NJW 1992, 1099, 1100; *Grunewald* in FS Beusch, 301, 312; *Scheuch* GmbHR 1996, 828, 829; nach *Medicus* Karlsruher Forum, 4, 10 ist allein der zweite Teil der Definition maßgebend, wonach ein Wissensvertreter dadurch gekennzeichnet ist, dass er Informationen zur Kenntnis zu nehmen und weiterzuleiten hat; zustimmend *Taupitz* Karlsruher Forum, 16, 25.

1. Contra Übertragbarkeit

Gegen die Anwendung der Grundsätze auf Wissen in mehreren rechtlich selbständigen Unternehmen spricht, dass die Grundsätze nur für die Wissenszurechnung *innerhalb* von Unternehmen[154] geschaffen wurden. Selbst Konzernunternehmen – als Beispiel eng miteinander verbundener Unternehmen – sind aber rechtlich selbständige Unternehmen[155], § 15 AktG. Auch der Konzern selbst stellt keine eigene rechtliche Einheit höherer Stufe dar[156].

In dem Fehlen einer rechtlichen Einheit liegt ein gravierender Unterschied zu der ursprünglich der Wissenszurechnung zugrundeliegenden Situation. Die rechtliche Vielheit ist ein entscheidendes Argument[157], das gegen die Wissenszurechnung über die Grenzen von Unternehmen hinaus spricht. Denn es ist nicht ohne weiteres ersichtlich, wieso einem rechtlich selbständigen Unternehmen das Wissen eines anderen, rechtlich selbständigen Unternehmens zuzurechnen ist[158]. Diese Grenze zu ignorieren und das Wissen immer zuzurechnen, hieße, eine schematische Lösung mit absolutem Vorrang des Ver-

---

154 *BGH* NJW-RR 1997, 270, 270; *Taupitz* in Karlsruher Forum, 16, 27.

155 *K. Schmidt* GesellR § 17 I 2 d (S. 500); *ders.* JuS 1985, 249, 256; *Hoffmann-Becking* ZHR 159 (1995) 325, 326; *Wiedemann* Unternehmensgruppe, 15; *Lutter* in FS Stimpel, 825, 828; *Martens* ZHR 147 (1983) 377, 411; *Dierdorf* Herrschaft, 31; *Emmerich/Sonnenschein* KonzernR § 4 I 2 (S. 56); *Fleischer* ZHR 163 (1999) 461, 462; *Druey* Gutachten 59. DJT, H37; *Jaschinski* Schwestergesellschaften, 28; *Schüler* Wissenszurechnung, 85 ff., 132, der auch die Trennung von Gesellschaft und Gesellschafter ausführlich herausarbeitet.

156 *Rehbinder* Konzernaußenrecht, 76; *Haussmann* Tochtergesellschaft, 27 f.; *Wiedemann* Unternehmensgruppe, 15; *Lutter* in FS Stimpel, 825, 827 f. (insb. Fn. 21); *Ehricke* Insolvenz, 28; *Zöllner* in Baumbach/Hueck GmbHG Schlussanhang I Rn. 25; a.A.: Früher: *Kronstein* Juristische Person, 3 f.; in jüngerer Zeit *Teubner* ZGR 1991, 189, 204 ff. „Rechtsperson sui generis". Insbesondere führt auch die Wissenszurechnung nicht zu einer Aufhebung der rechtlichen Trennung, dies betonen *Drexl* ZHR 161 (1997) 491, 499 und *Bork* ZGR 1994, 237, 245.

157 *Haussmann* Tochtergesellschaft, 28: „Solange man Rechtsfragen erörtert, kommt es eben auf die juristische Gestaltung an, und zwar in erster Linie und entscheidend; (...). Die Aktiengesellschaft ist und bleibt eine andere Rechtsform als die Filiale (....)."; *K. Schmidt* GesellR § 17 I 2 d (S. 500): „Es ist nicht kleinliche Theorie, wenn man auf der Trennung der Rechtssubjekte besteht." *Drexl* ZHR 161 (1997) 491, 493; auch der *BGH* NJW-RR 1997, 270, 270 sieht in der rechtlichen Selbständigkeit ein Hindernis für die Wissenszurechnung.

158 Davon bleibt auf jeden Fall die Pflicht unberührt, innerhalb der Unternehmen, die in diese Organisationsstruktur eingebunden sind, die Grundsätze über die Wissenszurechnung aufgrund von Organisationspflichten zu befolgen; diese werden durch die Integration in eine übergeordnete Struktur nicht entbehrlich. So auch *Bork* ZGR 1994, 237, 252, der zu Recht betont, dass es sich hierbei „nicht um eine konzernspezifische Zurechnung" handelt.

kehrsschutzes vor den Interessen der einzelnen Unternehmen zu verfolgen[159]. Gegen eine Anwendung der Wissenszurechnung über die Grenzen von Unternehmen hinaus wendet *Koller*[160] zudem ein, dass die Tragweite einer solchen Zurechnung unübersehbar und unkalkulierbar wäre. Dem ist insofern zuzustimmen, als dass nicht jede Beteiligung oder jede Zusammenarbeit mit einem anderen Unternehmen gleich zu einer Wissenszurechnung zwischen diesen führen darf.

Gegen eine (modifizierte) Anwendung der Grundsätze über Unternehmensgrenzen hinweg spricht sich scheinbar auch *Taupitz* – als einer der Begründer der neuen Ansicht – aus. Denn er will die von ihm entwickelten Grundsätze nur auf eine Organisation mit „einer rechtlichen Einheit"[161] anwenden. Nach dem Wortlaut klammert er damit einen „Konzern" aus. Ob dies wirklich beabsichtigt war, erscheint jedoch fraglich, denn scheinbar bezweckt die Einschränkung nur, Privatpersonen mit mehreren Bevollmächtigten auszuklammern.

2. Pro Übertragbarkeit

Überzeugende Argumente sprechen aber dafür, diese neue Linie grundsätzlich auch auf rechtlich selbständige Unternehmen zu übertragen[162]. Hierfür spricht insbesondere, dass es zufällig sein kann, ob die Arbeitsteilung durch selbständige Unternehmen oder unselbständige Abteilungen erfolgt[163]. Insofern stellt sich die Frage, ob diese zufällige Entscheidung für den Vertragspartner zu unterschiedlichen Ergebnissen führen darf[164]. Zu beachten ist insoweit auch, dass bei Konzernen (als intensiver Form der Verbindung) zwar keine rechtliche, wohl aber eine wirtschaftliche Einheit und Verflechtung vorliegt[165]. Das

---

159 In diesem Sinne auch *Drexl* ZHR 161 (1997) 491, 508.

160 *Koller* JZ 1998, 75, 79.

161 *Taupitz* in Karlsruher Forum, 16, 27.

162 *Kieser/Kloster* GmbHR 2001, 176, 177 weisen darauf hin, dass die früher vertretenen Auffassungen (dazu unter Kapitel 2, B. I. (S. 20 ff.)) hier „vollständig versagen".

163 Vgl. *Hennrich* WM 2000, 1561, 1566, wonach ein Bankkunde nicht davon ausgehen darf, „dass seine Bank sämtliche Tätigkeiten hausintern wahrnehme".

164 *K. Schmidt* GesellR § 17 I 2 d (S. 500): „Das Recht [darf nicht blind sein] für die Tragweite der Unternehmensverbindung"; *Ehricke* Insolvenz, 29.

165 *Drexl* ZHR 161 (1997) 491, 493 spricht von „funktionaler Einheit"; *Schüler* Wissenszurechnung, 133 f. In den Wirtschaftswissenschaften wird der Konzern überwiegend als eine Einheit behandelt: *Wullenkord* Controlling, 8, 25; *Schneider* Konzernfinanzierung, 261; *Theisen* Konzern, 4; *Binder* Beteiligungsführung, 11. *Bälz* in FS Raiser, 287, 320 f. spricht von polykorporativem Charakter; *Druey* SZW 1995, 93, 96 spricht von einer zwischen Einheit und Vielheit schillernden Struktur. Nach *Aden* NJW 1999,

hat den Gesetzgeber veranlasst, in einigen Bereichen hieran rechtliche Folgen zu knüpfen[166].

Würde man aufgrund der rechtlichen Vielheit eine Wissenszurechnung immer ablehnen, wäre es für die Unternehmen ein Leichtes, sich der Wissenszurechnung zu entziehen. Sie müssten ihre Geschäfte nur durch selbständige Unternehmen statt durch unselbständige Abteilungen betreiben. Die hieraus resultierende, vermehrte Konzernierung wäre nicht nur rechtspolitisch unerwünscht[167], sondern wegen der damit verbundenen Wissensaufspaltung auch aus Verkehrsschutzgründen bedenklich. Für eine Wissenszurechnung spricht auch, dass gerade viele Konzerne versuchen, durch ein einheitliches Auftreten (corporate identity) nach außen als eine Einheit zu erscheinen[168]. Wenn die Aufspaltung in verschiedene, rechtlich selbständige Gesellschaften für den durchschnittlichen Kunden nur schwer erkennbar ist und sich die Gesellschaften hiervon Vorteile versprechen, dann müssen sie möglicherweise auch Nachteile in Kauf nehmen. Denkbar ist, dass sie dann tatsächlich wie eine Einheit behandelt werden und trotz der rechtlichen Selbständigkeit eine Wissenszurechnung erfolgt.

Jedenfalls erscheint es nicht von vornherein völlig ausgeschlossen, Wissen auch über Unternehmensgrenzen hinweg zuzurechnen und diese Wissenszurechnung als Korrektiv zu der erlaubten Arbeitsteilung und Funktionsaufspaltung auf selbständige Unternehmen anzusehen. Dafür sprechen auch Stellungnahmen in Literatur (a.) und Rechtsprechung (b.), die sich mit der Frage einer Wissenszurechnung zwischen Unternehmen beschäftigt haben[169] – bis

---

3098, 3099 kommt dem Konzern die Rolle eines Informationsattraktors und -koordinators zu.

166 Beispiele sind die Vorschriften über die Konzernrechnungslegung, §§ 290 ff. HGB, §§ 11 ff. PublG und die Konzernmitbestimmung, § 5 MitbestG.

167 *Kropff* ZGR 1984, 112, 115.

168 Zum Beispiel die Firmengruppe der „Allianz AG", „Allianz Lebensversicherungs AG"; „Südleasing – Ein Unternehmen der Landesbank Baden-Württemberg"; „Deutsche Bank AG", „Deutsche Bank 24 AG", „Deutsche Bank Bauspar AG", „Deutscher Herold, LebensversicherungsAG der Deutschen Bank", „DWS Die Wertpapier Spezialisten – Deutsche Bank Gruppe"; bewusst anders das Finanzportal des Deutsche Bank Konzerns „Moneyshelf AG", das sogar eine eigene Firmenfarbe hat; vgl. aus betriebswirtschaftlicher Sicht: Abgestimmte Kommunikation als Teil einer Gesamt-Corporate-Identity Strategie: *Birkigt/Stadler/Funck* Corporate Identity, 21; *Achterhold* Corporate Identity, 45.

169 Hiervon zu trennen ist das Problem des „Informationsdurchgriffs" auf das *Lutter* ZHR 151 (1987) 444, 446 hinweist (Einsichtnahmerecht eines Kommanditisten in Bücher der Tochtergesellschaft). *Hoffmann-Becking* ZHR 159 (1995) 325, 337 erörtert den

jetzt jedoch nur vereinzelt beim Konzern und meist im Hinblick auf einzelne Teilaspekte.

a. Stellungnahmen in der Literatur

Der Aspekt der Wissenszurechnung wurde bereits im Hinblick auf den gutgläubigen Erwerb behandelt. So verlangte *Kronstein* „von der herrschenden Person (...) im Rahmen des Zumutbaren alle ihre Informationsmöglichkeiten darüber zu benützen, ob ein Recht der abhängigen Person auch in der Tat an dem [an die herrschende Person] zu übertragenden Gegenstand besteht.“[170] Und auch *Rehbinder* will den Gutglaubensschutz versagen, „wenn zwei Teilnehmer am rechtsgeschäftlichen Verkehr in einer ständigen, engen geschäftlichen Verbindung stehen, die ihnen gestattet, die Grundlagen des Rechtserwerbs mit anderen Mitteln zu prüfen als denen, auf die der gewöhnliche Teilnehmer am rechtsgeschäftlichen Verkehr angewiesen ist.“[171] Dies soll insbesondere auch bei Beherrschungsverhältnissen der Fall sein[172].

Auch im Arbeitsrecht insbesondere mit Hinblick auf den Beginn der Ausschlussfrist des § 626 Abs. 2 S. 1 BGB wurde das Problem aufgegriffen. Für *Windbichler* stellt sich der Fall verschiedener Unternehmen so dar, „wie das entsprechende Problem innerhalb eines Unternehmens, wenn der Kündigungssachverhalt erst seinen Weg über mehrere Hierarchiestufen (...) machen muss.“[173] Daher ist es ihrer Ansicht nach „Sache des Vertragsarbeitgebers, für einen angemessenen Informationsfluss zu sorgen. Darauf, dass im Konzern die Abläufe schwieriger und langwieriger seien, kann er sich [nicht] berufen (...). Hinzu kommt des weiteren, dass derjenige, der sich einer komplizierten

---

Fall des Auskunftsanspruchs gegen den Vorstand der herrschenden Unternehmung hinsichtlich Angelegenheiten der Töchter und bejaht einen Informationsanspruch gegen die Tochter im faktischen Konzern nur in Hinblick auf die Konzernrechnungslegung. Die Problematik unterscheidet sich aber von der hier diskutierten aufgrund der Art der relevanten Information. Bei der Frage der Wissenszurechnung geht es regelmäßig um Informationen über Außenstehende oder von außen. Bei dem von *Lutter* und *Hoffmann-Becking* problematisierten Aspekt geht es aber um eigene Angelegenheiten der abhängigen Gesellschaft.

170 *Kronstein* Juristische Person, 99 noch im Hinblick auf die ältere Auffassung zur Bestimmung des unternehmensinternen Wissens.

171 *Rehbinder* Konzernaußenrecht, 468 noch im Hinblick auf die ältere Auffassung zur Bestimmung des unternehmensinternen Wissens.

172 *Rehbinder* Konzernaußenrecht, 467 noch im Hinblick auf die ältere Auffassung zur Bestimmung des unternehmensinternen Wissens.

173 *Windbichler* Arbeitsrecht im Konzern, 154 noch im Hinblick auf die ältere Auffassung zur Bestimmung des unternehmensinternen Wissens.

Organisation bedient, sich daraus resultierende Unklarheiten anlasten lassen muss."[174]

Umfassender haben sich *Bork*[175] und *Drexl*[176] mit dem Problem der Unternehmensgrenzen überschreitenden Wissenszurechnung auseinander gesetzt. Als speziellen, konzernrechtlichen Aspekt will *Bork* die Wissenszurechnung analog zu § 166 BGB vornehmen, wenn ein Unternehmen im Zuge arbeitsteiliger Konzernorganisation die Kenntnisnahmemöglichkeit auf andere Unternehmen verlagert und sich dadurch der Kenntniserlangung organisatorisch entzogen hat[177]. Voraussetzung hierfür soll eine gesteigerte Abhängigkeit sein[178]. Nach *Drexl*, der mit der neueren Ansicht zur Wissenszurechnung auf Organisationspflichten abstellt, erfolgt eine Zurechnung von Wissen, wenn sich das „herrschende Unternehmen nicht auf eine kapitalistische Beteiligung beschränkt, sondern das abhängige Unternehmen im Sinne von Arbeitsteilung zur Erreichung einheitlicher Unternehmensziele einsetzt."[179]

Auch *Ehricke* hat sich mit der Wissenszurechnung im Konzern auseinandergesetzt[180]. Er bejaht eine Wissenszurechnung zwischen Konzerngesellschaften schon allein aufgrund der Zugehörigkeit zum „System" Konzern und der Intransparenz der Informationsflüsse und will der abhängigen Gesellschaft als Korrektur für die weitreichende Zurechnung nur die Möglichkeit geben, die Vermutung der Kenntnis zu widerlegen[181].

Die bisher umfassendste Darstellung der hier behandelten Problematik stammt von *Schüler*[182]. Er vertritt die Auffassung, dass eine Wissenszurechnung im Konzern aufgrund wertender Betrachtung dann erfolgt, wenn die herrschende Unternehmung auf Entscheidungen der abhängigen Gesellschaft Einfluss nimmt[183]. In diesen Fällen wird das herrschende Unternehmen zum Willensbildungsorgan der abhängigen Unternehmung. In dem Maße, wie das

---

174 *Windbichler* Arbeitsrecht im Konzern, 155 noch im Hinblick auf die ältere Auffassung zur Bestimmung des unternehmensinternen Wissens.

175 *Bork* ZGR 1994, 237, 237 ff.

176 *Drexl* ZHR 161 (1997) 491, 491 ff.

177 *Bork* ZGR 1994, 237, 256.

178 *Bork* ZGR 1994, 237, 263.

179 *Drexl* ZHR 161 (1997) 491, 516.

180 *Ehricke* Insolvenz, 30 ff.

181 *Ehricke* Insolvenz, 32 f.

182 *Schüler* Wissenszurechnung, 128 ff.

183 *Schüler* Wissenszurechnung, 150 ff., 171 f., 259.

herrschende Unternehmen Einfluss nimmt, erfolgt dann auch eine Wissenszurechnung zwischen Tochter- und Muttergesellschaft[184].

b. „Stellungnahmen" in der Rechtsprechung

Der *BGH*[185] bejahte am 14.7.1993 das Wissen eines Konzernunternehmens, obwohl die Informationen in einem anderen Konzernunternehmen lagen. Die rechtliche Selbständigkeit der Konzernunternehmen störte den *BGH* nicht, da auf die Informationen von dem einen Unternehmen aus zugegriffen werden konnte und ein Hinweis auf diese Information erfolgte.

In seiner Entscheidung vom 22.11.1996 lehnte der *BGH*[186] eine Wissenszurechnung ab, weil die wissende Hausverwaltung nicht in die Organisation des Beklagten eingegliedert war. Denn die Pflicht zur ordnungsgemäß organisierten Kommunikation sei nur „für arbeitsteilige Abläufe *innerhalb* eines Unternehmens oder einer Organisation entwickelt worden"[187]. Auch wenn es sich in dem Fall nicht um eine Konzernstruktur handelte, kann der Entscheidung möglicherweise dennoch entnommen werden, dass nach Ansicht des *BGH* eine Wissenszurechnung auch bei rechtlich selbständigen Unternehmen möglich sein kann. Denn sonst hätte er auf die fehlende Eingliederung gar nicht mehr abstellen müssen.

In seiner „Swiss-Air" Entscheidung vom 15.11.1994 hat das *schweizerische Bundesgericht* angenommen, dass dem herrschenden Unternehmen das Wissen einer Tochtergesellschaft darüber zugerechnet wird, was die Tochter gegenüber einem Dritten geäußert und was sie nicht geäußert hat[188].

3. Zwischenergebnis

Zusammenfassend lässt sich festhalten, dass die Zurechnung von Wissen über Unternehmensgrenzen hinweg nicht ausgeschlossen ist. Wie auch die Nachweise aus Literatur und Rechtsprechung zeigen, besteht trotz der geäußerten Bedenken auch bei rechtlich selbständigen Unternehmen ein nicht von der Hand zu weisendes Bedürfnis, eine Wissenszurechnung zu etablieren, um zufällige Ergebnisse zu vermeiden. Die Kriterien für eine solche Zurechnung

---

184 *Schüler* Wissenszurechnung, 269.
185 BGHZ 123, 224 = NJW 1993, 2807.
186 *BGH* NJW-RR 1997, 270.
187 *BGH* NJW-RR 1997, 270, 270 (Hervorhebung im Original).
188 BGE 120 II 331, 340 = AG 1996, 44, 45.

sind aber noch weitgehend unklar. Daher werden im Folgenden verschiedene Anknüpfungspunkte für eine Wissenszurechnung dargestellt.

II. Kriterien

Bei der Übertragung der Grundsätze über die Wissenszurechnung innerhalb eines Unternehmens auf Fälle der Wissenszurechnung zwischen Unternehmen bewegt man sich in einem Spannungsfeld zwischen rechtlicher Selbständigkeit und wirtschaftlicher Einheit der Unternehmen[189]. Um diesen Konflikt zu lösen[190], können die Grundsätze über die Wissenszurechnung innerhalb arbeitsteiliger Organisationen nicht pauschal übertragen werden.

Sie müssen vielmehr den jeweiligen Besonderheiten der Unternehmensverbindung angepasst werden. Eine einmalige Vertragsbeziehung zwischen zwei Unternehmen (etwa Lieferant und Hersteller) rechtfertigt keine Unternehmensgrenzen überschreitende Wissenszurechnung. Hierfür ist vielmehr eine intensivere Art der Beziehung erforderlich, etwa dass eine 100%-ige Tochtergesellschaft nach außen offensichtlich wie eine unselbständige Betriebsabteilung geführt wird.

Denkbar wäre eine Art fließender Übergang der Wissenszurechnung anzunehmen. Der Umfang der Wissenszurechnung könnte immer stärker anwachsen, ausgehend von Fällen, ohne Wissenszurechung, über Fälle mit eingeschränkter Wissenszurechnung bis hin zu Fällen mit umfassender Wissenszurechnung. Gegen eine solche fließende Wissenszurechnung spricht jedoch, dass es unmöglich sein dürfte, den genauen Umfang des jeweils zuzurechnenden Wissens zu bestimmen. Daher ist eine klare Regelung vorzuziehen, bei der für die Unternehmen genau erkennbar ist, ab wann ein voller Wissenstransfer geboten ist, weil eine Wissenszurechnung erfolgt.

Welche Voraussetzungen im Einzelnen erfüllt sein müssen, damit aus Verkehrsschutzgründen eine Zurechnung über die Grenzen eines Unternehmens hinweg erfolgen kann, wird nachfolgend herauszuarbeiten sein. Hintergrund dieser Überlegungen ist, dass ein Unternehmen Wissen nicht bloß einseitig zu seinen Gunsten verwenden darf, sondern auch zu seinen Lasten daran fest-

---

189 *Drexl* ZHR 161 (1997) 491, 493 f.

190 *Bork* ZGR 1994, 237, 243 spricht davon, die Konsequenzen der Selbständigkeit der Konzerngesellschaften zu relativieren. Als zusätzliche Besonderheiten neben der rechtlichen Vielheit sieht *Drexl* ZHR 161 (1997) 491, 498 ff. auch die Vielgestaltigkeit der Strukturen und die verschiedenen Interessen im Konzern an.

gehalten werden muss. Anzuknüpfen ist an die Argumente, die zu der Statuierung der innerbetrieblichen Organisationspflichten geführt haben. Ins Feld geführt wurden dabei die Erwartungen des Rechtsverkehrs an eine interne Kommunikation und das Gleichstellungsargument, wonach der Vertragspartner durch die Aufspaltung nicht schlechter gestellt sein darf. Im Folgenden werden verschiedene Kriterien und Ansätze untersucht, nach denen sich bestimmen könnte, ob aus Verkehrsschutzgründen eine Unternehmensgrenzen überschreitende Wissenszurechnung erfolgt.

1. Konzernbegriff als Kriterium

Eine Wissenszurechnung könnte immer innerhalb von Konzernen erfolgen. Das entscheidende Kriterium zur Bejahung der Wissenszurechnung würde dann pauschal in dem Merkmal der einheitlichen Leitung liegen, § 18 Abs. 1 AktG. Diese Ansicht wird teilweise auch vertreten[191]. Hierbei handelt es sich um eine einfache und daher reizvolle Lösung. Dies gilt insbesondere dann, wenn man sich noch der Vermutung des § 18 Abs. 1 S. 3 AktG bedient, wonach bei Abhängigkeit das Vorliegen eines Konzerns vermutet wird.

So groß der Vorzug der Anknüpfung an diese gesetzliche Regelung auch ist, sie wird dem Problem der Wissenszurechnung jedoch nicht gerecht[192]. Denn als Konzern werden eine Vielzahl unterschiedlicher Ausgestaltungen bezeichnet, die nicht alle in gleicher Weise für den Verkehr Anknüpfungspunkte geben, dass er von einem Wissensaustausch ausgehen darf[193].

Das Kriterium der einheitlichen Leitung, dessen genaue Ausgestaltung umstritten ist[194], richtet sich letztlich danach, ob eine auf das Gesamtinteresse der verbundenen Unternehmen ausgerichtete Zielkonzeption entwickelt und durchgeführt wird[195]. Diese Auslegung wird durch das kodifizierte Konzernrecht beeinflusst[196], das insbesondere dem Schutz der Minderheitsaktionäre und dem vermögensmäßigen Schutz der Gläubiger der abhängigen Gesell-

---

[191] *Windbichler* Arbeitsrecht im Konzern, 155; *Ehricke* Insolvenz, 33, jedenfalls bei Zurechnung von Wissen der Tochter zur Mutter, da sie das „Sammelbecken aller Informationen" ist.

[192] So auch *Drexl* ZHR 161 (1997) 491, 508; *Schüler* Wissenszurechnung, 141 f.

[193] *Decher* Verflechtung, 41: „Zudem ist angesichts der tatsächlichen Vielfalt im Unternehmensverbund bei jeder Pauschallösung eine gewisse Skepsis angebracht."

[194] Vgl. dazu statt aller *Emmerich* in Emmerich/Habersack KonzernR § 18 Rn. 10 ff. m. w. Nachw.

[195] *Hüffer* AktG § 18 Rn. 11; *Emmerich* in Emmerich/Habersack KonzernR § 18 Rn. 14.

[196] *Hüffer* AktG § 18 Rn. 10.

schaft dient. Die Wissenszurechnung verfolgt aber ein anderes Ziel als das kodifizierte Konzernrecht. Sie schützt insbesondere die Erwartungen des Rechtsverkehrs[197]. Diese sind von nach außen tretenden Umständen abhängig. Daher kann es sein, dass der Rechtsverkehr auch schon unterhalb einer einheitlichen Leitung eine Wissenszurechnung erwartet. Andererseits erwartet der Verkehr nicht bei jeder einheitlichen Leitung einen Informationsaustausch.

Aus diesem Grund können auch die aus dem Konzernrecht bekannten Kategorien zur Einteilung in verschiedene Konzernarten[198] nicht als Differenzierungskriterien für die Frage der Wissenszurechnung fruchtbar gemacht werden[199]. Denn diese Einteilung ist dem Konzerninnenrecht zuzuordnen und soll den Interessen der Minderheitsgesellschafter der abhängigen Gesellschaft und dem vermögensmäßigen Schutz deren Gläubiger bei unterschiedlichem Gefährdungspotential dienen. Für die Frage der Wissenszurechnung sind hingegen die Erwartungen des Rechtsverkehrs und der Verkehrsschutz ausschlaggebend[200]. Diese knüpfen aber nicht an der rechtlichen (inneren) Konstruktion an sondern an tatsächlichen, ggf. nach außen hervortretenden Einflussnahmen und Ausgestaltungen der Organisation und den dadurch veranlassten Erwartungen. Nur weil einige mehr oder weniger zentrale Unternehmensbereiche koordiniert werden, machen es auch Verkehrsschutzgründe nicht immer erforderlich, Wissen zuzurechnen. Denn der Austausch von Wissen und die Koordination können, müssen aber nicht miteinander einhergehen.

Daher sind andere Kriterien zu suchen, die eine Wissenszurechnung stützen.

2. Ansatz von Bork

Nach *Bork* soll es für die Frage der Wissenszurechnung entscheidend auf eine „gesteigerte Abhängigkeit" ankommen[201]. Hierunter versteht er insbesondere sehr hohe Kapitalbeteiligungen oder besondere Steuerungen der Geschäfts-

---

[197] Dazu siehe Kapitel 2, B. III. 3. (S. 35 f.).

[198] Vertragskonzern, faktischer Konzern und qualifizierter faktischer Konzern, vgl. dazu statt aller *Emmerich/Sonnenschein* KonzernR § 4 II 6 (S. 61).

[199] So auch *Drexl* ZHR 161 (1997) 491, 500; a.A.: *Schüler* Wissenszurechnung, 128 ff., 145.

[200] Vgl. dazu Kapitel 2, B. II. 1. (S. 25 ff.), insb. Nachweise in Fn. 93 (S. 26), Fn. 94 (S. 26) und Fn. 96 (S. 27).

[201] *Bork* ZGR 1994, 237, 263 f. Die Fälle, in denen das Gesetz bereits bei einfacher abhängigkeitsbedingter Instrumentalisierbarkeit eine Zurechnung anordnet, bezeichnet er als „Verlegenheitslösung".

führung. Gegen die gesteigerte Abhängigkeit als maßgebliches Kriterium spricht neben der Unschärfe des Begriffs der unzutreffende Anknüpfungspunkt. Ausschlaggebend ist nämlich nicht die *Möglichkeit* einer Einflussnahme[202], sondern sind nach außen erkennbare Umstände, an die die Verkehrserwartung anknüpfen kann. Insofern unterscheidet sich nämlich die Frage, wann eine Wissenszurechnung erfolgt, von dem Vorliegen einer Abhängigkeit im Sinne von § 17 Abs. 1 AktG. Bei letzterer Frage kommt es nach der h.M. nicht darauf an, dass der Einfluss ausgeübt wird. Ausreichend ist, dass der Einfluss ausgeübt werden kann[203].

Bei der Frage der Wissenszurechnung geht es aber um das anders gelagerte Problem, ob das herrschende Unternehmen wegen der Verkehrserwartung die Pflicht trifft, eine Organisation zu installieren, die den Zugriff auf Wissen der abhängigen Gesellschaft und die Weiterleitung von Informationen der herrschenden Unternehmung ermöglicht und sicherstellt. Bloß gesteigerte Einflussnahmemöglichkeiten sind für den Rechtsverkehr in aller Regel aber nicht erkennbar und begründen daher keine Erwartung einer Wissenszurechung. Und selbst wenn eine gesteigerte Einflussnahmemöglichkeit erkennbar ist, stellt sich die Frage, ob hieran bereits schutzwürdige Erwartungen des Verkehrs geknüpft werden können, ohne dass hiervon tatsächlich auch Gebrauch gemacht wird. Auch aus sonstigen Verkehrsschutzgründen ist bei einer reinen Zugriffsmöglichkeit mangels Wissenstransfers keine Wissenszurechnung geboten.

Für diese Ansicht und für das Genügenlassen einer Einflussmöglichkeit als Zurechnungsgrund könnte sprechen, dass es sonst vom Willen des herrschenden Unternehmens abhängt, ob eine Wissenszurechnung erfolgt oder nicht. Gleichwohl ist hieran festzuhalten. Denn dem Unternehmen steht das verfassungsmäßige Recht zu, sich nicht in die Belange der abhängigen Gesellschaft „einzumischen“[204] und auf eine Einflussnahme bei der abhängigen Gesellschaft zu verzichten. Außerdem würde sonst der Druck auf das herrschende

---

202 Wie hier auch *Schüler* Wissenszurechnung, 141.

203 BGHZ 62, 193, 201 = WM 1974, 319, 321 = NJW 1974, 855, 857; 89, 162, 166 = WM 1984, 227, 228 = NJW 1984, 1351, 1352; 135, 107, 114 = WM 1997, 967, 970 = NJW 1997, 1855, 1856; *OLG Düsseldorf* AG 1994, 36, 37; *OLG München* WM 1995, 898, 900 = NJW-RR 1995, 1066, 1067; *K. Schmidt* GesellR § 31 II 3 b (S. 945); *Ulmer* ZGR 1978, 457, 460 f.; *Hüffer* AktG § 17 Rn. 6; *Emmerich/Sonnenschein* KonzernR § 3 II 1 (S. 40); *Emmerich* in Scholz GmbHG Anh. Konzern Rn. 23 f.

204 BVerfGE 14, 263, 282 f. = NJW 1962, 1667, 1668 (Feldmühle), in dem das *BVerfG* die Organisationsfreiheit im Konzern schützte.

Unternehmen erhöht, das abhängige Unternehmen streng zu führen, wenn ihm ohnehin dessen gesamte Kenntnisse zugerechnet werden. Auch der Rechtsverkehr erwartet bei bloßer kapitalistischer Beteiligung nicht, dass ein interner Wissensaustausch erfolgt. Dies gilt um so mehr als für ihn häufig gar nicht erkennbar ist, dass eine solche bloß kapitalistische Beteiligung überhaupt vorliegt[205].

Eine Pflicht zur Konzernleitung, die von dem Vorstand des herrschenden Unternehmens verlangt, sich aufgrund einer umfassenden Gesamtverantwortung auch um alle Belange der abhängigen Gesellschaften zu kümmern, ist mit der h.M. abzulehnen[206]. So vermag sie auch keine entsprechende Organisationspflichten zu begründen. Im Übrigen ist die Konzernleitungspflicht dem Konzerninnenrecht zuzuordnen, denn sie bezweckt den Schutz der Gesellschafter der herrschenden Unternehmung. Einflüsse auf das Konzernaußenrecht sind hieraus nicht herzuleiten. Daher liegt hierin auch kein geeignetes Kriterium für die Bestimmung der unternehmensübergreifenden Wissenszurechnung.

3. Einflussnahme auf die Organisation der abhängigen Gesellschaft

Denkbar wäre daher als Anknüpfungspunkt nicht allein auf die Möglichkeit, sondern auf eine tatsächliche Einflussnahme eines herrschenden auf ein abhängiges Unternehmen abzustellen. Wie *Drexl* aber richtig dargelegt hat, ist auch nicht jede tatsächliche Einflussnahme geeignet, eine Wissenszurechnung zu begründen[207]. In Betracht kommt jedoch eine Einflussnahme auf die Organisation der abhängigen Gesellschaft.

Nimmt das herrschende Unternehmen Einfluss auf die Organisation der abhängigen Gesellschaft, trifft es möglicherweise die Pflicht, diesen Einfluss auch dahingehend geltend zu machen, dass eine ordnungsgemäße Kommunikation zwischen den Gesellschaften eintritt. Möglicherweise trifft es also die

---

205 Zwar gibt es gewisse Publizitätsvorschriften (§§ 21 WpHG, 20 AktG, 313 Abs. 2 HGB), doch der breite Rechtsverkehr nimmt von diesen Mitteilungen wenig Kenntnis.

206 *Emmerich/Sonnenschein* KonzernR (5), § 4 I 1 b (S.80) m. w. Nachw.; *Mertens* in Kölner Kommentar AktG § 76 Rn. 55 m. w. Nachw.; a.A.: *K. Schmidt* GesellR § 31 II 4 c (S. 951); *Hommelhoff* Konzernleitungspflicht, 44, 166; *Semler* Leitung, Rn. 278 f.; Bedenken bei *Kropff* ZGR 1984, 112, 116. Daher kann der Vorstand des herrschenden Unternehmens auch für Fragen der Wissenszurechnung nicht als Organ des abhängigen Unternehmens angesehen werden, *Drexl* ZHR 161 (1997) 491, 510; *Bork* ZGR 1994, 237, 253 f.; a.A.: *Schüler* Wissenszurechnung, passim.

207 *Drexl* ZHR 161 (1997) 491, 516.

Pflicht, die Organisation der abhängigen Gesellschaft so zu gestalten, dass ein Wissenstransfer zwischen den Gesellschaften erfolgt.

Eine Einschränkung müsste aber dann gelten, wenn es sich um solche Einflussnahmen handelt, die allein deshalb notwendig sind, um gesetzlichen Vorgaben zu genügen (z.B. Konzernabschluss). Diese Einflussnahmen vermögen noch keine Wissenszurechnung zu begründen, denn sonst würde bei jedem sich rechtstreu verhaltenden Unternehmen pauschal eine Wissenszurechnung erfolgen.

Im Ergebnis ist eine Wissenszurechnung aufgrund der Beeinflussung der Organisation der abhängigen Gesellschaft durch die herrschende Unternehmung abzulehnen, weil sonst die Grenzen verschiedener Pflichtenkreise überschritten werden: Ein Eingriff in die Organisation der Tochter begründet die Pflicht, die Organisation der Tochter ordnungsgemäß zu gestalten[208]. Hieraus erwächst aber noch nicht die Verpflichtung zum Wissenstransfer über Unternehmensgrenzen hinweg. Eine solche Pflicht lässt sich allein mit einem solchen Eingriff nicht begründen. Auch begründet die Veränderung der Organisation einer bestehenden (abhängigen) Gesellschaft keine Wissensaufspaltung zwischen den Gesellschaften, denn dieser Bereich wurde insoweit überhaupt nicht tangiert.

Eine solche Wissenszurechnung würde zudem zu einer Schlechterstellung der „falschen" Unternehmen führen. Denn diejenigen, die sich um nichts kümmern, würden denjenigen gegenüber begünstigt, die wenigstens versuchen, die interne Struktur der Tochter regelkonform zu gestalten, dadurch aber bereits der Wissenszurechnung ausgesetzt wären.

Eine Wissenszurechnung ist in diesen Fällen auch nicht aus Gründen der Verkehrserwartung geboten. Denn die tatsächlich erfolgte Einflussnahme auf die Organisation ist ein Internum und regelmäßig nach außen genausowenig erkennbar wie die Abhängigkeit. Selbst wenn der Verkehr die Einflussnahme erkennen kann, darf er aber nicht ohne weiteres eine Unternehmensgrenzen überschreitende Kommunikation erwarten, weil damit nicht notwendig ein Informationsaustausch über andere als organisatorische Fragen verbunden ist. Auch aus Verkehrsschutzgründen ist eine Wissenszurechnung nur erforderlich, wenn tatsächlich Wissen ausgetauscht wird. Dies muss aber in dieser

---

208 Diese Pflicht trifft die Tochter als arbeitsteilige Organisation auch ohne den Eingriff der Mutter.

Konstellation nicht immer der Fall sein, so dass auch dieses Kriterium nicht geeignet erscheint.

4. Ansatz von Schüler

Schüler folgt dem modernen Ansatz der Wissenszurechnung, wonach für die Frage des Wissens nicht starr an die Funktion und Stellung des Wissenden angeknüpft wird, sondern auf eine wertende Betrachtungsweise abzustellen ist. Diesen Ansatz überträgt er auch auf Konzernsachverhalte.

Dabei geht er davon aus, dass die Wissenszurechnung primär dem Selbstschutz der Gesellschaft dient[209]. Vor diesem Hintergrund ist das maßgebliche Kriterium einer Wissenszurechnung im Konzern, dass das herrschende Unternehmen auf Entscheidungen der abhängigen Gesellschaft tatsächlich Einfluss genommen hat[210]. Wenn dies der Fall ist, soll das Wissen der herrschenden Unternehmung, das für die Erfüllung der konkreten, beeinflussten Maßnahme relevant ist, der abhängigen Gesellschaft zugerechnet werden[211], da die herrschende Unternehmung insoweit zum Willensbildungsorgan der abhängigen Gesellschaft geworden ist.

Im Gegenzug soll Wissen der abhängigen Gesellschaft der herrschenden Unternehmung dann zugerechnet werden, wenn es im Zusammenhang mit der veranlassten Maßnahme rechtserheblich werden kann und die abhängige Gesellschaft das Wissen im Zuge der Ausführung der veranlassten Maßnahme erlangt[212].

Dieser Ansatz, der unabhängig von der konkreten Konzernform ist, wird bei Eingliederungs- und Vertragskonzernen um eine weitergehende Wissenszurechnung ergänzt: Nimmt die herrschende Gesellschaft bei diesen Einfluss, so ist die Wissenszurechnung nicht auf den Inhalt einer bestimmten Veranlassung beschränkt, sondern erfolgt umfassend, da die herrschende Unternehmung dauerhaft die Stellung des eigentlichen Willensbildungsorgans der abhängigen Unternehmung übernommen hat[213]. Bei einem GmbH-Konzern soll dies darüber hinaus nicht nur bei einem Eingliederungs- und Vertragskonzern, sondern auch bei einem faktischen Konzern gelten[214]. Kommt es zu einer so

---

209 *Schüler* Wissenszurechnung, 41 ff., 44, 82; dazu oben Kapitel 2, B. III. 1. (S. 31 ff.).

210 *Schüler* Wissenszurechnung, 150 ff., 171 f., 259.

211 *Schüler* Wissenszurechnung, 158.

212 *Schüler* Wissenszurechnung, 265 ff., 273.

213 *Schüler* Wissenszurechnung, 226, 234, 248.

214 *Schüler* Wissenszurechnung, 262, anders für den faktischen AG-Konzern, 256.

umfassenden Wissenszurechnung von der herrschenden Unternehmung zu der abhängigen Gesellschaft, dann soll die herrschende Unternehmung die korrespondierende Pflicht treffen, sich bei der Tochtergesellschaft alle relevanten Informationen zu besorgen[215].

Diese in sich schlüssige Konzeption überzeugt letztlich aber nicht. Zum einen führt der Ansatz von *Schüler* je nach Art der Unternehmensverbindung zu unterschiedlichen Ergebnissen, obwohl es gerade das Ziel der neuen Ansicht zur Wissenszurechnung war, eine rechtsformunabhängige Wissenszurechnung einzuführen. Nach der Konzeption von *Schüler* kann es für den Vertragspartner eines Unternehmens aber einen erheblichen Unterschied machen, ob die Tochtergesellschaften des Vertragspartners in der Rechtsform einer GmbH oder einer AG betrieben werden.

Zum anderen ist für Außenstehende der maßgebliche Anknüpfungspunkt für die Wissenszurechnung – die Einflussnahme und Veranlassung – schwierig zu erkennen, genauso wie der Umfang der Wissenszurechnung, der vom Inhalt der Weisung abhängt.

Gegen diesen Ansatz spricht außerdem, dass es das herrschende Unternehmen ganz allein in der Hand hat, den Umfang der Wissenszurechnung zu bestimmen. Denn selbst bei regelmäßiger, intensiver Einflussnahme erfolgt eine Wissenszurechnung nur in den Bereichen, in denen das herrschende Unternehmen Leitungsmacht ausübt. Lässt es bestimmte Bereiche bewusst aus, so erfolgt dort keine Wissenszurechnung. Und das, obwohl es selbst das Risiko der Wissensaufspaltung überhaupt erst geschaffen hat.

Noch einige weitere Aspekte sprechen gegen diese Ansicht – letztlich handelt es sich auch bei diesen immer nur um Ausflüsse des verkehrt gewählten Ausgangspunkts. Entscheidend ist nämlich nicht – wie bereits oben dargestellt – der Selbstschutz des Unternehmens, sondern der Verkehrsschutz. Dies muss letztlich auch *Schüler* zugeben, wenn er aus Verkehrsschutzgründen eine Wissenszurechnung zulässt, nachdem er sie – seinem eigenen Ansatz folgend – zuvor abgelehnt hatte[216]. Dann kann man den Verkehrsschutz aber auch direkt als zutreffenden Anknüpfungspunkt verwenden.

---

[215] *Schüler* Wissenszurechnung, 268.

[216] *Schüler* Wissenszurechnung, 250.

5. Ansatz von Drexl

Nach *Drexl* wird das Wissen einer abhängigen Gesellschaft dem herrschenden Unternehmen dann zugerechnet, wenn jenes in eine „arbeitsteilige Organisation“[217] eingebunden ist. Ab dem Punkt, ab dem das abhängige von dem herrschenden Unternehmen im Sinne einer Arbeitsteilung „zur Erreichung einheitlicher Unternehmensziele“[218] eingesetzt wird, soll nicht mehr nur eine kapitalistische Beteiligung vorliegen, sondern aufgrund der „einheitlichen Unternehmensplanung“ eine Wissenszurechnung erfolgen. Orientieren will er sich dabei an dem Kriterium der einheitlichen Leitung (§ 18 Abs. 1 S. 1 AktG)[219]. Dabei soll es genügen, wenn es sich um eine punktuelle Form der Arbeitsteilung handelt[220].

Gegen diese Abgrenzung spricht aber, dass sie sehr unscharf zu ziehen ist, aufgrund der einschneidenden Konsequenz aber eine klare Grenzziehung geboten ist. Das Verhalten des herrschenden Unternehmens – als Anknüpfungspunkt für den Verkehrsschutz – rechtfertigt in diesem Fall aber auch noch keine Wissenszurechnung, denn nur weil das Verhalten verschiedener Gesellschaften zueinander geregelt wurde, wird nicht zwingend eine Wissensaufspaltung verursacht. Bereits die Gründung einer neuen Gesellschaft führt zu einer Arbeitsteilung, denn die herrschende Unternehmung könnte die Tätigkeit der neuen Gesellschaft auch selber übernehmen. Damit wäre aber immer eine Wissenszurechnung erforderlich. Auch führt der Umstand, dass das herrschende Unternehmen die abhängige Gesellschaft zur Erreichung einheitlicher Unternehmensziele einsetzt, noch nicht zu einer so starken Gleichstellung mit einer rechtlichen Einheit, dass eine Wissenszurechnung geboten ist. Dies gilt insbesondere dann, wenn sich die Vorgabe nur auf wenige Punkte beschränkt. Selbst bei der lockersten Form der Unternehmensführung werden wenigstens einheitliche Unternehmensziele festgelegt und seien es nur gewisse Renditeerwartungen. Dies vermag aber keine Wissenszurechnung zu rechtfertigen.

Auch aus Gründen der Verkehrserwartung ist es nicht geboten in diesen Fällen eine Wissenszurechnung anzunehmen, denn für eine solche Erwartung fehlt regelmäßig der Anknüpfungspunkt; die Organisation zwischen den Ge-

---

[217] *Drexl* ZHR 161 (1997) 491, 514.

[218] *Drexl* ZHR 161 (1997) 491, 516.

[219] *Drexl* ZHR 161 (1997) 491, 516 („eine brauchbare Orientierungshilfe, aber auch nicht mehr“).

[220] *Drexl* ZHR 161 (1997) 491, 516.

sellschaften ist für den Verkehr nicht erkennbar[221]. Auch aus Verkehrsschutzgründen ist keine Wissenszurechnung geboten, da ein Eingriff in die Organisation nicht zwangsläufig einen Wissenstransfer mit sich bringt. Außerdem können die Fälle des gezielten Einsatzes des einen Unternehmens durch das andere auch nach allgemeinen zivilrechtlichen Grundsätzen der Wissensvertretung gelöst werden[222].

Anknüpfungspunkt für eine Wissenszurechnung über Unternehmensgrenzen hinweg ist daher auch nicht die tatsächliche Aufgabenverteilung auf verschiedene Gesellschaften[223]. Genausowenig überzeugt ein ähnliches Kriterium von *Bork*. Er verwendet das Merkmal der „arbeitsteiligen Konzernorganisation" und bejaht eine Zurechnung, wenn im Zuge der Organisation bei der herrschenden Unternehmung die Möglichkeit zur Kenntnisnahme auf andere Unternehmen verlagert wurde[224]. Allerdings ist das Kriterium zu eng, denn es kann nicht erforderlich sein, dass sich das herrschende Unternehmen einer Kenntnisnahme organisatorisch entzogen hat[225].

6. Eigener Ansatz

Die bisherigen Ansätze überzeugen letztlich nicht. Dies liegt insbesondere daran, dass sie nicht den richtigen Anknüpfungspunkt für eine Wissenszurechnung verwenden. Dieser ist in dem Verkehrsschutz zu suchen, so dass dieser intensiver erörtert wird (a.). Danach wird untersucht, inwieweit das Kriterium der Abhängigkeit (b.) oder die Rechtsform der beteiligten Gesellschaften (c.) Einfluss auf die Wissenszurechnung haben. Unter (d.) werden die praktischen Konsequenzen der entwickelten Kriterien noch einmal kurz dargestellt, ehe unter (e.) die Auswirkungen der Wissenszurechnung auf die Mitarbeiter der betroffenen Unternehmen untersucht werden.

a. Verkehrsschutzgründe

Ausgehend von der oben dargestellten Wissenszurechnung innerhalb arbeitsteiliger Unternehmen basiert eine Wissenszurechnung insbesondere auf Verkehrsschutzgründen. Im Vordergrund stehen dabei die Erwartung des Rechts-

---

221 Dies stellt auch *Ehricke* Insolvenz, 30 mit dem Stichwort „Intransparenz" heraus.

222 Siehe dazu oben in Kapitel 2, C. (S. 37 ff.).

223 Dies bedeutet nicht, dass häufig dann, wenn eine Wissenszurechnung zu bejahen ist, nicht auch eine tatsächliche Aufgabenverteilung vorliegt. Aber es ist nicht das entscheidende Kriterium.

224 *Bork* ZGR 1994, 237, 256.

225 So aber *Bork* ZGR 1994, 237, 256.

verkehrs an eine unternehmensinterne bzw. eine unternehmensübergreifende Kommunikation (aa.). Daneben gibt es aber auch objektive Verkehrsschutzgründe, die eine Wissenszurechnung erforderlich machen, ohne dass es auf eine Erwartung des Rechtsverkehrs ankommt (bb.).

aa. Berechtigte Verkehrserwartung

Entscheidend für die Frage der Wissenszurechnung ist, wann der Verkehr trotz der rechtlichen Vielheit wegen der Verursachung einer Wissensaufspaltung eine Unternehmensgrenzen überschreitende Kommunikation erwarten darf, um die Nachteile der Wissenszurechnung für den Vertragspartner zu beseitigen.

(1) Allgemein

Dafür reicht die Kenntnis des Verkehrs von einzelnen, isolierten Informationstransfers nicht aus. Von diesen darf der Verkehr nicht auf eine umfassende Wissenszurechnung schließen. Denn dann ist die Verteilung des Wissens auf verschiedene Gesellschaften die natürliche Folge der rechtlichen Vielheit, die nicht zu Gunsten des Rechtsverkehrs korrigiert werden muss.

Etwas anderes ist es jedoch, wenn ein Unternehmen bewusst den Eindruck erweckt, mit seinen Tochterunternehmen eine große Einheit zu bilden. Die Unternehmung muss sich an dem von ihr erweckten Eindruck festhalten lassen, wenn die Beziehung der Gesellschaften untereinander gezielt herausgestellt wird, um bei dem Kunden die Erwartung zu erwecken, dass alles aus einer Hand angeboten und aufeinander abgestimmt wird und einheitliche Qualitätsmaßstäbe gelten. Dies gilt nicht nur, wenn sogar der Rechtsschein eines einheitlichen Unternehmens erweckt wird, sondern auch wenn zwar die rechtliche Trennung erkennbar bleibt, aber dem Kunden dennoch als Einheit entgegengetreten wird. Wie die Aufgaben intern verteilt sind und ob eine tatsächliche oder nur eine scheinbare Arbeitsteilung vorliegt, spielt dann keine Rolle.

Begründen lässt sich die Wissenszurechnung in diesem Fall auch mit dem Gleichstellungsargument[226]. Danach darf ein Vertragspartner nicht dadurch benachteiligt werden, dass er es nicht mit einer natürlichen Person sondern mit einer arbeitsteiligen Organisation zu tun hat. Zwar wird die Anwendbarkeit des Gleichstellungsarguments bei der Wissenszurechnung im Konzern

[226] Vgl. oben in Kapitel 2, B. II. 1. (S. 25 ff.).

teilweise in Frage gestellt[227]. So muss nach *Drexl* der Versuch, das Gleichstellungsargument auf die Wissenszurechnung im Konzern zur Anwendung zu bringen, misslingen. Denn entweder müsse die Zurechnung mangels Vergleichbarkeit mit einer natürlichen Person immer abgelehnt[228] oder die rechtliche Spaltung vernachlässigt werden, was eine undifferenzierte Bejahung der Zurechnung zur Folge hätte. Insofern ist ihm zuzustimmen.

Trotzdem lässt sich das Gleichstellungsargument auch für die Übertragung der Grundsätze auf Unternehmensgrenzen überschreitende Sachverhalte fruchtbar machen. Denn der Vertragspartner eines Unternehmens darf dann nicht schlechter stehen als der Vertragspartner eines eine rechtliche Einheit bildenden, arbeitsteilig tätigen Unternehmens, wenn der Eindruck einer Einheit erweckt wird.

In diesen Fällen kann ein Vertragspartner erwarten, dass das Unternehmen, mit dem er kontrahiert, alle Kenntnisse hat, die in dieser Einheit vorliegen. Denn wenn die Einheit herausgestellt wird, muss sich das Unternehmen hieran auch festhalten lassen; alles andere wäre ein widersprüchliches Verhalten[229]. Dann gelten die Grundsätze zur unternehmensinternen Organisation der Kommunikation[230] für den gesamten Bereich, für den der Eindruck einer Einheit erweckt wird.

(2) Konkret

Zu klären ist allerdings noch, wann das Unternehmen einen solchen Eindruck erweckt. Erreicht werden kann dies möglicherweise durch die Nutzung eines einheitlichen Firmenbestandteils[231], des gleichen Logos[232], der gleichen Firmenfarben, eines identischen Werbespruchs[233] oder die ausdrückliche Beto-

---

227 *Drexl* ZHR 161 (1997) 491, 506; *Koller* JZ 1998, 75, 79.

228 Dies wäre für *Koller* JZ 1998, 75, 84 die logische Konsequenz.

229 Die Kritik von *Baum* Wissenszurechnung, 225 an den „unternehmensinternen" Fällen der Wissenszurechnung greift damit hier jedenfalls nicht. Es liegt ein rechtlich relevanter Vertrauenstatbestand vor.

230 Vgl. oben in Kapitel 2, B. II. 1. (S. 25 ff.).

231 Deutsche Bank AG, Deutsche Bank 24 AG, Deutsche Bank Bauspar AG; VEBA AG, VEBA-Öl AG; Allianz AG, Allianz Lebensversicherung AG.

232 Bsp: Das Logo der Deutschen Bank in der Anzeige der Deutsche Grundbesitz, FAZ vom 2.11.2000, S. 35.

233 Bsp: „Leading to results" in der DWS Zeitungsanzeige, FAZ vom 9.11.1999, S. 47 und in der Anzeige der Deutsche Bank AG, FAZ vom 18.2.2001, S. 5.

nung der Zugehörigkeit der Tochter zu der Mutter[234]. Die Relevanz solcher Umstände wird in neuerer Zeit unter dem Gesichtspunkt der Konzernvertrauenshaftung untersucht[235]. Dabei wird überwiegend angenommen, dass allein die Erwähnung der Konzernzugehörigkeit noch keine finanzielle Einstandspflicht der Mutter gegenüber den Gläubigern der Tochter begründet[236]. Dasselbe gilt, wenn identische Firmenbestandteile verwendet werden[237]. Sie sollen allenfalls als zusätzliche Kriterien ein anderweitig begründetes Vertrauen in die Einstandspflicht der Muttergesellschaft untermauern können, aber alleine nicht ein begründetes Vertrauen schaffen.

Für die Frage der Haftung kann diesen Umständen – nach überwiegender Ansicht – nicht genügend Gewicht beigemessen werden. Denn darauf vertrauen, dass eine Gesellschaft für fremde Verbindlichkeiten einsteht, darf der Verkehr nur unter engen Voraussetzungen. Das bedeutet aber nicht zwangsläufig, dass diese Umstände auch für die Frage der Wissenszurechnung ohne Relevanz sind[238]. Denn die Muttergesellschaft weckt ganz bewusst Erwartungen, wenn sie ihren guten Namen auf andere Teile des Unternehmensverbundes ausstrahlen lässt und den Eindruck vermittelt, ein umfassendes Angebot aus einer Hand präsentieren zu können. Dann muss sie möglicherweise auch der hierdurch begründeten Erwartung des Verkehrs Rechnung tragen und das hierfür erforderliche Wissen austauschen.

Fraglich ist daher, ob die oben beschriebenen Maßnahmen bereits ein berechtigtes Vertrauen des Verkehrs in einen Wissenstransfer begründen. Dies er-

---

234 Bsp: „Hermes Kreditversicherungs-AG Ein Unternehmen der Allianz Gruppe"; „DWS, Deutsche Bank Gruppe"; „Deutscher Herold: Ein Versicherungsunternehmen der Deutsche Bank Gruppe"; „Advance Bank – Ein Unternehmen der Dresdner Bank Gruppe"; „Süd Leasing – Ein Unternehmen der Landesbank Baden-Württemberg".

235 *Lutter* in GS Knobbe-Keuk, 229, 238 ff.; *Fleischer* ZHR 163 (1999) 461, 466, 475 ff.; *ders.* NZG 1999, 685, 690.

236 BGE 124 III 297, 304 (der Hinweis: „Ein Unternehmen der XY-Gruppe" genügt nicht, etwas anders gilt aber, wenn die Einbindung der Tochter in die Muttergesellschaft werbemäßig stark herausgestellt und ein gewisser Zuverlässigkeitsstandard zugesichert wird, so BGE 120 II 331, 334 = AG 1996, 44, 45); *Lutter* in GS Knobbe-Keuk, 229, 239; *Fleischer* NZG 1999, 685, 690; *Druey* SZW 1995, 93, 96.

237 *Fleischer* ZHR 163 (1999) 461, 475 ff.; *Lutter* in GS Knobbe-Keuk, 229, 238; anders BGE 116 Ib 331, 339.

238 *Fleischer* NZG 1999, 685, 690 der annimmt, dass durch die Umstände kein für die Haftung relevantes Vertrauen geschaffen wird, deutet selbst an, dass in anderen Bereichen sehr wohl Vertrauen hierdurch entstehen könnte; BGE 116 Ib 331, 339 f., der gerade für den Bankbereich annimmt, dass aus einer solchen engen Verbindung gewisse Erwartungen des Verkehrs resultieren können.

scheint jedenfalls für die Verwendung identischer Firmenbestandteile fraglich. Denn nach alten firmenrechtlichen Vorschriften (§ 19 Abs. 2 HGB a.F.)[239] waren Unternehmen teilweise sogar verpflichtet, gewisse Firmenbestandteile zu übernehmen. Da dem Unternehmen aus der Erfüllung dieser Pflicht kein Nachteil entstehen durfte, war ein Vertrauen des Rechtsverkehrs, das sich auf die identischen Firmenbestandteile stützte nicht schutzwürdig. Dies könnte sich jedoch infolge der Firmenrechtsreform[240] geändert haben, denn nun herrscht bei der Firmenwahl eine große Gestaltungsfreiheit[241]. Bei einer Neugründung muss eine Tochtergesellschaft daher keine Firma bekommen, die Bestandteile enthält, die mit der Firma der Mutter identisch sind.

Erhält eine Tochtergesellschaft nun eine solche Firma, werden bewusst Erwartungen des Verkehrs geweckt, die auch schutzwürdig sind, da die Unternehmen hierzu nicht verpflichtet waren. Zu untersuchen ist, ob nun auch die Firmen bereits bestehender Unternehmen, die noch unter der Geltung der alten Rechtslage firmiert hatten, einen schutzwürdigen Vertrauenstatbestand für den Rechtsverkehr schaffen. Denn eine Umfirmierung wäre nun jederzeit möglich und würde den Vertrauenstatbestand beseitigen. Es geht hier nicht darum, die Firmen zu einer Umfirmierung zu zwingen. Zu entscheiden ist aber, ob für das Unternehmen negative Konsequenzen daran geknüpft werden können, dass es nicht umfirmiert. Dagegen sprechen gravierende Interessen der Unternehmen. Bekannte Firmen haben einen unbezahlbaren Wert und werden daher nicht geändert, sofern es nicht unausweichliche Gründe dafür gibt. Deshalb könnte an die Beibehaltung der alten Firmierung kein schutzwürdiges Vertrauen geknüpft werden dürfen. Auch der Gedanke der Firmenkontinuität im Handelsrecht[242] könnte als Argument gegen die Berücksichtigung der identischen Firmenbestandteile sprechen. Er macht deutlich, dass das Vertrauen des Rechtsverkehrs in die Firma nur beschränkt schutzwürdig ist. Richtig ist es aus Verkehrsschutzgründen aber dennoch, die Verwendung ähnlicher Firmen als Kriterium für berechtigtes Vertrauen heranzuziehen. Denn die Erwartungen des Verkehrs werden ganz entscheidend durch die Firma beeinflusst. Und erkennbar ist für den Verkehr nicht, ob es sich um eine „neue" oder um eine „alte" Firma handelt. Daher schafft eine Wiederholung von Namensbestandteilen in der Firma für den Verkehr ein berechtigtes

[239] In der vor der Änderung durch das Handelsrechtsreformgesetz vom 22.6.1998, BGBl. I 1474 geltenden Fassung.

[240] Als Bestandteil der Handelsrechtsreform, vgl. Fn. 239 (S. 58).

[241] Vgl. dazu statt aller *Hopt* in Baumbach/Hopt HGB § 18 Rn. 1 ff.

[242] Vgl. dazu statt aller *Hopt* in Baumbach/Hopt HGB § 22 Rn. 1 f.

Vertrauen, das zwar für sich alleine noch keine Pflicht zur Wissensorganisation begründen, aber doch eines von mehreren Kriterien sein kann.

Keine berechtigten Erwartungen zu begründen vermag auch das bloße Offenbaren der Unternehmensverbindung im gesetzlich vorgeschriebenen Umfang (Anhang zum Konzernabschluss, Bekanntmachung vom Erwerb bestimmter Quoten, etc.). Stellen die Unternehmen aber darüber hinaus die Konzernverbundenheit und damit – wenn auch nur implizit – die Seriosität und das besondere Know-how werbemäßig heraus (z.B. durch einheitliches Auftreten in der Werbung) und versuchen sie auch sonst durch weitere Mittel den Eindruck einer Einheit zu erwecken und auszunutzen – etwa indem sie zur Erfüllung bestimmter Aufgaben auf andere Tochtergesellschaften zurückgreifen –, dann wecken sie bewusst Erwartungen[243], die sie auch erfüllen müssen.

Erwartungen werden auch geweckt, wenn Unterlagen, die für die eine Gesellschaft bestimmt sind, von der anderen Gesellschaft entgegengenommen und weitergeleitet werden oder wenn sich die Gesellschaften in einer großen räumlichen Nähe zueinander befinden (z.B. in demselben Bürogebäude, identische Postanschrift).

Findet in diesen Fällen entgegen der berechtigten Verkehrserwartung keine Unternehmensgrenzen überschreitende interne Kommunikation statt, erfolgt eine Wissenszurechung von Wissen der einen Gesellschaft zu der anderen. D.h. der Handelnde in der einen Gesellschaft wird so gestellt, als habe er Wissen, das sich in der anderen Gesellschaft befindet und das ihm bei ordnungsgemäßer Organisation der Kommunikation zur Verfügung gestanden hätte.

bb. Objektive Verkehrsschutzgründe

Neben den Erwartungen des Verkehrs können ausnahmsweise auch objektive Verkehrsschutzgründe eine Wissenszurechnung erforderlich machen, ohne dass es auf eine Erwartung des Rechtsverkehrs ankommt.

---

243 *Druey* Gutachten 59. DJT, H44, vermutet, dass die Erwartungen der Außenstehenden an eine über das Ganze greifenden Einheit bei offengelegter Konzernierung sehr groß sind. Vgl. die Anzeige der „Deutsche Grundbesitz" in der FAZ vom 2.11.2000, S. 35 in der es heißt: „Lassen Sie sich beraten bei der Deutschen Bank". Keine solchen Erwartungen werden hingegen geweckt, wenn die Gesellschaften bewusst voneinander abgegrenzt werden, wie es die „Deutsche Bank AG" mit ihrer Tochter „Moneyshelf AG" getan hat. Deren Name erinnert nicht nur nicht an die Deutsche Bank, sondern die Gesellschaft ist dazu auch noch mit eigener Markenstrategie konzipiert und hat z.B. eine andere Firmenfarbe; vgl. dazu FAZ vom 31.8.2000, S. 21.

Bedient sich eine Gesellschaft bewusst und systematisch des Wissens eines anderen Unternehmens, ohne für eine umfassende Wissenszurechnung zu sorgen, liegt hierin ein Rechtsmissbrauch. Selbst wenn der Zugriff für den Verkehr nicht erkennbar ist, verbieten es objektive Verkehrsschutzgründe, dass die zugreifende Gesellschaft nur das ihr nützliche Wissen transferiert[244]. Daher muss sie sich auch zu ihren Lasten an dem Wissen festhalten lassen, das in der anderen Gesellschaft besteht. Dies gilt unabhängig davon, ob der Transfer erfolgt, um eigene Entscheidungen oder um Entscheidungen der anderen Gesellschaft beeinflussen zu können.

Allerdings kann nicht der Transfer jeder beliebigen Information aus der einen in die andere Unternehmung bereits eine Wissenszurechnung begründen. Es muss sich um einen Informationstransfer handeln, der von seiner Art und seinem Umfang her über denjenigen hinausgeht, der sonst auch zwischen Unternehmen stattfindet, die nur eine gewöhnliche Geschäftsbeziehung unterhalten. Bei dem Informationstransfer darf es sich nicht um Informationen der einen Gesellschaft handeln, die sie auch jedem anderen ohne weiteres auf Anfrage zur Verfügung stellen würde.

Unsicherheiten können in diesen Fällen allein über den Umfang der Wissenszurechnung bestehen. Denn eine Wissenszurechnung könnte partiell nur in dem abgegrenzten Bereich, in dem das eine Unternehmen sich die Informationen besorgt, erfolgen[245]. Denkbar ist aber auch, dass bei einem systematischen Zugriff alle für das zugreifende Unternehmen relevanten Informationen des anderen Unternehmens zugerechnet werden. Bereits oben[246] wurde die Möglichkeit einer bloß partiellen Wissenszurechnung abgelehnt. Gegen sie spricht, dass eine Abgrenzung der hierfür relevanten Bereiche nur schwierig möglich ist und dass das zugreifende Unternehmen es somit letztlich wiederum selbst in der Hand hätte, den Kreis der ihm zuzurechnenden Informationen zu bestimmen.

Bedient sich die eine Gesellschaft bewusst und systematisch des Wissens einer anderen Gesellschaft und gelangen die Informationen nicht nur zufällig in

---

244 *BGH* WM 1989, 1364, 1367 = NJW 1989, 2879, 2881; WM 1989, 1368, 1370 = NJW 1989, 2881, 2882 (insoweit auf S. 2881 verwiesen) – jeweils für den Fall der Kommunikation innerhalb einer Gesellschaft.

245 So *Schüler* Wissenszurechnung, 158, der den Umfang der Wissenszurechnung in Abhängigkeit von dem Inhalt der Weisung bestimmt. Selbst bei regelmäßig ausgeübter Leitungsmacht soll es nur zu einer Wissenszurechnung im Bereich der ausgeübten Leitungsmacht kommen, 234, 248.

246 In Kapitel 2, C. II. (S. 45).

ihren Bereich[247], kommt es – basierend auf der Pflicht zur ordnungsgemäßen Organisation der Kommunikation – zu einer umfassenden Wissenszurechnung in der Richtung, in der der Wissenstransfer erfolgt. Eine Zurechnung von Wissen in die andere Richtung ist aus Verkehrsschutzgründen nicht erforderlich. Dies ist eine klare Lösung, die dem Schutz des Rechtsverkehrs Rechnung trägt.

b. „Abhängigkeit“ als weitere Voraussetzung der Wissenszurechnung?

Im Rahmen der unternehmensinternen Wissenszurechnung wurde die Argumentation dahingehend zusammengefasst, dass derjenige, der die Wissensaufspaltung veranlasst, und durch die Organisation beherrschen kann, auch deren Risiko tragen soll. Damit stellt sich die Frage, nach der Beherrschbarkeit der Organisation. Teilweise wird als zusätzliche Voraussetzung für eine unternehmensübergreifende Wissenszurechnung daher noch ein Abhängigkeitsverhältnis zwischen den Unternehmen für erforderlich gehalten[248]. Inwieweit es darauf ankommen kann, wird im Folgenden näher untersucht.

aa. Pro

Für das zusätzliche Merkmal der Abhängigkeit der Gesellschaften voneinander spricht, dass die Wissenszurechnung nach der neuen Leitlinie in Literatur und Rechtsprechung auf einer Organisations*pflicht* basiert. Eine Organisationspflicht kann sinnvollerweise aber nur demjenigen auferlegt werden, der ihr auch tatsächlich nachkommen kann (impossibilium nulla est obligatio). Eine entscheidende Voraussetzung für die Unternehmensgrenzen überschreitende Anwendung der Grundsätze über die Wissenszurechnung könnte daher jedenfalls die Macht sein, eine Organisation bestimmen zu können.

Eine solche Möglichkeit der Einflussnahme auf andere Unternehmen ist allenfalls dann gegeben, wenn die Unternehmen voneinander abhängig sind[249] und eines somit in der Position ist, seinen Willen durchzusetzen. Bevor detaillier-

---

[247] In diesem Sinne auch *Drexl* ZHR 161 (1997) 491, 516, wonach die partielle Zusammenarbeit nicht nur zu einer partiellen sondern einer umfassenden Wissenszurechnung führen soll.

[248] *Drexl* ZHR 161 (1997) 491, 514.

[249] Der Frage, wann im Einzelnen eine Abhängigkeit vorliegt, wird hier nicht weiter nachgegangen. Insoweit wird auf einschlägige Literatur verwiesen. Vgl. dazu statt aller *Emmerich/Sonnenschein* KonzernR § 3 II (S. 39 ff.); *Emmerich* in Emmerich/Habersack KonzernR § 17 Rn. 5 ff.; *Hüffer* AktG § 17 Rn. 4 ff.; *Emmerich* in Scholz GmbHG Anh. Konzern Rn. 23 ff.

te, konzernrechtliche Erwägungen darüber angestellt werden, wie weit, unter welchen Voraussetzungen und mit welchen Konsequenzen die herrschende Gesellschaft diesen Einfluss überhaupt ausüben darf, soll der Blick auf die Konsequenzen für die abhängige Gesellschaft gerichtet werden. Denn nach dem soeben unter a. Herausgearbeiteten ist es nicht nur denkbar, dass Wissen einer abhängigen Gesellschaft der herrschenden Gesellschaft zugerechnet werden soll. Möglich erscheint auch eine Zurechnung von Wissen einer herrschenden zu einer abhängigen Gesellschaft[250] oder verschiedener abhängigen Gesellschaften untereinander.

Eine abhängige Gesellschaft hat jedoch überhaupt keine Möglichkeit, eine ordnungsgemäße Kommunikation zu organisieren. Sie kann zwar dafür sorgen, dass relevantes Wissen die herrschende Gesellschaft erreicht. Es liegt aber außerhalb ihres Einflussbereichs, dass relevantes Wissen der herrschenden Gesellschaft auch ihr zugänglich gemacht wird. Denn sie hat keine Möglichkeit, Einfluss auf die Organisation der herrschenden Gesellschaft auszuüben. In dieser Beziehung eine Organisationspflicht zu statuieren, hieße, etwas von vornherein objektiv Unmögliches von ihr zu verlangen. Daher könnte das Merkmal der Abhängigkeit als notwendiges Korrektiv erforderlich sein. Eine Wissenszurechnung in dieser Richtung käme damit grundsätzlich nicht in Frage[251].

Eine Ausnahme von dem Erfordernis der Einflussnahmemöglichkeit macht *Drexl* allerdings dann, wenn das herrschende Unternehmen 100% der Anteile an der abhängigen Gesellschaft hält. Dann soll auch eine Wissenszurechnung von Wissen der herrschenden Gesellschaft zu der abhängigen Gesellschaft erfolgen können. Er begründet dies damit, dass dann keine schutzwürdigen, außenstehenden Aktionäre vorhanden sind und wirtschaftlich allein das herrschende Unternehmen getroffen werde[252]. Diese – konzernrechtlich geprägte – Argumentation überzeugt aber nicht, denn durch die Wissenszurechnung soll nicht der Minderheitsgesellschafter sondern der Rechtsverkehr umfassend geschützt werden. Den Mangel an Einfluss behebt dieser Ansatz nicht.

---

250 So differenziert auch *Drexl* ZHR 161 (1997) 491, 512. Schon bei *Kronstein* Juristische Person, 99 klingt diese Differenzierung an, wenn er nur davon spricht, dass die herrschende Person eine Pflicht trifft.

251 So *Drexl* ZHR 161 (1997) 491, 512, 519; a.A.: *Ehricke* Insolvenz, 25 ff.

252 *Drexl* ZHR 161 (1997) 491, 519.

bb. Contra

Gegen das Erfordernis der Einflussnahmemöglichkeit und damit gegen das Kriterium der Abhängigkeit spricht aber das damit verbundene Ergebnis: Mangels Einflussnahemöglichkeit könnte einer abhängigen Gesellschaft das Wissen der herrschenden Unternehmung nicht zugerechnet werden. Auch die Zurechnung von Wissen einer abhängigen Gesellschaft zu einer anderen abhängigen Gesellschaft bereitet Schwierigkeiten[253]. Denn weder könnte die eine Schwestergesellschaft direkt auf die andere Schwester einwirken und sie zu der Weiterleitung von Informationen veranlassen; noch könnte eine Zurechnung von Wissen der einen zu der anderen Tochter über die herrschende Gesellschaft erfolgen[254]. Auch insoweit ist eine Wissenszurechnung nicht möglich, da mangels Einflussmöglichkeit das Wissen der herrschenden Gesellschaft der abhängigen Unternehmung nicht zugerechnet werden kann[255].

Somit hätte es die unbefriedigende Konsequenz, dass es für den Vertragspartner im Hinblick auf die Wissenszurechnung einen Unterschied macht, ob er mit einer abhängigen oder einer herrschenden Gesellschaft kontrahiert.

Zwar könnte der herrschenden Unternehmung das Wissen der abhängigen Gesellschaft zugerechnet werden, eine Wissenszurechnung in entgegengesetzter Richtung müsste aber abgelehnt werden. Da eine Verpflichtung der herrschenden Unternehmung zu einem Wissenstransfer auch nicht aus der vertraglichen Beziehung zwischen der abhängigen Gesellschaft und dem Kunden entsteht[256], würde entgegen dem mit der Wissenszurechnung verfolgten Ziel der Kunde das Risiko tragen, dass die abhängige Gesellschaft das Wissen der herrschenden Gesellschaft nicht hat. Dies spricht entscheidend gegen das Erfordernis der Einflussnahmemöglichkeit als zusätzlichem Kriterium der Wissenszurechnung.

---

253 Mit Fragen der „Zurechnung“ zwischen Schwesterunternehmen setzt sich *Jaschinski* Schwestergesellschaften, 150 auseinander, dies aber allein unter dem haftungsrechtlichen Aspekt der Schwestergesellschaft.

254 Für diesen Weg spricht sich auch *Ehricke* Insolvenz, 25 aus: „Über das Dreieck“.

255 Anders *Ehricke* Insolvenz, 25 ff., da er gegen eine Zurechnung von Wissen der Mutter zu der Tochter keine Bedenken hat und daher auch zwischen den Töchtern eine Wissenszurechnung anordnet.

256 Zur Unzulässigkeit eines Vertrages zu Lasten Dritter vgl. BGHZ 54, 145, 147 = NJW 1970, 2157, 2157; *Vollkommer* in Jauernig BGB § 328 Rn. 7; *Heinrichs* in Palandt vor § 328 Rn. 10; ausführlich *Martens* AcP 177 (1977) 113, 139 ff. m. w. Nachw.

cc. Lösung

(1) Korrekturansatz von Drexl

Das aus der Bejahung des Erfordernisses der Einflussnahmemöglichkeit resultierende Ergebnis versucht *Drexl* dadurch zu verhindern, dass er dem abhängigen Unternehmen eine Nebenpflicht auferlegt[257]. Danach ist die abhängige Gesellschaft ihrem Vertragspartner gegenüber verpflichtet, für eine ordnungsgemäße Organisation im Zusammenwirken mit der herrschenden Gesellschaft zu sorgen. Aber eine solche Nebenpflicht muss regelmäßig an den fehlenden Fähigkeiten der Tochtergesellschaft zur Einflussnahme auf die Mutter scheitern und ist daher abzulehnen[258]. Zwar könnte die Tochter verpflichtet sein zu versuchen, Einfluss zu nehmen. Überzeugend – und vor allem für den Vertragspartner erfolgversprechend – ist dieses Vorgehen jedoch nicht.

Weiterhin verlangt *Drexl*, dass sich das abhängige Unternehmen aus Verkehrsschutzgründen den Verstoß der Mutter gegen die Pflicht zur Wissensweiterleitung zurechnen lassen müsse[259]. Unter welchen Umständen es zu dieser Pflicht kommt, ist damit aber gerade nicht gesagt.

(2) Ansatz von Ehricke

Keine Zustimmung kann aber auch *Ehricke* finden, der jegliches Wissen der Muttergesellschaft der Tochtergesellschaft zurechnen möchte. Als Argument hierfür führt er an, dass für Außenstehende nicht erkennbar ist, ob die Mutter das Wissen weitergegeben hat oder nicht[260]. Neben der Intransparenz begründet er dies auch mit der Beherrschbarkeit von Informationsflüssen im System und der Risikoverteilung in Bezug auf Kenntnisse. Gerade die Beherrschbarkeit liegt aber für die abhängige Gesellschaft – wie gezeigt – nicht vor. Ihr wird das Wissen aber zugerechnet und sie macht sich gegebenenfalls schadensersatzpflichtig. Einschränken will *Ehricke* seine weite Zurechnung, indem er der abhängigen Gesellschaft gestattet zu beweisen, dass sie keine

---

257 *Drexl* ZHR 161 (1997) 491, 518.

258 Denkbar wäre es allenfalls, der Tochter für diesen Fall eine Aufklärungspflicht über die fehlende Wissenszurechnung aufzuerlegen. Dann müsste die Tochter sagen, dass es im herrschenden Unternehmen möglicherweise Informationen gibt, über die aufgeklärt werden müsste, dass eine solche Aufklärung aber mangels Zugriff nicht möglich sei.

259 *Drexl* ZHR 161 (1997) 491, 520.

260 *Ehricke* Insolvenz, 31.

Kenntnis hatte[261]. Wie der Nachweis gelingen soll, dass zwischen ihr und der herrschenden Unternehmung keine Kommunikation über diesen Punkt erfolgte, bleibt jedoch unklar.

(3) Differenzierender Ansatz

Richtig ist es, nach dem Grund der Wissenszurechnung zu differenzieren:

(a) Erfolgt ausnahmsweise aus objektiven Verkehrsschutzgründen[262] eine Wissenszurechnung (z.B. von Wissen der Tochter zu der Mutter) wegen eines – für den Rechtsverkehr nicht erkennbaren – Informationstransfers, so begründet und rechtfertigt dies keine Wissenszurechnung in umkehrter Richtung. Eine Wissenszurechnung in umkehrter Richtung (d.h. von Wissen der Mutter zur Tochter) ist nur geboten, wenn auch in dieser Richtung tatsächlich ein Informationstransfer erfolgte. Sonst ist ein solcher Transfer aus Verkehrsschutzgründen nicht erforderlich, insofern stellt sich das Problem der mangelnden Einflussnahmemöglichkeit hier nicht.

(b) Wertungsmäßige Probleme bereitet daher allein der Fall, dass der Eindruck einer großen Einheit vermittelt wird. Jedenfalls dann, wenn nach außen der Eindruck einer so starken Einheit erzeugt wird, dass nicht mehr erkennbar ist, wer die Mutter- und wer die Tochtergesellschaft ist, darf es für den Kunden keinen Unterschied machen, mit wem er kontrahiert. Es erfolgt eine Wissenszurechnung auch in Richtung auf die Tochter. Begründen lässt sich dieses aus Verkehrsschutzgründen gebotene Ergebnis damit, dass die Tochter so aufgewertet wird, als wäre sie selbst die Muttergesellschaft. Als herrschende Gesellschaft würde ihr dann aber – weil der Eindruck einer Einheit erzeugt wird – aufgrund einer Organisationspflicht das Wissen der anderen Gesellschaft zugerechnet. Wenn eine so starke Einheit erzeugt wird, dass die Verhältnisse der Gesellschaften untereinander nicht mehr klar zutage treten, greift auch das Gleichstellungsargument, wonach ein solches Konstrukt wie eine Gesellschaft zu behandeln ist und daher eine umfassende Wissenszurechnung erfolgt.

Aber auch dann, wenn zwar noch zwischen Mutter- und Tochtergesellschaft unterschieden werden kann, aber den Außenstehenden der Eindruck vermittelt wird, es sei gleichgültig, mit wem sie kontrahieren, erfolgt aus Verkehrsschutzgründen eine Wissenszurechnung von Wissen der Mutter zu der Toch-

---

261 *Ehricke* Insolvenz, 32 f.

262 Vgl. Kapitel 2, C. II. 6. a. bb. (S. 59 f.).

ter. Hier wird bewusst die Erwartung geweckt, dass es keinen Unterschied macht, mit wem der Vertragspartner kontrahiert. Dann müssen sich die Gesellschaften hieran auch im Hinblick auf den internen Wissenstransfer festhalten lassen. In dieser Konstellation stimmen die Erwartungen des Verkehrs zwar nicht mit der tatsächlichen Konstruktion überein, denn sonst bedürfte es der Konstruktion der Verkehrserwartungen nicht. Aus Wertungsgesichtspunkten heraus müssen hier die Verkehrserwartungen an eine interne Organisation der Kommunikation die Grenzen der tatsächlichen Konstruktion aber überwinden. Denn das Risiko einer fehlenden Wissensorganisation liegt dann, wenn der Verkehr aus Verkehrsschutzgründen eine solche interne Kommunikation erwarten darf, auf der Seite der Unternehmung, das die Erwartungen verursacht hat, und nicht bei dem Vertragspartner[263]. Damit kann es auf die Möglichkeit der Einflussnahme der Gesellschaft auf die Organisation der Kommunikation nicht ankommen.

(c) Ist nach dem eben Gesagten eine Zurechnung von Wissen der Mutter zu der Tochter möglich, so ist dann auch eine Wissenszurechnung von der einen Tochtergesellschaft zu einer anderen Tochtergesellschaft möglich[264]. Denn dann können die Informationen der einen Tochter der Mutter und deren Informationen wiederum der anderen Tochter zugerechnet werden. Insofern wirkt sich auch hier der bewusst erweckte Eindruck einer Einheit aus Verkehrsschutzgründen stärker aus, als die tatsächlichen, rechtlichen Einflussmöglichkeiten der Tochtergesellschaften untereinander.

(4) Ergebnis

Sofern der Verkehr erwarten kann, dass eine interne Kommunikation erfolgt, weil die Unternehmung den Eindruck einer Einheit erzeugt hat, kommt es nicht auf die Möglichkeiten der Einflussnahme auf die Organisation und damit das Merkmal der Abhängigkeit der Gesellschaften voneinander an. Eine Wissenszurechnung ist dann sowohl von einer abhängigen Gesellschaft zu der

---

263 Versorgt die herrschende Gesellschaft die abhängige Gesellschaft nicht mit dem Wissen, das für künftige Geschäftsvorfälle der abhängigen Gesellschaft erkennbar von Relevanz sein kann und erfolgt daher eine Wissenszurechnung, so kann daraus ein Schadensersatzanspruch des Kunden gegen die abhängige Gesellschaft als seinem Vertragspartner entstehen (etwa aus c.i.c. oder pVV wegen einer Aufklärungspflichtverletzung oder aus § 463 BGB wegen Arglist). Insoweit kann die abhängige Gesellschaft Rückgriff bei der herrschenden Gesellschaft nehmen, bzw. Freistellung verlangen (*Heinrichs* in Palandt vor § 249 Rn. 46). Denn sie ist ihrer Pflicht zur Wissensweiterleitung nicht nachgekommen und hat sich daher schadensersatzpflichtig gemacht.

264 Vgl. oben bei Kapitel 2, C. II. 6. a. bb. (S. 59 f.).

herrschenden, als auch von der herrschenden Gesellschaft zu einer abhängigen als auch von einer abhängigen zu einer anderen abhängigen Gesellschaft möglich.

Erfolgt eine Wissenszurechnung aus objektiven Verkehrsschutzgründen, weil die eine Gesellschaft zwar auf das Wissen der anderen Gesellschaft zugreift, aber das nachteilige Wissen ausgespart hat, bleibt es bei dem einseitigen Wissenstransfer. Hier kommt es mangels Verkehrserwartung nicht zu einer Pflicht zum umfassenden Wissenstransfer, so dass es auf die Möglichkeit der Einflussnahme nicht entscheidend ankommt.

c. Auswirkung der Rechtsform

Da es nach der hier vertretenen Auffassung für die Frage der Wissenszurechnung letztlich allein auf den Schutz des Rechtsverkehrs ankommt, spielt die Frage der Rechtsform keine rechtlich relevante Rolle[265]. Denn der Verkehrsschutz ist (jedenfalls insoweit) von der Art der Gesellschaft unabhängig. Hierin liegt einer der entscheidenden Vorteile der neuen Grundsätze zur Wissenszurechung, dass die Frage der Wissenszurechnung unabhängig von der Rechtsform der beteiligten Gesellschaft erfolgt und somit schwierige und zweifelhafte Abgrenzungsfragen unterbleiben können.

Allenfalls tatsächliche Bedeutung erlangt die Rechtsform für die Frage, wie leicht es der herrschenden Unternehmung gelingen kann, die Voraussetzungen zu erfüllen, an die die Wissenszurechnung geknüpft wird[266].

d. Praktische Anwendung der Kriterien

Da es für eine Wissenszurechnung über Unternehmensgrenzen hinweg nicht auf das rechtliche Gerüst sondern auf die tatsächliche Ausgestaltung ankommt, wird im Folgenden untersucht, ob in verschiedenen tatsächlichen Situationen eine Wissenszurechnung erfolgt. Behandelt werden dabei Fälle, in denen ein abhängiges Unternehmen wie eine Betriebsabteilung geführt wird (aa.), in denen eine rein kapitalistische Beteiligung oder nur eine einfache Geschäftsbeziehung vorliegen (bb.) und in denen Umstände im Bereich zwischen diesen Extremen vorliegen (cc.).

---

265 Anders *Drexl* ZHR 161 (1997) 491, 516; anders auch *Schüler* Wissenszurechnung, passim.

266 Weiter *Schüler* Wissenszurechnung, passim; nach seinem Ansatz bleibt es nicht bei der tatsächlichen Bedeutung, sondern gewinnt die Rechtsform auch rechtliche Relevanz.

aa. „Betriebsabteilung“

Wird ein abhängiges Unternehmen wie eine unselbständige Betriebsabteilung der herrschenden Gesellschaft geführt, findet eine Wissenszurechnung statt. Die Unternehmen sind so zu stellen, als wäre die selbständige Tochter auch tatsächlich eine unselbständige Betriebsabteilung. Dies gilt unabhängig davon, ob dieser Umstand nach außen publik wird. Denn jedenfalls Verkehrsschutzgründe verlangen bei einem regen Wissenstransfer, dass die Kommunikation nicht an den Unternehmensgrenzen halt macht.

Denn wenn – wie bei einer unselbständigen Betriebsabteilung – Informationen ausgetauscht werden, dann dürfen nicht nur selektiv Informationen verwertet werden. Das herrschende Unternehmen darf es nicht in der Hand haben, nur bestimmte, für sich selbst günstige Informationen zu bekommen und andere auszuklammern[267]. Vielmehr muss es dafür sorgen, dass es alle Informationen bekommt, als ob es wirklich eine unselbständige Betriebsabteilung hätte. Wenn es dieser Pflicht nicht nachkommt, wird es so behandelt, als habe es eine ordnungsgemäße, über die Unternehmensgrenze des abhängigen Unternehmens hinausgehende Kommunikation implementiert und damit auf das relevante Wissen zugegriffen.

Infolge der aufzubauenden Organisation muss es dem herrschenden Unternehmen bei gegebenem Anlass möglich sein, auf Informationen zuzugreifen, die sich im abhängigen Unternehmen befinden, als ob es eine unselbständige Betriebsabteilung wäre[268]. Da bei einer unselbständigen Betriebsabteilung aber auch ein Transfer von Wissen der Mutter zur Tochter erfolgt, findet eine umfassende Wissenszurechnung aus Verkehrsschutzgründen auch in dieser Richtung statt.

Wird diese enge Zusammenarbeit nach außen erkennbar, spricht auch die Verkehrserwartung für eine Wissenszurechnung: Sofern das herrschende Unternehmen die abhängige Gesellschaft wie eine unselbständige Betriebsabteilung benutzt, kann der Rechtsverkehr davon ausgehen, dass sie vollständig wie eine unselbständige Betriebsabteilung behandelt wird und daher auch ein Informationsfluss erfolgt, wie er innerhalb einer Gesellschaft zu erfolgen hat.

---

[267] So *BGH* WM 1989, 1364, 1367 = NJW 1989, 2879, 2881; WM 1989, 1368, 1370 = NJW 1989, 2881, 2882 (insoweit auf S. 2881 verwiesen) für rechtlich unselbständige Bankfilialen.

[268] In diesem Sinne auch *BGH* NJW-RR 1997, 270. Zu diesem Ergebnis dürfte auch *Drexl* ZHR 161 (1997) 491, 516 kommen, denn dann wird das abhängige Unternehmen arbeitsteilig zur Erreichung einheitlicher Unternehmensziele eingesetzt.

Damit geht das Risiko einer nicht ordnungsgemäßen Kommunikation in diesen Fällen voll zu Lasten der herrschenden Unternehmung.

Ob dieses Führen als Betriebsabteilung aufgrund einer Eingliederung[269] oder eines ausgeübten Beherrschungsvertrags[270] erfolgt oder auf bloß tatsächlicher Abhängigkeit[271] beruht, spielt dabei – wie gezeigt – für die Frage der Wissenszurechnung keine Rolle. Unerheblich ist auch, ob diese Situation das Ergebnis eines schleichenden Prozesses ist oder absichtlich geplant wurde. Die Hintergründe sind für den Verkehr nicht ersichtlich und beeinflussen daher seine Erwartungen und Verkehrsschutzerfordernisse nicht.

Wird eine abhängige Gesellschaft wie eine unselbständige Betriebsabteilung geführt, erfolgt eine umfassende Wissenszurechnung zwischen den Unternehmen.

bb. Geschäftsbeziehung / Rein kapitalistische Beteiligung

Besteht zwischen zwei Unternehmen eine bloße Geschäftsbeziehung, so kann dies beim Rechtsverkehr nicht die berechtigte Erwartung wecken, es erfolge ein unternehmensübergreifender Wissenstransfer. Auch aus Verkehrsschutzgründen ist keine Wissenszurechnung geboten. Wenn Informationen ausgetauscht werden, handelt es sich dabei regelmäßig nur um solche, die die Abwicklung der Vertragsbeziehung betreffen. Dies begründet auf keinen Fall eine Pflicht zum umfassenden Wissenstransfer.

Das gleiche gilt dann, wenn zwei Unternehmen über eine Beteiligung miteinander verbunden sind, ohne dass das eine Unternehmen Einfluss auf das andere nimmt[272].

Es gibt keine berechtigte Verkehrserwartung, die eine Wissenszurechnung verlangt. Denn zum einen ist die bloße Beteiligung in der Regel nicht zu erkennen, selbst wenn dies der Fall ist, entsteht jedenfalls nicht der Eindruck,

---

269 Begründung RegE BT-Drucks. IV/171, S. 238; *Emmerich/Sonnenschein* KonzernR § 7 I (S. 112); *Koppensteiner* in Kölner Kommentar AktG Vorb. § 319 Rn. 3; *Semler/Grunewald* in Geßler/Hefermehl AktG vor § 319 Rn. 2.

270 *Emmerich/Sonnenschein* KonzernR § 8 I (S. 130).

271 Wird bei nur faktisch bestehender Abhängigkeit eine abhängige Gesellschaft dennoch wie eine unselbständige Betriebsabteilung der herrschenden Gesellschaft geführt, liegt ein sogenannter qualifizierter faktischer Konzern vor: *Hüffer* AktG § 18 Rn. 4, § 302 Rn. 6; *Lutter/Timm* NJW 1982, 409, 412; *Emmerich* AG 1987, 1, 5; *Fleck* ZHR 149 (1985) 387, 416; *Schneider* ZGR 1980, 511, 544 f.; *Priester* ZIP 1986, 137, 142; *Ulmer* NJW 1986, 1579, 1584; *Deilmann* Entstehung, 63.

272 So auch *Drexl* ZHR 161 (1997) 491, 514; *Bork* ZGR 1994, 237, 263.

dass das abhängige Unternehmen als Teil einer größeren Einheit geführt wird. Daher ist es nicht mit einer solchen vergleichbar. Eine Wissenszurechnung findet daher bei einfacher Abhängigkeit allein nicht statt.

cc. Sonstige Situationen

Nachdem eine unselbständige Betriebsabteilung, eine bloße Geschäftsbeziehung und eine rein kapitalistische Beteiligung beleuchtet wurden, bleibt nur noch der Bereich zwischen diesen Extremen zu klären. Insofern kann jedoch nach oben verwiesen werden[273], denn die Kriterien, die dazu dienen, die Grenze zu ermitteln, ab der es zu einer Wissenszurechnung kommt, wurden bereits konkret beschrieben und sind nun den Besonderheiten eines jeden Einzelfalls anzupassen.

e. Auswirkung der Wissenszurechnung auf die Mitarbeiter

Im Hinblick auf die unternehmensinterne Wissenszurechnung sind die Mitarbeiter eines Unternehmens verpflichtet, die Informationen, die für künftige Geschäfte ihres eigenen Unternehmens möglicherweise von Belang sind, zu speichern und gegebenenfalls an die zuständigen Stellen weiterzuleiten.

Bejaht man eine Unternehmensgrenzen überschreitende Pflicht zur Wissenszurechnung, drängt sich die Frage auf, ob und gegebenenfalls welche Konsequenz dies für die Mitarbeiter der betroffenen Unternehmen hat. Trifft sie nun außerdem die Pflicht, zusätzlich zu den bisherigen auch solche Informationen zu speichern und weiterzuleiten, die für sie erkennbar für zukünftige Geschäfte der anderen Unternehmen von Interesse sein können?

Dagegen könnte sprechen, dass dann ein Unternehmen den Pflichtenkreis der Angestellten eines anderen Unternehmens beeinflussen könnte, obwohl dieses der weisungsberechtigte Arbeitgeber ist, indem es eine unternehmensübergreifende Wissenszurechnung veranlasst. Richtigerweise steht dies der Erweiterung des Pflichtenkanons der Angestellten aber nicht entgegen. Dies zeigt bereits der Vergleich mit einem Angestellten in einer unselbständigen Abteilung. Auch der Angestellte muss nicht nur solche Informationen speichern und den zuständigen Personen zugänglich machen, die für seine Abteilung, sondern auch solche, die möglicherweise für andere Abteilungen relevant sind. Überträgt man die Grundsätze der Wissenszurechnung innerhalb eines Unternehmens wie hier auf eine Mehrzahl von Unternehmen, so muss die

---

273 Vgl. die Ausführungen in Kapitel 2, C. II. 6. a. (S. 54 ff.).

„Verantwortlichkeit" für die ganze Einheit auch bei der größeren Einheit gelten.

Einschränkend wird man allerdings die Anforderungen daran, was für den Angestellten von erkennbarer Relevanz für zukünftige Geschäfte ist, danach abzustufen haben, wie nah der Bereich, für den die Information relevant werden kann, mit seiner eigenen Tätigkeit verbunden ist. Bei Geschäftsbereichen, mit denen er mehr zu tun hat, kann die Relevanz einer Information eher eingeschätzt werden als bei unbekannten Geschäftsgebieten[274]. Maßstab ist ein sorgfältiger Angestellter in der Position des Wissenden.

7. Zwischenergebnis

Ausgehend von der Wissenszurechnung innerhalb arbeitsteiliger Unternehmen basiert auch eine Unternehmensgrenzen überschreitende Wissenszurechnung insbesondere auf Verkehrsschutzgründen.

Im Vordergrund stehen dabei die Erwartungen des Rechtsverkehrs an eine unternehmensübergreifende Kommunikation. Diese sind dann berechtigt, wenn ein Unternehmen bewusst den Eindruck setzt, mit seinen Tochterunternehmen eine Einheit zu bilden. Dann muss es sich auch wie eine Einheit behandeln lassen und eine entsprechende interne Kommunikation vorhalten. Geschieht dies nicht, kommt es zu einer Unternehmensgrenzen überschreitenden Wissenszurechnung. Auf die Frage, inwieweit ein einzelnes Unternehmen dieser Gruppe Einfluss auf die interne Wissensorganisation hat, kann es aus Verkehrsschutzgründen nicht ankommen, das Merkmal der Abhängigkeit hat insoweit keine rechtliche Bedeutung.

Aber auch objektive Verkehrsschutzgründe können eine Wissenszurechnung erforderlich machen. Diese sind unabhängig von den Erwartungen des Rechtsverkehrs, so dass es nicht einmal auf die Erkennbarkeit ankommt. Eine Wissenszurechnung erfolgt hiernach, wenn ein Unternehmen bewusst und systematisch auf das Wissen eines anderen Unternehmens zugreift. Dann muss es sich zu seinen Lasten auch die Informationen zurechnen lassen, auf die es nicht zugegriffen hat. Eine Wissenszurechnung auf dieser Basis erfolgt immer nur in der Richtung, in der auf das Wissen zugegriffen wurde. Die Gesellschaft, auf deren Wissen zugegriffen wurde, muss sich daher kein Wissen zurechnen lassen.

---

274 Auf die ähnlich gelagerte Problematik zwischen den Geschäftsführern bei arbeitsteiliger Geschäftsführung weisen *Armbruster/Jansen* DStR 1999, 1907, 1909 hin.

Diese rechtsformunabhängige Wissenszurechnung wirkt sich auch auf die Mitarbeiter der betroffenen Gesellschaften aus. Denn diese müssen nun nicht mehr nur Informationen speichern, die für ihr eigenes Unternehmen relevant sein können, sondern auch solche, die für die anderen Unternehmen, mit denen eine Wissenszurechnung erfolgt, relevant sein können.

III. Doppelmandate / Personalverflechtung

Personelle Verflechtungen[275] zwischen Unternehmen werfen die Frage auf, inwieweit allein aus der Doppelorganstellung eine Wissenszurechnung resultiert, wenn nach den obigen Grundsätzen eine solche nicht erfolgt[276, 277]. Insbesondere Vorstandsdoppelmandate, die mit Zustimmung beider Aufsichtsräte zulässig sind (§ 88 Abs. 1 S. 2 AktG)[278], sind weit verbreitet. Denn mit ihnen lässt sich die von der Konzernspitze formulierte Unternehmenspolitik in den Bereichsgesellschaften einfach durchsetzen und außerdem können die Interessen der Bereichsgesellschaften bei der Formulierung der Konzernziele unmittelbar berücksichtigt werden[279].

Im Hinblick auf die Wissenszurechnung wäre denkbar, allein wegen der Doppelorganstellung[280] pauschal das gesamte Wissen der einen Gesellschaft der jeweils anderen Gesellschaft zuzurechnen[281]. Denn für das Doppelorgan besteht die Möglichkeit, an alle Informationen der jeweils anderen Gesellschaft zu gelangen, was ohne die Doppelorganstellung nicht möglich wäre. Eine solche per-se Behandlung, die allein an der Funktion anknüpft, ist aber abzuleh-

---

275 Empirische Nachweise dazu bei *Holtmann* Verflechtung, 89 ff.

276 *Ehricke* Insolvenz, 33 Fn. 84 lässt allein das Vorliegen einer Doppelmandatsstellung ausreichen, um eine die Wissenszurechnung verhindernde Vermutung nicht widerlegbar zu machen, ohne dies allerdings näher zu begründen.

277 A ist geschäftsführendes Organ der B-Gesellschaft und der C-Gesellschaft. Ein Arbeitnehmer D der B weiß etwas. Ist das Wissen des D aufgrund der Doppelorganstellung des A der C zuzurechnen, mit der Folge, dass deren Angestellter E hierüber aufklären muss?

278 Vgl. statt aller *Hüffer* AktG § 76 Rn. 21 m. w. Nachw.

279 *Hoffmann-Becking* ZHR 150 (1986) 570, 570; *Martens* ZHR 159 (1995) 567, 571; *Aschenbeck* NZG 2000, 1015, 1015; *Decher* Verflechtung, 68 f., 82 ff. differenziert bei den Zielen noch danach, ob Vorstandsdoppelmandate von „oben nach unten" oder von „unten nach oben" vorliegen. Eine Zusammenstellung der Ziele nimmt auch *Eversberg* Doppelvorstände, 25 ff. vor.

280 Gemeint sind damit im Folgenden die Stellung als Vorstand einer AG bzw. als Geschäftsführer einer GmbH in mindestens zwei verschiedenen Gesellschaften.

281 Dafür wohl *Drexl* ZHR 161 (1997) 491, 517.

nen. Denn wenn das Doppelorgan die einzige Verbindungsstelle zwischen den Unternehmen ist, kann hierüber kein vollständiger Informationsaustausch erwartet werden. Der gesamte Komplex ist daher differenzierter zu behandeln:

1. Persönliches Wissen des Organs

Zu berücksichtigen ist zunächst das relevante, persönliche Wissen des Doppelvorstands. Umstände, die er persönlich kennt und die für spätere Geschäftsvorfälle erkennbar von Bedeutung sein können, sind als Wissen der Gesellschaften anzusehen[282].

Eine Einschränkung könnte aber dadurch erfolgen, dass man seine Kenntnisse auf verschiedene Unternehmenssphären aufteilt und Wissen nur dann berücksichtigt, wenn die Information bei Tätigkeiten in Bezug auf die jeweilige Gesellschaft erlangt wurde. Dies wäre eine Anlehnung an den Gedanken der Trennung des Wissens in eine Privat- und eine Berufssphäre[283]. Abgesehen davon, dass diese Trennung ohnehin abzulehnen ist[284], dürfte es z.B. bei Mutter- und Tochterunternehmen fast unmöglich sein, diese Sphären genau voneinander abzugrenzen. Zu berücksichtigen ist nämlich, dass das Organ in der einen Gesellschaft häufig auch im Interesse der anderen Gesellschaft tätig wird. Damit ist die Zurechnung vorhandenen Wissens das Korrelat zu der besseren Einflussmöglichkeit, die sich aus der Doppelorganstellung ableitet[285]. Diese Aufspaltung nach Sphären könnte allenfalls bei der Zugehörigkeit der Gesellschaften zu verschiedenen Branchen gelingen. Aber auch da überzeugt eine solche Trennung nicht, denn das Organ hat sich Informationen gerade deshalb gemerkt, weil sie für ihn wichtig sind – unabhängig davon für welche Gesellschaft sie wichtig sind und egal woran er gerade arbeitet. Eine Spaltung des Gehirns in einzelne, unternehmensbezogene Wissenssphären entspricht eben nicht der Realität. Eine natürliche Person weiß etwas oder sie weiß es nicht. Weiß sie es, ist unerheblich, wie sie die Kenntnis erlangt hat[286].

---

282 So auch *Schüler* Wissenszurechnung, 198 f., 201.

283 Eine Wissenszurechnung von Wissen aus der Privatsphäre wird abgelehnt von: *Reuter* in MünchKomm BGB § 28 Rn. 6; *Mertens* in Kölner Kommentar AktG § 76 Rn. 67.

284 *BGH* WM 1955, 830, 832; *Grunewald* in FS Beusch, 301, 319 f.; *Taupitz* in Karlsruher Forum, 16, 28; *Schilken* Wissenszurechnung, 138; *Baum* Wissenszurechnung, 78 ff. m. w. Nachw.; *Schüler* Wissenszurechnung, 75; *Buck* Wissen, 166 f., 515.

285 Auch *Taupitz* in Karlsruher Forum, 16, 27 knüpft eine Verbindung zwischen Wissenszurechnung und dem Nutzen der Arbeitsteilung. *Schultz* NJW 1990, 477, 480 f.

286 *BGH* WM 1955, 830, 832; *Grunewald* in FS Beusch, 301, 306 f.; *Taupitz* in Karlsruher Forum, 16, 28; *Schilken* Wissenszurechnung, 138; *Baum* Wissenszurechnung, 78 ff. m. w. Nachw.

Das erkennbar relevante Wissen eines Organs ist daher nach allgemeinen Grundsätzen zur unternehmensinternen Wissenszurechnung[287] als Wissen der Gesellschaften anzusehen.

2. Wissen in der anderen Gesellschaft

Informationen, die das Doppelorgan nicht persönlich hat, auf die es aber zugreifen kann, weil sie sich in einer der beiden Gesellschaften befinden, können der anderen Gesellschaft nicht ohne weiteres zugerechnet werden. Wenn das einzige Verbindungsglied zwischen den Gesellschaften das Doppelorgan ist, müssen alle Informationen über ihn laufen. Diese Engstelle begrenzt – wie eine Brücke – den möglichen Umfang der Wissenszurechnung.

Eine umfassende Wissenszurechnung ergibt sich auch nicht aus einer Erwartung des Verkehrs, dass bei Vorstandsdoppelmandaten ein umfassender Informationsaustausch zwischen den Gesellschaften erfolgt. Auch wenn ein Doppelmandat auf eine gewisse Nähe der Gesellschaften zueinander schließen lässt, so wird allein hierdurch noch kein hinreichend starker Eindruck einer Einheit erzeugt. Dies gilt insbesondere, wenn das Organ das einzige verbindende Element ist.

Gegen eine undifferenzierte Wissenszurechnung aufgrund einer pauschalen Behandlung der Vorstandsdoppelmandate spricht auch, dass die rechtswissenschaftliche Diskussion über die Frage der Abgrenzung zwischen faktischem und qualifiziertem faktischem Konzern ergeben hat, dass allein aus dem Umstand eines Doppelmandats per-se noch keine qualifizierte Einflussnahme vorliegt[288].

Wissen kann daher aufgrund einer Doppelorganstellung nur dann zugerechnet werden, wenn und soweit das Organ die Pflicht trifft, die eine Gesellschaft auf für die jeweils andere Gesellschaft relevantes Wissen zu „durchleuchten" und dieses Wissen der ersten Unternehmung zur Verfügung zu stellen. Eine solche umfassende Pflicht zum Nachforschen und zur Beschaffung der Informationen könnte sich aus §§ 76, 93 AktG; 35, 43 GmbHG ergeben und Ausfluss einer Pflicht zur umfassenden Informationsbeschaffung sein. Grundsätzlich trifft geschäftsführende Organe die Pflicht, zur Vorbereitung von Entscheidungen sämtliche zur Verfügung stehenden Erkenntnisquellen auszuschöp-

---

287 Vgl. dazu oben Kapitel 2, B. II. 1. (S. 25 ff.).

288 *Hüffer* AktG § 76 Rn. 21; *Semler* in FS Stiefel, 719, 755; *Decher* Verflechtung, 39 f., 219 f.; *Lindermann* AG 1987, 225, 233, 236 f.; *Everling* DB 1981, 2549, 2552; *Aschenbeck* NZG 2000, 1015, 1019; a.A.: *Säcker* ZHR 151 (1987) 59, 65.

fen[289]. Zu den zur Verfügung stehenden Quellen gehört auch die andere Gesellschaft, auf deren Wissen er als Organ Zugriff hat, sofern für ihn erkennbar ist, dass es sich um eine geeignete Quelle handelt. Aus dieser Pflicht zur Vorbereitung von Entscheidungen lässt sich aber für die Leitungsgremien nicht die Pflicht ableiten, pauschal all solche Umstände ausforschen zu müssen, die möglicherweise für künftige Geschäftsvorfälle der jeweils anderen Gesellschaft relevant sind. Die Pflicht zur umfassenden Ausforschung gilt nur zur Vorbereitung eigener konkreter Entscheidungen.

Diese Pflicht zur Ausforschung wird auch nicht durch das Innehaben mehrerer Vorstandsposten beeinflusst. Diese Posten mit ihren Pflichten stehen nebeneinander und sind rechtlich unabhängig. Der zusätzliche Posten erweitert den Bereich, aus dem Informationen gewonnen werden können. Das Bestehen der Informationserlangungsmöglichkeit führt aber nicht zu einer Intensivierung der jeweiligen Pflichten aus dem Vorstandsposten, genausowenig wie es aufgrund der Doppelmandatsstellung zu einer Beschränkung der Pflicht kommt[290]. Dabei spielt es keine Rolle, welches Mandat das Organ zuerst inne hatte oder dass die Berufung in das eine Organ gerade wegen der jeweils anderen Organstellung erfolgte[291]. Abzulehnen ist daher auch der Ansatz von *Schüler*[292], der im Hinblick auf die Wissenszurechnung genau danach differenziert. Wieso eine identische Postenverteilung abhängig von der Reihenfolge der Bestellung bei der Wissenszurechnung unterschiedlich behandelt werden soll, leuchtet nicht ein.

Sofern einer Gesellschaft Informationen vorliegen, die für eine konkrete Entscheidung in der anderen Unternehmung von Bedeutung sein können, erfolgt eine Wissenszurechnung nur, sofern das Doppelorgan Anlass hatte, die erste Gesellschaft als geeignete Erkenntnisquelle anzusehen. Denn nur dann hatte das Organ in der konkreten Situation Wissen[293]. Keinesfalls erfolgt eine um-

---

289 *BGH* AG 1985, 165, 165; *Mertens* in Kölner Kommentar AktG § 93 Rn. 29; *Bastuck* Enthaftung, 69.

290 *Hoffmann-Becking* ZHR 150 (1986) 570, 579; *Eversberg* Doppelvorstände, 110; a.A.: *Decher* Verflechtung, 222. Im Vertragskonzern ist allerdings die Pflicht des Vorstands der abhängigen Gesellschaft insoweit eingeschränkt, als die herrschende Unternehmung Weisungen erteilt.

291 *Hoffmann-Becking* ZHR 150 (1986) 570, 578.

292 *Schüler* Wissenszurechnung, 198 ff.

293 Vgl. oben bei den Grundsätzen der unternehmensinternen Wissenszurechnung, Kapitel 2, B. II. 1. (S. 25 f.).

fassende Wissenszurechnung auch solcher Umstände, die das Organ nicht kannte.

Ausnahmsweise erfolgt eine weitergehende Wissenszurechnung auch hinsichtlich solcher Informationen der einen Gesellschaft, die der Mandatsträger nicht persönlich positiv kennt und die auch nicht für eine konkrete Entscheidung relevant sind. Dies gilt dann, wenn er um die Informationen weiß, auf sie Zugriff hat und die Informationen für ihn erkennbar von *erheblicher* Relevanz für die jeweils andere Gesellschaft sind. Bei solchen außerordentlich wichtigen Umständen ist er bereits aus der allgemeinen Sorgfaltspflicht verpflichtet, auch solche Informationen zu beschaffen, die zwar nicht für eine konkrete Entscheidung aber für zukünftige Geschäftsvorfälle der Gesellschaft erkennbar von Bedeutung sein können.

3. Richtung der Zurechnung

Eine aus der Doppelorganstellung resultierende Zurechnung kann zwischen Unternehmen in beide Richtungen erfolgen. Bei verbundenen Unternehmen kann sie sowohl in Richtung auf das herrschende Unternehmen als auch zu der abhängigen Gesellschaft erfolgen, denn sie basiert nicht auf einer Organisationspflicht sondern allein auf der personalen Einheit zweier Organposten. Einschränkungen dieser Zurechnung können sich jedoch aus der Verschwiegenheitspflicht der Organmitglieder aus §§ 93 Abs. 1 S. 2, 116 AktG, 43 GmbHG[294] ergeben[295].

4. Zwischenergebnis

Eine pauschale Zurechung von Wissen einer Gesellschaft zur anderen erfolgt nicht allein wegen einer Doppelorganstellung. Etwas anderes gilt aber für solches Wissen, das der Mandatsträger persönlich hat. Sonst wird das Wissen der einen Gesellschaft der anderen Gesellschaft nur dann zugerechnet, wenn das Doppelorgan bei der Vorbereitung einer Entscheidung für die eine Gesellschaft auch einen konkreten Anlass hat, in der einen Gesellschaft nach Wissen zu suchen. Eine Wissenszurechnung erfolgt auch hinsichtlich solcher Umstände, die von erheblicher Relevanz für die eine Gesellschaft sind und das Organ um diese weiß.

---

[294] Für die GmbH wird diese Verpflichtung aus § 43 GmbHG herausgelesen, *Altmeppen* in Roth/Altmeppen GmbHG § 43 Rn. 9; *Mertens* in Hachenburg § 43 Rn. 46 ff. Für Aufsichtsratsmitglieder ergibt sie sich über § 116 AktG: *Hüffer* AktG § 116 Rn. 6 f.; *Mertens* in Kölner Kommentar AktG § 116 Rn. 35 ff.

[295] Vgl. dazu unten unter Grenzen der Wissenszurechnung Kapitel 2, D. (S. 80 ff.).

IV. Beendigung der Wissenszurechnung

Wird die Situation beendet, die aus Verkehrsschutzgründen eine Wissenszurechnung erforderlich macht, stellt sich die Frage, wie sich dies auf das Wissen der Gesellschaften auswirkt.

Eindeutig fest steht das Ergebnis für Informationen, die die Unternehmen nach der Beendigung der zur Wissenszurechnung verpflichtenden Situation bekommen. Diese Informationen können dem anderen Unternehmen nicht mehr zugerechnet werden, denn zwischen den beiden Gesellschaften besteht keine Verbindung mehr, die eine Wissenszurechnung begründen könnte.

Eindeutig ist es auch, wenn der betroffenen Gesellschaft das Wissen bereits vor der „Trennung" transferiert wurde. Dann hat sie Wissen und muss sich dementsprechend behandeln lassen. Schwieriger ist jedoch die Frage zu beantworten, ob Informationen noch zugerechnet werden, die das eine Unternehmen bereits vor Beendigung dieser Situation hatte, auf deren Kenntnis es aber erst nach diesem Zeitpunkt ankommt. Hierbei ist einerseits zu beachten, dass die Unternehmen nun gar keine Pflicht zur Unternehmensgrenzen überschreitenden Wissensorganisation mehr trifft. Andererseits wäre das Wissen bei ordnungsgemäßer Organisation möglicherweise bereits vor der „Trennung" dem einen Unternehmen zugeleitet worden. Dann befände sich die Information – unabhängig von dem Schicksal der anderen Gesellschaft – bei dem einen Unternehmen und eine Wissenszurechnung über Unternehmensgrenzen hinweg wäre nicht mehr nötig.

Der Umstand, dass die Unternehmen jetzt keine Pflicht zur Wissenszurechnung mehr trifft, würde nicht entlasten, wenn vor der „Trennung" der Gesellschaften noch ein Transfer all derjenigen Informationen hätte erfolgen müssen, die möglicherweise für künftige Geschäftsvorfälle der Unternehmen relevant sein können. Für eine solche Pflicht spricht, dass es sonst von der – für den Rechtsverkehr nicht zu erkennenden – internen Organisation der Kommunikation[296] abhängt, ob das herrschende Unternehmen Wissen hat oder nicht. Gegen eine solche Pflicht spricht, dass es unmöglich ist, vor der Trennung der Gesellschaften das gesamte Wissen der einen Gesellschaft auf seine

[296] Einerseits ist denkbar, die Informationen sofort nach Erhalt zu den relevanten Stellen in anderen Gesellschaften zu transferieren. Andererseits können sie auch in der einen Gesellschaft belassen werden und den zuständigen Stellen aus den anderen Gesellschaften wird nur der Zugriff auf diese Informationen ermöglicht.

Relevanz für künftige Geschäftsvorfälle der anderen Gesellschaft hin zu überprüfen und dann an sie weiterzuleiten.

Zu der Entscheidung in dieser Frage kann möglicherweise ein Urteil des *BGH* beitragen[297]. Ein wissender Bankangestellter wurde versetzt, was zur Folge hatte, dass die relevante Information an seinem alten Arbeitsplatz nicht mehr vorhanden war. Die Versetzung ist der Beendigung des Abhängigkeitsverhältnisses in unserem Problemkomplex insofern vergleichbar, als beide Male nach diesem Zeitpunkt auf das Wissen nicht mehr zugegriffen werden konnte. Der *BGH* bejahte die Pflicht, das für spätere Geschäftsvorgänge relevante Wissen des versetzten Angestellten so zu speichern, dass der Nachfolger hierauf Zugriff habe oder ihm sonst irgendwie das Wissen weiterzugeben sei[298]. Dies würde für die hier fragliche Situation bedeuten, dass alle potentiell relevanten Informationen vor Beendigung der Pflicht zur Wissenszurechnung noch auf die jeweiligen Unternehmen weitergeleitet werden müssten.

Begründet wird die Entscheidung mit der berechtigten Erwartung des Rechtsverkehrs, durch einen Mitarbeiterwechsel in einer Bank keine Nachteile zu erleiden. Diese Argumentation passt aber nicht bei der Beendigung der Situation, die zur Wissenszurechnung verpflichtet. Denn der Kunde darf zwar darauf vertrauen, dass Kenntnisse, die innerhalb der Bank vorhanden sind, unabhängig von Personalfragen immer an der maßgeblichen Stelle vorhanden sind. Die wissende Einheit (Bank) ändert sich nicht. Diese Kontinuität kann er aber nicht erwarten, wenn nach außen offensichtlich eine Änderung der Beziehungen eintritt. Denn es macht für den Rechtsverkehr erkennbar einen Unterschied, ob zwischen den Unternehmen eine Einheit besteht, oder ob diese Einheit aufgegeben wurde.

Somit kann hieraus auch keine Pflicht zur Informationsweiterleitung vor Beendigung der Wissenszurechnung abgeleitet werden, zumal eine solche bereits aus tatsächlichen Gründen unmöglich ist. Daher darf der Kunde nicht darauf vertrauen, dass auf Wissen einer Gesellschaft zugegriffen werden kann, mit der früher einmal ein Wissensaustausch erfolgte, deren Informationen aber nie in den Bereich der jetzt relevanten Gesellschaft gedrungen sind und dies auch nicht mussten.

Entsprechendes gilt, wenn eine Doppelmandatsbeziehung beendet wird. Informationen, die erst nach der Beendigung in den Bereich der einen Gesell-

---

297 BGHZ 135, 202 = WM 1997, 1092 = NJW 1997, 1917.

298 BGHZ 135, 202, 206 = WM 1997, 1092, 1093 = NJW 1997, 1917, 1918.

schaft gelangen oder die für den anderen erst danach erkennbar erheblich relevant werden, können nicht mehr zugerechnet werden.

V. Gleichordnungskonzern

Nach § 18 Abs. 2 AktG liegt ein Gleichordnungskonzern vor, wenn verschiedene Gesellschaften unter einheitlicher Leitung geführt werden, ohne dass zwischen ihnen ein Abhängigkeitsverhältnis besteht.

Da solche Verbindungen regelmäßig nach außen keine große Einheit bilden, sondern eher im Verborgenen bleiben[299], entsteht keine Verkehrserwartung hinsichtlich eines Wissenstransfers zwischen den Konzerngesellschaften. Auch die vertraglichen Abreden, die den Konzern begründen können, führen noch nicht zu einer Wissenszurechnung, denn wie oben gezeigt wurde[300], ist die rechtliche Konstruktion als Basis für die Wissenszurechnung nicht maßgeblich.

Eine Wissenszurechnung ist aber nicht völlig ausgeschlossen. Sofern im Zuge der einheitlichen Leitung gezielt Informationen zwischen den Gesellschaften ausgetauscht werden, kommt es nach den oben entwickelten Grundsätzen ausnahmsweise aus Verkehrsschutzgründen zu einer Wissenszurechnung. Gleiches gilt unter dem Aspekt der Personalverflechtung, die bei Gleichordnungskonzernen häufig anzutreffen ist, um die einheitliche Leitung sicherzustellen. Insofern gelten für Gleichordnungskonzerne keine Besonderheiten. Es finden die allgemeinen Regelungen Anwendung, die oben entwickelt wurden und gerade unabhängig von der rechtlichen Konstruktion gelten.

VI. Zwischenergebnis

Zusammenfassend lässt sich sagen, dass eine Wissenszurechnung zwischen Unternehmen aus drei Gründen erfolgen kann:

1. Eine Wissenszurechnung ist dann erforderlich, wenn bewusst der Eindruck einer Einheit erzeugt wird. Dann kommt es zu einer Unternehmensgrenzen überschreitenden Wissenszurechnung, die unabhängig von der Rechtsform der Gesellschaften und von den internen Beherrschungsverhältnissen ist.

---

[299] *Emmerich/Sonnenschein* KonzernR § 4 III 1 (S. 63); *Gromann* Gleichordnungskonzerne, 10 ff.

[300] Kapitel 2, C. II. 1. (S. 46 f.).

Aus Verkehrsschutzgründen erfolgt eine Unternehmensgrenzen überschreitende Wissenszurechnung ausnahmsweise auch dann, wenn sich eine Unternehmung bewusst und systematisch des Wissens einer anderen Gesellschaft bedient. Eine Wissenszurechnung auf dieser Basis erfolgt nur in Richtung auf das zugreifende Unternehmen.

Zugerechnet werden können nur solche Umstände, die für den Wissenden für spätere Geschäftsvorfälle erkennbar von Bedeutung sein können. Dabei gilt es für die Mitarbeiter eines Unternehmens auch an Geschäftsvorfälle der jeweils anderen Unternehmen zu denken; allerdings nimmt mit zunehmender Entfernung der Geschäftsbereiche die Erkennbarkeit der Relevanz ab. Weitere Voraussetzung für die Zurechnung ist, dass derjenige, dem die Informationen zugerechnet werden soll, Anlass hat, danach zu suchen.

2. Eine Wissenszurechnung erfolgt auch aufgrund einer Personalverflechtung. Allerdings resultiert aus einer (partiellen) Identität der Führungsgremien noch keine per-se Zurechnung des Wissens. Vielmehr ist danach zu unterscheiden, ob das Doppelorgan das Wissen persönlich hat, ob sich ihm die Relevanz der Information aufdrängen musste oder ob es Anlass hatte, in der einen Gesellschaft nach relevanten Informationen für die andere Gesellschaft zu suchen.

3. Daneben bleiben allgemeine zivilrechtliche Zurechnungsgrundsätze bestehen. D.h. schaltet eine Gesellschaft eine andere als rechtsgeschäftlichen Vertreter ein, greift § 166 BGB direkt. Setzt eine Gesellschaft die andere als Wissensvertreter ein, erfolgt eine Zurechnung nach § 166 BGB analog.

D. Grenzen der Wissenszurechnung

Die Wissenszurechnung hat Grenzen. Selbst wenn eine Wissenszurechnung im Grundsatz erfolgt, können im Einzelfall Gründe der Zurechnung eines bestimmten Umstandes entgegenstehen. Mangels Wissenszurechnung hat eine Person dann kein Wissen, so dass sie auch keine Pflicht zur Aufklärung treffen kann. Die Frage der Grenzen ist daher wesentlich. Dabei ist zwischen solchen Grenzen zu unterscheiden, die allgemeine Geltung haben (d.h. auch bei Banken vorkommen können) (I.) und solchen, die speziell bei Banken vorkommen (II.).

I. Allgemeine Grenzen

Grenzen der Wissenszurechnung können sich aus der Organisation der Kommunikation selbst (1.) oder aus gesetzlichen Vorschriften (2.) ergeben.

1. Organisation der Kommunikation

Die Organisation der Kommunikation selbst begrenzt die Möglichkeit der Wissenszurechnung. Wo genau diese für alle Unternehmen gültige Grenze verläuft, wird zunächst allgemein (a.) und dann speziell für Banken (b.) untersucht.

a. Allgemeine Maßstäbe

Eine Grenze der Zurechnung ist die Organisation der Wissenskommunikation selbst. Denn die Gesellschaften trifft nicht die Pflicht eine ideale, sondern „nur" eine ordnungsgemäße Organisation zu installieren. Die Forderung von *Canaris*[301] nach einer idealen Organisation ist abzulehnen[302]. Zum einen kann sie (wenn überhaupt) nur mit einem unverhältnismäßig großen Aufwand erreicht werden, zum anderen entspricht eine solche Organisation auch nicht den Erwartungen des Verkehrs, der um die Schwierigkeiten der Organisation in großen Unternehmen oder Behörden weiß.

Eine ordnungsgemäße Organisation[303] verlangt, dass solche Informationen gespeichert werden müssen, die für den Angestellten bei vernünftiger Betrachtung eine Relevanz für zukünftige Geschäftsvorfälle besitzen. Dabei ist nicht nur die Wichtigkeit der Information selbst zu berücksichtigen, sondern auch der Grad der Wahrscheinlichkeit mit dem die Information überhaupt relevant wird. Es genügt daher nicht jede, nur irgendwie denkbare Möglichkeit einer Relevanz. Vielmehr muss es sich um eine offensichtliche, naheliegende Relevanz handeln, da es sonst zu einer unüberschaubaren Flut von gespeicherten Informationen kommt. Je wichtiger dabei die Information ist, desto geringer muss die Wahrscheinlichkeit der Entfaltung von Relevanz sein, um die Speicherung zu rechtfertigen. Die Relevanz der Information muss für den

---

301 *Canaris* BankVR Rn. 800a; *ders.* in Karlsruher Forum, Diskussion, 34; in diese Richtung auch *Taupitz* in Karlsruher Forum, 16, 27.

302 BGHZ 135, 202, 206 = WM 1997, 1092, 1093 = NJW 1997, 1917, 1918 verlangt eine sachgerechte Organisation. Allerdings sind die modernen, technischen Möglichkeiten zu berücksichtigen, die eine solche interne Kommunikation erheblich vereinfachen. Dies wirkt sich auch auf die Anforderungen an eine ordnungsgemäße Organisation aus. Wie hier auch *Adler* Wissenszurechnung, 51. *Kieser/Kloster* GmbHR 2001, 176, 179 Fn. 48, 181 verlangen die „Anforderungen an eine ordnungsgemäße Organisation (...) nicht übermäßig streng anzusetzen." Kritisch gegenüber der Differenzierung ist *Baum* Wissenszurechnung, 215.

303 Nach *Faßbender* Aufklärungspflicht, 133 handelt es sich um ein „schwer zu fassendes" Kriterium. Zu betriebswirtschaftlichen Betrachtungen vgl. bei *Baum* Wissenszurechnung, 214 ff.

Angestellten erkennbar sein. Diese Erkennbarkeit nimmt um so mehr ab, je weiter sich das Gebiet, für das die Information relevant sein könnte, von dem eigentlichen Tätigkeitsbereich des Wissenden entfernt[304]. Er muss nicht beständig alle Informationen, die er erhält, daraufhin durchsuchen und Rücksprache halten, ob es sich um eine relevante Information handelt. Seine primäre Aufgabe ist es nicht, Informationen zu sammeln, sondern sich seinen eigentlichen Tätigkeiten zu widmen.

Diese Einschränkung ist ernst zu nehmen[305]. Denn sonst käme es zu einer völligen Überfrachtung der internen Kommunikation mit Informationen ohne Relevanz für zukünftige Geschäftsvorfälle, die der Wissende allein aus Vorsichtsgründen weiterleiten würde. In dieser Flut würden aber die wesentlichen Informationen untergehen, womit niemandem gedient wäre.

Die Pflicht zur ordnungsgemäßen Organisation berührt auch den anderen Bereich der Kommunikation. So muss die interne Kommunikation so organisiert sein, dass die Person, der das Wissen eventuell zugerechnet werden soll, bei gegebenem Anlass die Möglichkeit hat, an ordnungsgemäß gespeicherte Informationen zu gelangen. Eine Wissenszurechnung findet allerdings dann nicht statt, wenn für die handelnde Person gar kein Anlass besteht, sich nach Informationen im Unternehmen(sverbund) zu erkundigen[306] (d.h. Bagatellfälle). Dies kann etwa bei völlig untergeordneten, unwichtigen Geschäften der Fall sein. Bei solchen erinnern sich auch natürliche Personen nicht an alles, was sie einmal erfahren haben. Und es besteht kein Anlass, den Vertragspartner einer Organisation, in der eine Wissenszurechnung stattfindet, besser zu stellen, als wenn er mit einer natürlichen Person kontrahiert hätte. Daher ist bei solchen unwichtigen Geschäften keine Wissenszurechnung möglich.

Selbst wenn der Geschäftsherr organisatorische Maßnahmen ergriffen hat und er deren Einhaltung überwacht, kann es ausnahmsweise dennoch dazu kommen, dass ein wissender Mitarbeiter eine Information vergisst, bevor er sie speichern konnte. Vergleichbar den Ausreißerfällen bei der Haftung für Fab-

---

304 Vgl. oben unter Auswirkung der Wissenszurechnung auf Mitarbeiter in Kapitel 2, C. II. 6. e. (S. 70 f.).

305 *Armbruster/Jansen* DStR 1999, 1907, 1909 sehen bereits bei arbeitsteilig tätigen Geschäftsführungsorganen Probleme in der Erkennbarkeit der Relevanz der Information.

306 BGHZ 132, 30, 39 = WM 1996, 594, 597 = NJW 1996, 1339, 1341; BGHZ 133, 36, 43 = WM 1996, 1618, 1620 = NJW 1996, 2734, 2736; BGHZ 140, 54, 62 = WM 1998, 2543, 2546 = NJW 1999, 284, 286 (möglich und geboten); *Medicus* in Karlsruher Forum, 4, 14; *Taupitz* JZ 1996, 734, 736; angedeutet bei BGHZ 117, 104, 108 f. = WM 1992, 792, 793 = NJW 1992, 1099, 1100.

rikationsfehler[307] lassen sich solche Fehler nie ganz vermeiden. In einem solchen Fall kommt es ausnahmsweise nicht zu einer Wissenszurechnung[308]. Allerdings hat die Gesellschaft die interne Wissenszurechnung so zu organisieren, dass dies möglichst nicht passiert. Die Einhaltung der dazu erlassenen Regeln und Anweisungen hat sie zu kontrollieren und durchzusetzen.

Zu einer ordnungsgemäßen Organisation gehört auch ein gewisser technischer Standard. Das bedeutet nicht, dass Unternehmen stets die neuesten Computer und die aktuellste Software benutzen müssen – aber wenn ein Unternehmen aufgrund seiner technischen Ausstattung die Anforderungen, die an eine ordnungsgemäße Organisation zu stellen sind, nicht erfüllen kann, dann kann es sich aus Gründen des Verkehrsschutzes nicht darauf berufen[309].

b. Banken

Die Anforderungen an die Organisation sind von Branche zu Branche unterschiedlich und richten sich primär nach den Erwartungen der verschiedenen Verkehrskreise[310]. Die Erwartungen beeinflussen sowohl den Umfang, in dem Informationen weitergeleitet werden müssen, als auch den Umfang, in dem nach möglichen Informationen innerhalb der Unternehmung gesucht werden muss. Andererseits kann es eine ordnungsgemäße Organisation auch mit sich bringen, dass hinsichtlich relevanter Informationen zwischen verschiedenen Stellen gar kein Informationstransfer erfolgt, um etwa Insiderprobleme innerhalb einer Bank zu verhindern[311].

---

307 Vgl. dazu BGHZ 51, 91, 105 = NJW 1969, 269, 275; *Foerste* in Prodhaft.Hdb. § 24 Rn. 133; *Zeuner* in Soergel BGB § 823 Rn. 178; *Michalski* BB 1998, 961, 962.

308 *BGH* WM 1996, 824, 826 = NJW 1996, 1205, 1206.

309 Anders *Schüler* Wissenszurechnung, 270 f., der den Selbstschutz der Unternehmen in den Vordergrund stellt und daher die technischen Voraussetzungen, die einem Unternehmen zur Verfügung stehen, berücksichtigt.

310 *Kötz* in Karlsruher Forum, Diskussion, 43; angedeutet bei BGHZ 135, 202, 206 = WM 1997, 1092, 1093 = NJW 1997, 1917, 1917 f. Diese unterschiedlichen Erwartungen übersieht *Baum* Wissenszurechnung, 218, wenn er wegen „diffus[er] Vorstellungen" ein Vertrauen ablehnt.

311 Etwa zwischen den Anlageberatungs- und Emissionsabteilungen bei Banken (sog. Chinese Walls); *Lutter* ZHR 145 (1981) 225, 243; *Ertel* Wissenszurechnung, 209 ff.; *Watter* SJZ 1991, 109, 113, der allerdings (117) eine gesetzliche Regelung für wünschenswert hält, die die Beschränkung der Wissenszurechnung normiert. Zu der Herkunft des Begriffs „Chinese Wall", vgl. *Hoffmann* Schranken, 141 Fn. 3. Diese bewusste Unterbrechung akzeptiert sogar *Canaris* in Karlsruher Forum, Diskussion, 35, sofern sie nicht willkürlich ist, obwohl er sonst einen idealen Informationstransfer verlangt.

An Banken stellt die Bevölkerung (nach wie vor) hohe Anforderungen im Hinblick auf die Seriosität. Da die Banken mit dem privaten Vermögen der Kunden umgehen, erwarten diese eine entsprechend umfangreiche Organisation. Abstrakt zu bestimmen, welcher Organisationsstandard von den Banken verlangt wird, ist schwierig. Einige Eckpunkte lassen sich jedoch aus den vier folgenden Urteilen des *BGH* zu Fragen der Wissenszurechnung in Banken ableiten. Auch wenn einige Fälle nicht unter dem Gesichtspunkt der Organisationspflichten entschieden wurden, so ist doch anzunehmen, dass der *BGH* in diesen Fällen – wenn auch mit anderer Begründung – zu vergleichbaren Ergebnissen gekommen wäre[312].

In seiner Entscheidung vom 1.3.1984 bejahte der *IX. Senat des BGH*[313] die Wissenszurechnung zu anderen Angestellten innerhalb derselben Filiale für Wissen eines Kassierers, das dieser in Wahrnehmung seiner Befugnisse erlangt hatte. Die Angestellten, die dem Debetkonto einer Kundin Scheck- und Überweisungsbeträge gutschrieben, mussten sich das Wissen des Kassierers dieser Filiale zurechnen lassen, der am Abend des Vortags kurz vor Kassenschluss erfahren hatte, dass diese Kundin ihre Zahlungen eingestellt hatte. Daher lagen in den Gutschriften am nächsten Tag nach § 30 KO anfechtbare Rechtshandlungen.

Ein typisches Beispiel für die hier diskutierte Problematik bietet der Sachverhalt, der den Entscheidungen des *III. Senats des BGH* vom 1.6.1989 zugrunde lag[314]. Hier hatte ein Filialleiter in Bad Pyrmont aufgrund einer Darlehensvergabe an einen Projektinitiator Kenntnisse über Risiken eines Fondsprojekts und einen im Raum stehenden Anlagebetrug. In der Münchener Filiale derselben Bank wurde später einem Kunden ein Darlehen zur Finanzierung seiner Einlage in diesem Fonds gewährt. Der *BGH* rechnete dem Zuständigen in der Filiale München die Kenntnisse des Filialleiters aus Bad Pyrmont zu. Denn das in München gewährte Darlehen diente der Finanzierung desselben Projekts wie das vorher in Bad Pyrmont gewährte. Aufgrund der Kenntnis dieses engen Zusammenhangs war für die Münchener „ein Informationsaustausch möglich und naheliegend“. Gestützt wurde diese Wissenszurechnung auch auf den Gedanken, den Banken „die Möglichkeit zu nehmen, den Infor-

---

312 Auf die Ergebnisorientiertheit der Rechtsprechung des *BGH* im Bereich der Wissenszurechnung weißt *Hagen* DRiZ 1997, 157, 159 hin.

313 *BGH* WM 1984, 1309 = NJW 1984, 1953.

314 *BGH* WM 1989, 1364 = NJW 1989, 2879; WM 1989, 1368 = NJW 1989, 2881; nach *Bruchner* in Schimansky/Bunte/Lwowski, Bankrechts.Hdb. § 39 Rn. 14 handelt es sich um eine nicht verallgemeinerungsfähige Einzelfallentscheidung.

mationsaustausch zwischen ihren (...) Filialen im eigenen Interesse auf bestimmte Fragen zu beschränken, andere Fragen aber auszuklammern, obwohl deren Aufklärung im Interesse eines Verhandlungspartners geboten sein könne."[315]

Am 21.5.1996 lehnte der *XI. Senat*[316] eine Wissenszurechnung nach den Grundsätzen der Organisationspflicht ab. Ein Bankkunde hatte während einer Verhandlungspause in der Bank mit einem Bekannten ein privates Gespräch geführt und ihm dabei Informationen gegeben, die er in der Verhandlung dem zuständigen Angestellten gegenüber nicht gegeben hatte. Der Bekannte war zwar ebenfalls bei der Bank angestellt, aber in einer anderen Abteilung beschäftigt und mit dem Verhandlungsgegenstand nicht befasst. Der *BGH* lehnte eine Zurechnung des Wissens des Bekannten trotz seiner Stellung als Bankangestellter ab, denn eine Wissenszurechnung erfolge nur dann, wenn das Wissen für denjenigen, dem es zugerechnet werden solle (hier also dem Verhandlungsführer der Bank) „verfügbar war oder konkreter Anlass bestand, sich dieses Wissen zu beschaffen"[317]. Weder für den Bekannten habe aber ein Anlass bestanden, den Inhalt des privaten Gesprächs niederzulegen, noch für den Verhandlungsführer, einen nicht zuständigen Mitarbeiter nach wesentlichen Informationen zu fragen.

Einen weiteren, zu der hier besprochenen Problematik passenden Fall in den eine Bank verwickelt war, hat der *XI. Senat* des *BGH* am 15.4.1997 entschieden[318]. Eine Bank hatte disparische Schecks hereingenommen, die alle für oder von dem Arbeitgeber des Einreichers ausgestellt waren. Ein Bankangestellter, der die Anstellung des Scheckeinreichers als Buchhalter kannte, war kurz vor der Einreichung der Schecks versetzt worden; der neue, zuständige Angestellte wusste nicht um die Anstellung, denn sein Vorgänger hatte ihn weder informiert noch sein Wissen in Akten niedergelegt. Er vermutete daher nicht, dass die Schecks möglicherweise gestohlen waren. Entgegen der Ansicht des Berufungsgerichts rechnete der *BGH* der Bank das Wissen des inzwischen versetzten Angestellten zu. Die Bank treffe eine Organisationspflicht, relevante Informationen zu dokumentieren, verfügbar zu halten und dafür zu sorgen, dass sie auch benutzt würden. Unter maßgeblichen Informa-

---

315 *BGH* WM 1989, 1364, 1367 = NJW 1989, 2879, 2881; WM 1989, 1368, 1370 = NJW 1989, 2881, 2882 (insoweit auf S. 2881 verwiesen).

316 BGHZ 133, 36 = WM 1996, 1618 = NJW 1996, 2734.

317 BGHZ 133, 36, 43 = WM 1996, 1618, 1620 = NJW 1996, 2734, 2736.

318 BGHZ 135, 202 = WM 1997, 1092 = NJW 1997, 1917.

tionen sind dabei solche zu verstehen, die für den wissenden Angestellten erkennbar relevant waren. Zu beachten sei, dass ein Personalwechsel in einer Bank nicht zu Lasten der Kunden gehen dürfe. Vielmehr könne erwartet werden, dass alles Notwendige unternommen werde, um dem Nachfolger die relevanten Informationen zukommen zu lassen. Das setze voraus, dass die Informationen gespeichert und zur Verfügung gehalten würden, um sie bei einem Geschäft, das wegen seiner Bedeutung dazu Anlass biete, nutzen zu können.

c. Zusammenfassung

Diese Urteile spiegeln einen kleinen Ausschnitt aus der Vielfalt der möglichen Geschäftsvorfälle wider. Einzelne konkrete Handlungsanweisungen zu geben, ist daher nur schwerlich möglich. Als allgemeine Richtlinie kann für Banken aber gelten, dass ein ordentlicher und gewissenhafter Bankangestellter die mögliche Relevanz von Informationen genauer als ein Mitarbeiter anderer Branchen zu untersuchen hat. Dafür hat er im Zweifel auch bei den relevanten Stellen nachzufragen. Gleichzeitig muss auch bei der Suche nach Informationen besonders sorgfältig vorgegangen werden.

Relevante Informationen müssen so gespeichert werden, dass sie den zuständigen Stellen zugänglich sind. Dies setzt voraus, dass sich die Betreffenden mit möglichst wenig Aufwand informieren können. Dazu ist ein einheitliches System der Informationsablage und -weiterleitung sinnvoll, wozu auch die Vergabe von einschlägigen Suchbegriffen gehört. Insoweit sind die Angestellten hinsichtlich der Nutzung zu schulen und anzuhalten, das System zu nutzen, um bei solchen Geschäftsvorfällen, bei denen sie es wegen der Bedeutung des Geschäfts für nötig erachten, auch die erforderlichen und gespeicherten Informationen vollständig zu erhalten.

2. Gesetzliche Grenzen

Wissen kann auch dann nicht zugerechnet werden, wenn gesetzliche Vorschriften der Wissenszurechnung entgegenstehen. Besondere Bedeutung kommt dabei einer gesetzlichen Verschwiegenheitspflicht zu (a.), aber auch Vorschriften des Datenschutzes (b.) können einer Wissenszurechnung entgegenstehen.

a. Verschwiegenheitspflicht

Um die Bedeutung der Verschwiegenheitspflicht als Ganzes einordnen zu können, sind zunächst die Grundlagen und der Umfang dieser Pflicht darzustellen (aa.). Danach ist dann zu untersuchen, wie sich dies zu der Verpflichtung zur Wissenszurechnung verhält (bb.).

aa. Allgemeines

Die §§ 93 Abs. 1 S. 2, 116 AktG, 43 GmbHG verbieten strafbewehrt (§§ 404 AktG, 85 GmbHG) die Offenbarung von Wissen, das aus einer Organtätigkeit erlangt wurde, sofern es sich um vertrauliche Angaben oder Geheimnisse handelt, deren Weitergabe für die „wissende" Gesellschaft objektiv nachteilig ist[319]. Vertraulich können dabei auch Informationen Dritter sein, denen eine vertrauliche Behandlung der Information zugesagt wurde[320]. Gerade im Bereich der Bank ist wegen des Bankgeheimnisses, das dem Kunden gegenüber die vertragliche Verpflichtung zur Verschwiegenheit darstellt[321], die Vertraulichkeit der Information regelmäßig anzunehmen.

Soweit §§ 93 Abs. 1 S. 2, 116 AktG, 43 GmbHG nicht eingreifen, stehen sie auch einer Wissenszurechnung nicht entgegen.

Die Verschwiegenheitspflicht ist jedoch nicht umfassend. Für den Vertragskonzern (§ 291 Abs. 1 S. 1 AktG) ist anerkannt, dass die umfassende Leitungsmacht und die damit einhergehende Risikoübernahme der herrschenden Gesellschaft mit umfassenden Berichtspflichten der abhängigen Gesellschaft korrespondiert[322]. Die Informationsweitergabe scheitert insoweit nicht an §§ 93 Abs. 1 S. 2, 116 AktG, 43 GmbHG. Der Geheimnisschutz findet hier eine Grenze. Dies gilt nach h.M.[323] auch für den faktischen Aktienkonzern,

---

[319] *Hüffer* AktG § 93 Rn. 7; *Lutter* Information, 129 ff., 144 ff.; *Wiesner* in Hdb.GesellR § 25 Rn. 39 ff.; *v. Stebut* Geheimnisschutz, 58 ff.; *Mertens* in Hachenburg § 43 Rn. 46; *Schwintowski* NJW 1990, 1009, 1011.

[320] *Mertens* in Kölner Kommentar AktG § 93 Rn. 75; *ders.* in Hachenburg § 43 Rn. 46; *v. Stebut* Geheimnisschutz, 65 f., nach seiner Meinung muss aber jedenfalls ein mittelbares Interesse der Gesellschaft an der Verschwiegenheit bestehen, was aber bereits darin liegen soll, dass die Offenbarung der Information den Dritten verärgert.

[321] RGZ 139, 103, 105; BGHZ 27, 241, 246; *Bruchner* in Schimansky/Bunte/Lwowski, Bankrechts.Hdb. § 39 Rn. 8; *Canaris* BankVR Rn. 48; *Ungnade* Datenschutz, 88; *Kümpel* BankR Rn. 2.151.

[322] *Schmidt-Aßmann/Ulmer* BB 1988/13, 4; *Zöllner* in Kölner Kommentar AktG § 131 Rn. 66; *Lutter* Information, 50, 151 f.; *Decher* ZHR 158 (1994) 473, 480; *Duden* in FS v. Caemmerer, 499, 504; *Hoffmann-Becking* in FS Rowedder, 155, 167.

[323] *Hoffmann-Becking* in FS Rowedder, 155, 167; *Wiesner* in Hdb.GesellR § 25 Rn. 38; *Hommelhoff/Timm* AG 1976, 330, 332; *Barz* in Großkommentar AktG § 131 Anm. 27; *Lutter* Information, 50 f., 152; *Zöllner* in Kölner Kommentar AktG § 131 Rn. 69 (Information zum Zweck der Ausübung der einheitlichen Leitung); so auch *Duden* in FS v. Caemmerer, 499, 505 f.; a.A.: *Eckardt* in Geßler/Hefermehl AktG § 131 Rn. 148; *Kort* ZGR 1987, 46, 60. Unstr. soweit es um den gesetzlich vorgeschriebenen Informa-

unabhängig davon, ob man die Ausübung einheitlicher Konzernleitung durch die herrschende Gesellschaft durch die §§ 311 ff. AktG als zugelassen oder hingenommen[324] ansieht. Begründet wird die Beschränkung der Geheimhaltungspflicht (also das Recht zur Informationsweiterleitung) damit, dass auch hier zum Zwecke der Ausübung der Leitungsmacht eine umfassende Berichterstattung erlaubt[325] sein muss, insbesondere um die sich aus §§ 311 ff. AktG ergebenden Rechtsfolgen abwägen zu können.

Diese Begrenzung der Verschwiegenheitspflicht wirkt sich auch auf die Doppelorgane aus, die in diesen Fällen insoweit nicht zur Verschwiegenheit verpflichtet sind[326] und der jeweils anderen Gesellschaft ihr Wissen auch direkt zur Verfügung stellen können.

bb. Verhältnis Wissenszurechnung zu Verschwiegenheitspflicht

Im Folgenden ist zu untersuchen, wie sich die Verschwiegenheitspflicht auf die Pflicht zur Wissenszurechnung auswirkt. Nach ganz überwiegender Auffassung steht die Verschwiegenheitspflicht einer Wissenszurechnung entgegen[327]. Man wird jedoch feststellen müssen, dass nach dem Anlass der Wissenszurechnung zu differenzieren ist. Denn die Pflicht zur Verschwiegenheit steht einer Wissenszurechnung dann nicht entgegen, wenn dieser aufgrund höherrangiger Grundsätze Vorrang vor der Verschwiegenheitspflicht gebührt.

(1) Eindruck einer Einheit

Erfolgt eine Wissenszurechnung über Unternehmensgrenzen hinweg, weil sich die Unternehmen als eine Einheit präsentieren und den Eindruck einer umfassenden Zusammenarbeit vermitteln, so steht die Verschwiegenheitspflicht einer Wissenszurechnung nicht entgegen. Die veranlassten Erwartun-

---

tionstransfer etwa im Rahmen des § 294 Abs. 3 HGB geht; *Eckardt* in Geßler/Hefermehl AktG § 131 Rn. 147.

324 *Decher* ZHR 158 (1994) 473, 483 f.; *Hoffmann-Becking* in FS Rowedder, 155, 167; Nachweise zu dem Streit bei *Hüffer* AktG § 311 Rn. 7.

325 *Krieger* in Hdb.GesellR § 69 Rn. 23 Fn. 88 lehnt eine Pflicht des Vorstands der abhängigen Gesellschaft zur Informationsweitergabe aber ab. So auch *Schmidt-Aßmann/Ulmer* BB 1988/13, 5; *Lutter* Information, 51.

326 *Hoffmann-Becking* in FS Rowedder, 155, 167; *Semler* Leitung, Rn. 431 ff.; ausdrücklich auch für Aufsichtsräte *Hoffmann-Becking* in Hdb.GesellR § 33 Rn. 35; dagegen *Schmidt-Aßmann/Ulmer* BB 1988/13, 5.

327 *Werner* ZHR 145 (1981) 252, 265; *Lutter* ZHR 145 (1981) 225, 242; *Faßbender* Aufklärungspflichten, 276; *v. Stebut* Geheimnisschutz, 133 ff.; *Canaris* BankVR Rn. 106, 499; *Hopt* Kapitalanlegerschutz, 474; *Buck* Wissen, 474 f.

gen des Rechtsverkehrs überwiegen das Interesse der Gesellschaft an der Verschwiegenheitspflicht. Wenn der Eindruck einer Einheit erweckt wird, erwartet der Verkehr nicht, dass der interne Informationsfluss an einer Geheimhaltungspflicht scheitert. Denn er erwartet gar keine Geheimnisse der Gesellschaften voreinander. Außerdem ist die Wissenszurechnung Ausgleich für die zufällige Organisation der Unternehmung; hätte die herrschende Gesellschaft statt selbständiger Gesellschaften nur einen großen Betrieb, stünden insoweit auch keine Geschäftsgeheimnisse einer Wissenszurechnung entgegen. Daher darf die zufällige Organisation der Gesellschaft der Wissenszurechnung auch keine zufälligen Grenzen in Form der Geheimhaltungspflicht ziehen, wenn der Eindruck erweckt wird, es gebe zwischen den Gesellschaften keine Geheimnisse. Damit ist die Verpflichtung zur Wissenszurechnung vorrangig vor der Verschwiegenheitspflicht. Die an sich zwingenden[328] §§ 93 Abs. 1 S. 2, 116 AktG, 43 GmbHG kommen insoweit gar nicht zur Anwendung, es können auch vertrauliche Informationen zugerechnet werden.

Dies bedeutet allerdings nicht, dass die Informationen ohne weiteres an Außenstehende weitergegeben werden dürfen. Denn Außenstehenden gegenüber gelten die Geheimhaltungspflichten nach §§ 93 Abs. 1 S. 2, 116 AktG, 43 GmbHG für die Organe der ursprünglich alleinwissenden Gesellschaft nach wie vor. Auch wenn die Informationen nun in der anderen Gesellschaft sind, haben sie damit noch nicht ihre Qualität als Geheimnis der einen Gesellschaft verloren[329].

Schwieriger zu beantworten ist die Frage, ob die Gesellschaft, der die vertraulichen Informationen zugerechnet werden, diese Information an Außenstehende weitergeben darf. Denn nicht jede vertrauliche Information der wissenden Gesellschaft stellt auch für die Gesellschaft, der die Information zugerechnet wird, noch eine objektiv geheimhaltungsbedürftige Information dar, deren Weitergabe unzulässig ist (§§ 93 Abs. 1 S. 2, 116 AktG, 43 GmbHG)[330]. Daher könnten diese Informationen – sobald sie sich in der ande-

---

[328] Statt aller *Hüffer* AktG § 93 Rn. 1 m. w. Nachw.

[329] Es bleibt solange ein Geheimnis, wie es sich um einen eng begrenzten Personenkreis handelt, der die Information hat, eingehend *v. Stebut* Geheimnisschutz, 12 ff., 19 ff. m. w. Nachw.

[330] A.A. im Ergebnis *Lutter* Information, 154 f., da vertrauliche Informationen der Tochter immer auch vertrauliche Informationen der Mutter seien und damit § 93 AktG bei der Mutter direkt eingreift.

ren Gesellschaft befinden – ohne weiteres weiterverbreitet werden[331]. Es kann jedoch nicht sein, dass der Vertragspartner, der mit der anderen Gesellschaft kontrahiert, über einen Umstand aufgeklärt werden muss, über den er aufgrund des Charakters als Geschäftsgeheimnis nicht aufgeklärt werden dürfte, wenn er direkt mit der ursprünglich allein wissenden Gesellschaft kontrahiert hätte. Daher ist auch eine Geheimhaltungspflicht der Gesellschaft anzunehmen, der das Wissen zugerechnet wurde.

Ein solcher Geheimnisschutz lässt sich auf §§ 394, 395 AktG stützen, die die Ausdehnung des zur Geheimhaltung verpflichteten Personenkreises vorsehen[332]. Eine solche Erstreckung erfolgt dann, wenn Informationen zur Überwachung eines von einer Gebietskörperschaft entsandten Aufsichtsratsmitglieds weitergegeben werden. Auch wenn die Normen speziell für Gebietskörperschaften gelten, ist der ihnen zugrundeliegende Gedanke übertragbar[333]: Auch hier werden Informationen in einen Bereich außerhalb der wissenden Gesellschaft weitergegeben, der nicht mit einer normalen Weitergabe der Information an Dritte vergleichbar ist, sondern allein aufgrund spezieller Beziehungen der Beteiligten untereinander erfolgt. Hier wie da besteht auch ein Interesse der (wissenden) Gesellschaft, dass diese Informationen nicht publik werden, da eine anderweitige Wiedergutmachung fast ausgeschlossen ist.

Diese Ausdehnung des Geheimnisschutzes als Grenze einer nach außen gerichteten Aufklärungspflicht ergibt sich jedenfalls aber aus der Verkehrserwartung. Denn selbst wenn der Verkehr erwarten darf, dass aufgrund der großen Einheit zwischen den Gesellschaften keine Geheimnisse bestehen, so darf er nicht erwarten, dass Geheimnisse nach außen offenbart werden. Eine direkte Anwendung der §§ 93 Abs. 1 S. 2 AktG, 43 GmbHG ist zwar nicht möglich, da es sich bei der Einheit, von deren Bestehen der Verkehr ausgehen

---

331 Im faktischen Konzern wären die Nachteile, die der abhängigen Gesellschaft daraus entstehen, auszugleichen, §§ 311 ff.; *Decher* ZHR 158 (1994) 473, 484 f.; *Lutter* Information, 50, 152. Unklar ist aber wie der Nachteil der Preisgabe eines Geheimnisses unterjährig ausgeglichen werden kann und auch eine Bestimmung des Schadens ist mit erheblichen Schwierigkeiten versehen. *Lutter* Information, 152 Fn. 14 meint jedoch, dass manchmal schon gar kein Nachteil vorliegt, da der Konzernvorteil auch ihr zugute kommt.

332 *Schwintowski* NJW 1990, 1009, 1014; *Hüffer* AktG § 394 Rn. 43; *Schmidt-Aßmann/Ulmer* BB 1988/13, 9.

333 Zu den Schwierigkeiten mit der Analogiefähigkeit von Spezialnormen: RGZ 153, 1, 23; BGHZ 2, 237, 244; 11, 135, 143; BGHZ 4, 219, 222; kritisch hierzu *Larenz/Canaris* Methodenlehre, 175.

darf, nicht um eine rechtliche Einheit handelt[334]. Letztlich kommt es aber zu einer entsprechenden Anwendung dieser Normen, so dass nach außen keine Informationen aus den Unternehmen herausdringen.

Das heißt im Ergebnis, dass die Verschwiegenheitspflicht zwar einer Unternehmensgrenzen überschreitenden Wissenszurechnung nicht entgegensteht, dass sie aber nach wie vor eine Preisgabe des Geheimnisses nach außen verhindert.

(2) Personalverflechtung

Wird das Wissen allein wegen einer Personalverflechtung zugerechnet und sind die Unternehmen sonst deutlich voneinander getrennt, so steht die Verschwiegenheitspflicht einer Wissenszurechnung entgegen. Denn anders als bei den „Eindruck einer Einheit-Fällen" sind die Sphären und Interessen der Gesellschaften voneinander abgrenzbar[335], gilt dies auch für die Geschäftsgeheimnisse. Daher kann der Verkehr auch nicht erwarten, dass Geheimnisse aus der einen Gesellschaft an die andere Gesellschaft weitergegeben werden.

Der Geheimnisschutz steht einer Wissenszurechnung entgegen[336]. Insofern darf Wissen, das ein Unternehmensmitarbeiter etwa aufgrund seiner Aufsichtsratstätigkeit in einem anderen Unternehmen erlangt hat, dem entsendenden Unternehmen nicht zur Verfügung gestellt werden[337]. Die Beratung einer

---

334 Nach *Schmidt-Aßmann/Ulmer* BB 1988/13, 5 kann nur eine rechtliche Einheit Bezugspunkt einer dem Schutz des Unternehmensinteresses dienenden Vorschrift sein; a.A. im Ergebnis *Lutter* Information, 154 f., da vertrauliche Informationen der Tochter immer auch vertrauliche Informationen der Mutter seien und damit § 93 AktG bei der Mutter direkt eingreift.

335 Nach *Lutter* Information, 50 beruht der Vertraulichkeitsschutz gerade auf der Autonomie der Gesellschaften, die hier nach wie vor gegeben ist.

336 *V. Stebut* Geheimnisschutz, 133; *Werner* ZHR 145 (1981) 252, 265; *Lutter* ZHR 145 (1981) 225, 242; *Faßbender* Aufklärungspflichten, 276; *Canaris* BankVR Rn. 106, 499; *Hopt* Kapitalanlegerschutz, 474.

337 *V. Stebut* Geheimnisschutz, 133. Zu der Rechtstatsächlichkeit vgl. *Hoffmann* Schranken, 114 ff., der meint das Verbot werde kaum beachtet; nach Ansicht von *Mülbert* Gutachten 61. DJT, E48 wird dieses Gebot hingegen sehr ernst genommen. Im Rahmen der drohenden Insolvenz des Philipp Holzmann Konzerns im November 1999 kam es zu Differenzen zwischen den Gläubigerbanken; insbesondere die Commerzbank AG, die wenige Tage vor Bekanntwerden der Überschuldung noch einen DM 50 Mio. Kredit gewährt hatte, warf der Deutsche Bank AG, deren Vorstandsmitglied v. Boehm-Bezing den Aufsichtsratsvorsitz bei der Philipp Holzmann AG inne hatte, öffentlich vor, einen Wissensvorsprung gehabt und ausgenutzt zu haben, FAZ vom 23.11.1999, S. 17. Dies wirft ein anderes Licht auf die tatsächliche Praxis und spricht eher für die Ausführungen von *Hoffmann* Schranken, aaO.

Bank, die solches Wissen ihrer Mitarbeiter nicht berücksichtigt, ist daher nicht fehlerhaft[338]. Selbst wenn dieses Wissen irgendwie „durchgesickert" ist, darf es nicht weiter zugerechnet werden. Nur so kann der Schutz der Information so weit wie möglich erreicht werden[339]. Die Information darf jedoch dann verwendet werden, wenn die Mitteilung an das Organmitglied gerade in seiner Funktion als Organ der anderen Gesellschaft erfolgte, etwa um einen möglichst raschen oder sicheren Informationsfluss zu gewährleisten.

Trotz der Verschwiegenheitspflicht bleibt aber nach wie vor Raum für eine Wissenszurechnung aufgrund der Doppelorganstellung. Denn diese erfasst auch solche Informationen, die nicht vertraulich sind.

(3) Zwischenergebnis

Sofern zwischen Gesellschaften eine Wissenszurechnung aufgrund des Eindrucks einer Einheit erfolgt, gelten keine Begrenzungen durch die Geheimhaltungspflichten nach §§ 93 Abs. 1 S. 2, 116 AktG, 43 GmbHG. In diesen Fällen trifft dann auch die Doppelorganmitglieder keine Verschwiegenheitspflicht. Außenstehenden gegenüber beschränkt die Verschwiegenheitspflicht etwaige Aufklärungspflichten.

Der Wissenszurechnung zwischen Unternehmen stehen die §§ 93 Abs. 1 S. 2, 116 AktG, 43 GmbHG jedoch dann entgegen, wenn die Wissenszurechung allein auf einer Doppelorganstellung basiert.

b. Datenschutz

Eine andere gesetzliche Schranke, die der Wissenszurechnung entgegenstehen kann, ist der Datenschutz, der auf landes- und bundesrechtlichen Datenschutzgesetzen basiert[340]. Stehen datenschutzrechtliche Bestimmungen einer Weiterleitung von Informationen entgegen, so ist eine Wissenszurechnung nicht möglich. Anders als bei §§ 93 Abs. 1 S. 2 AktG, 43 GmbHG können hier auch nicht höherrangige Rechtsgüter das Weitergabeverbot überwinden. Denn anders als bei §§ 93 Abs. 1 S. 2 AktG, 43 GmbHG, die dem Schutz der Gesellschaft dienen, indem Schäden der Gesellschaft verhindert und gegebe-

---

338 *Hoffmann* Schranken, 113, 225; *Hopt* in Baumbach/Hopt HGB BankGesch A/16; *ders.* Kapitalanlegerschutz, 475 f., 478 (Auswirkung auf die Beratung durch das wissende Organ selbst).

339 *Hoffmann* Schranken, 225; a.A.: *Faßbender* Aufklärungspflichten, 277 (kein Geheimnis mehr); *Hopt* Kapitalanlegerschutz, 476 f. mit dem Argument, dass die Treuepflicht eben nur das Organ trifft.

340 *Buck* Wissen, 482, 492 weist auf die erhebliche Bedeutung des Datenschutzes hin.

nenfalls ausgeglichen werden sollen, wird mit den datenschutzrechtlichen Bestimmungen der Schutz Dritter bezweckt. Deren Rechte kann die Gesellschaft aber nicht durch ein eigenes Verhalten beschneiden. Insoweit gibt es auch keine berechtigte Erwartung des Verkehrs.

Sofern datenschutzrechtliche Vorschriften eingreifen, ist eine Wissenszurechnung nicht möglich.

II. Spezielle Grenzen der Wissenszurechnung bei Banken

Zusätzlich zu diesen allgemeinen Grenzen der Wissenszurechnung, greift insbesondere bei Banken eine weitere, spezielle Schranke: Das Bankgeheimnis[341]. Als Bankgeheimnis wird die Verpflichtung der Bank zur Verschwiegenheit über alle Tatsachen und Wertungen bezeichnet, über die die Bank im Rahmen der Geschäftsbeziehung Kenntnis erlangt hat und die der Kunde geheimzuhalten wünscht[342]. Dieses Verbot, Informationen weiterzuleiten, besteht nicht nur im Verhältnis zu außenstehenden Dritten, sondern es entfaltet auch innerhalb der Bank Wirkung im Verhältnis zu den Angestellten. Daher darf die Bank auch intern Informationen nur den Personen zugänglich machen, die mit den Informationen im Rahmen des ordentlichen Geschäftsbetriebes notwendigerweise in Berührung kommen müssen (inneres Bankgeheimnis)[343].

---

[341] *Hoffmann* Schranken, 223; *Faßbender* Aufklärungspflichten, 285 f.; *Buck* Wissen, 494 weist dem Bankgeheimnis eine Bedeutung zu, die „größer ist, als gemeinhin angenommen". Bei den Scheck-Entscheidungen des *BGH* WM 1993, 541 = NJW 1993, 1066; BGHZ 135, 202 = WM 1997, 1092 = NJW 1997, 1917 stellte sich die Frage des Bankgeheimnisses nicht, denn hier ging es um Informationen der Bank dem geschützten Kunden selbst gegenüber. Anders hingegen bei den Entscheidungen *BGH* WM 1989, 1364 = NJW 1989, 2879; WM 1989, 1368 = NJW 1989, 2881: Hier ging es um Informationen über einen Kunden, die einer anderen Filiale zugerechnet wurden und so einem anderen Kunden gegenüber eine Aufklärungspflicht begründeten. Hier wurde jedoch weder auf das innere, noch das äußere Bankgeheimnis eingegangen. *Bruchner* in Schimansky/Bunte/Lwowski, Bankrechts.Hdb. § 39 Rn. 14 sieht diese Entscheidung dann auch nicht als verallgemeinerungsfähig an. Bei der Entscheidung *BGH* WM 1991, 85 = NJW 1991, 693 wurde das Problem des Bankgeheimnisses angesprochen, der *BGH* sah hier aber eine Möglichkeit der Bank, das Problem auch ohne Verletzung des Bankgeheimnisses zu lösen.

[342] Vgl. Nr. 2 Abs. 1 AGB-Banken 1993; RGZ 139, 103, 105; BGHZ 27, 241, 246; *Bruchner* in Schimansky/Bunte/Lwowski, Bankrechts.Hdb. § 39 Rn. 8; *Canaris* BankVR Rn. 48; *Ungnade* Datenschutz, 88; *Kümpel* BankR Rn. 2.151.

[343] Grundlegend *Hoffmann* Schranken, passim; *Bruchner* in Schimansky/Bunte/Lwowski, Bankrechts.Hdb. § 39 Rn. 13 f.; *Bunte* in Schimansky/Bunte/Lwowski, Bank-

Bevor dies näher untersucht wird, muss allerdings erst das Verhältnis zu den Regelungen des Datenschutzes geklärt werden, die auch dem Schutz von Kundendaten dienen.

1. Verhältnis von Datenschutz zu Bankgeheimnis

Das Verhältnis der Regelungen des Datenschutzes und des Bankgeheimnisses zueinander ist umstritten, denn beide beziehen sich auf Kundendaten. Teilweise werden die Vorschriften der Datenschutzgesetze als speziellere Regelungen gegenüber dem Bankgeheimnis angesehen, die das Bankgeheimnis verdrängen[344]. Zwar ist die Rechtsgrundlage für das Bankgeheimnis im Einzelnen umstritten[345], richtig ist es aber, jedenfalls auch von einer schuldrechtlichen Natur des Bankgeheimnisses auszugehen und die Regelungsbereiche aufgrund ihrer unterschiedlichen Rechtsgrundlagen nebeneinander anzuwenden[346]. Dafür spricht, dass sie sich ergänzen und es sonst zu „untragbaren Wertungswidersprüchen"[347] kommen könnte. Außerdem kann nicht angenommen werden, dass es das Ziel der Datenschutzgesetze war, den bereits durch das Bankgeheimnis bestehenden Schutz auszuhebeln.

Die unterschiedlichen Rechtsgrundlagen haben außerdem zur Folge, dass die Bereiche verschiedenen Regeln gehorchen können und nicht parallel zueinander verlaufen müssen. Im übrigen kann der Streit für die hier interessierenden Fälle der Informationen über geschlossene Immobilienfonds regelmäßig dahinstehen, denn die Fondsgesellschaften werden als Publikumskommanditge-

---

rechts.Hdb. § 7 Rn. 9; *Dahm/Schebesta/Schroeter/Weber* Bankgeheimnis Rn. 7; *Fisahn* CR 1995, 632, 635.

344 BGHZ 95, 362, 367 f.

345 Insbesondere die Fragen, ob sich das Bankgeheimnis aus der Verfassung ergibt (dagegen: *Junker* DStR 1996, 224, 225; dafür: *Canaris* BankVR Rn. 37; *Lerche* ZHR 149 (1985) 165, 165 ff.; *Fisahn* CR 1995, 632, 633) aber auch ob es auf rechtsgeschäftlicher Grundlage oder einem gesetzlichen Schuldverhältnis ohne primäre Leistungspflicht beruht, sind umstritten; vgl. dazu grundlegend *Canaris* BankVR Rn. 36 ff.; *Hoffmann* Schranken, 25 ff., 46 ff.

346 *Canaris* BankVR Rn. 72, 72a; *Hoffmann* Schranken, 93; *Ungnade* Datenschutz, 90; *Ganßauge* Datenverarbeitung, 115; *Zöllner* ZHR 149 (1985) 179, 180; *Bruchner* in Schimansky/Bunte/Lwowski, Bankrechts.Hdb. § 40 Rn. 27. Dieses Ergebnis ergibt sich auch aus § 1 Abs. 4 S. 2 BDSG, wenn das Bankgeheimnis als außergesetzliches Berufsgeheimnis verstanden wird. In diesem Sinne *Fisahn* CR 1995, 632, 635.

347 *Canaris* BankVR Rn. 72: Als Beispiele führt er an, dass natürliche Personen sonst nur durch das BDSG, juristische Personen aber nach wie vor durch das Bankgeheimnis geschützt wären oder dass die Übermittlung gespeicherter Daten nicht dem Bankgeheimnis unterfallen würde, wohl aber die Übermittlung nicht gespeicherter Daten. Vgl. auch *Ungnade* Datenschutz, 90.

sellschaften oder kapitalistisch strukturierte Gesellschaften bürgerlichen Rechts nach § 3 Abs. 1 BDSG von dem Schutzbereich für personenbezogene Daten des Datenschutzgesetzes gar nicht erfasst, da sie keine natürlichen Personen sind[348].

2. Bankgeheimnis

Das Bankgeheimnis als Verpflichtung der Bank zur Verschwiegenheit geht so weit, wie der Wille des Kunden reicht. Denn als Geheimnisherr kann er den Umfang der Geheimhaltung durch die Bank selbst bestimmen[349]. Bei einem Fonds wird aber – wie bei jedem anderen Kunden auch – regelmäßig keine Entbindung der Bank von dem Bankgeheimnis vorliegen, denn auch bei einem Fonds als Kunden ist davon auszugehen, dass er nur in dem Umfang mit einer Weitergabe der Information einverstanden ist, wie es im Rahmen eines ordentlichen Bankbetriebes erforderlich ist. Zunächst soll untersucht werden, welche Auswirkung dies hat, wenn nur eine Bank beteiligt ist (a., b.). Unter c. wird untersucht, was bei Unternehmensgrenzen überschreitender Wissenszurechnung gilt.

a. Äußeres Bankgeheimnis

Infolge des Bankgeheimnisses stellt sich im Außenverhältnis der Bank die Frage, inwieweit die Verpflichtung zur Verschwiegenheit Kunden gegenüber (das Bankgeheimnis) der Verpflichtung zur Aufklärung anderen Kunden gegenüber entgegensteht[350]. Das Problem wird überwiegend[351] über eine Güter- und Interessenabwägung gelöst, wobei teilweise den Aufklärungspflichten[352], teilweise aber auch dem Bankgeheimnis der Vorrang eingeräumt wird[353]. So-

---

348 *Gola/Schomerus* BDSG § 3 Anm. 2.9; *Ungnade* Datenschutz, 90.

349 RGZ 139, 103, 105; BGHZ 27, 241, 246; *Bruchner* in Schimansky/Bunte/Lwowski, Bankrechts.Hdb. § 39 Rn. 8, *Canaris* BankVR Rn. 48.

350 *Hopt* Kapitalanlegerschutz, 466: „Ja man kann sogar sagen, das Problem des Bankgeheimnisses ist das seiner Durchbrechungen."

351 *BGH* WM 1991, 85, 86 = NJW 1991, 693, 694; *Canaris* BankVR Rn. 60; *Kümpel* BankR Rn. 2.159; *Roth* in Assmann/Schütze, Hdb.KapitalanlageR § 12 Rn. 87; *Bruchner* in Schimansky/Bunte/Lwowski, Bankrechts.Hdb. § 39 Rn. 40; a.A.: *Faßbender* Aufklärungspflichten, 285; *Hoffmann* Schranken, 106, der eine Durchbrechung des Bankgeheimnisses nur in Fällen von Notwehr und Nothilfe zulässt.

352 *Christopoulou* Bankgeheimnis, 101; *Hopt* Kapitalanlegerschutz, 467 ff.; *Canaris* BankVR Rn. 60 unter Bezugnahme auf *BGH* WM 1986, 1409, 1410.

353 *Roth* in Assmann/Schütze, Hdb.KapitalanlageR § 12 Rn. 86; *Faßbender* Aufklärungspflichten, 284 f.; *Bruchner* in Schimansky/Bunte/Lwowski, Bankrechts.Hdb. § 39 Rn.

weit die Bank über drohende, rechtswidrige Handlungen aufklären will, darf sie darüber hinaus auch unter dem Gesichtspunkt der Notwehr bzw. Nothilfe das Bankgeheimnis brechen[354].

b. Inneres Bankgeheimnis

Die Problematik der Güterabwägung trifft aber nur das Verhältnis der Bank zu aufklärungsbedürftigen Kunden und damit das äußere Bankgeheimnis[355]. Relativ ungeklärt ist die Auswirkung auf das Innenverhältnis, d.h. wie sich eine erlaubte Durchbrechung des Bankgeheimnisses nach außen auf das interne Bankgeheimnis und damit die Möglichkeit einer Wissenszurechnung auswirkt[356]. Sofern ein inneres Bankgeheimnis eingreift und der Weitergabe von Informationen entgegensteht, kommt es nicht zu einer Wissenszurechnung[357].

Ohne eine interne Wissenszurechnung käme man zu dem Ergebnis, dass die Aufklärung der Kunden allein von der zufälligen Kenntnis des einzelnen Bankangestellten abhängt, obwohl die Arbeitsteilung gerade nicht zum Nachteil der Kunden gereichen darf. Dies wäre aber bei solchen Informationen unbefriedigend, die so wichtig sind, dass sie das Bankgeheimnis eines anderen Kunden zu überwinden vermögen. Andererseits dürfen die internen Schranken nicht so weit zurücktreten, dass es zu der Bildung eines „Wissenspools" kommt, denn dem steht das innere Bankgeheimnis entgegen[358]. Das Verhältnis der beiden Aspekte zueinander ist im Folgenden kurz zu untersuchen.

aa. *Hoffmann* vertritt die These, dass die internen Informationsschranken auch dann nicht zurücktreten, wenn trotz des Bestehens des Bankgeheimnisses ausnahmsweise eine Warnpflicht angenommen werden kann[359]. Nur wenn sich ein Kunde strafrechts- oder sittenwidrig verhält, soll er unter dem Ge-

---

40; *Dahm/Schebesta/Schroeter/Weber* Bankgeheimnis Rn. 66; sehr restriktiv *Hoffmann* Schranken, 106.

354 *Canaris* BankVR Rn. 59; *Bruchner* in Schimansky/Bunte/Lwowski, Bankrechts. Hdb. § 39 Rn. 39; *Dahm/Schebesta/Schroeter/Weber* Bankgeheimnis Rn. 65; *Hoffmann* Schranken, 106; *Kümpel* BankR Rn. 2.161.

355 A.A.: Scheinbar *Ertel* Wissenszurechnung, 205, ohne allerdings die Güter aufzuzeigen, die sie abwägen will.

356 Nach *Buck* Wissen, 520 wird das innere Bankgeheimnis nicht „hinreichend berücksichtigt".

357 *Hoffmann* Schranken, 224.

358 *Bruchner* in Schimansky/Bunte/Lwowski, Bankrechts.Hdb. § 39 Rn. 14; *Bunte* in Schimansky/Bunte/Lwowski, Bankrechts.Hdb. § 7 Rn. 9; *Kümpel* BankR Rn. 2.151; *Fisahn* CR 1995, 632, 635.

359 *Hoffmann* Schranken, 226.

sichtspunkt der Notwehr auch des Schutzes des inneren Bankgeheimnisses verlustig gehen[360]. Hierfür spricht, dass anders als im Außenverhältnis, wo man für jeden Einzelfall eine Interessenabwägung vornehmen und über die Durchbrechung des Bankgeheimnisses entscheiden kann, im Innenverhältnis eine solche Abwägung nicht möglich ist[361]. Entweder wird die Informationsschranke durchbrochen und das Wissen den zuständigen Personen zur Verfügung gestellt oder nicht. Außerdem bestehen im Innenverhältnis auch keine kollidierenden Pflichten, so dass auch gar keine Interessenabwägung stattfinden kann, die zu Lasten des Bankgeheimnisses geht.

Andererseits führt diese Ansicht aber zu dem oben aufgezeigten, unerwünschten Ergebnis, dass die Aufklärung davon abhängt, ob der einzelne Bankangestellte diesen konkreten Umstand kennt oder nicht kennt. Zufällige Ergebnisse gilt es aber aufgrund der Relevanz der fraglichen Information zu vermeiden.

bb. Richtig ist es daher anzunehmen, dass das innere Bankgeheimnis bereits dann keine Sperrwirkung entfaltet, wenn der Wissende den berechtigten Eindruck haben muss, dass die Information im Rahmen einer Interessenabwägung Auswirkung auf das äußere Bankgeheimnis hat. Denn wenn sogar das strengere, äußere Bankgeheimnis die Informationsweitergabe nicht verhindert, muss dies erst recht für die nicht so strengen Grenzen der inneren Kommunikation gelten („a maiore ad minus“), um zufällige Ergebnisse zu vermeiden. Das interne Bankgeheimnis verbietet die Wissensweiterleitung dann nicht. Nur so können dem aufklärungsbedürftigen Kunden gegenüber zufällige Ergebnisse vermieden werden. Auch macht es für den Kunden, dessen Informationen weitergegeben werden, einen Unterschied, ob die Informationen nur bankintern oder auch darüber hinaus weitergegeben werden[362]. Gleichzeitig läuft bei dieser Ansicht das innere Bankgeheimnis nicht leer, denn nicht für jede Information wird die interne Kommunikationsschranke aufgehoben sondern nur für solche, bei denen die Relevanz für die Interessenabwägung greifbar ist.

---

360 *Hoffmann* Schranken, 205.

361 Für eine solche Abwägung ist scheinbar *Ertel* Wissenszurechnung, 205, ohne allerdings die Güter aufzuzeigen, die sie abwägen will.

362 So auch *Hoffmann* Schranken, 184.

c. Bankgeheimnis und Unternehmensgrenzen überschreitende Wissenszurechnung

Weitgehend ungeklärt ist auch die Frage, ob und wie das Bankgeheimnis bei Unternehmensgrenzen überschreitenden Sachverhalten die Wissenszurechnung begrenzt. Für das Bundesdatenschutzgesetz wird einhellig vertreten[363], dass auch 100%-ige Tochterunternehmen Dritte sind und damit das Datenschutzgesetz Anwendung findet, das einer Übertragung von Daten in der Regel entgegensteht. *Hoffmann* will dies auch auf das Bankgeheimnis übertragen und jeden Kontakt mit einem Tochterunternehmen der Grenze des äußeren Bankgeheimnisses unterwerfen, da es sich um eine externe Gesellschaft handelt[364]. Dieses streng formale Vorgehen überzeugt jedoch nicht. Da beide Schutzkomplexe auf verschiedenen Grundlagen basieren, können sie auch unterschiedlich ausgestaltet werden. Daher ist für das Bankgeheimnis eine starre Anknüpfung an die rechtliche Vielheit nicht zwingend. Vielmehr ist auch hier die wirtschaftliche Einheit und die Zufälligkeit der Organisation zu berücksichtigen.

Eine Grenze der Unternehmensgrenzen überschreitenden Kommunikation stellt jedenfalls das innere Bankgeheimnis dar. Denn dies gilt auch für rein unternehmensinterne Vorgänge und mindestens dieses Schutzniveau muss auch bei der Überschreitung von Unternehmensgrenzen gelten. Fraglich ist jedoch, ob bei einer Unternehmensgrenzen überschreitenden Wissenszurechnung darüber hinaus sogar das strengere äußere Bankgeheimnis gilt. Dies ist aber abzulehnen, so dass folgende Differenzierung gilt: Wird zwischen zwei Unternehmen Wissen zugerechnet, greift das innere Bankgeheimnis als Grenze. Kommt es zwischen zwei Unternehmen nicht zu einer Wissenszurechnung, entfaltet das strengere äußere Bankgeheimnis seine Wirkung. Für diese Differenzierung sprechen neben der Parallele zu der Wissenszurechnung, die sich ebenfalls mit dem Problem der rechtlichen Vielheit und wirtschaftlichen Einheit auseinandersetzen muss, auch die Erwartungen des Rechtsverkehrs und der betroffenen Kunden. Wenn diese erwarten können, dass Informationen zwischen verschiedenen Gesellschaften wie zwischen verschiedenen Abteilungen ausgetauscht werden, dann dürfen / müssen sie auch davon ausgehen, dass dieser Informationsfluss genau den Grenzen unterliegt, die auch

---

363 *Simitis* in Simitis/Dammann/Mallmann/Reh § 22 Rn. 31; *Schwappach* in Gallwas/Geiger/Schneider/Schwappach/Schweinoch Datenschutz § 22 Rn. 48 f.; *Biesalski* BB 1978, 67, 69; *Hoffmann* Schranken, 100.

364 *Hoffmann* Schranken, 44 f., eine Ausnahme soll nur gelten, soweit dies für den gesetzlich vorgeschriebenen Konzernabschluss notwendig ist.

sonst zwischen solchen Abteilungen gelten. Daher ist das innere Bankgeheimnis als Grenze anzusehen, sofern eine Wissenszurechnung nach den oben entwickelten Grundsätzen erfolgt. Informationen dürfen somit auch an andere Gesellschaften weitergeleitet werden, soweit dies zur Erledigung der Kundenaufträge erforderlich ist. Erfolgt hingegen zwischen den verschiedenen Gesellschaften keine Zurechnung, scheitern Informationstransfers zwischen diesen Gesellschaften an dem äußeren Bankgeheimnis.

III. Ergebnis

Auch wenn die Voraussetzungen einer Wissenszurechnung vorliegen, heißt dies nicht, dass Wissen vollständig zugerechnet werden kann. Neben den allgemeinen Grenzen der Wissenszurechnung gibt es dabei auch noch spezielle Grenzen, die insbesondere für Banken relevant sind. Als allgemeine Grenze der Wissenszurechnung kommen dabei neben der Erkennbarkeit der Relevanz der Information und dem Umfang der Organisation auch gesetzliche Vorschriften in Betracht. So verbietet etwa der Datenschutz eine Weiterleitung. Verschwiegenheitspflichten stehen einer Wissenszurechnung dann nicht entgegen, wenn sie auf dem bewusst veranlassten Eindruck einer Einheit beruhen.

Als besondere Grenze der Wissenszurechung, die insbesondere bei Banken relevant ist, greift das Bankgeheimnis ein. Soweit innerhalb von Unternehmen oder zwischen Unternehmen eine Wissenszurechung erfolgt, greift das innere Bankgeheimnis als Grenze. In allen anderen Fällen entfaltet das äußere Bankgeheimnis seine Wirkung. Allerdings stellen beide keine unüberwindbare Grenze dar. Bei dem äußeren Bankgeheimnis kann sich aus einer Interessenabwägung ergeben, dass das Bankgeheimnis zurückzustehen hat; bei dem weniger strengen inneren Bankgeheimnis genügt es, dass der Wissende den berechtigten Eindruck haben muss, die Information könnte für die Interessenabwägung im Außenverhältnis relevant sein.

Kapitel 3: Aufklärungspflichten im Einzelnen

Nachdem im vorangegangenen Kapitel eingehend untersucht wurde, wann ein Unternehmen Wissen hat, beschäftigen sich die folgenden Ausführungen mit der Frage, wann die Bank dieses Wissen zur Aufklärung eines Darlehensnehmers verpflichtet, der mit dem Darlehen den Beitritt zu einem geschlossenen Immobilienfonds finanzieren möchte.

Ausgangspunkt der Überlegung sind dabei die aus der Rechtsprechung des *BGH* zu Bauherrenmodellen bereits bekannten vier Fallgruppen zur ausnahmsweisen Begründung von Aufklärungspflichten. Zu untersuchen ist, inwiefern diese Grundsätze auf geschlossene Immobilienfonds übertragen werden können (A.). Nachdem dies bejaht worden ist, werden die einzelnen Fallgruppen näher untersucht (B., C., D., E.). Nach einem Zwischenergebnis (F.) wird untersucht, ob möglicherweise eine weitere, Aufklärungspflichten begründende Fallgruppe einzuführen ist (G.). Ehe unter I. die sonstigen Voraussetzungen für eine c.i.c.-Haftung der Bank dargestellt werden, werden noch die Grenzen der Aufklärungspflicht aufgezeigt (H.).

A. Anwendbarkeit der Fallgruppen

Nach dem bereits oben[365] Angedeuteten ist eine Aufklärungspflicht der Bank dem Darlehensnehmer gegenüber ausnahmsweise dann gegeben, wenn die Bank als Projektbeteiligte tätig wird oder eine zusätzliche Anlegergefährdung durch die Bank, ein konkreter Wissensvorsprung oder ein Interessenkonflikt vorliegen. Diese Grundsätze wurden ursprünglich für Bauherren- und Erwerbermodelle entwickelt. Diese Anlagemodelle unterscheiden sich in ihrer rechtlichen Konstruktion aber grundlegend von geschlossenen Immobilienfonds. Somit ist zunächst fraglich, ob die zu ihnen entwickelten Grundsätze überhaupt auf geschlossene Immobilienfonds anwendbar sind[366].

---

365 In Kapitel 1, C. III. (S. 15 ff.).

366 BGHZ 115, 213, 224 f. = WM 1991, 2092, 2097 = NJW 1992, 228, 231 zeigt nur, dass die für Bauherrenmodelle entwickelten Grundsätze jedenfalls auch in Fällen anwendbar sind, in denen eine Mischung aus Bauherrenmodell und Kapitalbeteiligung vorliegt, die wesentliche Elemente eines Bauherrenmodells enthält. Ausdrücklich bei Fonds etwa *BGH* WM 2000, 1685 = NJW 2000, 3558 = NZG 2000, 1215; *OLG München* WM 1999, 1818; *LG Bremen* WM 1999, 847, 848 f.

Während bei geschlossenen Immobilienfonds eine gesellschaftsrechtliche Beteiligung an einer Gesellschaft vorliegt und diese Gesellschaft das Eigentum an der Immobilie erwirbt, erlangen die Anleger bei Bauherrenmodellen Individualeigentum an einem Teil der Immobilie[367]. Um dies zu erreichen, schließen sich auch bei Bauherrenmodellen mehrere Personen zusammen. Basierend auf der Konzeption eines Initiators errichten sie dann ein in mehrere Einheiten aufteilbares Gebäude[368]. Aus steuerlichen Gründen ist es erforderlich, dass jeder einzelne Anleger selbst als Bauherr auftritt. Er muss also auf eigenem Grund auf eigenes Risiko ein Gebäude errichten[369]. Dazu muss jeder Anleger direkter Vertragspartner der einzelnen am Bau beteiligten Unternehmer sein.

Wenn auch die Modelle von ihrer Konzeption her grundverschieden sind, so weisen sie doch Gemeinsamkeiten auf. Beide Male erfolgt eine Kapitalanlage in (vermeintlich) wertbeständige Immobilien[370]. Die Investitionen erfolgen allein aus Kapitalanlageerwägungen, denn auch bei einem Bauherrenmodell möchte der Anleger nur steuerlich als Bauherr gelten, nicht aber auch tatsächlich auf der Baustelle die Arbeiten überwachen müssen. Eine weitere Gemeinsamkeit dieser Modelle ist, dass der einzelne Anleger sich an einem von Dritten bereits fertig ausgearbeitetem Projekt beteiligt und er die anderen Kapitalanleger in der Regel nicht kennt. Er hat in beiden Fällen keinen Einfluss auf die Ausgestaltung der Verträge und die Auswahl der Schlüsselpersonen (etwa des Treuhänders im Bauherrenmodell, der Bauunternehmen, etc.). Die unterschiedlichen Modelle ähneln sich von ihren tatsächlichen Gegebenheiten daher stark.

Der konstruktive Unterschied wirkt sich auf die Beziehung des Anlegers zu der die Anlage finanzierenden Bank nicht aus[371]. Aus der Sicht der Bank

---

367 *Meichssner* in Reithmann/Meichssner/v. Heymann F Rn. 1, 3 (S. 251); *Wagner* in Wagner/Loritz Bd. 1 Rn. 1442, 1482 f.; *Strohm* in Assmann/Schütze Hdb.KapitalanlageR § 20 Rn. 85; vgl. auch *OLG München* NZG 2000, 305, 306.

368 Zu den verschiedenen Ausgestaltungen des Bauherrenmodells vgl. *Pressler* Bauherrenmodell, 27 ff.; *Strohm* in Assmann/Schütze Hdb.KapitalanlageR § 20 Rn. 85 ff.

369 *Wagner* in Wagner/Loritz Bd. 1 Rn. 1435; *Machunsky* Immobilienfonds, 150; vgl. auch *Strohm* in Assmann/Schütze Hdb.KapitalanlageR § 20 Rn. 36 ff.

370 Für Bauherrenmodelle: *Reithmann* in Reithmann/Meichssner/v. Heymann D Rn. 58 (S. 176); für geschlossene Immobilienfonds: Vgl. oben in Einleitung (S. 2).

371 Anders zurecht *OLG München* NZG 2000, 305, 306 im Hinblick auf die unterschiedliche Verjährungsfrist bei Prospekthaftungsansprüchen. Die Betonung des Unterschiedes zwischen Immobilienfonds und Bauherrenmodellen schließt die Vergleichbarkeit beider Modelle im Hinblick auf die Aufklärungspflicht aber nicht aus.

spielt es keine Rolle, für welche Art von Immobilienkapitalanlage sie ihr Darlehen gewährt. Da es sich bei allen Modellen um von Dritten konzipierte und initiierte Konzepte handelt, die einer Vielzahl von Anlegern offen stehen, ist es im Hinblick auf die Frage der Aufklärungspflicht der Bank ohne weiteres möglich, die Rechtsprechung zu den Bauherren- und Erwerbermodellen auf die geschlossenen Immobilienfonds zu übertragen[372].

Im Folgenden sind daher die vier Fallgruppen (Überschreitung der Finanzierungsfunktion, Wissensvorsprung, zusätzliche Anlegergefährdung und Interessenkollision) im Hinblick auf die drei besonderen Situationen[373] genauer zu untersuchen. Zuvor sollen jedoch die durch Einzelfallentscheidungen geprägten Fallgruppen konkretisiert und Kriterien herausgearbeitet werden, wann die jeweiligen Merkmale der Fallgruppe erfüllt sind. Dabei wird man feststellen, dass es sich eigentlich nur um zwei verschiedene Fallgruppen handelt. Allerdings wird man untersuchen müssen, ob nicht noch eine zusätzliche, neue Fallgruppe eingeführt werden muss.

B. Bank als Projektbeteiligte

I. Vorüberlegung

Eine Aufklärungspflicht kann die Bank ausnahmsweise dann treffen, wenn sie ein besonderes Vertrauen in die Seriosität der Anlage veranlasst hat. Zu untersuchen ist daher, wann genau dies der Fall ist, denn nicht jedes Vertrauen der

---

[372] So im Ergebnis auch *BGH* WM 2000, 1685, 1685 f. = NJW 2000, 3558, 3559 = NZG 2000, 1215, 1216. Etwas anderes gilt jedoch dann, wenn die rechtliche Konstruktion entscheidenden Einfluss auf die zu beantwortende Frage nimmt. So können etwa im Rahmen der Prospekthaftung der Initiatoren (Prospekthaftung im engeren Sinne) die für Bauherrenmodelle entwickelten Besonderheiten bei der Verjährung der Prospekthaftungsansprüche (Verlängerung der Verjährungsfrist von sechs Monaten auf 30 Jahre) nicht auf geschlossene Immobilienfonds übertragen werden, denn bei geschlossenen Immobilienfonds fehlt es an dem Werkvertragscharakter, so dass die Verlängerung der grundsätzlich kurzen Verjährungsfrist nicht möglich ist; *BGH* WM 2001, 464, 464; anders noch *OLG Stuttgart* NZG 1999, 612, 614; *OLG Hamburg* NZG 2000, 658, 660 und *OLG München* NZG 2000, 660, 661.

[373] Stichtags-, Kleinanleger- und Auslandsfälle: Vgl. dazu oben Kapitel 1, C. III. (S. 15 f.).

Anleger ist schutzwürdig[374]. Vielmehr muss es sich um ein besonderes, berechtigtes Vertrauen handeln.

Dieses besondere Vertrauen soll regelmäßig dadurch geschaffen werden, dass die Bank ihre neutrale Rolle als bloßer Finanzier überschreitet und daher zur Projektbeteiligten wird[375]. Fraglich ist jedoch, wann genau dies der Fall ist. Denn nicht jedes Verhalten, das über die bloße Darlehensgewährung hinausgeht, stellt eine zur Aufklärung verpflichtende Überschreitung der Finanzierungsfunktion dar. Sie ist von solchen Maßnahmen abzugrenzen, die zwar über die übliche Darlehensgewährung hinausgehen aber originär mit ihr verbunden sind. So gilt es beispielsweise zu untersuchen, ob Maßnahmen, zu denen die Bank gesetzlich verpflichtet ist (z.B. § 18 KWG), ein solches berechtigtes Vertrauen schaffen können. Weiterhin ist zu berücksichtigen, dass das Verhalten nach außen ersichtlich sein muss, um ein Vertrauen begründen zu können. Jedenfalls ist ein solches Vertrauen, das die Aufklärungspflicht begründet, erst dann berechtigt, wenn die mitarbeitende Bank einen besseren Überblick über das Projekt hat und Einfluss darauf bekommt. Dies ist aber erst ab einer gewissen Intensität der Mitarbeit gegeben. Erforderlich ist daher ein Überschreiten desjenigen Tätigkeitsbereichs, der üblicherweise mit der Darlehensgewährung verbunden ist. Es muss sich also um eine qualifizierte Überschreitung der Finanzierungsfunktion handeln[376].

II. Einzelne Verhaltensweisen

Im Folgenden werden verschiedene Verhaltensweisen der Bank daraufhin untersucht, ob sie damit ihre Finanzierungsfunktion qualifiziert überschritten hat. Das hat sie dann, wenn sie gleichsam als Partei des finanzierten Geschäfts erscheint.

---

374 Vertrauen alleine genügt nicht als Anknüpfungspunkt: *Teubner* AK-BGB § 242 Rn. 56; *Flume* AT II § 10, 5 (S. 132). Vgl. auch *Picker* AcP 183 (1983) 369, 418; *Hopt* AcP 183 (1983) 608, 640.

375 *BGH* WM 1988, 561, 562 = NJW 1988, 1583, 1584; *BGH* WM 1990, 920, 922 = NJW-RR 1990, 876, 877; *OLG Stuttgart* WM 2000, 2146, 2147 f.; *LG Bremen* WM 1999, 847, 848; vgl. auch *BGH* NJW 1992, 2148, 2149, wo die Bank als „Referenz" benannt worden war, eine Stellung, die offensichtlich von keinem Projektbeteiligten wahrgenommen werden kann. *Siol* in Schimansky/Bunte/Lwowski BankrechtsHdb. § 44 Rn. 28; *v. Heymann* in Assmann/Schütze, Hdb.KapitalanlageR § 6 Rn. 150; *Früh* ZIP 1999, 701, 702; *Streit* ZIP 1999, 477, 480.

376 *BGH* WM 1980, 1446, 1448 = NJW 1981, 389, 391; WM 1983, 652, 653; *Hopt* in FS Stimpel, 265, 281 ff.; *Rümker* ZHR 151 (1987) 162, 167.

1. Finanzierung anderer Anleger oder des Fonds

Die ureigene Aufgabe einer Bank ist es, Kredite zu gewähren. Daher stellt es keine Überschreitung ihrer neutralen Finanzierungsfunktion dar, wenn sie neben dem einen Anleger auch anderen Parteien in Zusammenhang mit diesem Projekt Geld zur Verfügung stellt. Dies gilt sowohl bei Darlehen für andere Anleger[377] als auch für den Fonds selbst[378]. Nicht zuzustimmen ist daher dem *BGH*, sofern er einer Bank bereits aufgrund ihrer Stellung als Hauptgeldgeber Aufklärungspflichten aufbürdet[379]. Denn selbst wenn die Bank wirtschaftlich an dem Projekt interessiert ist, hat sie allein durch die Darlehensvergabe ihre Funktion als Finanzier noch nicht überschritten.

Aus der Finanzierung von Projekten allein darf der Verkehr kein besonderes Vertrauen in Hinblick auf das finanzierte Projekt ableiten. Wäre das nämlich der Fall, könnten Banken wegen des daraus resultierenden Haftungsrisikos nur noch ganz wenige, wirklich sichere Vorhaben finanzieren. Es gäbe überhaupt kein Risikokapital mehr[380]. Die Finanzierung eines Fonds ist für eine Bank nicht ungewöhnlich. Damit verlässt sie nicht ihre eigentliche Funktion als Kreditgeber und erscheint damit auch nicht als Partei des finanzierten Geschäfts. Eine Überschreitung der Finanzierungsfunktion mit daraus resultierender Aufklärungsfunktion ergibt sich auch nicht aus dem Umstand einer bankseitigen Überprüfung der Werthaltigkeit des Fondsprojekts[381], zu der sie nach § 18 KWG verpflichtet sein kann.

Mit der Gewährung von Krediten geht regelmäßig die Stellung von Sicherheiten einher. Daher wird die Finanzierungsfunktion der Bank auch nicht dadurch überschritten, dass sie sich im Rahmen der Finanzierung Sicherheiten

---

377 *OLG Karlsruhe* WM 2001, 1210, 1213 und *LG Ulm* WM 2000, 825, 827 lehnen dies sogar dann ab, wenn die Bank bereit ist, alle Anleger zu finanzieren. Besteht eine Pflicht der Anleger zur Finanzierung des Anteils bei dieser Bank, vgl. dazu bei Kapitel 3, B. II. 7. (S. 116).

378 *BGH* NJW 1992, 2148, 2149; *OLG Frankfurt* WM 2000, 2135, 2137; *OLG Karlsruhe* WM 2001, 1210, 1213; *Früh* ZIP 1999, 701, 701; anders scheinbar *Fuellmich/Rieger* ZIP 1999, 462, 467 f.; *Spickhoff/Petershagen* BB 1999, 165, 166.

379 *BGH* WM 1978, 896, 897.

380 Schon jetzt wird häufig bemängelt, dass die Banken bei ihrer Kreditvergabe zu wenig risikobereit sind.

381 *Rümker* ZHR 151 (1987) 162, 169.

gewähren lässt. Damit verlässt die Bank noch nicht den Bereich einer Kreditgeberin[382] und nimmt damit auch keine Funktion als Projektbeteiligte wahr.

Finanziert die Bank Anlegern ihre Einlage und verwendet die Gesellschaft diese Gelder, um einen großen, ungesicherten Kredit zurückzuführen[383], so liegt hierin keine Überschreitung der bloßen Finanzierungsfunktion durch die Bank. Dies gilt selbst dann, wenn der Bank diese Absicht schon bei der Darlehensgewährung bekannt war, denn sie schafft kein besonderes Vertrauen. Offen bleibt jedoch, ob sich nicht unter dem Gesichtspunkt des konkreten Wissensvorsprungs oder der zusätzlichen Anlegergefährdung durch die Bank eine Aufklärungspflicht ergeben kann[384].

2. Vermittlung von Anlagen oder Anlageberatung

Liegt ein Anlageberatungs- oder Vermittlungsvertrag vor[385], trifft die Bank die vertragliche Pflicht zur Aufklärung[386]. Dies gilt auch dann, wenn ein solcher Vertrag konkludent geschlossen wird. Solche Verträge kommen regelmäßig bereits dadurch zustande, dass die Bank den Kunden berät oder den Fonds vermittelt[387].

---

382 So aber *OLG Karlsruhe* WM 1999, 127, 128 = NJW-RR 1999, 124, 124 für den Fall einer 3%-igen Sicherheit; wie hier auch *Früh* ZIP 1999, 701, 702.

383 *BGH* WM 1988, 561, 562 = NJW 1988, 1583, 1584.

384 Vgl. dazu unten Kapitel 3, C. (S. 125 ff.) und Kapitel 3, D. (S. 152 ff.).

385 Zu der schwierigen Abgrenzung zwischen den beiden Vertragstypen (BGHZ 74, 103, 106 f. = WM 1979, 530, 530 f. = NJW 1979, 1449, 1449 f.; *BGH* WM 1984, 1075, 1076 (insoweit nicht abgedruckt bei NJW 1984, 2524); *v. Heymann* Bankenhaftung, 47 f.), die sich auf den Umfang der Verpflichtung auswirkt, ist hier nicht einzugehen (vgl. dazu ausführlich *Hoegen* in FS Stimpel, 247, 248 ff.; siehe auch *v. Heymann* Bankenhaftung, 21 ff., 49 ff.; sowie *ders.* in Assmann/Schütze Hdb.KapitalanlageR § 5 Rn. 19 ff. m. w. Nachw.), da jedenfalls vertragliche Aufklärungspflichten bestehen.

386 Dazu nur *Horn* ZBB 1997, 139, 148. Eine solche Aufklärungspflicht stellt auch keinen Widerspruch zu § 675 Abs. 2 BGB dar, der insoweit keine Wirkung entfaltet, als es um vertraglich begründete Ansprüche geht: *Vollkommer* in Jauernig BGB § 676 Rn. 1; *Seiler* in MünchKomm BGB § 676 Rn. 8; *Sprau* in Palandt § 675 Rn. 28.

387 BGHZ 123, 126, 128 = WM 1993, 1455, 1456 = NJW 1993, 2433, 2433; WM 1998, 1771, 1772 = NJW-RR 1998, 1343, 1344; ZIP 1999, 275, 275; BGHZ 100, 117, 118 f. = WM 1987, 495, 496 = NJW 1987, 1815, 1816. Ein solcher konkludenter Vertrag wird teilweise als bloße Fiktion kritisiert: *Vollkommer* in Jauernig BGB § 676 Rn. 6; *Hopt* AcP 183 (1983) 608, 617 f; *ders.* Bankrechtstag, 7; *Canaris* BankVR Rn. 77 ff.; *ders.* in FS Schimansky, 43, 47 f. Teilweise wird auch bemängelt, dass der Rechtsbindungswille fehle, *Medicus* BürgR, Rn. 371. Die Annahme eines solchen konkludenten Vertrages ist aber dennoch zutreffend, denn bei Betrachtung der beiderseitigen Interessenlage liegt ein Rechtsbindungswille nahe, wenn die Informationen für den Emp-

Auch wenn in einem solchen Fall zwischen der Bank und dem einzelnen Anleger bereits vertragliche Aufklärungspflichten bestehen, ist dennoch die Frage relevant, ob die Vermittlung einzelner Anleger ein Überschreiten der Finanzierungsfunktion darstellt. Denn bejahendenfalls ist zu prüfen, ob hierdurch nicht den anderen (nicht vermittelten/beratenen) Darlehensnehmern gegenüber, die das Darlehen zur Finanzierung ihrer Einlage aufnehmen, ein besonderer Vertrauenstatbestand gesetzt wird, der eine Aufklärungspflicht begründet[388].

Der aktive Vertrieb von Anteilen überschreitet die Finanzierungsfunktion und ist eine Tätigkeit, die typischerweise von Projektbeteiligten durchgeführt wird. Es ist eben keine ureigene Aufgabe der Bank als Geldgeber. Ein aktiver Vertrieb der Anlage durch die Bank liegt nicht erst dann vor, wenn sie einem Anleger zu der Beteiligung an einem Fonds rät. Dies gilt unabhängig davon, ob das Gespräch auf Initiative des Kunden oder der Bank zustande gekommen ist[389]. Schon das bloße Präsentieren eines Fonds dem Kunden gegenüber stellt eine Vermittlungstätigkeit dar, die zu einem Vermittlungsvertrag führt. Denn für ihn wird aus der unübersehbaren Fülle von Angeboten für Kapitalanlagen eine Auswahl herausgegriffen und vorgeschlagen. Etwas anderes gilt nur, wenn die Bank völlig abstrakt Werbung für Immobilienanlagen macht. Insoweit fehlt der Bezug zu einem konkreten Fonds. Ansonsten überschreitet sie

---

fänger erkennbar von erheblicher Bedeutung sind, sie ihm als Grundlage für Vermögensdispositionen dienen und der Auskunftsgeber sich als sachkundig bezeichnet oder er ein eigenes wirtschaftliches Interesse hat. Der Kunde, der eine nicht ganz unbedeutende finanzielle Entscheidung zu treffen beabsichtigt, möchte beraten oder jedenfalls über das bestehende Angebot informiert werden. Die Bank hat das Interesse, den Kunden zu behalten oder neu zu werben und ihn daher zu beraten, wofür sie ihm im Gegenzug ein Produkt verkauft. Dies spricht für einen Rechtsbindungswillen und damit einen konkludenten Vertragsschluss. BGHZ 74, 103, 106 = WM 1979, 530, 530 = NJW 1979, 1449, 1449; *BGH* WM 1992, 1031, 1034 = NJW 1992, 2080, 2082; WM 1993, 1238, 1239 = NJW-RR 1993, 1114, 1114; BGHZ 123, 126, 128 = WM 1993, 1455, 1456 = NJW 1993, 2433, 2433; *BGH* NJW-RR 1995, 620; *Nobbe* Aufklärungspflichten, 235, 239 f. Auch der weitere Vorbehalt, dass die Bank für eine Leistung kein Entgelt bekomme (was nach Ansicht des *BGH* das Vorliegen eines Beratungsvertrages gar nicht ausschließt, *BGH* WM 1984, 1075, 1076 (insoweit nicht abgedruckt bei NJW 1984, 2524); WM 1985, 450, 451 = NJW-RR 1986, 484, 485, stimmt nur bedingt, denn bei wirtschaftlicher Betrachtungsweise erhält sie jedenfalls einen mittelbaren Erlös über den Verkauf des eigenen Produkts, aus dem sie Gewinne erzielt, oder über die Provision für den Vertrieb der fremden Anlage.

388 Gegenüber solchen Kapitalanlegern, die bei der Bank kein Darlehen aufnehmen, kann eine Aufklärungspflicht natürlich nicht entstehen.

389 BGHZ 123, 126, 128 = WM 1993, 1455, 1456 = NJW 1993, 2433, 2433; *v. Heymann* NJW 1999, 1577, 1579; *Lang* WM 2000, 450, 454.

mit ihrem Verhalten ihre bloße Finanzierungsfunktion und wird wie ein Projektbeteiligter tätig.

Durch die Vermittlung eines speziellen Fonds erzeugt sie einen Vertrauenstatbestand. Denn derjenige, dem der Fonds vermittelt wurde, darf davon ausgehen, dass dieser Fonds nicht wahllos sondern nach sinnvollen Kriterien ausgewählt wurde[390]. Dabei spielt es keine Rolle, ob es sich um einen Fonds handelt, den die Bank (oder eine ihrer Tochtergesellschaften) selbst aufgelegt hat oder um einen, den ein außenstehender Dritter initiiert hat.

Fraglich ist nun, ob das Überschreiten der Finanzierungsfunktion einem einzelnen (vermittelten / beratenen) Anleger gegenüber auch zu einer Aufklärungspflicht den anderen Darlehensnehmern gegenüber führen kann, obwohl die Bank ihnen gegenüber nicht beratend oder vermittelnd tätig geworden ist. Für das individuelle Erfordernis des Überschreitens könnte sprechen, dass die Bank dem Kunden gegenüber nur Pflichten aus den Aufgaben erfüllen muss, die sie ihm gegenüber auch tatsächlich wahrgenommen hat. Hiernach bestünde keine Aufklärungspflicht.

Zu berücksichtigen ist aber, dass diese Überschreitung der Finanzierungsfunktion einen Vertrauenstatbestand begründet hat. Vertrauen kann der Anleger einer Bank auch dann entgegenbringen, wenn sie ihm gegenüber nicht persönlich als Vermittlerin aufgetreten ist. Allein die Kenntnis der Tatsache, dass die Bank diese Anlage vermittelt, erzeugt bei anderen potentiellen Anlegern ein Vertrauen in die Seriosität der Anlage. Dieses begründet dann denjenigen gegenüber eine Aufklärungspflicht der Bank, die das Darlehen zur Finanzierung der Anlage aufnehmen. Auf ein Auftreten dem einzelnen Darlehensnehmer gegenüber kommt es nicht an.

Das Kriterium des Überschreitens der Finanzierungsfunktion ist daher objektiv und nicht individuell zu bestimmen, sodass nicht entscheidend ist, ob die Bank auch dem konkreten Anleger gegenüber vermittelnd aufgetreten ist[391], solange sie insoweit erkennbar ihre Finanzierungsfunktion überschritten hat. Hängt die Aufklärungspflicht einer Bank bei einem Darlehensnehmer, dem

---

390 Eine Sparkasse begründet nach Ansicht des *BGH* (BGHZ 100, 117, 122 = WM 1987, 495, 497 = NJW 1987, 1815, 1817) ein zusätzliches Vertrauen bereits dadurch, dass sie eine Kapitalanlage in ihr Beratungsprogramm mit aufnimmt, weil sie dadurch den Anschein einer Seriosität vermittelt, die Sparkassengeschäften zu eigen ist.

391 Dafür spricht auch der Wortlaut des *BGH* WM 1979, 1054, 1055 = NJW 1980, 41, 43 „den Darlehensnehmer wirbt oder sich sonst aktiv auf der Seite des Bauträgers in die Veräußerung (...) einschaltet".

sie die Anlage nicht selbst vermittelt hat, davon ab, ob dieser weiß[392], dass die Bank grundsätzlich auch Vermittlungstätigkeiten für den speziellen Fonds ausübt oder ob er es nicht weiß, dann wird dies dazu führen, dass die Bank – allein schon vorsichtshalber – jeden Anleger aufklärt. Dies ist ihr allerdings auch zumutbar, denn Informations- und Aufklärungsunterlagen muss sie ohnehin parat haben.

3. Initiator des Projekts

Die augenscheinlichste Überschreitung der Finanzierungsfunktion liegt vor, wenn die Bank selbst Initiatorin des Fonds ist[393]. Als Urheberin des Projekts tritt ihre Rolle als gleichzeitiger Finanzier in den Hintergrund und sie übt offensichtlich Funktionen aus, die sonst typischerweise von Projektbeteiligten übernommen werden. Das Verhalten der Bank ist – spätestens aus den Prospektunterlagen – erkennbar. Hier entsteht ein besonders starkes Vertrauen in die Seriosität, das umfassende Aufklärungspflichten begründet.

4. Mitherausgabe des Prospekts

Die Mitwirkung an der Erstellung des Prospekts ist eine Tätigkeit, die bereits über die Grundsätze der Prospekthaftung zu Schadensersatzansprüchen führen kann[394]. Nichts desto trotz stellt sich die Frage, ob hierin nicht auch ein Überschreiten der Finanzierungsfunktion zu sehen ist.

Die Erstellung des Prospekts ist eine zentrale Aufgabe bei der Entwicklung eines Fonds, denn letztlich entscheidet der Prospekt als Werbemittel mit über den Verkaufserfolg. Beteiligt sich eine Bank bei der Erstellung eines solchen Fondsprospekts, übernimmt sie damit eine Aufgabe, die nichts mehr mit der bloßen Finanzierungsfunktion zu tun hat[395], sondern typischerweise von Projektbeteiligten wahrgenommen wird. Die Mitarbeit wird allerdings in der Regel nur dann erkennbar und begründet somit nur dann das zur Aufklärungspflicht führende Vertrauen, wenn sie im Prospekt erwähnt ist und mit diesem Umstand Werbung gemacht wird. Schon aus Gründen der Prospekthaftung vermeiden die Banken aber regelmäßig, in einem Prospekt zu erscheinen.

---

392 Zu dem subjektiven Erfordernis vgl. unten unter Kapitel 3, B. III. (S. 120 ff.).

393 *Früh* ZIP 1999, 701, 702.

394 Vgl. dazu statt aller *Assmann* in Assmann/Schütze Hdb.KapitalanlageR § 7 Rn. 1 ff.; *Siol* in Schimansky/Bunte/Lwowski, Bankrechts.Hdb. § 45 Rn. 30 ff.

395 Anders *BGH* WM 1980, 1446, 1448 = NJW 1981, 389, 391 für den Fall der einvernehmlichen Erstellung des Werbeprospekts.

5. Einflussnahme auf die Konzeption

Im Rahmen der Finanzierung von Großprojekten nehmen Kreditinstitute üblicherweise Einfluss auf die Entwicklung und Ausgestaltung eines Projekts, um es im Hinblick auf die Rentabilität ihren Mindestansprüchen anzupassen. Daher soll die Bank ihre Position als Finanzier selbst dann nicht verlassen, wenn sie – im Rahmen des Üblichen – bauliche oder konzeptionelle Änderungen durchsetzt[396]. Der Schluss von der Üblichkeit der Einflussnahme auf das Fehlen der Überschreitung der Finanzierungsfunktion ist methodisch aber fraglich, zumal die Abgrenzung danach, ob sich eine Einflussnahme noch im Rahmen des Üblichen gehalten oder diesen Rahmen bereits überschritten hat, nicht einfach ist. Eine zusätzliche Schwierigkeit liegt darin, dass „das Übliche" von den Kreditinstituten selbst vorgegeben wird.

Sinnvoller erscheint es daher, nicht eine relative Abgrenzung vorzunehmen, sondern auf absolute Maßstäbe abzustellen. Daher ist das Ergebnis der Einflussnahme zu untersuchen. Weist das Konzept vor und nach der Präsentation bei der Bank gravierende Unterschiede auf oder sind die Grundlinien des ursprünglichen Konzepts von der Bank unangetastet geblieben? Wird ein völlig modifiziertes Konzept umgesetzt, dann spricht die Vermutung dafür, dass die Bank einen so starken Einfluss ausgeübt hat, dass ihr die neue Konzeption zurechenbar ist. Dabei ist davon auszugehen, dass Eingriffe in die bauliche Ausgestaltung die Grundkonzeption eher unberührt lassen, als dies bei der Ausgestaltung der vertraglichen Beziehungen der Fall ist. Kleinere Eingriffe, wie etwa die Einrichtung eines Mietpools, genügen für einen gravierenden Eingriff noch nicht[397].

Hat die Bank aber entscheidenden Einfluss auf das Projekt genommen, so hat sie ihre Finanzierungsfunktion qualifiziert überschritten und Aufgaben übernommen, die typischerweise dem Initiator, also einem Projektbeteiligten zustehen.

Allein die Einflussnahme begründet aber noch keine Aufklärungspflicht; um die Aufklärungspflicht nach sich zu ziehen, muss die Bank für die Anleger einen Vertrauenstatbestand gesetzt haben[398]. Dazu ist erforderlich, dass die

---

396 *BGH* WM 1992, 901, 905 = NJW-RR 1992, 879, 882; *OLG Köln* WM 2000, 2139, 2142.

397 *BGH* WM 1992, 901, 905 = NJW-RR 1992, 879, 882.

398 *BGH* WM 1988, 789, 791 = NJW-RR 1988, 785, 786; *BGH* WM 1992, 901, 905 = NJW-RR 1992, 879, 882 f.; *OLG Köln* WM 2000, 2139, 2142; *OLG Stuttgart* WM 2000, 2146, 2148.

Überschreitung nach außen erkennbar wird. Da sich diese Überschreitung der Finanzierungsfunktion jedoch im Vorfeld abspielt und den Anlegern nur das fertige Projekt präsentiert wird, ist sie regelmäßig nur dann erkennbar, wenn mit der Mitwirkung Werbung gemacht wird, z.B. indem auf sie im Prospekt hingewiesen wird.

6. Bank als Treuhänder

Bei einer Fondskonstruktion besteht auf verschiedenen Ebenen die Möglichkeit, einen Treuhänder einzuschalten. Übernimmt die Bank eine solche Position, stellt sich die Frage, ob dies besondere Aufklärungspflichten bei der Darlehensvergabe nach sich zieht. Dabei ist die unterschiedliche Konstruktion und Ausgestaltung der Treuhandmodelle zu berücksichtigen (a., b.). Zu untersuchen ist ferner, wie sich die Aufklärungspflichten aus Überschreitung der Finanzierungsfunktion zu den Aufklärungspflichten aus einem Treuhandvertrag verhalten (c.). Möglicherweise kommt es in diesen Fällen sogar zu einer Reduzierung der Pflichten aus dem Treuhandvertrag.

a. KG als Fondsgesellschaft

aa. Treuhandkommanditist

Um handelsregisterrechtliche Probleme zu vermeiden, beteiligen sich die Anleger bei einem als Kommanditgesellschaft aufgelegten Fonds häufig nur mittelbar über einen Treuhandkommanditisten an der Gesellschaft[399]. Der Treuhänder, der nach außen die Stellung eines Kommanditisten wahrnimmt, vermittelt den Anlegern ihre Anteile mit allen dazugehörenden Mitgliedschaftsrechten, so dass jene im Innenverhältnis wie richtige Gesellschafter gestellt werden, die nur nicht im Handelsregister eingetragen sind. Die Übernahme einer solchen Treuhänderfunktion durch die Bank überschreitet die bloße Finanzierungsfunktion, denn die Begründung und Vermittlung von Gesellschaftsrechten an Anleger als Treuhandkommanditist hat nichts mit der Rolle eines Kreditgebers zu tun.

Eine qualifizierte Überschreitung im Sinne dieser Fallgruppe der Überschreitung der Finanzierungsfunktion liegt aber nur dann vor, wenn die Bank eine Tätigkeit übernimmt, die üblicherweise von Projektbeteiligten wahrgenommen wird. Dies ist bei einem Treuhänder allerdings problematisch. Denn ei-

---

[399] Eine solche Konstruktion ermöglicht es den Gesellschaftern, ihre Anteile auch ohne Änderung im Handelsregister zu übertragen. Zusätzlich besteht der Vorteil der Anonymität, auf den viele Anleger Wert legen.

gentlich soll es sich bei ihm um einen neutralen Außenstehenden und gerade nicht um einen mit dem Initiator verbundenen Projektbeteiligten handeln[400]. Schon aus steuerlichen Gründen muss der Treuhandkommanditist den mittelbaren Gesellschaftern alle Rechte überlassen, so dass ihm keine eigenen Rechte verbleiben und er auch keine maßgeblichen Entscheidungen treffen kann[401].

Zu berücksichtigen ist aber auch, dass der Treuhänder für das Projekt eine wichtige Person ist, die von dem Initiator gezielt ausgesucht wird. Dies gilt insbesondere im Hinblick darauf, dass viele Anleger von ihrem Weisungsrecht keinen Gebrauch machen. Daher wird man den Treuhänder als Projektbeteiligten qualifizieren müssen.

Mit der Übernahme einer solchen Treuhänderstellung setzt die Bank auch einen besonderen Vertrauenstatbestand in die Seriosität und den Erfolg des Fonds. Denn eine Bank übernimmt so eine Treuhandposition nur nach vorheriger Absprache mit dem Initiator[402]. Hierdurch und z.B. wegen der Formulierung von Beschlussvorschlägen gewinnt sie Einfluss, der ein besonderes Vertrauen und damit Aufklärungspflichten rechtfertigt[403].

Dies gilt auch dann, wenn die Anleger die Wahl haben, ob sie sich direkt oder über einen Treuhandkommanditisten an der Gesellschaft beteiligen wollen. Denn selbst wenn die Anleger sich direkt beteiligen können, behält der Treuhandkommanditist eine beherrschende Stellung, die auch in dieser Konstellation noch berechtigtes Vertrauen schafft. Wie bei der Vermittlung von Fondsanteilen passiert es dann auch hier, dass einzelne Anleger die Dienste der Bank in Anspruch nehmen, andere aber nicht. Dann stellt sich – wie oben – die Frage, ob das Tätigwerden den einen gegenüber auch für diejenigen einen Anspruch auf Aufklärung begründet, denen die Bank gegenüber in dieser

---

400 *Brych/Pause* Bauträger Rn. 841.

401 *Strohm* in Assmann/Schütze Hdb.KapitalanlageR § 20 Rn. 277; zu den damit im Einzelnen verbundenen Problemen vgl. *Gieseke* DB 1984, 970 und *Kapitza* Treugeber, passim.

402 Der Treuhänder wird den Anlegern regelmäßig präsentiert und nicht erst von diesen ausgewählt. Auf die Gefahr der Abhängigkeit eines externen Treuhänders für den Fall, dass er bereits für mehrere Projekte des gleichen Initiators Treuhänder ist, weisen *Brych/Pause* Bauträger Rn. 842 zurecht hin.

403 Im Ergebnis so auch BGHZ 84, 141, 144 = WM 1982, 758, 758 = NJW 1982, 2493, 2493; *BGH* WM 1985, 533; *BGH* WM 1994, 2192 = NJW 1995, 130; *Brych/Pause* Bauträger Rn. 837; *Machunsky* Immobilienfonds, 77.

Weise gar nicht tätig geworden ist. Grundsätzlich ist dies genauso wie oben[404] zu bejahen.

Etwas anderes gilt ausnahmsweise dann, wenn die Treuhand wirklich nur der Vereinfachung dient und der Treuhänder nur das Recht des Anlegers aus Gründen der Einfachheit weiterleitet, ohne irgendwie Einfluss zu nehmen. Denn dann vertritt er die Anleger und steht gerade nicht auf der Seite der Projektbeteiligten. Die Übernahme einer solchen Position begründet unter diesem Gesichtspunkt keine Aufklärungspflichten.

bb. Zahlungstreuhänder

Eine weitere, typische Treuhändertätigkeit ist die Kontrolle der Anlegergelder (Zahlungstreuhänder). Hierbei soll ihre vertragswidrige Verwendung verhindert werden[405], indem sie nur unter genau definierten Umständen (etwa dem Baufortschritt) ausgezahlt werden dürfen. Diese Überprüfung, ob gewisse Voraussetzungen für die Auszahlung fremder Gelder vorliegen, überschreitet die übliche Finanzierungsfunktion der Bank und begründet aufgrund der Beteiligung der Bank möglicherweise eine besondere Erwartung der Anleger. Dieses Verhalten der Bank begründet aber kein berechtigtes Vertrauen in den Erfolg und die Seriosität des Fonds und führt damit auch nicht zu einer Aufklärungspflicht. Denn es ist nicht gerechtfertigt, allein aufgrund der überwachenden Tätigkeit der Bank besonders in den Erfolg des Fonds zu vertrauen. Hinsichtlich des Geldflusses muss sich der Zahlungstreuhänder nur strikt an seine Vorgaben halten. Ob diese Vorgaben überhaupt und in der vorgesehenen Zeit erreicht werden und der Fonds damit den prognostizierten Erfolg hat, kann die Bank als Zahlungstreuhänder nicht beeinflussen. Im übrigen ist auch zweifelhaft, ob die Bank als Zahlungstreuhänder überhaupt Projektbeteiligte und nicht nur außenstehende Dritte ist, die den Geldverkehr überwacht. Damit trifft die Bank unter dem Gesichtspunkt einer Überschreitung der Finanzierungsfunktion keine Aufklärungspflicht.

cc. Zusätzliche Treuhänderaufgaben

Übernimmt die kreditgewährende Bank zusätzliche, weitere Tätigkeiten, die über ihre Vermittlerrolle oder die Gewährung rein passiver Sicherungsmittel

---

[404] Siehe dazu die Ausführungen unter Kapitel 3, B. II. 2. (S. 106 ff.).

[405] *Machunsky* Immobilienfonds, 86; *v. Heymann* in Assmann/Schütze Hdb.KapitalanlageR § 6 Rn. 202.

hinausgehen (z.B. Überwachung der Geschäftsführung[406], eigenverantwortliche Wahrnehmung der Anlegerrechte), so kann sie die Geschäfte des Fonds aktiv beeinflussen. Durch solche weitergehenden Befugnisse nähert sich die Treuhänderstellung der Position des Treuhänders bei den Bauherrenmodellen an, bei denen die Person des Treuhänders als Zentralgestalt für den Abschluss aller Verträge, die Überwachung der Baumaßnahmen, die Aufnahme von Darlehen und die Abwicklung des gesamten Projekts maßgeblich war[407] und mit ihr das gesamte Projekt stand und fiel[408]. Durch dieses stärkere Engagement kommt es jedenfalls zu einer Projektbeteiligung, die einen besonderen Vertrauenstatbestand und damit eine Aufklärungspflicht begründet.

b. GbR als Fondsgesellschaft

Die dargestellten Grundsätze gelten entsprechend, wenn eine GbR als Fondsgesellschaft verwendet wird. Allerdings wird hier anstelle eines Treuhandkommanditisten ein Treuhänder eingeschaltet, um grundbuchrechtliche Probleme durch die Eintragung einer großen Anzahl von Personen zu vermeiden[409]. Erfolgt die Treuhänderstellung allein aus dieser Motivation heraus, so begründet dieser Umstand keine Aufklärungspflichten.

c. Pflichten aus Treuhandvertrag

Die Pflichten aus dem Darlehensvertrag, die bis jetzt untersucht wurden, sind von Pflichten aus dem Treuhandvertrag selbst zu trennen. Die Gerichte stellen hohe Anforderungen an Treuhänder und verlangen von ihnen im Vorfeld des Treuhandvertragsschlusses eine umfangreiche Aufklärung auch über die wirt-

---

406 *BGH* WM 1995, 344 = NJW 1995, 1025 (Pflicht zur permanenten Überwachung der Verwendung der angelegten Mittel); *OLG Karlsruhe* WM 1997, 1476 (in Zahlungsverkehr eingeschaltet und zur Prüfung von Sicherheiten verpflichtet).

407 *Machunsky* Immobilienfonds, 181; *Brych/Pause* Bauträger Rn. 837; *Reithmann* in Reithmann/Meissner/v. Heymann Bauträger A Rn. 5.

408 Als reinen Treuhandkommanditisten trifft die Bank bei den Fondsmodellen eine solch zentrale Rolle nicht. Anders ohne Begründung *Brych/Pause* Bauträger Rn. 837; *Machunsky* Immobilienfonds, 77; anders auch BGHZ 84, 141, 144 = WM 1982, 758, 758 = NJW 1982, 2493, 2493.

409 *Machunsky* Immobilienfonds, 6. Auch wenn Beschlüsse über den Verkauf eines Objektes nach dem Gesellschaftsvertrag nicht einstimmig gefasst werden müssen, so setzt die Übertragung des Grundstücks nach § 19 GBO die Zustimmung aller Eingetragenen voraus. Dies bereitet Schwierigkeiten, wenn Gesellschafter nicht erreicht werden können oder sogar zwischenzeitlich verstorben und komplizierte Erbgänge eingetreten sind. Dies würde praktisch die Veräußerbarkeit des Grundstücks ausschließen, was durch die Einschaltung eines Grundbuchtreuhänders vermieden werden kann.

schaftlichen Grundlagen der Anlagegesellschaften[410]. Dies gilt unabhängig davon, ob die Anleger den Treuhandvertrag direkt mit der Bank schließen oder ob es sich um einen Vertrag zwischen der Bank und dem Fonds zu ihren Gunsten handelt[411]. Grundsätzlich beeinflussen sich die Pflichtenkreise aus dem Darlehens- und dem Treuhandvertrag nicht.

In den Fällen, in denen die Anleger ein Wahlrecht haben, ob sie sich direkt oder über einen Treuhandkommanditisten beteiligen, führt dies dann zu unbefriedigenden Ergebnissen, wenn dieses „Weiterleiten" der Anteile, ohne Einfluss zu nehmen, ausnahmsweise die einzige Aufgabe des Treuhänders ist. Denn während die einen kreditnehmenden Anleger, die sich direkt beteiligen, gar nicht aufzuklären wären, wären die anderen aufgrund des Treuhandvertrages umfassend aufzuklären[412]. Und dass, obwohl sich die Treuhänderstellung der Bank nicht weiter auswirken soll und beide Anlegergruppen im Ergebnis gleichgestellt werden sollen[413].

Haben die Anleger ein solches Wahlrecht, ist es gerechtfertigt, die vorvertraglichen Aufklärungspflichten aus dem Treuhandvertrag einzuschränken. Denn dieses Wahlrecht erfolgt primär im Interesse der Anleger. Außerdem ist jedenfalls in dieser Situation die Nähe zu einem Treuhänder bei den Bauherrenmodellen, den als Zentralgestalt des Geschehens umfassende Aufklärungspflichten treffen, nicht gegeben. Vielmehr liegt ein Treuhänder mit eingeschränktem Aufgabenkreis vor[414], der nur die Rechte aus den Anteilen weiterleiten soll und den damit aus dem Treuhandvertrag nur eine eingeschränkte Aufklärungspflicht trifft[415].

---

410 BGHZ 84, 141, 144 = WM 1982, 758, 758 = NJW 1982, 2493, 2493; *BGH* WM 1995, 344, 345 = NJW 1995, 1025, 1025 f.; *OLG Karlsruhe* WM 1997, 1476, 1478; *OLG Stuttgart* WM 1987, 1260, 1261; weitere Nachw. bei *v. Heymann* NJW 1999, 1577, 1580; *ders.* in Assmann/Schütze Hdb.KapitalanlageR § 6 Rn. 207 ff.; *Rösler* DB 1999, 2297, 2302.

411 *BGH* WM 1995, 344, 345 = NJW 1995, 1025, 1025; *Machunsky* Immobilienfonds, 77.

412 So BGHZ 84, 141 = WM 1982, 758 = NJW 1982, 2493.

413 *BGH* WM 1980, 401, 402 = NJW 1980, 1162, 1163 „es gibt auch keinen Grund ihn [denjenigen, der sich über einen Treuhandkommanditisten beteiligt] besser zu stellen, als wäre er unmittelbar beteiligt".

414 A.A.: *Machunsky* Immobilienfonds, 77, der allerdings die Möglichkeit eines verminderten Pflichtenumfangs bei eingeschränktem Aufgabenbereich des Treuhänders grundsätzlich anerkennt.

415 BGHZ 32, 67, 70; *Beuthien* in Soergel BGB vor § 662 Rn. 29; *Machunsky* Immobilienfonds, 76.

Übt die Bank nur die Funktion eines Zahlungstreuhänders aus, stellt sich ebenfalls die Frage, ob von ihr eine Aufklärung auch über die wirtschaftlichen Grundlagen der Anlagegesellschaft erwartet werden kann. Das ist indes nicht der Fall, denn soweit es nur darum geht, Zahlungen zu überwachen, verlangt dies keine intensive, vorherige Auseinandersetzung mit dem geplanten Vorhaben. Daher sind insoweit auch keine zu hohen Ansprüche an die Bank zu stellen, was die Frage der Aufklärungspflichten aus dem Treuhandvertrag angeht[416].

d. Zwischenergebnis

Solange die Bank als Treuhänder nur rein passive Sicherungsmittel zur Verfügung stellt, ohne direkt Einfluss auf das Projekt nehmen zu können, begründet dies keine Aufklärungspflicht.

Als Treuhandkommanditist gewinnt die Bank Einflussmöglichkeiten. Daher ist das darauf basierende Vertrauen gerechtfertigt und verpflichtet zur Aufklärung. Das gilt auch dann, wenn den Anlegern die Möglichkeit geboten wird, sich direkt – ohne dazwischen geschalteten Treuhandkommanditisten – an der Fondsgesellschaft zu beteiligen.

Keine Aufklärungspflicht entsteht ausnahmsweise nur dann, wenn die Treuhand nur der Vereinfachung dient, ohne dass sich daraus ein Einfluss ergibt.

Grundsätzlich beeinflussen sich die Rechte und Pflichten aus dem Treuhand- und dem Darlehensvertrag nicht. Etwas anderes gilt nur dann, wenn die Treuhänderstellung ausnahmsweise keine Überschreitung der Finanzierungsfunktion darstellt. In diesen Fällen ist es gerechtfertigt, auch die Aufklärungspflicht aus dem Treuhandvertrag einzuschränken.

7. Pflicht der Anleger zur Finanzierung der Anlage bei dieser Bank

Häufig sind die Anleger verpflichtet, ihre Einlage bei einer bestimmten Bank finanzieren zu lassen. Der Geldverleih ist zwar die originäre Aufgabe einer Bank[417]; möglicherweise überschreitet sie damit aber dennoch ihre Finanzie-

---

416 So auch *Machunsky* Immobilienfonds, 86 f.

417 Dies sagt aber noch nichts darüber aus, ob sich nicht vielleicht unter dem Aspekt des Wissensvorsprungs eine Aufklärungspflicht ergeben kann. Denn bei einer Alleinfinanzierung ist davon auszugehen, dass eine Bank eine genauere Analyse der Fondsrisiken vornimmt, als wenn einzelne Anleger von sich aus bei der Bank ein Darlehen beantragen.

rungsfunktion und setzt so einen Vertrauenstatbestand, wenn sie sich im Grundsatz bereit erklärt, allen Anlegern den Anteil zu finanzieren[418]. Denn bevor es zu einer solchen Verpflichtung kommt, haben Gespräche und Verhandlungen der Initiatoren mit der Bank stattgefunden.

Der Umstand, dass die Bank nach solchen Gesprächen bereit ist, die Globalfinanzierung zu übernehmen, könnte den Eindruck einer besonderen Seriosität setzen. Dies ist jedoch zu verneinen. Auch wenn die Bank das Projekt geprüft und sich danach entschlossen hat, grundsätzlich alle Anleger zu finanzieren, setzt sie damit keinen besonderen Vertrauenstatbestand[419]. Nach wie vor beschränkt sie sich allein auf die Finanzierung. Wenn nach der Konzeption des Fonds eine Finanzierung der Anteile erforderlich ist, dann berührt dies mehr die Sphäre des Fonds. Wenn alle Anleger bei einer Bank das Darlehen aufnehmen, ergibt sich aus dem größeren Kreditvolumen eine bessere Verhandlungsposition der Bank gegenüber, die der Initiator für den Fonds nutzen kann.

Auch wenn die Bank alle Anleger finanziert, überschreitet sie nicht ihre Finanzierungsfunktion. Da die Bank dem Anleger das Darlehen erst nach der Überprüfung der Kreditwürdigkeit gewährt, darf dieser nicht von einem garantierten Erfolg des Fonds ausgehen. Sie setzt keinen besonderen Vertrauenstatbestand und ist wegen der Finanzierung nicht zur Aufklärung der Anleger verpflichtet[420]. Etwas anderes gilt aber dann, wenn die Bank auf die Überprüfung der Kreditwürdigkeit verzichtet. Dann darf der Anleger – insbesondere wenn vorher ein anderer Darlehensantrag mangels Sicherheiten abschlägig beschieden wurde – davon ausgehen, dass die Bank in den Erfolg der Anlage vertraut und es ihr deshalb auf die Kreditwürdigkeit der Anleger nicht ankommt. Allerdings dringt der Verzicht auf eine Überprüfung der Kreditwürdigkeit regelmäßig nicht nach außen und schafft insofern kein Vertrauen.

Die gleichen Ergebnisse gelten auch, wenn die Bank zwar grundsätzlich bereit ist, alle Anleger zu finanzieren, eine Pflicht der Anleger zur Finanzierung aber nicht besteht[421].

---

[418] Auch wenn regelmäßig die Option offengehalten wird, einem Anleger gegenüber die Finanzierung abzulehnen.

[419] Nimmt sie allerdings Einfluss auf die Konzeption richtet sich die Frage der Aufklärungspflicht auch nach den oben behandelten Grundsätzen, Kapitel 3, B. II. 5. (S. 110 f.).

[420] So im Ergebnis auch *OLG Stuttgart* WM 2001, 167, 1671.

[421] *LG Ulm* WM 2000, 825, 827.

8. Besicherung des Darlehens durch den Fondsanteil

Teilweise wird vertreten, dass eine zur Aufklärung verpflichtende Einbindung der Bank in die Gesamtkonzeption bereits dann vorliegt, wenn sich die Bank den Kredit durch den Fondsanteil oder durch das Objekt selbst besichern lässt[422]. Dies geht aber zu weit. Durch das Hereinnehmen einer Sicherheit überschreitet die Bank nicht ihre Finanzierungsfunktion, sondern hält sich im Rahmen des für Banken Üblichen. Dies gilt für jede Art von Sicherheit. Dass der Anteil selbst als Sicherheit dient, ist insofern nichts Ungewöhnliches. Das erworbene Gut dient regelmäßig als Sicherheit für den Kredit, mit dem der Erwerb finanziert wurde; dadurch wird die Bank nicht in die Konzeption mit eingebunden. Auch, wenn zusätzlich noch das Objekt selbst als Sicherheit dient, findet keine Überschreitung der Finanzierungsfunktion statt. Denn auch hierbei handelt die Bank noch im Rahmen dessen, was Banken erlaubt ist, um ihr berechtigtes Bedürfnis nach Sicherheiten für ihre Kredite zu befriedigen. Das gilt auch, wenn man berücksichtigt, dass es für den einzelnen Anleger das Risiko mit sich bringt, dass die Bank das Objekt verwertet, weil ein anderer Anleger nicht zahlt[423].

9. Problemfälle

Besonderes Augenmerk ist – wie oben bereits angedeutet – auf drei tatsächliche Umstände zu richten, die bei geschlossenen Immobilienfonds relativ häufig auftauchen[424]: Sie sind daraufhin zu untersuchen, ob in den entsprechenden Situationen eine Überschreitung der Finanzierungsfunktion vorliegt.

a. Stichtagsfälle

Häufig kommen die Anleger kurz vor Jahresende zur Bank, um noch ein Darlehen zur Finanzierung eines Fondsbeitrittes aufzunehmen. Liegt in der Darlehensgewährung eine zur Aufklärung verpflichtende Überschreitung der Finanzierungsfunktion? Eine solche Überschreitung könnte allenfalls darin liegen, dass die Bank den Eindruck vermittelt, das Geschäft auch kurz vor Jahresende noch seriös abwickeln zu können, obwohl dem Anleger nicht mehr viel Zeit für eine eingehende Prüfung bleibt. Ein solcher Eindruck wird etwa

---

422 *Rösler* in Jährig/Schuck Hdb.Kreditgeschäft, 213. Daher sollte allein auf die persönliche Einkommens- und Vermögenslage abgestellt werden. Zusatzsicherheiten sollten nur aus anderen Bereichen genommen werden.

423 Eine Aufklärungspflicht kann sich möglicherweise aus einer anderen Fallgruppe ergeben, z.B. wegen eines Wissensvorsprungs über ein spezielles Risiko.

424 Vgl. oben Kapitel 1, C. III. (S. 15 f.).

dadurch erzeugt, dass gezielt Werbung für Steuersparmodelle gemacht wird mit dem Hinweis auf das bevorstehende Jahresende als relevantem Stichtag[425]. Aber allein in dem abstrakten Bewerben von Steuersparmodellen verbunden mit dem Ziel der Darlehensvergabe liegt keine Überschreitung der Finanzierungsfunktion. Insbesondere wird dadurch auch nicht die Position eines Projektbeteiligten übernommen, zumal auch der konkrete Bezug zu einem bestimmten Immobilienfonds fehlt. Die Darlehensvergabe kurz vor Jahresende begründet daher jedenfalls unter dem Aspekt der Überschreitung der Finanzierungsfunktion keine Aufklärungspflicht.

b. Kleinanlegerfälle

Gewährt die Bank einem Anleger ein Darlehen zur Finanzierung der Einlage, obwohl aufgrund seiner Vermögensstruktur und seiner Einkommensverhältnisse ein Steuersparmodell für ihn nicht die geeignete Anlage ist, liegt hierin keine Überschreitung der Finanzierungsfunktion. Denn die Bank gewährt nur ein Darlehen und nimmt damit keine fremden Tätigkeiten wahr. Auch setzt sie mit der Darlehensgewährung keinen besonderen Vertrauenstatbestand. Es liegt allein in der Sphäre der Bank, ob sie dem Anleger ein Darlehen für die Anlage gewährt. Sie entscheidet, ob sie das Risiko eingeht, dass der Anleger den Kredit dann nicht zurückzahlen kann, wenn die Anlage scheitert. Der finanzschwache Anleger darf insofern nicht darauf vertrauen, dass er nur deshalb das Darlehen erhält, weil die Bank davon ausgeht, dass das gesamte Projekt erfolgreich sein werde und er daher auch das Darlehen werde befriedigen können. Die Darlehensgewährung führt also nicht zu einer Aufklärungspflicht wegen einer Überschreitung der Finanzierungsfunktion.

c. Auslandsfälle

Auch bei den Auslandsfällen[426] stellt sich die Frage, ob die Bank durch die Darlehensgewährung an die Anleger ihre Finanzierungsfunktion überschritten hat und daher zur besonderen Aufklärung verpflichtet ist. Dafür könnte sprechen, dass es bei der Vermittlung von ausländischen Investmentpapieren besondere Pflichten gibt[427]. Hier finanziert die Bank aber den Beitritt zu einem deutschen Fonds, der nur im Ausland investiert. Daher ist die Situation nicht

---

[425] „Noch .... Tage 50% SonderAfA"; „Retten Sie Ihr Geld".

[426] Gemeint sind damit Fälle, in denen die geschlossenen Immobilienfonds im Ausland investieren.

[427] Vgl. das Gesetz über den Vertrieb ausländischer Investmentanteile und über die Besteuerung der Erträge aus ausländischen Investmentanteilen.

vergleichbar. Insbesondere ist es hier viel einfacher, Informationen über die Gesellschaft zu bekommen, als es bei einer ausländischen Gesellschaft der Fall ist. Die Bank überschreitet mit ihrer Darlehensgewährung nicht ihre Finanzierungsfunktion, setzt auch sonst keinen besonderen Vertrauenstatbestand und ist daher nicht zur Aufklärung verpflichtet.

d. Zwischenergebnis

Bei den näher ins Visier genommenen Problemfällen entstehen unter dem Gesichtspunkt der Überschreitung der Finanzierungsfunktion für die Bank regelmäßig keine Aufklärungspflichten[428].

III. Subjektive Erfordernisse auf Seiten der Anleger

Genügt für das Entstehen einer Aufklärungspflicht allein die rein objektive Überschreitung der Finanzierungsfunktion durch die Bank oder müssen zusätzlich auch subjektive Voraussetzungen auf Seiten des Anlegers erfüllt sein? Diese Frage ist durch Rückgriff auf die hinter dieser Fallgruppe stehenden Grundgedanken zu klären.

Die Aufklärungspflicht basiert auf dem Vertrauen der Kunden[429]. Durch die zusätzliche Übernahme von Funktionen setzt die Bank einen besonderen Vertrauenstatbestand und erweckt den Eindruck besonderer Seriosität des Projekts.

Dieses besondere, über den normalen banküblichen Rahmen hinausgehende Vertrauen setzt nach Ansicht der Rechtsprechung die Erkennbarkeit des Überschreitens der Finanzierungsfunktion voraus[430]. Auf wen und auf welchen Maßstab genau abzustellen ist, hat die Rechtsprechung allerdings noch nicht entschieden. Was gelten soll, wenn sich die Überschreitung nur einzelnen An-

---

[428] Vgl. aber noch die Ausführungen zum konkreten Wissensvorsprung (Kapitel 3, C. VI. (S. 148 ff.)), zur zusätzlichen Anlegergefährdung (Kapitel 3, D. (S. 152 f.)), zur Interessenkollision (Kapitel 3, E. (S. 154 f.)) und zu einer neuen Fallgruppe (Kapitel 3, G. (S. 158 ff.)).

[429] *BGH* WM 1988, 789, 791 = NJW-RR 1988, 785, 786; *OLG Köln* WM 2000, 2139, 2142; *OLG Stuttgart* WM 2000, 2146, 2148; *Wiedemann* in Soergel BGB vor § 275 Rn. 115; *Rümker* ZHR 151 (1987) 162, 169; *v. Heymann* in Assmann/Schütze Hdb.KapitalanlageR § 6 Rn. 153.

[430] *BGH* WM 1979, 1054, 1057 = NJW 1980, 41, 44; *BGH* WM 1992, 901, 905 = NJW-RR 1992, 879, 883; *OLG Stuttgart* WM 1999, 844, 846; *OLG Stuttgart* WM 2000, 292, 295; *OLG Stuttgart* WM 2000, 2146, 2148; *OLG Köln* WM 2000, 2139, 2142; *LG Ulm* WM 2000, 825, 827; *v. Heymann* BB 2000, 1149, 1149.

legern gegenüber auswirkt, wurde – soweit ersichtlich – bis jetzt nicht entschieden. Daher ist im Folgenden zu untersuchen, wann und in welchem Umfang ein subjektives Element Voraussetzung für eine Aufklärungspflicht ist.

1. Überschreitung der Finanzierungsfunktion nur gegenüber einigen Anlegern

Der Grund für die Aufklärungspflicht ist das besondere Vertrauen des Anlegers. Ob für die Begründung von Vertrauen eine positive Kenntnis erforderlich ist, oder ob auch die Erkennbarkeit eines bestimmten Umstandes ausreicht (abstraktes Vertrauen), wird in unserer Rechtsordnung nicht einheitlich entschieden. So genügt bei Registersachen (Handelsregister, Grundbuch) regelmäßig die bloße Erkennbarkeit aus dem Register, um das Vertrauen zu schaffen. Tatsächlich Einsicht in das Register muss der Betroffene nicht genommen haben[431]. In den sonstigen Fällen ist dagegen positive Kenntnis eines bestimmten Umstandes erforderlich. Nur dann kann die nötige Anknüpfung des Vertrauens an den Vertrauenstatbestand gegeben sein[432].

Hier liegt keine einer Registersache vergleichbare Angelegenheit vor, denn Anknüpfungspunkt ist das besondere Verhalten der Bank und nicht ein amtlich dokumentierter Zustand. Daher ist nach allgemeinen Regeln positive Kenntnis für das Vorliegen von Vertrauen erforderlich. Hierfür sprechen auch die Fälle der Eigenhaftung von Vertretern und Sachwaltern. Hier wie dort geht es im Rahmen der c.i.c. um ein – zusätzlich zu dem normalerweise bestehenden – besonderes Vertrauen, das die Aufklärungspflicht begründet. Ein solches ist aber nur dann gegeben, wenn besonderes, persönliches Vertrauen in Anspruch genommen wurde[433]. Dies setzt Kenntnis des anderen Teils hiervon voraus.

---

431 *Canaris* Vertrauenshaftung, 507 m. w. Nachw. in Fn. 14; nach seiner Ansicht (508) stellt der Verzicht auf die positive Kenntnis des tatsächlichen Inhalts des Registers nur eine scheinbare Ausnahme von dem Grundsatz dar, dass Vertrauensschutz die Kenntnis des Vertrauenstatbestandes voraussetzt, da jedenfalls mittelbar auf den Rechtsschein des Registers vertraut wird. Dies spricht zusätzlich für die These, dass es auch in dem hier vorliegenden Fall auf eine Kenntnis von dem Vertrauenstatbestand ankommt.

432 *Canaris* Vertrauenshaftung, 509.

433 Vgl. dazu statt aller *Heinrichs* in Palandt § 276 Rn. 96.

a. Anleger persönlich von Überschreitung nicht betroffen

Wirkt sich eine Überschreitung der Finanzierungsfunktion für einen Anleger persönlich nicht aus, so kann er das pflichtbegründende Vertrauen nur aufbringen, wenn er das relevante Verhalten der Bank positiv kennt (z.B. wird der Fonds ihm nicht von der darlehensgebenden Bank vermittelt, anderen Anlegern aber sehr wohl). Er kann keine schutzwürdigen Erwartungen an ein Verhalten knüpfen, das er gar nicht kennt. Allein die Erkennbarkeit begründet für ihn keinen Vertrauenstatbestand und kann für ihn nicht (mit-)ursächlich für den Anlageentschluss sein. Mangels Vertrauen besteht ihm gegenüber keine Aufklärungspflicht der Bank.

Kennt der Darlehensnehmer das relevante Verhalten, setzt die Bank ihm gegenüber einen Vertrauenstatbestand. Sie ist zur Aufklärung verpflichtet. Dies gilt auch dann, wenn ihr das Bekanntwerden des Vertrauenstatbestandes nicht zuzurechnen ist, z.B. weil der Vertrieb unautorisiert hierüber berichtet. Denn selbst wenn sie das Bekanntwerden nicht veranlasst hat, hat sie doch das vertrauensbegründende Verhalten vorgenommen und damit das Vertrauen des Anlegers begründet. Da für den Anleger nicht erkennbar ist, ob die Information mit oder ohne Zustimmung der Bank verbreitet wird, ist er insoweit schutzwürdig. Er darf sein Vertrauen auf die zutreffende Information gründen. Daher muss die Bank ihn aufklären.

Keine Aufklärungspflicht trifft die Bank nur dann, wenn der Anleger nicht vertraut hat oder das Vertrauen nicht kausal für seine Anlageentscheidung war.

Es dürfte der Bank allerdings regelmäßig schwer fallen zu unterscheiden, ob der konkrete Anleger Kenntnis von dem Vertrauenstatbestand hat und damit aufzuklären ist oder nicht. Um das Risiko einer Nichtaufklärung zu umgehen, wird sie alle Anleger, die bei ihr ein Darlehen aufnehmen, umfassend aufklären. Tut sie das nicht, haben nur diejenigen Anleger, die um die Überschreitung der Finanzierungsfunktion positiv wussten, einen Schadensersatzanspruch.

b. Anleger persönlich von Überschreitung betroffen

Ist der einzelne Darlehensnehmer/Anleger von einer Überschreitung der Finanzierungsfunktion selbst betroffen, obwohl sich die Maßnahme nicht allen Darlehensnehmern gegenüber auswirkt, wird er diesen Umstand regelmäßig kennen (z.B. ihm wird der Fonds von der darlehensgewährenden Bank vermittelt, anderen Anlegern aber nicht). Dies liegt in der Natur der Maßnahme, die die Bank gerade in Bezug auf ihn vornimmt (z.B. Vermittlung, Weiterleiten der Anteile). Der Anleger muss nicht erkennen, dass die Bank nur ihm gegenüber ihre eigentliche Finanzierungsfunktion überschreitet. Es genügt, dass er das Verhalten der Bank zur Kenntnis nimmt. Nicht erforderlich ist auch, dass er ein positives Gefühl des Vertrauens hat, denn das beste Zeichen für Vertrauen im rechtlichen Sinne ist, dass man sich gar keine Gedanken macht[434].

c. Zwischenergebnis

Für den Fall, dass nur Einzelne von der Überschreitung der Finanzierungsfunktion betroffen sind, ist eine positive Kenntnis der Kreditnehmeranleger von dem Verhalten der Bank erforderlich. Eine bloße Erkennbarkeit begründet insofern kein berechtigtes Vertrauen und führt daher nicht zu einer Aufklärungspflicht der Bank.

2. Überschreitung der Finanzierungsfunktion gegenüber allen Anlegern

Wirkt sich die Überschreitung der Finanzierungsfunktion allen Anlegern gegenüber aus (z.B. die Bank gibt den Prospekt mit heraus oder nimmt Einfluss auf die Konzeption), verlangt der *BGH* für das Entstehen einer Aufklärungspflicht nur eine nach außen erkennbare Überschreitung[435]. Da es auch hier um besonderes Vertrauen geht, ist jedoch fraglich, ob nicht auch hier positive Kenntnis der Darlehensnehmer von dem Verhalten der Bank erforderlich ist. Denn nur wenn der Anleger von dem Verhalten der Bank wusste, konnte berechtigtes Vertrauen entstehen und für die Zeichnung der Anlage ursächlich sein. Kannte der Anleger den Vertrauenstatbestand nicht, war sein Vertrauen nicht berechtigt. Das gilt auch dann, wenn der Vertrauenstatbestand erkennbar war. Insofern ist dem *BGH* nicht zuzustimmen, der bereits eine Erkennbarkeit genügen lässt[436]. Der Umstand, dass einige Anleger vertrauen, begründet für die anderen keinen Vertrauenstatbestand.

Zugunsten der Anleger kann man aber davon ausgehen, dass sie solche Umstände kennen, die sich aus dem Prospekt und aus weiteren, ihnen zur Verfü-

---

[434] *Canaris* Vertrauenshaftung, 503 f.

[435] *BGH* WM 1992, 901, 905 = NJW-RR 1992, 879, 883; so auch *v. Heymann* in Assmann/Schütze Hdb.KapitalanlageR § 6 Rn. 153.

[436] In die hier vertretene Richtung zielt der *BGH* möglicherweise in einem früheren Urteil WM 1979, 1054, 1057 = NJW 1980, 41, 44, in dem er verlangt, dass der Kreditgeber „durch sein Verhalten (...) einen falschen Eindruck erweckt hat".

gung gestellten Unterlagen ergeben[437]. Denn wenn man die genaue Lektüre der Prospekte erwartet[438], kann man im Gegenzug auch davon ausgehen, dass ihnen die vertrauensbegründenden Umstände aufgefallen sind, die aus dem Prospekt erkennbar waren.

3. Zusammenfassung

Für das Entstehen einer Aufklärungspflicht kommt es zusätzlich zu der objektiven Überschreitung der Finanzierungsfunktion grundsätzlich auch auf die Kenntnis der Anleger hiervon an. Sofern sich die Überschreitung der Finanzierungsfunktion jedoch aus Unterlagen ergibt, die allen zugänglich sind, wird das Erkennen vermutet.

IV. Umfang der Aufklärungspflicht

Besteht nach dieser Fallgruppe eine Aufklärungspflicht, so hat die Bank weitgehend über alle tatsächlichen Gegebenheiten aufzuklären, die geeignet sind, den prognostizierten Erfolg negativ zu beeinflussen. Setzt die Bank einen besonderen Vertrauenstatbestand muss sie das geschaffene Vertrauen auch wieder umfassend beseitigen, beziehungsweise richtigstellen. Dazu kann sie etwa über alle Risiken der Anlage aufklären oder anderweitig den Anlegern gegenüber das besondere Vertrauen beseitigen.

V. Zwischenergebnis

Eine Bank ist wegen Überschreitung der Finanzierungsfunktion zur Aufklärung verpflichtet, wenn sie ihre neutrale Rolle als bloßer Finanzier verlässt und zur Projektbeteiligten wird. Dies ist objektiv und nicht individuell zu bestimmen; wie die Bank dem einzelnen Anleger gegenüber auftritt, ist daher nicht relevant. Eine Aufklärungspflicht wegen Überschreitung der Finanzierungsfunktion entsteht allerdings nur, wenn die Überschreitung nach außen erkennbar ist und der Anleger positive Kenntnis von dem Verhalten der Bank hat. Nur dann kann das besondere Vertrauen entstehen. Etwas anderes gilt jedoch, wenn sich das Verhalten aus allgemein zugänglichen Unterlagen ergibt.

---

437 Verhaltensweisen, die sich aus dem Prospekt ergeben, sind immer solche, die sich allen Anlegern gegenüber auswirken.

438 *Streit* ZIP 1999, 477, 479; *Siol* in Schimansky/Bunte/Lwowski BankrechtsHdb. § 44 Rn. 24.

Für die im Rahmen dieser Arbeit näher ins Visier genommenen Problemfälle (Stichtags-, Kleinanleger- und Auslandsfälle) ist diese Überschreitung der Finanzierungsfunktion wenig ergiebig. Unter diesem Gesichtspunkt entstehen für die Bank regelmäßig keine Aufklärungspflichten.

C. Konkreter Wissensvorsprung

Neben der Überschreitung der Finanzierungsfunktion führt nach den vier Fallgruppen des *BGH*[439] auch ein konkreter Wissensvorsprung zu einer Aufklärungspflicht der Bank. Nach dieser Fallgruppe muss eine Bank den Anleger dann aufklären, wenn sie in Bezug auf spezielle Risiken des zu finanzierenden Projekts einen konkreten Wissensvorsprung hat, wenn der Anleger diese speziellen Risiken nicht kennt, seine Unkenntnis nicht auf Fahrlässigkeit basiert und der Wissensvorsprung für die Bank erkennbar ist[440]. Hierbei wird es insbesondere darauf ankommen, das Merkmal des speziellen Risikos zu bestimmen (I.). Dabei wird sich zeigen, dass diese Fallgruppe den Anwendungsbereich der weiteren zwei Fallgruppen des *BGH* mit umfasst (Zusätzliche Anlegergefährdung durch die Bank und Interessenkollision). Im Anschluss daran werden die weiteren Voraussetzungen dieser Fallgruppe des konkreten Wissensvorsprungs (II. – IV.) und der Umfang der Aufklärungspflicht beleuchtet. Danach (VI.) wird überprüft, inwieweit die drei Problemfälle (Stichtags-, Kleinanleger- und Auslandsfälle) von dieser Fallgruppe erfasst werden. Doch zunächst einmal muss das spezielle Risiko definiert werden.

I. Spezielles Risiko

Die Bank ist dann zur Aufklärung verpflichtet, wenn sie einen konkreten Wissensvorsprung über das spezielle Risiko hat. Schon nach ganz allgemeinen Grundsätzen ist der konkrete Wissensvorsprung Voraussetzung für jede Auf-

---

439 Vgl. die Nachweise in Kapitel 1, C. III. (S. 15 f.).

440 *BGH* WM 1988, 561, 563 = NJW 1988, 1583, 1584; WM 1989, 1368, 1370 = NJW 1989, 2881, 2882; *BGH* WM 1988, 895, 898 = NJW-RR 1988, 1071, 1072; *BGH* WM 1990, 920, 922 = NJW-RR 1990, 876, 877; WM 1991, 85, 85 = NJW 1991, 693, 693; WM 1992, 901, 902 = NJW-RR 1992, 879, 880; WM 1992, 1310, 1311 = NJW 1992, 2146, 2147; WM 2000, 1245, 1246 = NJW 2000, 2352, 2353; WM 2000, 1685, 1686 = NJW 2000, 3558, 3559 = NZG 2000, 1215, 1216; aufgegriffen in der Literatur etwa von *Messer* Diskussion, 73, 76 ff.; *Nobbe* Bankrecht, Rn. 465 ff.; *v. Heymann* in Assmann/Schütze Hdb.KapitalanlageR § 6 Rn. 157 ff.; *Siol* in Schimansky/Bunte/Lwowski BankrechtsHdb. § 44 Rn. 26 f.

klärungspflicht[441], d.h. die Bank muss Kenntnis von dem Umstand haben, über den sie aufklären soll und die andere Partei darf diesbezüglich keine Kenntnis haben.

Damit zeigt sich die zentrale Bedeutung des Merkmals des speziellen Risikos, denn es allein entscheidet letztlich darüber, ob ein beliebiger Umstand die Bank zur Aufklärung verpflichtet oder nicht. Bei der Bestimmung dieses Merkmals helfen die bisher ergangenen Entscheidungen im Ergebnis nur bedingt weiter. Denn es waren immer Einzelfallentscheidungen[442], denen keine klare Begriffsbestimmung dieses Merkmals zugrunde lag.

Daher muss zunächst einmal eine Definition für den Begriff des speziellen Risikos entwickelt werden: Denkbar wäre, *speziell* im Sinne von *ungewöhnlich* zu verstehen und das Vorliegen eines zur Aufklärung verpflichtenden, speziellen Risikos daher beispielsweise dann zu bejahen, wenn das Risiko auf der Konzeption dieses einen konkreten Fonds basiert. Gegen die absolute Seltenheit eines Risikos als maßgeblichem Kriterium spricht aber, dass vor allem besonders gravierende Risiken nicht regelmäßig sondern nur seltener vorliegen. Über Risiken, die den gesamten Anlageerfolg in Frage stellen können, hat sich der Anleger bei seiner Anlageentscheidung jedoch selber zu informieren. Gerade dann, wenn der Fonds eine ungewöhnliche Konstruktion aufweist, muss der Anleger selber darauf achten, welche Risiken damit verbunden sein können. Auch der *BGH* versteht das Merkmal nicht in diesem Sinne, denn verdeckte Objektmängel sind nicht ungewöhnlich, können aber ein spezielles Risiko darstellen[443].

---

441 Vgl. dazu schon oben Kapitel 1, B. (S. 8 ff.).

442 *BGH* WM 1988, 561, 563 = NJW 1988, 1583, 1584 verdeckte Objektmängel; *BGH* WM 1992, 1310, 1311 = NJW 1992, 2146, 2147; WM 1992, 216, 218 = NJW-RR 1992, 373, 374; WM 1991, 85, 85 = NJW 1991, 693, 693; *BGH* WM 1986, 700, 701 bevorstehende Zahlungsunfähigkeit des Initiators oder einer seiner Gesellschaften; *BGH* WM 1989, 1364, 1366 = NJW 1989, 2879, 2880; WM 1989, 1368, 1369 = NJW 1989, 2881, 2882 Musterrechnung zu Täuschungszwecken falsch; *BGH* WM 1990, 920, 923 = NJW-RR 1990, 876, 877 Verkleinerung der Grundstücksfläche und Baubeginn, obwohl Finanzierung noch nicht sichergestellt ist. Kein spezielles Risiko liegt hingegen vor in: *BGH* WM 2000, 1245, 1247 = NJW 2000, 2352, 2353 unangemessen hohen Gesamtkosten (anders im Ergebnis *OLG Jena* WM 1999, 2315, 2318); *BGH* WM 1988, 561, 563 = NJW 1988, 1583, 1584; *BGH* WM 2000, 1245, 1246 = NJW 2000, 2352, 2353; WM 1992, 133, 134 = NJW 1992, 555, 555 (insoweit nicht abgedruckt bei BGHZ 116, 209) in der offensichtlichen Sanierungsbedürftigkeit der Immobilie.

443 *BGH* WM 1988, 561, 563 = NJW 1988, 1583, 1584.

Speziell könnte ein Risiko aber auch dann sein, wenn es das *zentrale* Risiko des Projekts ist, das den Zweck der Anlage besonders gravierend in Frage stellt, unabhängig davon, wie häufig ein solches Problem auftaucht. Aber auch gegen dieses Verständnis bestehen Bedenken, denn es ist einerseits zu eng andererseits aber auch zu weit. Es ist zu eng, da dann aus der Fallgruppe solche Risiken herausfallen würden, die zwar nicht das größte aber immerhin doch noch ein gravierendes Risiko darstellen und damit nichts desto trotz entscheidungsrelevant sind. Die Banken müssten immer nur noch über die zentralen Risiken der Anlage aufklären, obwohl sie auch andere schwere Risiken kennen. Diese Auslegung des Begriffes ist aber auch zu weit, denn gerade über solche Risiken, die den Zweck besonders deutlich in Frage stellen, hat sich der Anleger selbst zu informieren. Das Verständnis von *speziell* im Sinne von *zentral* überzeugt daher auch nicht.

Richtig ist es daher, das Merkmal des speziellen Risikos nicht absolut zu verstehen. Vielmehr ist es allein in Abgrenzung von den allgemeinen Risiken zu begreifen[444], über die die Bank nicht aufzuklären hat. Denn bei den allgemeinen, wirtschaftlichen Risiken darf die Bank davon ausgehen, dass sich der Anleger hierüber selbst informiert hat[445]. Im Vordergrund des Interesses steht damit gar kein bestimmter Risikotyp, sondern die Frage nach der Möglichkeit der Information über das Risiko. Maßgeblich für die Abgrenzung zwischen allgemeinen und speziellen Risiken ist daher der Umfang der Risiken, über die von dem Anleger eine selbständige Aufklärung erwartet werden kann.

1. Bestimmung des speziellen Risikos

Nachdem eine grobe Definition des speziellen Risikos gefunden wurde, müssen im Folgenden die einzelnen Merkmale näher untersucht werden. Ganz entscheidend kommt es für den Umfang des speziellen Risikos – und damit die bankseitige Aufklärungspflicht – darauf an, in welchem Umfang eine eigene Untersuchung erwartet werden kann. Denn je mehr eigene Untersuchung erwartet werden kann, desto weniger spezielle Risiken gibt es. Und je geringere Anforderungen an die eigene Aufklärung durch die Anleger gestellt werden, desto umfangreichere Aufklärungspflichten obliegen der Bank.

---

444 So auch *LG Ulm* WM 2000, 825, 826; vgl. dazu auch *OLG Köln* WM 2000, 2139, 2142.

445 BGHZ 93, 264, 268 = WM 1985, 221, 222 = NJW 1985, 1020, 1021; WM 1986, 6, 7; WM 1988, 561, 563 = NJW 1988, 1583, 1584; *BGH* WM 1990, 920, 922 = NJW-RR 1990, 876, 876 f.; WM 1992, 216, 217 = NJW-RR 1992, 373, 374; *OLG Frankfurt* WM 1997, 27, 31.

a. Entscheidungserheblicher Umstand

Ob ein Umstand entscheidungserheblich ist oder nicht, bestimmt sich nach objektiven Kriterien. Es kommen nur solche Umstände in Betracht, die den Anlageerfolg ganz oder teilweise in Frage stellen können[446]. Rein persönliche, irrationale Kriterien sind hingegen nicht relevant. Keinen Einfluss auf die Entscheidungsrelevanz übt auch der investierte Betrag aus. Denn wenn ein Umstand den Erfolg der Anlage in Frage stellt, so gilt dies für Groß- als auch für Kleinanleger gleichermaßen.

b. Zumutbare Möglichkeit der Kenntnisnahme

Ein spezielles Risiko liegt dann vor, wenn eine Aufdeckung des entscheidungserheblichen Umstandes für den Anleger nicht möglich war. Regelmäßig lässt sich jedoch alles erkennen, es ist nur eine Frage des Aufwands und der eingesetzten Mittel. So kann der Anleger beliebig viele und teure Gutachten in Auftrag geben und damit jedes erdenkliche Risiko aufdecken, wie etwa Probleme mit der Bodenqualität, der Bausubstanz, der Kompetenz der Initiatoren oder der steuerlichen Konzeption.

Solche Erwartungen an die Anleger zu stellen, ist aber unrealistisch und unzumutbar. Denn wenn jeder Anleger erst etliche teure Gutachter beauftragen muss, lohnt sich die Investition für ihn nicht. Der Maßstab der Möglichkeit der Erkennbarkeit ist daher zu weit. Die Möglichkeit der Erkennbarkeit ist durch das Element der Zumutbarkeit zu begrenzen. *Spezielle* Risiken sind daher – in Abgrenzung von den allgemeinen – all diejenigen entscheidungserheblichen Umstände, die der Anleger bei der ihm zumutbaren Überprüfung nicht entdecken konnte.

Damit stellt sich die zentrale Frage nach der Bestimmung des Umfangs der zumutbaren Aufklärung. Bevor dies untersucht werden kann (bb.), muss jedoch zunächst der Personenkreis bestimmt werden, für den das Merkmal gelten soll (aa.).

aa. Maßgeblicher Personenkreis

Es stellt sich die Frage, ob der Umfang der von den Anlegern vorzunehmenden Prüfung für alle Anleger *einheitlich* oder für jeden Anleger *individuell* zu bestimmen ist.

---

[446] Der Umstand, dass der Kreditvermittler von der Bank eine Provision erhält, begründet keine Aufklärungspflicht der Bank wegen eines speziellen Risikos. Er ist für den Anlageerfolg irrelevant, *OLG Zweibrücken* WM 2000, 2150, 2152.

Für eine einheitliche (pauschal-abstrakte) Bestimmung, wie umfangreich die Aufklärung der Anleger zu sein hat, spricht insbesondere, dass das Merkmal des speziellen Risikos in Abgrenzung von den allgemeinen Risiken des Anlageprojekts definiert werden soll. Hierbei handelt es sich um ein Risiko der Anlage, somit also um ein personenunabhängiges und objektbezogenes Merkmal. Für eine individuell-konkrete Betrachtung des Problems spricht jedoch, dass es sich um eine Aufklärungspflicht handelt, die aus der konkreten Beziehung zwischen Bank und Kunde herrührt und daher die Umstände des Einzelfalls zu berücksichtigen hat. Auch das Argument, dass es um die Bestimmung eines objekt- und nicht personenbezogenen Merkmals geht, überzeugt letztlich nicht. Denn wie oben festgestellt wurde, ist eine starre Umschreibung des speziellen Risikos nicht möglich[447]. Daher bestimmt sich der zumutbare Umfang der eigenen Aufklärungspflicht für jeden Anleger individuell.

Das Merkmal des speziellen Risikos richtet sich somit für jeden einzelnen Anleger danach, ob er das Risiko bei der von ihm individuell vorzunehmenden Überprüfung entdecken konnte oder nicht. Was für den einen Anleger bereits ein spezielles Risiko darstellt, muss für den anderen noch kein solches sein.

bb. Umfang der zumutbaren Überprüfung

Ob ein Risiko bei der Überprüfung durch den Anleger zu entdecken war, hängt von zwei Umständen ab: Dem absoluten Umfang der Prüfung (1) und dem anteiligen Umfang, der gerade auf die Entdeckung dieses konkreten Risikos gerichtet war (2).

(1) Absoluter Umfang

Der absolut zumutbare Umfang der Untersuchung wird individuell bestimmt. Zu orientieren hat man sich dabei an Folgendem: Grundsätzlich ist eine Untersuchung der Kapitalanlage durch den Anleger selbst vorzunehmen. Je weniger sie kostet und je weniger Zeit sie benötigt, desto eher ist sie durchzufüh-

[447] Für eine individuelle Bestimmung der Aufklärungspflicht spricht sich auch *Breidenbach* Informationspflichten, 64 auf der Basis des von ihm vertretenen beweglichen Systems aus. Insoweit auch *Rümker* Bankrechtstag, 40 f. So auch der *BGH* WM 2000, 1245, 1246 = NJW 2000, 2352, 2353. Letztlich gebietet ein effektiver Verbraucherschutz, dass auch die individuellen Umstände berücksichtigt werden, vgl. dazu nur § 24a Nr. 3 AGBG.

ren. Welcher Aufwand bei der Aufklärung insgesamt zumutbar ist, hängt von folgenden Faktoren ab:

(a) Investitionssumme

Maßgebliches Kriterium ist zunächst der Anlagebetrag. Denn mit steigender Investitionssumme kann eine aufwendigere (zeitlich und finanziell) eigene Untersuchung erwartet werden. Zum einen steigt mit der eingesetzten Summe das absolute Risiko und zum anderen beeinträchtigen höhere Untersuchungskosten die Rendite bei größeren Summen ungleich geringer als bei der Anlage von Kleinbeträgen. Allerdings ist zu beachten, dass für zwei Anleger ein identischer Geldbetrag aufgrund ihrer Vermögens- und Einkommensstruktur völlig unterschiedliche Bedeutung haben kann. Deshalb ist der investierte Betrag allein nicht maßgebend.

(b) Vermögensquote

Zusätzlich ist die investierte Quote des Gesamtvermögens zu berücksichtigen. Je größer die Quote des investierten Kapitals ist, um so genauere Untersuchungen sind von dem Anleger zu erwarten, denn desto bedeutsamer wird für ihn die Investitionsentscheidung.

(c) Erfahrungen

Auch die Berufszugehörigkeit der Anleger ist zu berücksichtigen. Denn Anleger bringen unterschiedlich große Erfahrungen in geschäftlichen Angelegenheiten mit, die sich in einem Gespür für versteckte Probleme und in einem besseren Zugang zu Informationsquellen bemerkbar machen können[448]. Da solche Erfahrungen ganz allgemein helfen, ist nicht unbedingt ein besonderer beruflicher Bezug zu geschlossenen Immobilienfonds erforderlich. Der Umfang der zumutbaren Untersuchung wird schon dadurch beeinflusst, dass die Anleger sich mit Vertragsgestaltung auskennen oder mit generellen Problemen der Immobilienbranche vertraut sind[449]. Auch sonstige persönliche Erfahrungen und Kenntnisse sind zu berücksichtigen, da sie eine weitergehende

---

448 Auch bei Kaufleuten ist nicht pauschal Kenntnis zu unterstellen, vielmehr ist die tatsächliche, konkrete Kenntnis entscheidend, *BGH* WM 1981, 552, 553 = NJW 1981, 1440, 1441.

449 Daher ist entgegen *OLG Jena* WM 1999, 2315, 2318 auch der Geschäftsführer einer Wohnungsgenossenschaft geschäftlich nicht unerfahren, denn mit den typischen Entwicklungen auf dem Immobilienmarkt sollte er sich bereits beruflich auseinandersetzen. So im Ergebnis auch die Revision *BGH* WM 2000 1245, 1246 = NJW 2000, 2352, 2353.

Nachforschung vereinfachen und daher zumutbarer machen können. Das Gleiche gilt auch für persönliche Kontakte der Anleger.

(d) Sonstiges

Als Grenze der zumutbaren Aufklärung ist zu beachten, dass bei überzogenen Anforderungen an die Nachforschungspflicht des Anlegers seine eigene Rendite gegen Null tendieren würde, wenn er in Bezug auf jeden Aspekt teure Fachgutachten einholen müsste. Nach der Rechtsprechung des *BGH* wird bei einem Steuersparmodell von dem Anleger zwar erwartet, dass er „im Notfall" Fachleute einschaltet, wenn er selbst nicht in der Lage ist, die Informationen zu bekommen[450]. Dieses Gebot kann aber nur mit Einschränkungen gelten, denn durch das Einschalten vieler Fachleute lassen sich mit erheblichem Kapitalaufwand natürlich alle Umstände aufklären. Daher müssen auch die Fachleute nur in einem zumutbaren Umfang einbezogen werden.

Keinen Einfluss auf den Umfang einer zumutbaren Untersuchung hat der Umstand, ob der Anleger sonst eher sorgfältig oder eher nachlässig mit Investitionsentscheidungen umgeht. Denn dies hängt von dem individuellen Charakter ab, berührt aber nicht die Frage der ihm individuell zumutbaren Möglichkeiten.

Zusammenfassend lässt sich sagen, dass die Obliegenheit des einzelnen Anlegers zur eigenen Aufklärung um so größer ist, je höher die investierten Beträge und Vermögensquoten und je umfassender seine einschlägigen Erfahrungen und sein Problembewusstsein sind. Beispielsweise bedeutet dies für einen Anleger, der einen großen Betrag investiert und der sich aus beruflichen Gründen mit Immobilien oder Kapitalanlagen auskennt, dass von ihm eine eigene umfangreiche Aufklärung erwartet werden kann und sich für ihn auch Anhaltspunkte für Risiken in Bereichen ergeben können, wo andere Anleger nicht mit Gefahren rechnen müssen. Allein die Kenntnis des absoluten Prüfungsumfangs genügt aber noch nicht, um beurteilen zu können, ob es sich um Risiko handelt, das für den Anleger erkennbar ist oder nicht. Vielmehr muss auch die Verteilung des Prüfungsumfangs berücksichtigt werden.

---

[450] BGHZ 93, 264, 268 = WM 1985, 221, 222 = NJW 1985, 1020, 1021; WM 1986, 8, 9 = NJW-RR 1986, 205, 206; *BGH* WM 1990, 920, 922 = NJW-RR 1990, 876, 877; WM 1992, 216, 217 = NJW-RR 1992, 373, 374; WM 1992, 901, 903 = NJW-RR 1992, 879, 881.

(2) Verteilung des Prüfungsumfangs

Der Anleger hat nicht auf jedes potentielle Risiko gleich viel Aufmerksamkeit zu richten. So hat er solche Umstände, die bei Kapitalanlagen im allgemeinen und bei geschlossenen Immobilienfonds im speziellen regelmäßig Risiken hervorbringen können oder für die er sonst Anhaltspunkte hat[451], sehr viel genauer zu untersuchen als fernliegende Umstände, von denen üblicherweise kein Risiko für das Projekt ausgeht. So ist die Entdeckung eines Risikos für den Anleger nicht zumutbar, weil er keinerlei Anhaltspunkte für ein solches Risiko hatte (z.B. Bodenverwerfungen im Untergrund).

Aber auch bei solchen Umständen, aus denen typischerweise ein Risiko entstehen kann (allgemeine, typische Risiken wie die Bausubstanz), kann ein spezielles Risiko vorliegen. Denn wenn der Anleger bei der ihm zumutbaren Untersuchung dieses Risiko nicht erkennen konnte, weil die nötigen Informationen für ihn nicht zugänglich oder nur mit unverhältnismäßig großem Aufwand zu erlangen sind, so stellt es doch ein spezielles Risiko dar, das die Bank zur Aufklärung verpflichten kann.

Aus dem Zusammenspiel des für jeden Anleger individuell zu bestimmenden absoluten Umfangs der Prüfungspflicht und der Verteilung der Prüfungsaktivitäten ergibt sich ein Mindestmaß an Überprüfung, das von jedem Anleger erwartet werden kann und das sich auf die typischen Risiken einer Kapitalanlage in geschlossenen Immobilienfonds bezieht.

2. Beispiele

Im Folgenden werden ein paar Beispiele daraufhin untersucht, ob sie spezielle Risiken darstellen oder nicht. Zunächst (a.) werden die Risiken aufgezeigt, die noch in den Bereich fallen, der jedem Anleger als eigene Aufklärung zumutbar ist und die keine Aufklärungspflicht der Bank begründen. Danach (b.) werden die Risiken aufgezeigt, die ein spezielles Risiko darstellen können.

a. Typische Risiken

Typische Risiken sind solche, die offensichtlich die Wirtschaftlichkeit der Investition beeinträchtigen und die auf naheliegenden Ansatzpunkten beru-

---

451 So ist es etwa mit Risiken, auf die im Prospekt hingewiesen wird oder die sich jedenfalls ohne weiteres aus ihm ergeben. Das Beispiel des *OLG München* NZG 2000, 1090, 1092 zeigt zwar, dass keiner der Anleger den Hauptprospekt angefordert hat. Dies entlastet die Anleger aber nicht, denn die Informationsmöglichkeit besteht.

hen, so dass der Anleger mit ihnen rechnen muss. Insoweit kann er keine Aufklärung durch die Bank verlangen.

Probleme, die mit dem Bau- oder Erhaltungszustand der Immobilie zusammenhängen[452], stellen typische Risiken dar, da sie – genauso wie der Verkehrsanschluss und das Umfeld der Immobilie – die Vermietbarkeit, damit den Wert[453] und damit letztlich die Rentabilität des Objektes beeinflussen. Die Entscheidung, ob dem Anleger die Investition den zu zahlenden Betrag wert ist, muss die Bank nicht hinterfragen. Dies ist die zentrale eigene Anlageentscheidung. Die Bank muss davon ausgehen, dass der Anleger dies selbst überprüft hat.

Teilweise wird allerdings behauptet, dass bei einem besonders gravierenden Missverhältnis zwischen Wert und gezahltem Preis eine Aufklärungspflicht der Bank entstehe[454]. Diese Ansicht ist aber aus zwei Gründen abzulehnen[455]: Zum einen hat der Anleger bei einem besonders gravierenden Missverhältnis viel offensichtlichere Anhaltspunkte für diese Abweichung als bei einer kleinen Abweichung von Wert und Preis. Daher müsste er das Risiko bei der ihm zumutbaren eigenen Überprüfung aufdecken. Zum anderen ist bei der Bestimmung eines Missverhältnisses zu berücksichtigen, dass bei einer Investition in einen geschlossenen Immobilienfonds nicht nur für die Immobilie Geld gezahlt werden muss, sondern auch weiche Kosten finanziert werden müssen[456]. Es ist gerade das Prinzip der Immobilienfonds, dass der Anleger

---

[452] *BGH* WM 1988, 561, 563 = NJW 1988, 1583, 1584; *BGH* WM 1992, 133, 134 = NJW 1992, 555, 555 (insoweit nicht abgedruckt bei BGHZ 116, 209); WM 2000 1245, 1246 = NJW 2000, 2352, 2353 für einen Anleger aus den neuen Bundesländern, der in den alten Ländern investiert hat, obwohl er neun Monate nach der Investition auf einmal das Objekt besichtigt hat; anders noch die Berufungsinstanz *OLG Jena* WM 1999, 2315, 2318.

[453] *BGH* WM 1988, 561, 562 = NJW 1988, 1583, 1584 f.; *BGH* WM 2000, 1245, 1246 = NJW 2000, 2352, 2353; *OLG Schleswig* WM 2000, 1381, 1385; *OLG Stuttgart* WM 2000, 2146, 2148; *OLG Stuttgart* WM 2001, 1667, 1671; *LG Stuttgart* WM 1999, 1822, 1825; *LG Nürnberg-Fürth* WM 1999, 1458, 1460; *BGH* WM 1999, 678, 679 = NJW 1999, 2032, 2033 (für Mobilien); a.A.: *OLG München* ZIP 1999, 1751, 1753; *OLG Jena* WM 1999, 2315, 2318.

[454] *OLG München* ZIP 1999, 1751, 1753; *OLG Jena* WM 1999, 2315, 2318; *Fuellmich/Rieger* ZIP 1999, 465, 470; *Ellenberger* WM 2001/1, 2, 13.

[455] So auch *BGH* WM 1988, 561, 562 = NJW 1988, 1583, 1584 f.; *BGH* WM 2000, 1245, 1246 = NJW 2000, 2352, 2353; *OLG Schleswig* WM 2000, 1381, 1385; *OLG Stuttgart* WM 2000, 2146, 2148; *LG Stuttgart* WM 1999, 1822, 1825; *LG Nürnberg-Fürth* WM 1999, 1458, 1460.

[456] *BGH* WM 2000 1245, 1247 = NJW 2000, 2352, 2353; WM 2000, 1685, 1686 = NJW 2000, 3558, 3559 = NZG 2000, 1215, 1216; *Looman* FAZ vom 27.11.1999, S. 27.

für die zusätzlichen Servicedienstleistungen extra bezahlen muss. Dass dieses Geld dann nicht mehr für den Erwerb oder die Errichtung der Immobilie zur Verfügung steht, ist offensichtlich. Insofern gehört es zu den grundlegenden Obliegenheiten des Anlegers, sich über den Wert des Objektes und über die Höhe und Angemessenheit der weichen Kosten zu informieren. Der Anleger selbst hat zu entscheiden, ob ihm insgesamt die Investition ihren Preis wert ist. Daher begründet es selbst dann kein spezielles Risiko, wenn die weichen Kosten in ihrer Gesamtheit den Betrag der Immobilieninvestition erreichen oder sogar übersteigen[457]. Selbst wenn die Bank in diesen Fällen die gesamte Investition des Anlegers finanziert, obwohl den weichen Kosten keine Sicherheiten entgegenstehen, muss die Bank als reine Darlehensgeberin über diesen Umstand nicht aufklären[458]. Etwas anderes gilt jedoch für die Anlageberater oder -vermittler.

Für den Fondserfolg von großer Wichtigkeit sind auch die Seriosität und die Erfahrung der Initiatoren. Diese sind daher immer zu begutachten. Gleiches gilt für Angaben über die prognostizierte Auslastung, Mietentwicklung etc., denn auch diese haben offensichtlich Einfluss auf die Wirtschaftlichkeit.

Ein weiterer Aspekt, der allein in den Bereich des Anlegers fällt, ist die Auswirkung der Investition auf die eigene Vermögens- und Finanzlage. Ob sich diese Anlage für den Anleger unter steuerlichen oder renditeorientierten Gesichtspunkten lohnt, ist eine Frage, die er ganz allein für sich (mit seinem

---

457 *BGH* WM 2000 1245, 1247 = NJW 2000, 2352, 2353 (anders noch die Berufungsinstanz *OLG Jena* WM 1999, 2315, 2318); *OLG Köln* WM 2000, 2139, 2143; a.A.: *Fuellmich/Rieger* ZIP 1999, 465, 470, wenn die Anleger sehr unerfahren sind. Dazu siehe auch sogleich unten.

458 So auch *Spickhoff/Petershagen* BB 1999, 165, 167; a.A.: *Fuellmich/Rieger* ZIP 1999, 465, 470. Die Situation ist vergleichbar mit dem Bereich der Realkredite, d.h. bei Darlehen, die unabhängig von der Person des Schuldners jederzeit durch Grundpfandrechte gesichert sind. Banken dürfen hier Kredite vergeben, die nur zu einem Teil die strengen Kriterien eines Realkredits erfüllen, ohne das Darlehen in einen Realkredit und einen persönlichen Kredit aufteilen zu müssen (sog. Gesamtfinanzierung – *Rode* in Rüchardt Hdb.Hypothekarkredit, 89; *Bruchner* in Schimansky/Bunte/Lwowski BankrechtsHdb. § 86 Rn. 11; *v. Heymann* in Assmann/Schütze Hdb.KapitalanlageR § 6 Rn. 19; *ders.* in Reithmann/Meichssner/v. Heymann I Rn. 16; *Rösler* in Jährig/Schuck Hdb.Kreditgeschäft, 147). Genauso ist es hier, wo einem Teil des Darlehens „harte“ Werte zugrunde liegen, der andere Teil aber nur der Deckung der weichen Kosten dient.

Steuerberater) zu beantworten hat und worüber er keine Aufklärung durch die Bank erwarten kann[459].

Ein typisches Risiko der Anlage ist, dass die Bank das gewährte Darlehen selbst dann zurückgezahlt haben möchte, wenn die eigentliche Kapitalanlage nicht erfolgreich war. Über diese Trennung von Kapitalanlage und Darlehen muss die Bank nicht aufklären, denn sie ist offensichtlich[460] und von dem Anleger gewollt, um die Finanzierungskosten zusätzlich steuerlich geltend machen zu können[461].

b. Nicht ohne weiteres erkennbare Risiken

Neben den eben beispielhaft beschriebenen allgemeinen Risiken gibt es andere Risiken, die nicht ohne weiteres erkennbar sind – für die es also für den Anleger im Normalfall an einem Anhaltspunkt fehlt; insoweit kann von den Anlegern auch keine intensive „Risikosuche" erwartet werden. Über solche Risiken muss die Bank aufklären, sofern sie diese Risiken kennt. Etwas anderes gilt nur dann, wenn es für den Anleger Anhaltspunkte für dieses Risiko gab und es daher erkennbar war.

Zu den überraschenden Risiken gehört die Verlagerung von typischen Bankrisiken auf den Anleger[462]. Er muss nicht damit rechnen, dass durch ein Verhalten der Bank die Erfolgsaussichten der Anlage verschlechtert werden. Zu diesem Bereich gehören insbesondere diejenigen Fälle, die sonst unter dem Aspekt des Schaffens oder Begünstigens eines Gefährdungstatbestandes (zusätzliche Anlegergefährdung) erfasst werden[463]. Doch letztendlich spielt es keine

---

[459] *OLG Stuttgart* WM 1999, 844, 846 f.; *OLG Stuttgart* WM 2000, 292, 296; *OLG Stuttgart* WM 2000, 2146, 2148; *OLG Köln* WM 2000, 2139, 2143; *OLG Karlsruhe* WM 2001, 1210, 1213; *LG Berlin* WM 2000, 1484, 1486 f.; unzutreffend daher *LG Freiburg* BB 1999, 1727.

[460] *BGH* WM 1980, 1446, 1447 f. = NJW 1981, 389, 390 f.; WM 1986, 1561, 1562; *OLG Braunschweig* WM 1998, 1223, 1228; *OLG Hamm* WM 1998, 1230, 1233; *OLG Stuttgart* WM 2000, 292, 300; *OLG Stuttgart* WM 2000, 2146, 2150; *OLG Köln* WM 2000, 2139, 2145; *LG Stuttgart* WM 2000, 1388, 1393; *v. Heymann* in Assmann/Schütze Hdb.KapitalanlageR § 6 Rn. 179, 183; *Früh* ZIP 1999, 701, 702 f.; a.A.: *OLG Stuttgart* WM 1999, 2305, 2310.

[461] *BGH* WM 1980, 1446, 1448 = NJW 1981, 389, 391; *OLG Braunschweig* WM 1998, 1223, 1228; *OLG Köln* WM 2000, 2139, 2145; *LG Stuttgart* WM 2000, 1388, 1393.

[462] Vgl. etwa *BGH* WM 1992, 1310, 1311 = NJW 1992, 2146, 2147; *BGH* WM 1999, 678, 680 f. = NJW 1999, 2032, 2034.

[463] *BGH* WM 1985, 993, 994; WM 1986, 98, 99; WM 1986, 671, 672 = NJW-RR 1986, 1167, 1168; WM 1986, 735, 736; WM 1987, 1546, 1546; *BGH* WM 1988, 895, 898 =

Rolle, wer die Erfolgsaussichten verschlechtert. Ist die Verschlechterung für den Anleger nicht erkennbar, entsteht für die Bank eine Aufklärungspflicht, wenn sie um den Umstand weiß. Bei der Verlagerung von typischen Bankrisiken ist dies regelmäßig der Fall.

Eine überraschende Verschlechterung der Erfolgsaussichten liegt auch vor, wenn sich die Bank auch für Altverbindlichkeiten des Initiators Sicherheiten an dem Fondsobjekt bestellen lässt. Hiermit muss der Anleger nicht rechnen[464], da es für ihn die Gefahr begründet, dass die Sicherheit aus Gründen verwertet wird, die nichts mit dem Fonds zu tun haben[465]. Um ein überraschendes Risiko handelt es sich auch, wenn die wirtschaftlichen Ausgangsbedingungen erheblich verschlechtert[466], scheinbar bestehende Sicherheiten ausgehöhlt werden[467] oder die Durchführung des Projekts überhaupt nur noch von dem good-will der Bank abhängt[468].

Ein überraschendes Risiko liegt nicht darin, dass die Bank neben dem Anleger auch dem Fonds ein Darlehen gewährt hat[469]. Sofern es allerdings zu einer branchenunüblichen Verwicklung der finanziellen Interessen der finanzierenden Bank mit denen des Initiators kommt, die zu einer Entscheidung der Bank zum Nachteil des Anlegers führen kann, liegt ein solches Risiko vor. Das ist etwa dann der Fall, wenn der Fonds Insolvenzreife erlangt hat und die Bank die Fondsgesellschafter auffordert, den Fonds mit von ihr gewährten Darlehen zu unterstützen[470]. Denn es besteht die Gefahr, dass sich die Bank allein von

---

NJW-RR 1988, 1071, 1072; *OLG Düsseldorf* WM 1991, 500, 502 = NJW-RR 1991, 367, 368; *LG Ulm* WM 2000, 825, 826.

464 Etwas anderes gilt dann, wenn es sich um Darlehensverbindlichkeiten der anderen Anleger handelt, die zu der Verwertung führen. Hier ist der Bezug zu dem Fonds unmittelbar gegeben.

465 *BGH* WM 1990, 920, 923 = NJW-RR 1990, 876, 878; WM 1992, 216, 218 = NJW-RR 1992, 373, 374.

466 Nach *OLG Karlsruhe* WM 1999, 127, 128 = NJW-RR 1999, 124, 124 genügt dafür die zusätzliche Vereinbarung einer 3%-igen Sicherheit an die Bank; a.A.: Zurecht *Gallandi* WM 2000, 279, 284.

467 *BGH* WM 1985, 993, 994; WM 1986, 98, 99; WM 1986, 671, 672 = NJW-RR 1986, 1167, 1168; WM 1986, 735, 736 etwa indem der Darlehensnehmer veranlasst wird, den Darlehensbetrag nicht auf ein Notaranderkonto sondern direkt an den Bauunternehmer zu zahlen, so dass die Sicherheit der Freigabe der Gelder entsprechend der Baufortschritte hinfällig wird.

468 *BGH* WM 1992, 1310, 1311 = NJW 1992, 2146, 2147; *Siol* in Schimansky/Bunte/Lwowski BankrechtsHdb. § 44 Rn. 27.

469 Dazu nur *OLG Karlsruhe* WM 2001, 1210, 1214.

470 *BGH* WM 1978, 896 = NJW 1978, 2547.

ihrem Interesse an dem kollidierenden Engagement leiten lässt und daher Entscheidungen trifft, die zu Lasten der Anleger gehen. Hiermit muss der Anleger aber nicht rechnen[471]. Diese Fälle werden üblicherweise als Interessenkollision bezeichnet und als eigene der vier Fallgruppen von Aufklärungspflichten behandelt[472].

Ein weiterer Umstand, mit dem der Anleger nicht rechnen muss, ist, dass er durch den Initiator absichtlich getäuscht wird. Eine solche Täuschung liegt etwa vor, wenn der Initiator gar nicht plant, das Geld für das prospektierte Projekt auszugeben, sondern damit z.B. alte Verbindlichkeiten zu befriedigen. Auch nicht rechnen muss der Anleger damit, dass er mit unrichtigen Informationen versorgt wird. Sofern der Initiator falsche Angaben oder fehlerhafte Musterrechnungen in den Prospekt aufnimmt, entsteht für den Anleger ein Risiko, das für ihn nicht vorhersehbar ist[473]. Der Prospekt stellt für ihn die maßgebliche Entscheidungsgrundlage dar. Von dieser Basis muss er bei seinen eigenen Wirtschaftlichkeitsüberlegungen ausgehen können[474]. Sind diese Angaben – aus welchem Grund auch immer – falsch, fehlt diese Basis.

Kein spezielles Risiko stellt es dar, wenn die für die Servicedienstleistungen vorgesehenen Gelder anders verteilt werden als im Prospekt angegeben. Die Wirtschaftlichkeit der Investition ist hierdurch nicht betroffen[475], denn durch eine bloße Umverteilung der weichen Kosten verändert sich die Summe der für die Investition zur Verfügung stehenden Gelder nicht.

---

471 In diese Richtung auch *Rümker* Bankrechtstag, 46, der davon spricht, dass sich das Kriterium des konkreten Wissensvorsprungs häufig mit dem Kriterium der Interessenkollision verbindet. Siehe auch unten bei Interessenkollision Kapitel 3, E. (S. 154 ff.).

472 *BGH* WM 1978, 896, 897 = NJW 1978, 2547, 2547 f.; *BGH* WM 1986, 995 = NJW-RR 1986, 1433; *BGH* WM 1992, 216, 217 = NJW-RR 1992, 373, 374; WM 1995, 1306 = NJW 1995, 2218; vgl. auch *v. Heymann* in Assmann/Schütze Hdb.KapitalanlageR § 6 Rn. 165 f.

473 *BGH* WM 1989, 1368, 1369 = NJW 1989, 2881, 2882; *BGH* WM 1992, 216, 218 = NJW-RR 1992, 373, 375; *Siol* in Schimansky/Bunte/Lwowski BankrechtsHdb. § 44 Rn. 27.

474 Die Relevanz dieses Aspekts wird deutlich an der eigens hierfür entwickelten Prospekthaftung.

475 *OLG Stuttgart* WM 2000, 292, 296 f.; *OLG Köln* WM 2000, 2139, 2143; *Gallandi* WM 2000, 279, 285; anders *Spickhoff/Petershagen* BB 1999, 165, 167, weil dies zu einem völlig überhöhten Kaufpreis führt; zu pauschal auch *Fuellmich/Rieger* ZIP 1999, 465, 467.

Immer wieder angesprochen wird die Frage der Innenprovisionen[476]. Hierbei erhalten Personen Geld dafür, dass sie eine bestimmte Tätigkeit (in der Regel den Vertrieb) übernehmen. Sofern diese in den weichen Kosten[477] irgendwie, wenn auch unter anderem Namen ausgewiesen werden oder der Initiator sie von seinem eigenen Gewinn bezahlt, beeinträchtigen sie die Rentabilität nicht und es liegt damit auch gar kein Risiko vor[478]. Denn der Betrag, der zur Investition vorgesehen ist, ändert sich hierdurch nicht.

Schwierig wird es, wenn diese Provisionen nicht einmal unter „falschem Namen" ausgewiesen sind, sondern für den Anleger nicht erkennbar in Posten versteckt sind, die scheinbar als Investitionssumme zur Verfügung stehen. Dann führen nämlich die verdeckten Auszahlungen dazu, dass weniger Geld als erwartet für wertbildende Maßnahmen zur Verfügung steht. Das gilt insbesondere dann, wenn der Empfänger der verdeckten Provisionen auch offizielle Provisionen erhält und deshalb nicht mit weiteren Zahlungen an ihn gerechnet werden muss. (Z.B. der Vertrieb bekommt zusätzlich zu dem Agio auch noch einen Anteil an den Einlagen.) Ein spezielles Risiko besteht jedoch jedenfalls dann nicht, wenn es sich bei den Zahlungen gar nicht um verdeckte Provisionen handelt. Verlangt etwa der Bauunternehmer für die Errichtung der Immobilie einen höheren Baupreis, weil er zugleich eine Mietgarantie gibt, so liegt hierin kein spezielles Risiko. Zwar entsteht wegen des höheren Baupreises der Eindruck einer wertvolleren Immobilie, gleichwohl liegt in dem höheren Baupreis aber kein spezielles Risiko, denn in der Marktwirtschaft hat alles seinen Preis – so auch die Mietgarantie. Aber selbst wenn ein Beteiligter eine „echte" Innenprovision erhält, ohne das dies erkennbar ist, begründet dies keine Aufklärungspflicht[479] – unabhängig von ihrer Höhe[480]. Denn hierfür eine Aufklärungspflicht anzunehmen, hieße letztlich, dass über

---

476 Vgl. etwa *Gallandi* WM 2000, 279; Aufklärungspflicht etwa abgelehnt von *OLG Stuttgart* WM 2000, 292, 296 f.; *OLG Zweibrücken* WM 2000, 2150, 2152; *OLG Karlsruhe* WM 2001, 1210, 1214; kritisch zu dem gesamten Komplex: *Loritz* WM 2000, 1831, 1831; *Kiethe* NZG 2001, 107, 107 ff.

477 Vgl. *Loritz* WM 2000, 1831, 1833 zu der Terminologie.

478 So auch *Loritz* WM 2000, 1831, 1833; *Kiethe* NZG 2001, 107, 107 ff.

479 *OLG Karlsruhe* WM 2001, 1210, 1214. Es ist bereits zweifelhaft, ob die wirtschaftlichen Ausgangsbedingungen dadurch überhaupt verschlechtert werden oder ob das Projekt auf diese Weise nicht erst ermöglicht wird. So auch *Loritz* WM 2000, 1831, 1836; *Kiethe* NZG 2001, 107, 110.

480 Anders *Kiethe* NZG 2001, 107, 114, wenn die Innenprovision selbst sittenwidrig hoch und die Immobilie überteuert ist. Dem kann aber nicht gefolgt werden, denn bei einer hohen Innenprovision ist der Umstand, dass dieser Betrag nicht in die Immobilie fließt, viel eher zu erkennen, als bei einer kleinen Innenprovision.

den Wert des Projekts aufgeklärt werden müsste. Eine Pflicht hierzu wurde aber abgelehnt.

Kein Risiko des Projekts ist der Umstand, wie und auf welche Weise der Anleger geworben wurde. Die Werbung findet im Vorfeld statt und hat keinerlei Auswirkungen auf die Erfolgsaussichten des Projekts. Genausowenig spielt es eine Rolle, ob die Anleger den Prospekt früh oder spät oder nie erhalten haben[481]. Selbst wenn die Bank dies weiß, liegt hierin kein Risiko des Projekts, das zur Aufklärung verpflichtet[482]. Dies gilt auch, wenn eine andere Bank die Globalfinanzierung abgelehnt hat, sofern sich nun eine oder mehrere andere Banken bereitgefunden haben, die nötigen Kredite zu gewähren. Allenfalls der Umstand, aus dem die Finanzierung abgelehnt wurde, kann nach den oben behandelten Grundsätzen ein Risiko darstellen.

c. Subjektives Element

In der zuerst behandelten Fallgruppe der Überschreitung der Finanzierungsfunktion ist ein subjektives Element auf Seiten der Anleger Voraussetzung für eine Aufklärungspflicht. Das ist hier anders. Auch wenn die hier behandelte Fallgruppe des konkreten Wissensvorsprungs ebenfalls auf Vertrauenserwägungen basiert, ist sie nicht Ausfluss eines zusätzlichen, besonderen Vertrauens der Anleger. Vielmehr handelt es sich hierbei um das grundsätzliche, typische Vertrauen, das jede Partei ihrem Vertragspartner entgegenbringt, wenn sie darauf vertraut, dass der Vertragspartner über besondere Risiken informiert, die er kennt, deren Relevanz für ihn erkennbar ist und die der Anleger nicht kennt[483]. Kennt die Bank solche speziellen Risiken, dann darf der Kreditnehmer davon ausgehen, dass die Bank ihn darüber aufklärt. Besondere subjektive Elemente sind nicht erforderlich.

d. Zwischenergebnis

Sofern nach dem oben Gesagten ein Risiko vorliegt, das bei zumutbarer eigener Untersuchung nicht entdeckt werden konnte, muss die Bank hierüber aufklären. Ein solches Risiko ist es jedoch dann nicht, wenn ausnahmsweise Hinweise auf diese besondere Situation vorliegen. Haben Anleger aufgrund besonderer Kenntnisse oder Erfahrungen Anhaltspunkte über Risiken, die andere nicht haben, so können sie keine Aufklärung erwarten.

---

481 Anders *Fuellmich* in FS Deutsch, 919, 924 Fn. 20.

482 Anders offensichtlich *Fuellmich/Rieger* ZIP 1999, 465, 468.

483 *Larenz* Schuldrecht I § 9 I 2 (S. 110).

Sofern nach dem oben Gesagten ein allgemeines Risiko vorliegt, muss die Bank hierüber grundsätzlich nicht aufklären, denn jeder Anleger hat sich hierüber selbst zu informieren. Jedoch kann es sein, dass ein typisches Risiko nicht ohne weiteres, sondern nur mit erheblichem Aufwand zu erkennen ist. So ist es etwa bei verborgenen Baumängeln, die nur von Fachleuten entdeckt werden können, bei der drohenden Insolvenz des Initiators oder einer seiner Tochtergesellschaften[484], die nur der Bank erkennbar ist oder bei Umständen, die sich erst aus einem komplizierten Vertragsgeflecht ergeben. Ist die Aufklärung eines solchen Risikos dem Anleger nicht oder nur mit unzumutbarem Aufwand möglich, stellt auch ein solches Risiko ein spezielles Risiko dar, dass zur Aufklärung verpflichtet.

Jedenfalls immer zumutbar ist aber eine Überprüfung, die den Mindestkanon an Überprüfung enthält (z.B. Inaugenscheinnahme des Gebäudes und der Umgebung, Lektüre und Plausibilitätskontrolle der Prospektangaben, etc.). Insoweit kommt es nie zu einer Aufklärungspflicht der Bank.

Bei der Untersuchung hat sich auch gezeigt, dass die Fälle, die unter die anderen Fallgruppen des *BGH* fallen (zusätzliche Anlegergefährdung, Interessenkollision), auch von dieser Fallgruppe des konkreten Wissensvorsprungs erfasst werden.

II. Konkretes Wissen

Die Bank muss die speziellen Risiken auch kennen, um zur Aufklärung verpflichtet zu sein[485]. Allein das Bestehen eines speziellen Risikos begründet noch keine Aufklärungspflicht.

1. Kenntnis

Eine Bank muss nur über solche Umstände aufklären, die sie positiv kennt. Wann eine Bank Kenntnis hat und wann ihr insbesondere auch das Wissen ihrer Tochtergesellschaften zuzurechnen ist, wurde bereits oben erörtert[486]. Informationen, die sie in ihrem Unternehmen nicht hat, kann sie nicht weitergeben und muss sie sich auch nicht erst beschaffen. D.h. sie ist nicht ver-

---

[484] *BGH* WM 1991, 85, 85 = NJW 1991, 693, 693; WM 1992, 216, 218 = NJW-RR 1992, 373, 374; WM 1992, 1310, 1311 = NJW 1992, 2146, 2147; vgl. auch *BGH* WM 1986, 700, 701.

[485] *V. Heymann* in Assmann/Schütze Hdb.KapitalanlageR § 6 Rn. 159; *Nobbe* Bankrecht, Rn. 466.

[486] Vgl. dazu Kapitel 2, C. (S. 37 ff.).

pflichtet, ihre Unterlagen auszuwerten, wenn sich erst daraus das Wissen ergäbe oder anderweitige Nachforschungen anzustellen[487] (die über die reguläre Wissensabfrage im Unternehmensverbund hinausgeht). Selbst eine fahrlässige Unkenntnis der Umstände schadet nicht[488]. Sie muss auch nicht darauf hinweisen, dass sie insoweit kein Wissen hat.

Wenn die Bank die Informationen hat, spielt andererseits die Quelle keine Rolle. Insbesondere ist es irrelevant, dass die Bank das spezielle Risiko im Rahmen ihrer internen Prüfung (etwa nach § 18 KWG) entdeckt, die sie im eigenen Interesse durchgeführt hat. Denn der Umstand, woher die Bank die Kenntnis hat, spielt keine entscheidende Rolle. Sofern behauptet wird, aus einer nach § 18 KWG vorgeschriebenen Untersuchung könne sich kein rechtlich relevanter Wissensvorsprung ergeben[489], ist dem nicht zuzustimmen. Zwar ist § 18 KWG eine öffentlich-rechtliche Norm, der keine drittschützende Wirkung zukommt[490]. Dies steht aber einer Berücksichtigung des Wissens, das im Zuge der Überprüfung gewonnen wurde, nicht entgegen. Denn es ist etwas anderes, ob aus einer öffentlich-rechtlichen Norm Ansprüche hergeleitet werden sollen, oder ob an tatsächliche Umstände angeknüpft wird, die sich aus der Erfüllung der öffentlich-rechtlichen Pflicht ergeben (hier: das Wissen) und die im Rahmen zivilrechtlicher Anspruchsgrundlagen verwertet werden. Letzteres ist ohne weiteres möglich, sodass das Wissen zu einem Wissensvorsprung führen kann[491].

2. Aufdrängen müssen

Da die Bank hinsichtlich der speziellen Risiken der Anlage keine Nachforschungspflicht trifft, führt das bloße „Kennen können" der Risiken nicht zu einer Aufklärungspflicht seitens der Bank[492]. Etwas anderes gilt aber ausnahmsweise für den Fall, dass sich der Bank die für den Anleger bedeutsamen

---

487 *BGH* WM 1992, 602, 603; WM 1992, 901, 904 = NJW-RR 1992, 879, 882; WM 1992, 977 = NJW 1992, 1820; *OLG Hamm* WM 1998, 1230, 1234; *Streit* ZIP 1999, 477, 480; *v. Heymann* in Assmann/Schütze Hdb.KapitalanlageR § 6 Rn. 158; *Siol* in Schimansky/Bunte/Lwowski BankrechtsHdb. § 44 Rn. 26.

488 *Messer* Diskussion, 73, 80; *Vortmann* Aufklärungspflichten, Rn. 150; *v. Heymann* in Assmann/Schütze Hdb.KapitalanlageR § 6 Rn. 158.

489 *Bruchner* WM 1999, 825, 832; *ders.* in Schimansky/Bunte/Lwowski BankrechtsHdb. § 86 Rn. 29; *Früh* ZIP 1999, 701, 704.

490 *OLG Frankfurt* WM 1998, 337, 339; *LG Stuttgart* WM 2000, 1388, 1391; *Nirk* KWG, 243; *Bock* in Boos/Fischer/Schulte-Mattler KWG § 18 Rn. 3.

491 So im Ergebnis auch *OLG Jena* WM 1999, 2315, 2318.

492 Siehe dazu oben Kapitel 2, B. III. (S. 31).

Umstände aufdrängen mussten und das Verschließen der Augen hiervor gegen Treu und Glauben verstößt[493]. Im Folgenden wird daher untersucht, ob sich der Bank in verschiedenen Konstellationen relevante Umstände aufdrängen mussten.

a. Aufdrängen von Tatsachen

Wann sich Tatsachen aufdrängen, ist eine Entscheidung des Einzelfalls. Dennoch lassen sich gewisse Situationen beschreiben, in denen sich Tatsachen aufdrängen müssen. Ob sich ein Umstand aufdrängen muss oder nicht, ist eine Frage, die – wie Fahrlässigkeitskriterien immer – objektiv zu beantworten ist. Entscheidende Kriterien können hierbei sein, wie intensiv und umfangreich die Bank die Anlage geprüft hat oder wie intensiv der Kontakt zu dem Initiator war.

Einen Anknüpfungspunkt bietet dabei die Pflicht der Bank zur Überprüfung der Sicherheiten, vgl. § 18 KWG, bzw. der aus §§ 18, 21 Abs. 3 Nr. 1, 14 Abs. 2 Nr. 5 KWG i.V.m. §§ 11, 12 HypBankG resultierenden Pflicht der Bank zur Bestimmung des Beleihungswertes, wenn sie dem Fonds einen Realkredit gewährt[494]. Hierbei können sich Fakten zur Situation des Fonds aufdrängen. Gleiches kann bei der Überprüfung der Anlage als Kreditsicherheit gelten, die die Bank im eigenen Interesse auch bei der Vergabe von Darlehen unter dem Grenzbetrag des § 18 KWG vornimmt, § 25a Abs. 1 KWG[495].

aa. Bank finanziert auch den Fonds

Finanziert die Bank als Kreditgeberin den Fonds (mit), ist damit regelmäßig ein großes Kreditvolumen verbunden. Die Bank ist verpflichtet, das Engagement auf ausreichende Sicherheiten hin zu überprüfen, vgl. § 18 KWG. Die Verpflichtung aus § 18 KWG gilt zwar nicht für Realkredite, § 21 Abs. 3

---

493 *BGH* WM 1992, 602, 603; WM 1992, 977 = NJW 1992, 1820; *LG Berlin* WM 2000, 1484, 1486; *v. Heymann* in Assmann/Schütze Hdb.KapitalanlageR § 6 Rn. 158; *Stüsser* NJW 1999, 1586, 1588; *Immenga* ZHR 151 (1987) 148, 151.

494 Anders als Hypothekenbanken unterliegen private Geschäftsbanken nicht den strengen Restriktionen des HypBankG und sind daher bei der Vergabe von Darlehen freier als jene, *Bruchner* in Schimansky/Bunte/Lwowski BankrechtsHdb. § 86 Rn. 44.

495 *Rösler* in Jährig/Schuck Hdb.Kreditgeschäft, 343; *v. Heymann* in Reithmann/Meichssner/v. Heymann I Rn. 16; *Nirk* KWG, 240; *Bock* in Boos/Fischer/Schulte-Mattler KWG § 18 Rn. 1.

Nr. 1 KWG[496], wobei Realkredite nach § 14 Abs. 2 Nr. 5 KWG solche Kredite sind, die den Erfordernissen der §§ 11, 12 Abs. 1 und 2 HypBankG entsprechen[497]. Für solche Darlehen hat sie aber den Beleihungswert des Objektes zu ermitteln, § 12 Abs. 1 und 2 HypBankG[498]. Damit ist sie immer zur Wertermittlung verpflichtet.

Weicht der bei dieser Wertbestimmung ermittelte Betrag von dem im Prospekt angegebenen Betrag ab, so bedeutet dies nicht zwangsläufig, dass sich der Bank das Vorliegen eines speziellen Risikos aufdrängen muss. Zu berücksichtigen ist nämlich, dass der für die Kreditvergabe der Bank maßgebliche Beleihungswert der Immobilie dem ständigen Wertewechsel des Objektes einerseits und dem Bedürfnis nach Sicherheit durch die Bank andererseits Rechnung tragen muss[499]. Dieser Wert muss daher nicht mit dem Verkehrswert des Grundstücks übereinstimmen[500], der wiederum nicht mit dem Kaufpreis für das Objekt identisch sein muss. Besonders letzterer kann durch eine Vielzahl von Faktoren beeinflusst sein, die bei einer Bewertung als langfristige Sicherheit für die Bank keine Berücksichtigung finden können[501]. Daher muss sich ihr nicht bei jeder abweichenden Wertbestimmung das Vorliegen einer falschen Prospektangabe aufdrängen, denn der aktuelle Marktpreis des Grundstücks kann durchaus höher liegen.

Wenn jedoch der ermittelte und der im Prospekt angegebene Wert der Immobilie derart voneinander abweichen, dass sie nicht mehr auf nachvollziehbare Bewertungsunterschiede zurückzuführen sind und es sich somit um eine offensichtlich unrealistische Wertangabe handelt, muss sich ihr das Vorliegen eines speziellen Risikos aufdrängen.

---

496 *Nirk* KWG, 257 sieht darin eine gesetzliche Ausprägung der Generalklausel des § 18 S. 2 KWG, wonach § 18 KWG dann nicht gilt, wenn dies im Hinblick auf die gestellten Sicherheiten offensichtlich unbegründet wäre.

497 D.h. es muss sich um eine Beleihung von Grundstücken handeln, die 60% des Wertes des Grundstücks nicht übersteigen darf und der Beleihungswert muss gemäß § 12 Abs. 1 und 2 HypBankG erfolgen.

498 Zur Ermittlung des Beleihungswertes vgl. *Bruchner* in Schimansky/Bunte/Lwowski BankrechtsHdb. § 86 Rn. 31; *Goedecke/Kerl/Scholz* Hypothekenbanken, 101 ff.; *Rüchardt* in Rüchardt Hdb.Hypothekarkredit, 182 ff.; *Rode* in Rüchardt Hdb.Hypothekarkredit, 75 ff.

499 *Bruchner* in Schimansky/Bunte/Lwowski BankrechtsHdb. § 86 Rn. 28.

500 *Rösler* in Jährig/Schuck Hdb.Kreditgeschäft, 347; *Bruchner* in Schimansky/Bunte/Lwowski BankrechtsHdb. § 86 Rn.12; *Bock* in Boos/Fischer/Schulte-Mattler KWG § 21 Rn. 66.

501 *Bruchner* in Schimansky/Bunte/Lwowski BankrechtsHdb. § 86 Rn. 12; *Goedecke/Kerl/Scholz* Hypothekenbanken, 101; vgl. etwa *BGH* NJW 1968, 150, 151.

bb. Bank finanziert den Fonds nicht

Finanziert die Bank hingegen nicht den Fonds, sondern nur den Anleger, so vergibt sie keinen Realkredit im Sinne von §§ 11, 12 HypBankG und muss daher auch keinen Beleihungswert für das Anlageobjekt ermitteln. Denn bei geschlossenen Immobilienfonds erwirbt der Gesellschafter (Anleger) kein Grundeigentum, das er der Bank als Sicherheit für seinen Kredit überlassen kann, sondern er erwirbt einen Gesellschaftsanteil. Dieser wird der Bank häufig als Sicherheit abgetreten. Um die Risiken der Kreditgewährung einschätzen zu können, überprüft die Bank auch dann, wenn sie nicht nach § 18 KWG dazu verpflichtet ist[502], die Einkommens- und Vermögenslage des Kreditnehmers, § 25a Abs. 1 KWG[503]. Dazu gehört auch eine Bewertung des geplanten Objektes, weil sich darüber der Wert des als Sicherheit abgetretenen Gesellschaftsanteils bestimmt[504]. Ob sich hierbei gravierende Wertunterschiede aufdrängen müssen, hängt von dem Umfang der Prüfung ab, der von der Bank verlangt werden kann. Der wiederum richtet sich insbesondere danach, welches Risiko die Bank eingeht und welches Kreditvolumen sie herausreicht. Das Kreditvolumen hängt entscheidend davon ab, ob die Anleger zur Finanzierung ihrer Anlage verpflichtet sind oder ob sie von sich aus eine Bank wegen einer Kreditfinanzierung aufsuchen.

(1) Pflicht zur Anteilsfinanzierung der einzelnen Anleger bei einer Bank

Bei einigen Fonds ist ein Beitritt nur möglich, wenn die Anleger ihre Anteile durch eine bestimmte Bank finanzieren lassen. In diesen Fällen verpflichten sich die Banken regelmäßig den Initiatoren gegenüber, den potentiellen Anlegern – vorbehaltlich einer Bonitätsprüfung – ein Darlehen zu gewähren[505]. Bevor eine Bank die Rolle des Globalfinanziers übernimmt, wird sie aufgrund des großen Kreditvolumens eine genauere Prüfung des Anlageprojekts vornehmen, zumal bei dem großen Kreditvolumen auch höhere Prüfungskosten keine Gefahr für die Rendite der Bank darstellen. Finden im Zuge einer solchen Untersuchung Bewertungen der Grundstücke/Objekte, der voraussicht-

---

502 Die Vorschrift des § 18 KWG greift erst ein, wenn der zu finanzierende Betrag die DM 500.000 Grenze überschreitet.

503 *Rösler* in Jährig/Schuck Hdb.Kreditgeschäft, 343; *v. Heymann* in Reithmann/Meichssner/v. Heymann I Rn. 16.

504 *Bruchner* in Schimansky/Bunte/Lwowski BankrechtsHdb. § 86 Rn. 44.

505 *Nirk* KWG, 240 f. weist darauf hin, dass eine solche Zusage zu einer Risikokumulation führt. Auch wenn § 18 KWG direkt nicht einschlägig ist, da die Einzelkredite jeweils unter DM 500.000 liegen, verlangt er eine Prüfung im Sinne von § 18 KWG.

lich erzielbaren Mieteinnahmen, der Seriosität der Anbieter etc. statt und stellt die Bank bei diesen Überprüfungen erhebliche Abweichung von den im Prospekt ausgewiesenen Planzahlen fest, die nicht mehr auf vertretbaren Bewertungsunterschieden beruhen können, muss sich der Bank aufdrängen, dass das Projekt nicht seriös und Angaben zu Lasten der Anleger manipuliert sein könnten.

(2) Angebot einer Bank zur Anteilsfinanzierung an alle Anleger

Sind die Anleger zwar nicht zur Finanzierung der Anlage gezwungen, liegen den Prospekten aber dennoch Kreditantragsformulare einer bestimmten Bank bei, dann weicht der Fall nicht maßgeblich von dem der Globalfinanzierung ab, da auch hier ein großes Finanzvolumen erreicht werden kann, so dass sich auch hier nach einer vorherigen Prüfung gewisse Risiken aufdrängen müssen.

(3) Einzelne Anteilsfinanzierung durch eine Bank

Finanziert die Bank nur einzelne Anleger, hat sie nach wie vor die Kreditwürdigkeit und damit einhergehend die Werthaltigkeit der gestellten Sicherheiten zu überprüfen, § 25a Abs. 1 Nr. 1 KWG. Aufgrund des sehr viel geringeren Volumens erfolgt die Überprüfung der Werthaltigkeit des Projekts nur in deutlich eingeschränktem Umfang. Insofern unterscheidet sich die Situation von den oben beschriebenen Fällen der Globalfinanzierung. Die Bank muss nicht auf Kosten ihrer Rendite eine umfassende Untersuchung anstellen. Daher erfolgen Wertermittlungen der Grundstücke/Objekte und Beurteilungen der möglichen Mieteinnahmen nicht mit der gleichen Genauigkeit, so dass sich bei Abweichungen von den prospektierten Zahlen nicht unbedingt spezielle Risiken aufdrängen müssen[506].

cc. Weitere Fälle

Auch in anderen Situationen können sich der Bank gewisse Umstände aufdrängen. Erfährt die Bank, dass ein anderes Kreditinstitut die Globalfinanzierung dieses Projekts abgelehnt hat, muss sich ihr die Möglichkeit von Problemen aufdrängen, denen sie – sofern sie Anhaltspunkte hat – nachzugehen hat. Hat sie bereits Anleger mehrerer vergleichbarer Projekte finanziert, die alle in einem örtlich eng umgrenzten Bereich liegen, muss sich ihr aufdrän-

---

[506] So für Erwerbermodelle auch *Stüsser* NJW 1999, 1586, 1588; zu pauschal daher *Fuellmich/Rieger* ZIP 1999, 465, 468, nach denen sich das Risiko ab einer gewissen Marge immer aufdrängen muss.

gen, dass diese Ballung möglicherweise die Erfolgsaussichten eines weiteren, ähnlichen Projekts beeinträchtigt.

b. Verstoß gegen Treu und Glauben

Eine Gleichstellung des Sich-Aufdrängens mit dem positiven Wissen ist nur dann gerechtfertigt, wenn die Bank gegen Treu und Glauben verstößt, wenn sie vor dem sich aufdrängenden Risiko die Augen verschließt. Das ist aber bei einer Bank immer der Fall. Dabei spielt es keine Rolle, ob sich ihr der Umstand bei einer sorgfältigen oder einer groben Prüfung aufdrängt. Wenn er sich aufdrängt, hat sie ihn zu beachten.

III. Nichtwissen des Anlegers

Neben dem speziellen Risiko und der diesbezüglichen Kenntnis der Bank, gibt es eine dritte Voraussetzung, die erfüllt sein muss, um die Aufklärungspflicht der Bank aus dieser Fallgruppe zu bejahen: Der Anleger ist nur dann aufzuklären, wenn seine Unkenntnis nicht auf Fahrlässigkeit basiert. Kennt er das spezielle Risiko, fehlt es schon an dem erforderlichen Informationsgefälle zwischen Bank und Anleger. Beruht seine Unkenntnis auf Fahrlässigkeit, trifft die Bank ebenfalls keine Aufklärungspflicht, da der Anleger schuldhaft gehandelt und sich nicht selber ausreichend informiert hat.

Die Unkenntnis basiert jedoch dann nicht auf Fahrlässigkeit, wenn die Aufklärung dem Anleger nicht zumutbar war. Konnte das Risiko hingegen mit zumutbarem Aufwand entdeckt werden, basiert seine Unkenntnis insofern auch auf Fahrlässigkeit. Damit schließt sich hier der Kreis. Denn spezielle Risiken sind solche, die für den einzelnen nach objektiv zumutbarer Untersuchung nicht erkennbar waren. Damit wurde letztlich das Element der Fahrlässigkeit bereits in die Definition des speziellen Risikos mit aufgenommen. Immer dann, wenn ein spezielles Risiko vorliegt, basiert die Unkenntnis für den Anleger damit auch nicht auf Fahrlässigkeit. Daher ist nach der in dieser Arbeit vertretenen Auffassung das Element der Fahrlässigkeit hier überflüssig.

IV. Erkennbarkeit

Als weitere Voraussetzung für die Aufklärungspflicht der Bank muss für sie erkennbar gewesen sein, dass es sich um ein spezielles Risiko handelt und sie hinsichtlich dieses Umstandes dem einzelnen Anleger gegenüber einen konkreten Wissensvorsprung hat[507]. Nur wenn dies beides für sie erkennbar war, ist sie dem Einzelnen zur Aufklärung verpflichtet. Maßgeblich ist dabei nicht der konkrete Berater; entscheidend für die Beurteilung der Erkennbarkeit der Bank ist vielmehr die Sicht eines erfahrenen Bankers an der Stelle des Bankangestellten, der mit dem Kunden über die Finanzierung der Anlage verhandelt, denn die Bank als solche ist Adressatin der Aufklärungspflicht.

Der Wissensvorsprung ist für die Bank ersichtlich, wenn sie erkennen kann, dass der Anleger die entscheidungserheblichen Umstände bei der von ihm vorzunehmenden Prüfung nicht aufdecken konnte. Entscheidend ist also letztlich, ob für sie ersichtlich ein spezielles Risiko für den Anleger vorliegt. Die Erkennbarkeit richtet sich dabei für die Bank nach folgenden Grundsätzen:

Kennt die Bank die individuellen Möglichkeiten ihrer potentiellen Anleger, dann orientiert sich die Bestimmung des Wissensvorsprungs auch konkret an deren Fähigkeiten. Die Bank kann den Umfang der speziellen Risiken für jeden Einzelnen bestimmen und erkennen. Dies ist jedoch selten der Fall. Denn oft bestand zwischen der Bank und den Anlegern vor der Darlehensvergabe keine Geschäftsbeziehung, so dass sie nicht über Informationen verfügt, die sie einer Bestimmung der Aufklärungspflicht zugrundelegen kann[508].

Hat die Bank keine Kenntnis davon, trifft sie keine Nachforschungspflicht. Eine solche Pflicht ergibt sich insbesondere nicht aus § 31 Abs. 2 Nr. 1 WpHG – der der Bank eine Frage- und Erkundigungspflicht auferlegt[509], noch aus der Rechtsprechung zur anlegergerechten Beratung[510]. Denn es liegt keine Pflicht zur Anlageberatung sondern zur Aufklärung vor[511]. Die Bank darf daher auf der Basis der ihr offenbarten Fähigkeiten und Möglichkeiten der ein-

---

507 *BGH* WM 1989, 1368, 1370 = NJW 1989, 2881, 2882; *v. Heymann* in Assmann/Schütze Hdb.KapitalanlageR § 6 Rn. 160; *Hopt* Kapitalanlegerschutz, 419.

508 Selbst wenn sie zu den Kunden bereits Geschäftsbeziehungen unterhalten hat, lassen sich hieraus nicht immer Rückschlüsse auf die konkret mögliche und zumutbare Aufklärungstätigkeit ziehen. Dies gilt etwa dann, wenn der Anleger bei der Bank nur ein „Zweitkonto" führt, aber nicht seine ganzen Bankgeschäfte erledigt.

509 *Horn* ZBB 1997, 139, 149 f.; *ders.* in FS Schimansky, 653, 658 weist auf den Gleichlauf der primär öffentlichrechtlichen Pflicht des § 31 WpHG mit der privatrechtlichen Aufklärungspflicht hin.

510 Vgl. dazu nur BGHZ 123, 126 = WM 1993, 1455 = NJW 1993, 2433.

511 Somit fehlt es an dem Moment der Empfehlung, die auf die individuellen Bedürfnisse zugeschnitten sein muss; *Horn* ZBB 1997, 139, 141; zu der begrifflichen Differenzierung vgl. die Nachweise in Fn. 23 (S. 8).

zelnen Anleger typisierende Maßstäbe[512] hinsichtlich des jedem Einzelnen zumutbaren Prüfungsumfangs ansetzen, also eine *konkret-typisierende* Prüfung vornehmen und sich an den für sie erkennbaren Kriterien[513] orientieren.

Jedenfalls ist der Wissensvorsprung für die Bank dann erkennbar, wenn sie selbst das Risiko geschaffen und die Anleger hierüber nicht informiert hat. Ergibt sich das Risiko bereits ohne weiteres aus dem Prospekt, fehlt es bereits an einem speziellen Risiko. Gibt es jedoch keinen Prospekt, so richtet sich die Erkennbarkeit für die Bank danach, wie sehr sie über den Vertrieb informiert und dieser mit ihr abgestimmt ist. Je genauer sie informiert ist, desto eher kann sie den Informationsstand der Anleger beurteilen und um so präziser einen Wissensvorsprung erkennen.

V. Umfang der Aufklärungspflicht

Liegen die Voraussetzungen für eine Aufklärung unter dem Gesichtspunkt des Wissensvorsprungs über ein spezielles Risiko vor, so schuldet die Bank dem Darlehensnehmer eine Aufklärung nur über das spezielle Risiko. Anders als bei der Fallgruppe der Überschreitung der Finanzierungsfunktion wird hier nicht die Pflicht zu einer umfassenden Aufklärung über alle Risiken und Probleme des Fonds begründet[514]. Besteht das spezielle Risiko z.B. in einer Konfliktlage der Bank, so ist nur darüber, nicht aber über weitere, daraus resultierende Risiken hinzuweisen[515]. Erst recht muss sie nicht über allgemeine Risiken aufklären (z.B. schlechte Verkehrsanbindung, marode Bausubstanz).

VI. Problemfälle

Nachdem eine Definition der speziellen Risiken herausgearbeitet wurde, ist im Folgenden zu überprüfen, inwieweit bei den drei in dieser Arbeit näher zu untersuchenden Problemfällen immer ein spezielles Risiko vorliegt, dass die Bank zur Aufklärung verpflichtet.

---

512 Für Typisierung auch *Hopt* Kapitalanlegerschutz, 417 ff.; *Rümker* Bankrechtstag, 42.

513 Vgl. oben Kapitel 3, C. I. 1. b. bb. (S. 129 ff.).

514 *BGH* WM 1988, 561, 562 = NJW 1988, 1583, 1584; *BGH* WM 1992, 216, 218 = NJW-RR 1992, 373, 374; WM 1992, 1310, 1311 = NJW 1992, 2146, 2147; Streit ZIP 1999, 477, 480; *Siol* in Schimansky/Bunte/Lwowski BankrechtsHdb. § 44 Rn. 37; *v. Heymann* Bankenhaftung, 171 jeweils für Fall der Interessenkollision als ein Beispiel für ein spezielles Risiko.

515 *Streit* ZIP 1999, 477, 480; *Siol* in Schimansky/Bunte/Lwowski BankrechtsHdb. § 44 Rn. 37; *v. Heymann* Bankenhaftung, 171 ff.

1. Stichtagsfälle

Bei den Stichtagsfällen[516] bleibt den Anlegern aufgrund der Kürze der Zeit nicht mehr ausreichend Gelegenheit zu einer hinreichenden Prüfung des Anlageprojekts. Dieser Umstand begründet jedoch keine Aufklärungspflicht der Bank aus einem konkreten Wissensvorsprung. Ein spezielles Risiko liegt nach der obigen Definition dann vor, wenn es bei einer dem Anleger zumutbaren Überprüfung nicht entdeckt werden konnte. Eine Überprüfung der tatsächlichen Gegebenheiten des Projekts auf (sichtbare) bauliche Mängel, die steuerlichen Auswirkungen einer solchen Investition sowie eine Begutachtung der Wirtschaftlichkeit der Anlage gehört aber zu dem Mindestumfang an Prüfung, die jeder Anleger vornehmen muss[517]. Bei Mängeln, die bei einer solchen Überprüfung entdeckt werden können, handelt es sich um allgemeine und keine speziellen Risiken, so dass der Anleger über sie keine Aufklärung erwarten kann[518]. Hieran ändert sich auch dadurch nichts, dass die Anleger keine ausreichende Zeit zur Überprüfung mehr haben. Dies berührt den Mindestkanon an Punkten nicht, die sie überprüfen müssen.

Auch schafft die Bank nicht dadurch ein spezielles Risiko, dass sie wenige Tage vor Jahresende noch ein Darlehen zur Finanzierung einer solchen Anlage gewährt. Das Risiko wird hier durch die Anleger selbst und nicht durch die Bank begründet, denn die Anleger wollen noch so kurzfristig eine Anlage finanziert haben.

2. Kleinanlegerfälle

Beantragen Kleinanleger[519] für den Beitritt zu einem Fonds einen Kredit, ist die betreffende Bank zur Aufklärung verpflichtet, wenn ein spezielles Risiko vorliegt[520]. Ein spezielles Risiko könnte darin liegen, dass sich für solche Anleger eine Steuersparinvestition nicht rechnet, sie durch die hohen, weichen Kosten möglicherweise sogar finanzielle Nachteile erleiden, ohne sie in Form

---

516 Vgl. oben Kapitel 1, C. III. insb. Fn. 59 (S. 16).

517 Siehe oben Kapitel 3, C. I. 2. a. (S. 132).

518 Vgl. *v. Heymann* in Assmann/Schütze Hdb.KapitalanlageR § 6 Rn. 159; *Vortmann* WM 1989, 1557, 1558.

519 Hierunter werden Personen verstanden, die geschäftlich völlig unerfahren sind und bei denen aus steuerlichen Gründen ein steuersparorientiertes Konzept wenig sinnvoll ist – vgl. Kapitel 1, C. III. (S. 16 f.).

520 Es sei daran erinnert, dass in der hier untersuchten Konstellation die Bank einzig und allein ein Darlehen gewährt, sonst aber keine weiteren Maßnahmen vornimmt, wie z.B. Vermittlung, Beratung.

von Steuerersparnissen erstattet zu bekommen[521]. Die Frage nach der steuerlichen Auswirkung und der Wirtschaftlichkeit seiner Investition hat jeder Anleger aber selbst zu überprüfen, egal wie gering seine Investition ist. Hinzu kommt, dass eine solche Investition für Personen mit beschränkten finanziellen Möglichkeiten, die mit ihrem Geld besonders sorgfältig umgehen müssen, ein sehr großes Vorhaben ist. Von ihnen kann eine sehr penible, eigene Untersuchung erwartet werden.

Auch der Umstand der völligen geschäftlichen Unerfahrenheit selbst begründet für sich kein spezielles Risiko. Er führt nicht zu einer Modifikation des Mindestkanons an Aufklärung, der von jedem Anleger selbst erwartet werden kann. Denn dieser ist gerade unabhängig von individuellen Umständen der einzelnen Anleger. Auch die Darlehensgewährung selbst, begründet kein spezielles Risiko, sondern ermöglicht dem Anleger nur den Beitritt. Daher liegt allein in der Eigenschaft als Kleinanleger kein spezielles Risiko, das die Bank zur Aufklärung verpflichten würde. Den Vorwurf, die Anleger nicht richtig beraten bzw. aufgeklärt zu haben, trifft aber jedenfalls die Vermittler, so dass die Anleger nicht ganz ohne Ansprüche dastehen.

Eine andere Ansicht vertreten insofern *Fuellmich* und *Rieger*, die bei geschäftsunerfahrenen Kleinanlegern eine umfassende Aufklärungspflicht unter dem Aspekt des konkreten Wissensvorsprungs propagieren[522]. Dies passt jedoch nicht unter die hier vertretene Definition des speziellen Risikos, zumal eine solche Investition bei Kleinanlegern eine hohe Vermögensquote darstellt und daher zu weitreichenden, eigenen Aufklärungsobliegenheiten führt[523]. Im gleichen Maße, wie der Pflichtenumfang der Anleger zunimmt, reduziert sich aber der Bereich, über den die Bank aufklären muss, so dass die Bank unter diesem Gesichtspunkt keine Aufklärungspflicht trifft.

Allein der Umstand, dass es sich bei den Anlegern um Kleinanleger handelt, begründet keine Aufklärungspflicht der Bank wegen eines speziellen Risikos.

---

521 *Fuellmich* in FS Deutsch, 919, 920; *ders./Rieger* ZIP 1999, 465, 470 so dass sich letztlich das angestrebte Ziel der Altersvorsorge nicht realisiert.

522 *Fuellmich* in FS Deutsch, 919, 949 ff.; *ders./Rieger* ZIP 1999, 465, 471.

523 Zu der Frage, ob in diesen Fällen aus anderen Gründen eine Aufklärung der Anleger geboten ist, vgl. unten Kapitel 3, D. (S. 152), Kapitel 3, E. (S. 154) und Kapitel 3, G. (S. 158 ff.).

3. Auslandsfälle

Bei Beteiligungen an einem Fonds, der sein Kapital in ausländischen Immobilien anlegt, können sich spezielle Risiken möglicherweise aus dem Umstand ergeben, dass die Immobilien im Ausland gelegen sind. Aber auch hier gilt, dass spezielle Risiken nur solche sind, die bei zumutbarer eigener Untersuchung nicht entdeckt werden konnten. Dies gilt insbesondere nicht für solche Risiken, die in den Risikobereich fallen, den jeder Anleger auf jeden Fall selbst zu untersuchen hat. Diese Prüfungsobliegenheit ist von der Person des Anlegers unabhängig; er richtet sich nach der Anlage. Je nach Anlage sind Änderungen der Prüfungsobliegenheit möglich.

Daher kann bezüglich solcher Punkte, die die Immobilie direkt betreffen (Standort, Bauqualität), zu berücksichtigen sein, dass die Lage im Ausland erheblich größere Schwierigkeiten etwa bei der Inaugenscheinnahme mit sich bringen kann. Eine Verallgemeinerung, wonach bei ausländischen Immobilien keine eigene Aufklärung des Anlegers erwartet werden kann, ist indes unzutreffend. Denn nicht bei allen ausländischen Immobilien stellen sich die Probleme in der gleichen Intensität. So ist es für einen Anleger, der am Niederrhein wohnt, ohne Probleme möglich, eine Immobilie im niederländischen Grenzgebiet zu besichtigen. Dies ist für ihn sogar sehr viel einfacher, als eine inländische Immobilie etwa auf Rügen zu begutachten, was von ihm aber erwartet werden kann[524]. Soll die geplante Immobilie dagegen irgendwo in den Vereinigten Staaten von Amerika liegen, stellen sich ungleich größere Schwierigkeiten, nicht zu sprechen von Ländern, die verkehrstechnisch nicht so gut erschlossen und zu erreichen sind.

Hinsichtlich solcher Aspekte, die mit der Lage der Immobilie nicht in Zusammenhang stehen (Auswirkung auf die eigene Vermögenslage, Seriosität der Initiatoren), erfolgt keine Modifikation des Prüfungskanons.

Eine Anlage im Ausland birgt gleichzeitig einige Risiken, die zusätzlich in den Kanon der typischen Risiken aufgenommen werden müssen und über die die Bank nicht aufzuklären hat. So wohnt jeder Auslandsinvestition das Risiko von Wechselkursschwankungen und dadurch bedingten Wertveränderun-

---

[524] Insofern unzutreffend *OLG Jena* WM 1999, 2315, 2318, das bei einem Anleger aus den neuen Bundesländern eine Pflicht verneint, ein Investitionsobjekt in den alten Bundesländern zu begutachten.

gen inne, sofern sie nicht im Euro-Raum erfolgt[525]. Überhaupt kein Risiko begründet für sich allein genommen der Umstand, dass in anderen Ländern andere Rechtssysteme bestehen. Wenn dies jedoch zur Folge hat, dass das beabsichtigte Geschäftsmodell in dem geplanten Land nicht funktionieren kann, so stellt das ein Risiko dar, über das die Bank aufklären muss. Zwar ist dieses Problem relativ naheliegend, aber es ist mit erheblichem Aufwand verbunden, sich über die rechtlichen Besonderheiten des jeweiligen Staates zu informieren.

Der Umstand, dass eine Immobilie im Ausland gelegen ist, führt somit in der Regel nicht zu einer Aufklärungspflicht der Bank; eine solche ist grundsätzlich nur unter den allgemeinen Voraussetzungen zu bejahen. Allerdings kann eine Reduzierung des dem Anleger gebotenen Prüfungsumfangs im Hinblick auf solche Umstände erfolgen, die im Anlageobjekt begründet sind und sich aus der Lage im Ausland ergeben, wenn hieraus unverhältnismäßig große Schwierigkeiten resultieren.

4. Zwischenergebnis

In den hier untersuchten drei Problemfällen liegt nicht per-se ein spezielles Risiko vor, das im Hinblick auf die Fallgruppe des konkreten Wissensvorsprungs über ein spezielles Risiko eine Aufklärungspflicht der Bank begründet. Die Lage der Immobilien kann bei den Auslandsfällen jedoch zu einer Verschiebung des Kanons der typischen Risiken und damit zu einer Aufklärungspflicht führen. Eine solche Aufklärungspflicht kann sich aber noch aus einer anderen (gegebenenfalls neu zu entwickelnden) Fallgruppe ergeben.

D. Zusätzliche Anlegergefährdung durch die Bank

Neben den beiden bis jetzt behandelten Fallgruppen des *BGH* zur Bestimmung der Aufklärungspflichten der darlehensgebenden Bank muss eine Aufklärung des Darlehensnehmers durch die Bank auch dann erfolgen, wenn die Bank selbst einen zu den allgemeinen wirtschaftlichen Risiken des Projekts

[525] Der deutliche Rückgang der deutschen Immobilieninvestitionen in den USA im Jahr 2000 zeigt, dass den Anlegern das durch den hohen Dollarkurs verursachte Risiko bewusst ist; vgl. *Olsen* FAZ vom 28.7.2000, S. 53.

hinzutretenden, speziellen Gefährdungstatbestand schafft oder dessen Entstehung begünstigt[526].

Wie bereits gesehen[527], erfasst die Fallgruppe des konkreten Wissensvorsprungs auch solche Fälle, bei denen entschieden wurde, dass sie unter die Fallgruppe der zusätzlichen Anlegergefährdung durch die Bank fallen. Daher geht es an dieser Stelle darum, die zu der hier untersuchten Fallgruppe ergangenen Entscheidungen[528] zu systematisieren und das Verhältnis der Fallgruppen zueinander zu klären. Dabei wird man feststellen, dass die Fallgruppe der zusätzlichen Anlegergefährdung neben dem konkreten Wissensvorsprung keinen eigenen Gehalt mehr hat und deshalb entbehrlich ist. Im Anschluss daran ist zu untersuchen, welche Konsequenz dies für die drei Problemfälle (Stichtags-, Kleinanleger- und Auslandsfälle) hat.

Eine Aufklärungspflicht trifft die Bank dann, wenn ein spezieller Gefährdungstatbestand vorliegt und dieser von der Bank geschaffen oder seine Entstehung zumindest begünstigt worden ist. Das Merkmal des speziellen Gefährdungstatbestands ist zwar schon einige Male in Urteilen bejaht[529] aber bis jetzt noch nicht definiert worden. Richtig ist es, das Merkmal in Abgrenzung von den allgemeinen Risiken zu verstehen – vergleichbar dem speziellen Risiko aus der Fallgruppe des konkreten Wissensvorsprungs. Denn ein Risiko ist nichts anderes als ein Tatbestand, der den Erfolg der Anlage gefährdet.

---

526 *BGH* WM 1985, 993, 994; WM 1986, 98, 99; WM 1986, 671, 672 = NJW-RR 1986, 1167, 1168; WM 1986, 735, 736; WM 1987, 1546, 1546; *BGH* WM 1988, 895, 898 = NJW-RR 1988, 1071, 1072; *OLG Düsseldorf* WM 1991, 500, 502 = NJW-RR 1991, 367, 368; *LG Ulm* WM 2000, 825, 826; *Siol* in Schimansky/Bunte/Lwowski BankrechtsHdb. § 44 Rn. 33 f.; *v. Heymann* in Assmann/Schütze Hdb.KapitalanlageR § 6 Rn. 155 f.

527 Siehe dazu oben bei Kapitel 3, C. I. 2. b. (S. 135 ff.).

528 Z.B. *BGH* WM 1988, 895 = NJW-RR 1988, 1071; *BGH* WM 1990, 920, 923 = NJW-RR 1990, 876, 877; *OLG Düsseldorf* WM 1991, 500, 502 = NJW-RR 1991, 367, 368 fehlende Klarstellung, dass Zwischenfinanzierung nicht auch Endfinanzierung gewährleistet; *BGH* WM 1985, 993, 994; WM 1986, 98, 99; WM 1986, 671, 672 = NJW-RR 1986, 1167, 1168; WM 1986, 735, 736 Freilassen der Zahlungsadresse durch die Bank, so dass es dem Vermittler möglich ist, eine andere als die Adresse des Zahlungstreuhänders einzusetzen; WM 1992, 1310, 1311 = NJW 1992, 2146, 2147; *BGH* WM 1999, 678, 680 = NJW 1999, 2032, 2033 f. Verlagerung des wirtschaftlichen Risikos auf den Bankkunden durch bewusste Belastung mit einem Risiko, das über die mit Vorhaben normalerweise verbundenen Gefahren hinausging.

529 Vgl. die Nachweise in Fn. 526 (S. 153) und Fn. 528 (S. 153).

Dies bedeutet, dass die Inhalte der beiden Merkmale deckungsgleich sind. Insoweit kann also auf die Ausführungen oben[530] verwiesen werden.

Als weiteres Merkmal muss die Bank diesen Gefährdungstatbestand (das Risiko) geschaffen oder seine Entstehung zumindest begünstigt haben. Außerdem muss die Bank auch Kenntnis von dem Gefährdungstatbestand haben, um zur Aufklärung verpflichtet zu sein.

Damit ist diese Fallgruppe der zusätzlichen Anlegergefährdung aber völlig entbehrlich: Bei identischem Umfang der Aufklärungspflicht ist sie Bestandteil der umfassenden Fallgruppe des konkreten Wissensvorsprungs. Denn da die Merkmale spezielles Risiko aus der Fallgruppe des konkreten Wissensvorsprungs und spezieller Gefährdungstatbestand aus der Fallgruppe der zusätzlichen Anlegergefährdung deckungsgleich sind, liegt in dem Merkmal des Schaffens oder Begünstigens nur eine Einschränkung gegenüber dem konkreten Wissensvorsprung. Jeder Fall des Schaffens eines speziellen Gefährdungstatbestands wird hingegen von der Fallgruppe des konkreten Wissensvorsprungs erfasst.

Daher ist im Widerspruch zum *BGH* die Fallgruppe der speziellen Anlegergefährdung Bestandteil der Fallgruppe des konkreten Wissensvorsprungs und daher als eigene Fallgruppe überflüssig. Damit kann auch eine nähere Auseinandersetzung mit dem Umstand unterbleiben, wann die Bank das Risiko geschaffen oder begünstigt hat.

Für die drei Problemfälle (Stichtags-, Kleinanleger- und Auslandsfälle)[531] bedeutet dies, dass sich auch unter dem Aspekt des Schaffens oder Begünstigens einer speziellen Anlegergefährdung keine Aufklärungspflicht ergibt[532].

E. Interessenkollision

Als vierte und letzte Fallgruppe nimmt die Rechtsprechung eine Aufklärungspflicht der darlehensgebenden Bank ausnahmsweise auch dann an, wenn sich die Bank in einem schwerwiegenden Interessenkonflikt befindet[533]. Auch bei

---

530 Zum speziellen Risiko siehe Kapitel 3, C. I. (S. 125 ff.).

531 Vgl. dazu Kapitel 1, C. III. (S. 15 ff.).

532 Zu der Frage, ob in diesen Fällen aus anderen Gründen eine Aufklärung der Anleger geboten ist, vgl. unten Kapitel 3, E. (S. 154) und Kapitel 3, G. (S. 158 ff.).

533 *BGH* WM 1978, 896, 897 = NJW 1978, 2547, 2547 f.; *BGH* WM 1986, 995 = NJW-RR 1986, 1433; *BGH* WM 1992, 216, 217 = NJW-RR 1992, 373, 374; WM 1995,

der Fallgruppe der Interessenkollision ist das Verhältnis zu der Fallgruppe des konkreten Wissensvorsprungs zu untersuchen. Denn das Merkmal des speziellen Risikos wurde bei Fällen bejaht, die der *BGH* unter dem Aspekt der Interessenkollision entschieden hat. Im Anschluss daran sind die Auswirkungen auf die drei Problemfälle darzustellen. Doch um das Verhältnis der unterschiedlichen Fallgruppen zueinander analysieren zu können, muss die Fallgruppe der Interessenkollision erst einmal systematisiert werden.

Entschieden wurde, dass eine Interessenkollision der darlehensgebenden Bank dann vorliegt, wenn der Fonds Insolvenzreife erlangt hat und die Bank, die ein eigenes Interesse an der Sanierung des Fonds hat, die Fondsgesellschafter auffordert, die Fondsgesellschaft mit von ihr gewährten Krediten zu unterstützen[534]. Gleiches gilt, wenn die Bank, die gegen den Initiator eines Projekts hohe, ungesicherte Forderungen hat, weiß, dass die Fondseinlagen gar nicht für das vermeintliche Projekt sondern zur Rückführung dieser Kredite benutzt werden sollen[535]. Einschlägig ist aber auch der Fall, dass sich die Bank zur Sicherung von Forderungen gegen den Initiator Kaufpreisansprüche des Initiators gegen die Anleger (hier für den Erwerb einer Eigentumswohnung) abtreten lässt, die die Bank gleichzeitig per Darlehen erst finanziert[536]. In all diesen Fällen besteht die Gefahr, dass die Bank eine Entscheidung fällt, die dem Interesse der Anleger zuwiderläuft und nur in ihrem eigenen Interesse liegt.

Ein solcher Interessenkonflikt der Bank liegt jedoch noch nicht allein in dem Umstand, dass die Bank sowohl den Anleger als auch eine weitere Person finanziert hat. Dies ist keine Besonderheit und vermag für sich allein keine Aufklärungspflicht zu begründen[537]. Selbst wenn die Bank den Fonds finanziert, ist dies den Anlegern in der Regel von vornherein bekannt (z.B. aus dem Vermittlungsgespräch oder dem Prospekt) und führt noch nicht zu einer Auf-

---

1306 = NJW 1995, 2218; *v. Heymann* in Assmann/Schütze Hdb.KapitalanlageR § 6 Rn. 165 f.

534 Fall von *BGH* WM 1978, 896 = NJW 1978, 2547.

535 Fall von *BGH* WM 1986, 995 = NJW-RR 1986, 1433.

536 Fall von *BGH* WM 1995, 1306 = NJW 1995, 2218.

537 So auch *Siol* in Schimansky/Bunte/Lwowski BankrechtsHdb. § 44 Rn. 35: Die Formulierung „kann insbesondere dadurch in Interessenkollision geraten", zeigt, dass es eine Voraussetzung ist, alleine aber bei weitem noch nicht ausreichend ist; anders *Spickhoff/Petershagen* BB 1999, 165, 166, nach denen eine Interessenkollision bereits dann vorliegt, wenn die Bank das Projekt finanziert, für das der Kunde einen Kreditantrag stellt.

klärungspflicht[538]. Dann darf aber auch das spätere Interesse der Bank an der Rückführung dieses Kredits (und eine in diesem Zusammenhang fallende Entscheidung) nicht zu einer Aufklärungspflicht führen, da es nur eine Konsequenz dieser Kreditvergabe ist.

Damit eine Interessenkollision vorliegt, muss vielmehr bereits bei Vertragsschluss ein zusätzlicher Umstand vorliegen, der eine schwerwiegende Interessenkollision begründet. Ein solcher kann etwa darin liegen, dass die Bank über die Interessenkollision hinaus eine zusätzliche Gefahr schafft oder einen Wissensvorsprung hat, den die andere Partei mangels Zugang zu der Informationsquelle nicht haben kann (Fondseinlagen sollen zur Rückführung von Darlehen verwendet werden, Rückabwicklung des Beitritts erschwert, da sich die Bank die Kaufpreisansprüche hat abtreten lassen).

In diesen Fällen greift dann aber die bereits oben diskutierte Fallgruppe des konkreten Wissensvorsprungs ein[539], denn auch eine Interessenkollision liegt nur dann vor, wenn die Erfolgsaussichten des Projekts irgendwie beeinträchtigt werden. Damit stellt eine solche Interessenkollision aber stets auch ein spezielles Risiko dar, da der Anleger mit einem solchen Risiko nicht rechnen muss und es daher bei seiner eigenen Untersuchung in zumutbarer Weise nicht entdecken konnte. Damit bedarf es der Fallgruppe der Interessenkollision nicht. Denn da der Umfang der aus den beiden Fallgruppen jeweils resultierenden Aufklärungspflichten identisch ist, gibt es keinen Fall, in dem die Bank zu derselben Aufklärung nicht bereits aus der Fallgruppe des konkreten Wissensvorsprungs verpflichtet wäre.

Dies bedeutet nicht, dass das Kriterium der Interessenkollision völlig überflüssig ist. Vielmehr kann es – richtig eingeordnet – weiterhin Verwendung finden. Sein richtiger Stellenwert ist jedoch nicht der einer selbständigen Fallgruppe, sondern als ein Kriterium innerhalb der Fallgruppe des konkreten

---

538 Hierin liegt ja auch keine Überschreitung der bloßen Finanzierungsfunktion, die Bank wird dadurch also auch nicht zur Projektbeteiligten, siehe dazu oben Kapitel 3, B. II. 1. (S. 105 f.).

539 So auch *Rümker* Bankrechtstag, 46, es zeige sich, dass sich das Element des konkreten Wissensvorsprungs häufig mit dem Element der Interessenkollision verbinde. *Siol* in Schimansky/Bunte/Lwowski BankrechtsHdb. § 44 Rn. 37 bezeichnet die reine Interessenkollision als seltenen Fall. *Fuellmich* in FS Deutsch, 919, 941 zieht die zwei Überschriften „Interessenkollision“ und „Schaffung eines besonderen Gefährdungstatbestandes“ zusammen.

Wissensvorsprungs zur Bestimmung eines konkreten, nicht fondstypischen Risikos[540].

Für die hier als Problemfall diskutierten Situationen (Stichtags-, Kleinanleger- und Auslandsfälle)[541] bedeutet dies, dass die Bank unter dem Aspekt der Interessenkollision keine Aufklärungspflicht trifft[542].

F. Zwischenergebnis

Entgegen der Einteilung des *BGH* in vier Fallgruppen, die ausnahmsweise eine Aufklärungspflicht der darlehensgewährenden Bank verursachen, ist es richtig, nur zwei Fallgruppen anzunehmen: Die Überschreitung der Finanzierungsfunktion und der konkrete Wissensvorsprung über ein spezielles Risiko.

Diese beiden Fallgruppen unterscheiden sich in verschiedenen Punkten. Bei der Überschreitung der Finanzierungsfunktion basiert die Aufklärungspflicht der Bank auf dem zusätzlich veranlassten Vertrauen der Anleger. Dies setzt auf der Seite der Anleger ein subjektives Element voraus, führt aber auf der anderen Seite dazu, dass die Bank umfassend über alle Risiken des Projekts aufzuklären hat. Als entscheidende Frage ist hier zu beantworten, ob in dem Verhalten der Bank eine Überschreitung der Finanzierungsfunktion liegt.

Bei der Fallgruppe des konkreten Wissensvorsprungs basiert die Aufklärungspflicht auf dem allgemeinen Vertrauen, das ein Vertragspartner seinem Gegenüber entgegenbringt. Deshalb bedarf es hier keines zusätzlichen subjektiven Merkmals auf der Seite der Anleger. Zentrales Kriterium dieser Fallgruppe ist das Tatbestandsmerkmal des speziellen Risikos. Ein solches Risiko ist dann gegeben, wenn der Umstand bei der dem Anleger selbst zumutbaren Aufklärung nicht entdeckt werden konnte.

---

540 So behandelt *BGH* WM 1988, 561, 562 = NJW 1988, 1583, 1584 die Interessenkollision im Rahmen der Überschreitung der Funktion als bloßer Finanzier. Gleiches gilt für *BGH* WM 1978, 896, 897 = NJW 1978, 2547, 2547 f. In *BGH* WM 1992, 216, 218 = NJW-RR 1992, 373, 374 und *BGH* WM 1986, 995, 996 = NJW-RR 1986, 1433, 1434 wird die Schaffung eines besonderen Risikos durch die Bank mit der Interessenkollision begründet. In *BGH* WM 1995, 1306 = NJW 1995, 2218 stellt nicht die anderweitige Finanzierung den eigentlichen Anknüpfungspunkt dar, sondern der Umstand, dass die Bank durch eine Änderung der Auszahlungsmodalitäten die Sicherheiten des Anlegers verkürzt und damit ein zusätzliches Risiko für ihn schafft.

541 Vgl. zu den Begriffen Kapitel 1, C. III. (S. 15 ff.).

542 Zu der Frage, ob in diesen Fällen aus anderen Gründen eine Aufklärung der Anleger geboten ist, vgl. unten Kapitel 3, G. (S. 158 ff.).

Für die drei näher untersuchten Problemfälle bedeutet dies, dass sie in der Regel keine Aufklärungspflicht der Bank begründen. Damit eine solche entsteht, müssen weitere Umstände hinzukommen.

G. Neue Fallgruppe

I. Vorüberlegungen

Nach den bisherigen Fallgruppen des *BGH* muss in den Problemfällen (Stichtags-, Kleinanleger- und Auslandsfälle) regelmäßig keine Aufklärung durch die Bank erfolgen. Möglicherweise wird dies aber dem Gebot von Treu und Glauben nicht gerecht: Denn bei diesen drei Gruppen erfolgen schon die zumutbaren eigenen Untersuchungen durch die Anleger regelmäßig nicht. Dies ist den Banken auch bekannt.

Zwar informieren sich auch sonst viele Anleger nicht über die genaueren Gegebenheiten ihres Fonds. Zu untersuchen ist aber, ob diese drei Problemfälle nicht Besonderheiten aufweisen, die eine andere Behandlung rechtfertigen, so dass ausnahmsweise Aufklärungspflichten der Bank anzunehmen sind.

Da die Fälle – wie gezeigt – in keine der bisherigen Fallgruppen passen, stellt sich zunächst das Problem, wo und wie diese möglichen Besonderheiten überhaupt berücksichtigt werden können. Dabei wird man zu dem Ergebnis gelangen, dass möglicherweise eine zusätzliche Fallgruppe entwickelt werden muss. In einem zweiten Schritt ist dann genau dies zu tun, d.h. es sind die Voraussetzungen genauer auszugestalten, die erfüllt sein müssen, um gegebenenfalls eine Aufklärungspflicht der Bank bejahen zu können.

II. Fallgruppen nicht abschließend

Die eben beschriebenen vier Fallgruppen, die eine Aufklärungspflicht der Banken begründen, sind nicht abschließend. Zwar spricht der *BGH* in seiner ständigen Rechtsprechung nur von diesen[543]. Dies bedeutet aber nicht, dass daneben nicht noch in weiteren Fällen Aufklärungspflichten möglich sind. Da

---

543 *BGH* WM 1988, 561, 562 = NJW 1988, 1583, 1584; *BGH* WM 1990, 920, 922 = NJW-RR 1990, 876, 877; WM 1992, 216, 217 = NJW-RR 1992, 373, 374. So auch *OLG Schleswig* WM 2000, 1381, 1385; *OLG Köln* WM 2000, 2139, 2141 f.; *OLG Stuttgart* WM 2000, 2146, 2147; *LG Stuttgart* WM 2000, 1388, 1389. Die von *Fuellmich* in FS Deutsch, 919, 923, 937; *Fuellmich/Rieger* ZIP 1999, 465, 469 propagierte Trendwende in der Rechtsprechung ist nicht nachvollziehbar, *Früh* ZIP 1999, 701, 703; *Nobbe* Bankrecht, Rn. 464 ff.; *Edelmann* DB 2000, 1400, 1400.

die Aufklärungspflichten aus dem Vertrauensschutz und aus § 242 BGB hergeleitet werden[544], sind neben den bekannten Fallgruppen noch weitere Fälle denkbar, in denen die Banken zur Aufklärung verpflichtet sein könnten[545].

Diese anderen extremen Fälle, bei denen nach § 242 BGB eine Aufklärung geboten ist, können möglicherweise im Wege einer extensiven Auslegung in eine der bestehenden Fallgruppen integriert werden[546]. Dagegen spricht aber, dass durch ein weites Verständnis der Fallgruppen auch Fälle erfasst würden, bei denen keine Aufklärung gerechtfertigt ist. Außerdem gelten für die drei Problemfälle möglicherweise Besonderheiten hinsichtlich des Umfang der Aufklärungspflicht. Denn hier geht es regelmäßig nicht nur um ein einzelnes, unbekanntes Risiko, sondern es fehlt an einer Vielzahl grundlegender Informationen. Daher lassen sie sich nicht gut in bestehende Fallgruppen einfügen.

Gegen die Begründung einer neuen, zusätzlichen Fallgruppe könnte jedoch sprechen, dass sie sich in den Ausgangsbedingungen gerade von den bekannten Fallgruppen unterscheidet. Denn die zugrundeliegende Annahme, dass sich jeder Anleger umfassend und notfalls unter Inanspruchnahme externer Berater informiert[547], beziehungsweise informieren kann, trifft in den hier zu untersuchenden Fällen eben nicht ohne weiteres zu. Demnach müsste eigentlich bereits auf vorgelagerter Ebene unterschieden werden, ob diese Grundüberlegung zutreffend ist oder nicht. Diese Abgrenzung kann aber auch als zusätzliche Fallgruppe parallel zu den bisherigen entwickelt und harmonisch in das bestehende Gefüge eingepasst werden. Hierfür spricht die Geschlossenheit des Systems von Aufklärungspflichten, so dass im Rahmen der bestehenden Systematik gegebenenfalls eine zusätzliche Fallgruppe zu entwickeln ist.

---

544 RGZ 62, 149, 150; 111, 233, 235 f.; BGHZ 71, 386, 393 = NJW 1978, 1802, 1804; WM 1987, 1546, 1546; *BGH* WM 1989, 26, 28 = NJW-RR 211, 212; *BGH* WM 1991, 85, 85 = NJW 1991, 693, 693; *Roth* in MünchKomm BGB § 242 Rn. 167; *Kümpel* BankR Rn. 2.792; *Reifner* Kreditrecht § 8 Rn. 4; *Schwintowski/Schäfer* Bankrecht § 7 Rn. 107 (S. 589 f.); *Breidenbach* Informationspflichten, 48.

545 Vgl. auch *BGH* WM 1990, 920, 922 = NJW-RR 1990, 876, 877, „insbesondere" die bisherigen vier Fallgruppen.

546 Diesen Weg beschreiten *Fuellmich/Rieger* ZIP 1999, 465, 466 ff. in der Fallgruppe konkreter Wissensvorsprung über spezielle Risiken für die Kleinanlegerfälle.

547 Vgl. dazu Kapitel 1, C. I. insb. Fn. 35 (S. 11).

Diesen Weg beschreitet scheinbar auch *Fuellmich*, der zwei neue Fallgruppen ins Spiel bringt[548], die er als „erkennbare Geschäftsunerfahrenheit“[549] und „Zurechnung Verhalten Dritter“[550] bezeichnet. Entgegen seinem eigenen Bekunden begründet er jedoch keine neuen Fallgruppen, sondern weitet nur den Anwendungsbereich einer bestehenden Fallgruppe aus. Denn letztlich behandelt *Fuellmich* die Fälle im Rahmen der Fallgruppe des speziellen Risikos. Nach welchen Kriterien die erkennbare Geschäftsunerfahrenheit zu bestimmen ist, oder wann genau es zu einer Zurechnung des Verhaltens Dritter kommt, bleibt unklar. Daher ist dieses Vorgehen abzulehnen. Ein spezielles Risiko liegt nur in den oben[551] beschriebenen Fällen vor. Anstatt bestehende Fallgruppen aufzuweichen, sollte eher versucht werden, neue und eigenständige Fallgruppen zu erarbeiten.

Gegen den Ansatz des *OLG Karlsruhe*[552], das für „besondere Umstände des Einzelfalls“ eine Aufklärungspflicht bejaht, spricht die generalklauselartige Weite und die fehlende Konkretisierung einer solchen Fallgruppe. Eine solche Generalklausel würde den allgemeinen Grundsatz über die Verteilung der Aufklärungspflichten zwischen Bank und Kreditnehmer umkehren.

III. Rechtfertigung einer neuen Fallgruppe

Eine neue, zusätzliche Fallgruppe, die die Aufklärungspflicht der Banken erweitert, ist nur unter folgenden Voraussetzungen gerechtfertigt: Eine Vielzahl von Fällen wird von den bisherigen Fallgruppen nicht erfasst (1.), diese Fälle können auf eine einheitliche Problematik zurückgeführt werden (2.) und wertungsmäßig ist eine Aufklärung geboten und unter Berücksichtigung der Interessen der Banken auch zumutbar (3.).

---

548 *Fuellmich* in FS Deutsch, 919, 944, 949; *ders./Rieger* ZIP 1999, 465, 469.

549 *Fuellmich* in FS Deutsch, 919, 944, 949 ff.; *ders./Rieger* ZIP 1999, 465, 469 ff.; in diese Richtung auch *Schwintowski/Schäfer* Bankrecht § 7 Rn. 122 f. (S. 599 f.); gegen diesen Ansatz *OLG Stuttgart* WM 2000, 292, 294, 298 („konturenloser Ausnahmetatbestand“); *OLG Stuttgart* WM 2001, 1667, 1671; *OLG Köln* WM 2000, 2139, 2144; *LG Stuttgart* WM 2000, 1388, 1389 f.

550 *Fuellmich* in FS Deutsch, 919, 944 ff.; *ders./Rieger* ZIP 1999, 465, 471 ff.

551 In Kapitel 3, C. I. (S. 125 ff.).

552 *OLG Karlsruhe* WM 1999, 127, 128 = NJW-RR 1999, 124, 124; ablehnend auch *LG Bremen* WM 1999, 847, 849; *Früh* ZIP 1999, 701, 701; *Hertel* WuB I G5. - 4.99.

1. Keine Einmalsituation

Wie oben bereits festgestellt wurde, erfassen die bisher etablierten Fallgruppen nicht die drei Problemfälle, die hier besonders behandelt werden[553]. Bei diesen Konstellationen handelt es sich nicht nur um vereinzelt auftretende Ausnahmefälle, sondern um „Standardsituationen". So ist es bei den steuerorientierten Anlageformen üblich, dass sie erst gegen Ende des Jahres abgeschlossen werden[554]. Auch Kleinanleger sind eine häufig anzutreffende Personengruppe[555] und renditeorientierte Fonds, die zum großen Teil im Ausland investieren, stellen keine Seltenheit mehr dar[556].

2. Gleicher Haftungsgrund

Diese drei Situationen lassen sich nur dann mit einer einheitlichen, neuen Fallgruppe erfassen, wenn sie alle drei auf einem gemeinsamen Problem basieren.

a. Stichtagsfälle

In den Stichtagsfällen bleibt den Anlegern bei ihren kurzfristigen Anlageentscheidungen nicht mehr genügend Zeit für eine der Anlage angemessene Untersuchung des Projekts, da der Zweck der Anlage nur bis zu einem bestimmten Stichtag erreicht werden kann. Die Stichtagsbezogenheit der Anlage ist bei den steuerorientierten Anlagen regelmäßig gegeben, denn nur wenn die Anlage bis zum 31.12. eines Jahres gezeichnet wird, können die Verluste noch für das entsprechende Jahr steuermindernd geltend gemacht werden.

Die für die Prüfung erforderliche Zeit richtet sich nach dem Umfang der von jedem einzelnen Anleger selbst vorzunehmenden Überprüfung[557]. Die dafür erforderliche Zeit bestimmt sich objektiv nach den individuellen Fähigkeiten der einzelnen Anleger. Entscheidend ist nicht, wie lange eine Bank dafür benötigt, die aufgrund ihrer umfangreichen Erfahrungen, Verbindungen, Unter-

---

553 Insoweit für die Kleinanlegerfälle auch *Fuellmich/Rieger* ZIP 1999, 465, 470.

554 Vgl. oben Fn. 59 (S. 16).

555 Vgl. etwa den Bericht im Bayerischen Rundfunk, B5-aktuell vom 17.7.2000 (Beitrag: Immobilien-Flop). Nach eigenen Angaben wertete *Fuellmich* mehr als 2500 solcher Fälle mit Kleinanlegern aus und betreut einen Teil davon auch anwaltlich: *Fuellmich/Rieger* ZIP 1999, 427, 427; *Spickhoff/Petershagen* BB 1999, 165, 166. Vgl. hierzu auch die Stellungnahme von P. Siebertz, Vorstandsmitglied der Bayerischen Hypo-Vereinsbank AG, in FAZ vom 18.11.1999, S. 30.

556 Vgl. oben Fn. 61 (S. 17).

557 Vgl. oben Kapitel 3, C. I. 1. b. bb. (S. 129 ff.).

lagen und ihres Zugangs zu einschlägigen Informationsquellen ungleich einfacher und schneller Informationen erlangt als ein in diesen Dingen unerfahrener Privatanleger. Bei der Frage, ob den Anlegern noch genügend Zeit zur Aufklärung verbleibt, ist auch zu berücksichtigen, dass die von ihm zu konsultierenden Fachleute wegen der Feiertage und erhöhter Arbeitsbelastung in den letzten Dezembertagen nicht immer erreichbar sind. Verbleibt den Anlegern nicht mehr ausreichend Zeit, ist die Informationserlangung mit zusätzlichen Schwierigkeiten versehen, die über das übliche Maß hinausgehen. Dies ist der Bank auch bewusst, denn sie kennt sowohl die Stichtagsbezogenheit als auch die erhöhte Arbeitsbelastung.

Etwas anderes gilt hingegen dann, wenn die Anleger bereits seit einiger Zeit über eine Anlage nachdenken. Dann haben sie ausreichend Gelegenheit sich umfassend zu informieren. Auch wenn sie die Anlage erst in den letzten Tagen eingehen, können sie keine Sonderbehandlung erwarten.

b. Kleinanlegerfälle

Zusätzlich zu den Schwierigkeiten, denen ein Anleger bei der Untersuchung des Anlageprojekts ohnehin schon ausgesetzt ist, treten weitere Probleme für Kleinanleger auf, die nur wenig Vermögen oder Einkommen zur Verfügung haben und denen jede geschäftliche Erfahrung fehlt. Zwar kann man auch von diesen Anlegern erwarten, dass sie sich selbst jedenfalls über die grundlegendsten Probleme eines solchen Anlageprojekts informieren[558]. Aufgrund ihrer geschäftlichen Unerfahrenheit sind sie aber selbst damit häufig überfordert. Zum einen wissen sie schon gar nicht, um welche Probleme sie sich kümmern müssen, zum anderen wissen sie nicht, wie sie diese Probleme lösen können.

Vielen Kleinanlegern wird das Investment von Strukturvertrieben vermittelt, wobei teilweise mit dubiosen Verkaufsmethoden und psychologischen Tricks gearbeitet wird, weshalb die Anleger besonders unkritisch sind[559]. Oft gibt es nicht einmal schriftliche Unterlagen, aus denen sich die Anleger informieren können, so dass die Möglichkeit der Informationserlangung mit ungewöhnlichen Schwierigkeiten verbunden ist. In diesen Fällen kennt die Bank auch die Einkommens- und Vermögenssituation der Anleger.

---

558 Vgl. oben Kapitel 3, C. I. 1. b. bb. (S. 129 ff.).

559 So jedenfalls *Fuellmich* in FS Deutsch, 919, 925 f.; *ders./Rieger* ZIP 1999, 427, 430.

c. Auslandsfälle

Auch in den Auslandsfällen sind die Anleger mit erheblichen, zusätzlichen Schwierigkeiten bei der Informationserlangung konfrontiert. Die Suche nach den richtigen Ansprechpartnern und Informationsquellen gestaltet sich im Ausland nicht allein wegen der Sprache sondern auch wegen ungewohnter Strukturen, Verfahren und Zuständigkeiten schwieriger als im Inland. Dies ist der Bank auch bewusst.

d. Zusammenfassung

In diesen drei Fällen besteht die Gemeinsamkeit, dass die Möglichkeit der Informationserlangung mit besonderen, deutlich über den Normalfall hinausgehenden Schwierigkeiten verbunden ist. Dies widerspricht nicht der oben vertretenen Ansicht[560], wonach es sich nicht um ein spezielles Risiko handelt, da ein objektiver Mindestumfang an eigener Aufklärung von dem Anleger auch in diesen Fällen verlangt werden kann. In diesen Fällen liegen aber Umstände vor, die selbst eine solche rudimentäre Aufklärung verhindern und in denen die Prämisse der eigenen geschäftlichen Erfahrung oder des Einschaltens von Fachleuten nicht zutreffend ist.

Dies bedeutet, dass – sofern eine Aufklärung wertungsmäßig geboten ist, was im nächsten Punkt noch zu prüfen sein wird – diesen Schwierigkeiten auch Rechnung getragen werden muss. Daher hat eine Aufklärung dann nicht nur spezielle Risiken des Einzelfalls sondern alle der Bank bekannten Punkte zu umfassen, die für eine Anlageentscheidung relevant sind und die von dem Anleger sonst selbständig in Erfahrung gebracht werden müssen.

3. Aufklärungspflicht

Eine einheitliche, neue Fallgruppe zur Erfassung des Problems der besonderen Schwierigkeiten bei der Informationserlangung ist nur dann gerechtfertigt, wenn die Aufklärung wertungsmäßig geboten ist. Dies ist durch Zusammenschau aller Umstände zu ermitteln: Dafür werden die Argumente dargestellt, die für (a.) und die gegen (b.) eine Aufklärung sprechen. Im Anschluss findet eine Abwägung statt (c.). Dabei ist zu beachten, dass der Umfang der Aufklärungspflicht in dieser Fallgruppe sehr weit geht. Die Bank hat über Bereiche aufzuklären, die von der Aufklärungspflicht sonst nicht erfasst werden, da sie insoweit von einer Überprüfung durch die Anleger selbst ausgehen darf.

---

560 Unter Kapitel 3, C. VI. (S. 148 ff.).

a. Pro Aufklärung

Für eine Aufklärung könnte im wesentlichen Folgendes sprechen:

aa. Stichtagsfälle

Bei den Stichtagsfällen hat der Anleger zwar die Kurzfristigkeit seiner Anlageentscheidung selbst verursacht, es könnte aber zu beachten sein, dass von der Anbieter- und Bankenseite kurz vor Jahresende regelmäßig noch eine Steuersparstimmung erzeugt wird. Die Banken wissen dies und müssten es berücksichtigen, selbst wenn sie nicht durch eigene Werbung[561] dazu beigetragen haben. Denn hier erzeugen sie den Eindruck, dass trotz der Kürze der verbleibenden Zeit eine seriöse Durchführung der Anlage noch möglich ist. Und auch bei einer kurzfristigen Anlageentscheidung will der Anleger keine Risikoanlage zeichnen. Vielmehr will er sich – aus Gründen der Steuerersparnis – an einer als relativ sicher geltenden Immobilienanlage beteiligen[562]. Daher könnte man vertreten, dass er das mit der Kurzfristigkeit seiner Entscheidung verbundene Risiko nur als notwendiges Übel in Kauf nimmt nicht aber als der Anlage immanenten Bestandteil. Dann ist erkennbar, dass er sein Risiko so weit wie möglich reduzieren und so viele Informationen wie möglich bekommen möchte, um sich im Notfall – auch noch im letzten Augenblick – gegen die Investition entscheiden zu können.

Wenn für die Bank die Kurzfristigkeit der Anlageentscheidung erkennbar ist, könnte daher eine Aufklärung über der Bank bekannte Umstände geboten sein.

bb. Kleinanlegerfälle

Es liegt im Verantwortungsbereich eines jeden Einzelnen[563], über seinen finanziellen Spielraum zu entscheiden; nichts desto trotz könnte es einer Bank zumutbar sein, ihn auf die Risiken hinzuweisen, die er mit der Anlage eingeht, und ihm so die Möglichkeit zu geben, eine wirklich überlegte Entscheidung zu treffen. Dies gilt insbesondere, wenn die Bank aufgrund der Selbst-

---

561 Werbung wie „Nur noch 31 Tage SonderAfA“ oder „Retten Sie Ihr Geld“.

562 Auch wenn es keinen allgemeinen Erfahrungssatz gibt, dass Beteiligungen an Immobilienanlagen immer gewinnbringend sind, stehen sie doch in dem Ruf, im Vergleich zu anderen Anlageformen relativ sicher zu sein.

563 *BGH* WM 1978, 896, 897 = NJW 1978, 2547, 2547; WM 1988, 895, 898 = NJW-RR 1988, 1071, 1072; *BGH* WM 1987, 1546, 1546; WM 1989, 165, 167 = NJW 1989, 829, 830; WM 1989, 665, 666 = NJW 1989, 1667, 1667 f.; Ausfluss aus dem Grundsatz der Privatautonomie: *Löwisch* in Staudinger BGB § 305 Rn. 1.

auskunft den finanziellen Hintergrund kennt und die völlige geschäftliche Unerfahrenheit des Anlegers erkennen kann. Wenn der Anleger nämlich gar nicht sieht, dass er ein Risiko eingeht, könnte man von der Bank verlangen, dass sie den Anleger über das Risiko aufklärt[564], um ihn nicht „sehenden Auges in sein Verderben rennen zu lassen". Wenn Anleger ihre gesamten Ersparnisse auflösen, um einem dubiosen Anlageprojekt zur Sicherung ihrer Altersversorgung beizutreten und sie die Konsequenzen nicht erkennen können, könnte eine Bank – die dies erkennt – zur Aufklärung verpflichtet sein.

cc. Auslandsfälle

Wie bei den beiden anderen Problemfällen, könnte man vertreten, dass der Anleger auch bei den Auslandsfällen nicht bewusst eine Risikoanlage zeichnen will. Analysiert eine Bank zur Ermittlung des Sicherungswertes das Projekt und sind ihr dabei im Ausland gelegene Tochtergesellschaften oder Filialen behilflich, dann könnte ihr eine Aufklärung über dabei gewonnene Informationen auch dann zumutbar sein, wenn es sich um allgemeine Risiken handelt. Die Möglichkeit der Informationserlangung ist für sie unvergleichlich viel leichter. Da der Bank dies erkennbar ist, könnte die Aufklärung geboten sein.

dd. Zusammenfassung

Ein Anleger darf nach Treu und Glauben grundsätzlich nicht erwarten, von der Bank über Umstände aufgeklärt zu werden, über die er sich selbständig informieren kann. Dies ist unabhängig davon, wie zentral die Umstände für seine Anlageentscheidung sein mögen. Dieser Grundsatz beruht auf dem Gedanken der Vertragsfreiheit und der Privatautonomie und geht davon aus, dass sich gleichwertige Partner gegenüber stehen.

Man könnte vertreten, dass in den Fällen erhöhter Informationserlangungsschwierigkeiten eine andere Situation vorliegt und es zu einer Verschiebung des grundsätzlich gegebenen Gleichgewichts kommt. Dem Anleger bleibt nicht die Möglichkeit, sich umfassend zu informieren.

---

564 So auch *Fuellmich* in FS Deutsch, 919, 952; *ders./Rieger* ZIP 1999, 465, 471 wonach es sich im Ergebnis um eine dem Anleger unerkannt gebliebene Kreditspekulation handelt, die für ihn ein besonderes Risiko darstellt, über das er aufzuklären ist.

Das *BVerfG* hat in Fällen eines strukturellen Ungleichgewichtes einen besonderen Schutz der Bankkunden verlangt[565]. Für eine Aufklärung der Anleger in diesen Fällen[566] könnte daher sprechen, dass die Bank die Anleger nicht sehenden Auges in eine Gefahr laufen lassen darf. Sie hätte die Anleger aufzuklären, wenn sie selbst Kenntnisse von den Risiken hat[567] und erkennen kann[568], dass die Anleger besondere Schwierigkeiten haben, an die Informationen zu gelangen. Dies gilt sogar dann, wenn diese Informationen zu den allgemeinen Risiken gehören, über die sonst nicht aufzuklären ist.

Eine Aufklärung über ihr bekannte, für die Anlageentscheidung wesentliche Umstände wäre der Bank auch zumutbar. Denn sie bereitet keine großen Schwierigkeiten bei allenfalls marginalen Kosten, zumal die Erlangung der Informationen für die Anleger mit großen Schwierigkeiten versehen ist. Auch unter ökonomischen Gesichtspunkten wäre es sinnvoll, demjenigen die Funktion der Informationsbereitstellung zuzuweisen, der diese Aufgabe insgesamt kostengünstig erfüllen kann (cheapest-cost-avoider)[569], hier also der wissenden Bank[570]. Hierdurch würden die Anleger auch nicht anderen Anlegern gegenüber unverhältnismäßig stark begünstigt. Denn da die Bank nur über ihr bekannte Umstände aufzuklären hätte, trüge nach wie vor der Anleger das Risiko, dass die Bank von zentralen Umständen keine Kenntnis hat.

Als Argument für eine umfassendere Aufklärungspflicht der Bank könnte auch noch folgender Umstand ins Feld geführt werden: Die von den Ver-

---

565 BVerfGE 89, 214, 230 ff. = WM 1993, 2199, 2202 f. = NJW 1994, 36, 38 f. (Sittenwidrigkeit von Bürgeschaft); Zustimmung hat das Urteil erfahren von: *Pape* ZIP 1994, 515, 519; *Grün* WM 1994, 713, 723; grundsätzliche Kritik an dem Urteil wegen des Eingriffs in die Zivilgerichtsbarkeit von *Adomeit* NJW 1994, 2467, 2467; *Wiedemann* JZ 1994, 411, 411; dagegen aber: *Rittner* NJW 1994, 3330, 3330.

566 *Fuellmich* in FS Deutsch, 919, 935 f.; *ders./Rieger* ZIP 1999, 465, 470.

567 *Emmerich* in MünchKomm BGB vor § 275 Rn. 118; *Breidenbach* Informationspflichten, 70.

568 *Breidenbach* Informationspflichten, 65 behandelt die Erkennbarkeit nur im Rahmen des Verschuldens. Für die Erkennbarkeit des Informationsbedarfs als pflichtenbegründendes Merkmal bei Aufklärungspflichten tritt zurecht aber auch *Rümker* Bankrechtstag, 43 ein, denn der Umfang der objektiv zu bestimmenden Aufklärungspflicht wird durch die Erkennbarkeit eingegrenzt.

569 *Lehmann* NJW 1981, 1240; *ders.* in Walz Sozialwissenschaften, 35, 43; *Schäfer/Ott* ökonomische Analyse, 6. Kap. 3. (S. 211 ff.) und 16. Kap. 1.1 (S. 483 f.).

570 Dies entspricht dem Gedanken, dass eine Privatrechtsordnung nicht nur bereits entstandene Schäden wiedergutmachen, sondern auch an einer weitestgehenden Schadensverhütung ausgerichtet sein soll. Vgl. dazu *Lehmann* in Walz Sozialwissenschaften, 35, 42.

tragsparteien des Kapitalanlegers geschuldete Aufklärungspflicht ist nicht einheitlich[571]. Während die Banken bei der Darlehensvergabe von einem Anleger ausgehen dürfen, der über die notwendigen Kenntnisse verfügt (notfalls durch das Einschalten von Fachleuten beschafft), müssen die sonstigen zur Aufklärung Verpflichteten (z.B. Initiatoren im Rahmen der Prospekthaftung) von einem fachunkundigen Anleger ausgehen[572] und insofern umfassender informieren. Diese unterschiedliche Einschätzung des Wissens ist kritisiert worden[573]. Die Ungleichbehandlung könnte man dadurch beseitigen, dass man den Banken – jedenfalls in diesen Problemfällen – erweiterte Aufklärungspflichten auferlegt und so zu einer Angleichung gelangt.

Auch der europarechtliche Trend des Verbraucherschutzes könnte als Basis für eine erweiterte Aufklärungspflicht der Banken in diesen Fällen angeführt werden[574], da die EU eine Reihe von Richtlinien zum Schutz von Verbrauchern erlassen hat[575].

Auf der Basis dieser Ausführungen könnte man eine neue Fallgruppe wie folgt formulieren: „Stehen besondere Schwierigkeiten der eigenverantwortlichen Aufklärung durch den Anleger entgegen, hat sie ihn über alle entscheidungserheblichen Tatsachen aufzuklären. Besondere Schwierigkeiten sind insbesondere dann anzunehmen, wenn es sich um eine kurzfristige Anlageentscheidung handelt, der Anleger völlig geschäftsunerfahren ist oder die Anlage im Ausland liegt und Informationen über tatsächliche und rechtliche Besonderheiten nur schwer zu beschaffen sind."

Der Umstand, dass die Bank positive Kenntnis von dem Umstand haben muss, über den sie aufklären soll, müsste nicht explizit in diese Definition mit aufgenommen werden, genausowenig wie die Unkenntnis des Anlegers, denn das Erfordernis eines Informationsgefälles und seiner Erkennbarkeit ergeben

---

571 Hierauf weist *Wagner* in Wagner/Loritz Bd. 2, Rn. 20 zurecht hin.

572 *BGH* WM 1991, 1543, 1544 = NJW-RR 1991, 1246, 1248; *Siol* in Schimansky/Bunte/Lwowski BankrechtsHdb. § 45 Rn. 50; strenger: *Wittmann* DB 1980, 1579, 1583 (Fachmann); weiter: *Wunderlich* DStR 1975, 688, 690 (Laie).

573 *Wagner* in Wagner/Loritz Bd. 1, Rn. 2310 ff., der sogar verfassungsrechtliche Bedenken (Art. 3, 101 GG) geltend macht.

574 *Fuellmich* in FS Deutsch, 919, 951; *ders./Rieger* ZIP 1999, 465, 470 für Kleinanleger.

575 Als Beispiel seien nur die Richtlinien über „Mißbräuchliche Klauseln in Verbraucherverträgen", über „Haustürgeschäfte", über „Verbraucherschutz im Fernabsatz", „Time-Sharing" und „Pauschalreisen" genannt.

sich aus den allgemeinen Voraussetzungen über das Bestehen von Aufklärungspflichten[576].

Die besonderen Schwierigkeiten müssten für die Bank erkennbar sein, weil sie sonst keine Veranlassung hätte, von einer ausnahmsweise bestehenden Aufklärungspflicht auszugehen[577]. Andererseits genügte die Erkennbarkeit aber auch. Es ist keine positive Kenntnis erforderlich, denn von der Bank könnte ein sorgfältiges Vorgehen verlangt werden. Sind die besonderen Schwierigkeiten erkennbar, könnte die Bank über *alle* ihr bekannten, entscheidungserheblichen Umstände aufzuklären haben. Denn selbst zu einfachen Informationen haben die Anleger nicht ohne weiteres Zugang, so dass eine Aufklärung durch die Bank erwartet werden könnte.

b. Contra Aufklärung

Doch gewichtige Argumente sprechen gegen Aufklärungspflichten der Banken.

aa. Stichtagsfälle

Bei den Stichtagsfällen weiß der Anleger, dass er nicht genügend Zeit zur Überprüfung hat. Wenn ihm aber die Steuervorteile wichtiger sind als die Prüfung der Seriosität der Anlage, dann geht er – allen anderen Argumenten zum Trotz – bewusst ein Risiko ein. Insofern könnte man annehmen, dass er von sich aus alles ihm Mögliche zu unternehmen hat, um das Risiko zu minimieren. Dazu kann er auch die Bank befragen. Von sich aus müsste die Bank aber nicht aufklären; das Risiko einer unvollständigen Entscheidungsgrundlage aufgrund einer fehlerhaften Aufklärung wäre nicht auf die Bank zu verlagern.

Gegen eine umfassende Pflicht zur Aufklärung könnte auch sprechen, dass sonst derjenige, der seine Anlageentscheidung hinauszögert, besser gestellt würde als derjenige, der sich frühzeitig um die Anlage kümmert und sich selbst zu informieren hat. Damit könnte sich ein Anleger allein durch bewusstes Abwarten mit seiner Investitionsentscheidung in eine bessere Position bringen, als wenn er sich frühzeitig um seine Anlageentscheidung kümmerte.

---

576 Vgl. vorne Kapitel 1, B. (S. 8 ff.); *Rümker* Bankrechtstag, 38; *Roth* in MünchKomm BGB § 242 Rn. 210 ff.

577 Vgl. Fn. 568 (S. 166). Die Professionalität der Banken begründet strenge Sorgfaltspflichten und führt zu pflichtenverstärkenden Standards, *Rümker* Bankrechtstag, 43.

bb. Kleinanlegerfälle

Man könnte vertreten, dass auch ein Kleinanleger keine Aufklärung durch die Bank erwarten kann. Wer mit seinem Geld sehr sparsam umgehen muss, den trifft ganz besonders die Obliegenheit vorsichtig zu sein und nur in solche Anlagen zu investieren, deren Risiken er überschauen kann. Wer aber sein Geld in Projekte investiert, deren Funktionsmechanismen er nicht versteht, muss damit rechnen, dass es unbekannte Risiken gibt. Wenn der Anleger zur Finanzierung extra noch Kredite aufnimmt, die er sonst in dieser Größenordnung nicht aufnehmen würde, dann muss er auch die daraus resultierende Gefahr erkennen. Auch hier könnte es daher nicht gerechtfertigt sein, die Bank mit dem Risiko der Aufklärung zu belasten[578]. Man könnte vertreten, dass derjenige die allgemeinen Risiken selbst zu ergründen hat, der ein solches Projekt eingeht, obwohl es ihn an den Rand seiner Finanzierungsmöglichkeiten bringt; er wäre nicht schutzwürdig[579].

Das müsste aufgrund der beschränkten finanziellen Möglichkeiten erst recht dann gelten, wenn er bestehende, wohlüberlegt eingerichtete, der Alterssicherung dienende Verträge kündigt, um die Altersversorgung mittels der neuen Anlage zu sichern. Wenn ein Anleger solche wohlüberlegten Anlageentscheidungen rückgängig macht, um sein Geld in andere Anlagen zu investieren, könnte die Bank davon ausgehen dürfen, dass er hierfür gute Gründe hat und entsprechend informiert ist. Die Bank mag die Anlageentscheidung noch einmal hinterfragen. Zur Aufklärung verpflichtet wäre sie nicht.

cc. Auslandsfälle

Man könnte vertreten, dass auch die Anleger, die „im Ausland investieren", ohne sich die nötigen Informationen verschafft zu haben, sehenden Auges ein Risiko eingehen. Eine Auslandsinvestition wäre kein ausreichender Grund dafür, den Anleger besser zu stellen als denjenigen, der im Inland investiert und der sich auch selber informieren muss. Wer eine Anlage eingeht, obwohl

---

578 Das Argument von *Fuellmich* in FS Deutsch, 919, 952; *ders./Rieger* ZIP 1999, 465, 471, wonach der Anleger wegen der Kreditspekulation besonders aufgeklärt werden müsse, passt nicht. Denn gerade bei Spekulationsgeschäften treffen die Banken nur verringerte Aufklärungspflichten; dazu *Kiethe* in Schimansky/Bunte/Lwowski BankrechtsHdb. § 110 Rn. 28, da gerade bei solchen Geschäften das Risiko nicht auf die Bank verlagert werden soll; *OLG Frankfurt* WM 1995, 245, 247 f.; *OLG Düsseldorf* WM 1995, 1751, 1753.

579 In diese Richtung auch *BGH* WM 1987, 1546, 1547, wonach jeder der am Geschäftsverkehr teilnimmt und Verbindlichkeiten der in Frage stehenden Art eingeht, die vorgeschlagenen finanziellen Transaktionen sorgfältig prüfen muss.

er die grundlegenden Parameter wissentlich nicht überprüft hat, ginge bewusst ein Risiko ein. Wenn er bereit ist, das mit einer höheren Rendite im Ausland typischerweise verbundene, größere Risiko einzugehen, wäre es nicht gerechtfertigt, das Risiko einer unvollständigen Aufklärung über die Entscheidungsgrundlagen auf die Bank zu verlagern. Darum könnte auch bei einer Investition im Ausland keine Aufklärung erwartet werden.

dd. Zusammenfassung

Haben Anleger besondere Schwierigkeiten, an die erforderlichen Informationen zu gelangen, und investieren sie dennoch in diese Anlagen, gehen sie bewusst ein großes Risiko ein. Das Risiko der unvollständigen Aufklärung könnte daher ihrer Sphäre zuzuweisen und nicht auf die Bank abzuwälzen sein[580]. Dies müsste auch dann gelten, wenn die Anleger gar nicht sehen, dass sie ein Risiko eingehen.

c. Abwägung

Im Folgenden sind die Argumente abzuwägen. Einige Argumente sprechen für eine Aufklärungspflicht der Bank. Insbesondere der Aspekt, dass die Anleger bewusst ein Risiko eingehen, spricht jedoch dagegen, das Verhalten der Anleger ganz unberücksichtigt zu lassen.

Denkbar ist daher, im Sinne einer vermittelnden Lösung, der Bank in diesen Fällen zwar eine Aufklärungspflicht den Anlegern gegenüber aufzuerlegen, im Gegenzug aber deren eigenes Verhalten im Rahmen des Mitverschuldens zu berücksichtigen[581]. Dafür würde sprechen, dass auf diese Weise einerseits das bewusste Risiko und andererseits auch die Informationen der Bank berücksichtigt werden können.

Im Ergebnis kann eine solche vermittelnde Lösung aber keine Zustimmung finden. Denn neben dem Argument der Risikosphären bestehen weitere, grundsätzliche Bedenken gegen die Annahme einer Aufklärungspflicht in diesen Fällen.

Das oben angeführte, ökonomische Argument (cheapest-cost-avoider) überzeugt nicht. Zum einen ist grundsätzlich schon sehr fraglich, ob sich hiermit

---

580 *Rümker* Bankrechtstag, 51 f. warnt grundsätzlich davor, die Eigenverantwortlichkeit der Anlageentscheidung zu weitgehend außer Acht zu lassen.

581 Explizit gegen eine Berücksichtigung des Mitverschuldens bei Kleinanlegern: *Fuellmich* in FS Deutsch, 919, 954; *ders./Rieger* ZIP 1999, 465, 475.

überhaupt Aufklärungspflichten begründen lassen[582], was bei präsentem Wissen aber noch bejaht werden könnte[583]. Jedenfalls bei Umständen, die aus der Sphäre eines Dritten stammen, mit dem der Aufzuklärende in (vor)vertraglichen Beziehungen steht, führt dieses Argument aber nicht zu einer Aufklärungspflicht der Bank. Denn dann trifft die Aufklärungspflicht unter dem Gesichtspunkt der günstigsten Informationsbeschaffung denjenigen, aus dessen Sphäre die Risiken kommen[584]. Bei den allgemeinen Risiken handelt es sich aber um solche, die nicht aus der Sphäre der darlehensgewährenden Bank sondern des Fondsanbieters stammen, so dass der Bank keine Aufklärungspflicht auferlegt werden kann.

Auch auf das Argument des strukturellen Ungleichgewichts kann nicht zurückgegriffen werden[585]. Denn der Abschluss des Darlehensvertrags ist keine Folge einer strukturell ungleichen Verhandlungsstärke, sondern einer Anlageentscheidung des Bankkunden. Die Situation des Darlehensnehmers ist nicht mit der des Bürgen in der *BVerfG*-Entscheidung vergleichbar: Die 21-jährige Bürgin stand unter emotionalem Druck, als sie für unternehmerische Risiken ihres Vaters bürgte. Die Bank nutzte die geschäftliche Unerfahrenheit der Hilfsarbeiterin aus, um einen Vertrag durchzusetzen, der für die Bürgin wirtschaftlich keinen Sinn machte[586]. Dies ist bei den Darlehensverträgen für die Anleger anders. Hier haben die Anleger ein konkretes Eigeninteresse an dem Darlehen, da sie sich an dem Fonds beteiligen wollen. Die Initiative für den Vertrag geht daher letztlich von ihnen und nicht von der Bank aus und hat für sie auch positive, steuerliche Auswirkungen. Daher lässt sich mit dem Hinweis auf die Rechtsprechung des *BVerfG* auch keine Aufklärungspflicht der Bank begründen.

Weiterhin spricht gegen eine Aufklärungspflicht, dass sich ihr Umfang danach richtet, ob es sich bei dem angebotenen Bankprodukt um ein marktübli-

---

582 Ablehnend: *Breidenbach* Informationspflichten, 42 ff.

583 *Breidenbach* Informationspflichten, 46.

584 Er ist derjenige, der in der Regel mit den geringsten Kosten hierüber aufklären kann. Vgl. dazu *Schäfer/Ott* ökonomische Analyse 6. Kap. 3. (S. 211 ff.).

585 So auch *Früh* ZIP 1999, 701, 704.

586 BVerfGE 89, 214, 214 ff. = WM 1993, 2199, 2199 f. = NJW 1994, 36, 36 f.; *BGH* WM 1994, 1022, 1024 = NJW 1994, 1726, 1727; auch die Entscheidung des *OLG Düsseldorf* WM 1996, 1082, 1085 kann nicht für die Gegenansicht herangezogen werden, denn es benutzt das strukturelle Ungleichgewicht argumentativ nicht, um den Anspruch eines Kapitalanlegers gegen seinen Anlageberater zu begründen, sondern den bestehenden Anspruch zu konkretisieren.

ches oder ein unübliches Produkt handelt, dessen Nachteile für den Kunden nur schwer zu durchschauen sind[587]. Wenn die Bank ein Darlehen gewährt, mit dem der Anleger eine Einlage in einer Immobilienanlage finanzieren will, so verkauft sie dem Anleger damit kein unübliches Gesamtpaket, sondern gewährt ihm bloß ein Darlehen. Den Rest des Pakets hat der Anleger selbst zusammengestellt. Dies spricht gegen eine Aufklärungspflicht der Bank.

Zusätzliche Aufklärungspflichten der Bank lassen sich auch nicht damit begründen, dass an die Aufklärungspflichten der verschiedenen Vertragspartner den Kapitalanlegern gegenüber ungleiche Anforderungen gestellt werden. Denn es ist durchaus angemessen, dass die Initiatoren umfassender aufklären müssen als die Banken. Zwar ist die Begründung dieses Unterschieds mit dem Hinweis auf unterschiedlich erfahrene Anleger möglicherweise unzutreffend; da die Initiatoren aber über ein eigenes Projekt aufklären müssen, sind ihnen umfangreichere Aufklärungspflichten zumutbar als den Banken, für die es ein fremdes Projekt bleibt[588].

Auch eine Herleitung der Aufklärungspflichten aus europarechtlichen Verbraucherschutzerwägungen greift nicht durch. Zwar ist das Europarecht eine Quelle des Verbraucherschutzes[589], da die Verbesserung des Verbraucherschutzes nach Art. 3 Abs. 1 lit. t, 153 [ex 3, 129a] EGV eine Tätigkeit der Gemeinschaft ist. Die Verantwortung für den Verbraucherschutz liegt nichts desto trotz primär bei den Mitgliedsstaaten[590]. Daher wirkt sich das Bestreben nach Verbraucherschutz auf hohem Niveau für den Verbraucher nur dann aus, wenn entsprechende Richtlinien verabschiedet werden. Außerdem ist zu beachten, dass dem europäischen Recht teilweise ein anderes Verbraucherverständnis als dem deutschen Recht zugrunde gelegt wird: So ist es etwa im Wettbewerbsrecht, wo es nach dem sozial-rechtlichen Verständnis nicht nur um rein deliktischen Konkurrenzschutz, sondern auch um Verhaltensnormen im Interesse der Marktbeteiligten und der Allgemeinheit[591] geht und damit um

---

587 *Früh* ZIP 1999, 701, 702; *Kümpel* BankR Rn. 2.794; *Mayen* WM 1995, 913, 914.

588 Im übrigen kann man auch die sehr umfangreichen Aufklärungspflichten der Initiatoren ablehnen. In diese Richtung *Wagner* in Wagner/Loritz Bd. 1, Rn. 2312, wenn er in Frage stellt, ob „eine ausufernde Prospekthaftungsrechtsprechung ohne jeden gesetzlichen Bezug noch Gegenstand richterlicher Rechtsfortbildung sein kann".

589 Als Beispiel seien nur die Richtlinien über „Mißbräuchliche Klauseln in Verbraucherverträgen", über „Haustürgeschäfte", über „Verbraucherschutz im Fernabsatz", „Time-Sharing" und „Pauschalreisen" genannt.

590 *Schweitzer/Hummer* Europarecht, Rn. 1597.

591 *Emmerich* Wettbewerbsrecht, 13 m. w. Nachw. in Fn. 7 ff.

die Frage der Aufklärung der Verbraucher. Während man in Deutschland „bisher in aller Regel von dem Leitbild eines im Grunde an der Grenze zur Debilität verharrenden, unmündigen, einer umfassenden Betreuung bedürftigen Verbrauchers“[592] ausgegangen ist, orientiert man sich auf europäischer Ebene mehr an einem verständigen, vernünftigen Verbraucher[593]. D.h. man geht von einem informierten, mit einer Informationsobliegenheit belasteten Verbraucher aus, der weniger umfangreich aufzuklären ist. Daher lassen sich unter diesem Aspekt keine Argumente für Aufklärungspflichten der Bank gewinnen. Selbst der deutsche Gesetzgeber tendiert zu einem gemäßigteren Verbraucherleitbild und greift dafür auch in Bereichen, die nicht zum Wettbewerbsrecht gehören auf die wettbewerbsrechtliche Rechtsprechung des *EuGH* zurück. So wollte er ausweislich der Gesetzesbegründung[594] des Handelsrechtsreformgesetzes[595] bei der Neufassung der Missbrauchskontrolle nach § 18 Abs. 2 HGB hierauf im Hinblick auf die Täuschungseignung bei Firmen abstellen. Der Hinweis auf europarechtliche Verbraucherschutzerwägungen spricht damit nicht für sondern eher gegen eine Aufklärung der Anleger[596].

Die Argumente, die für eine Aufklärungspflicht der Banken in diesen Fällen sprechen könnten, überzeugen nicht. Eine Aufklärungspflicht in diesen Fällen zu statuieren, passt auch wertungsmäßig nicht im Vergleich zu den bereits etablierten Fallgruppen. In den hier untersuchten Fällen ist der erhöhte Aufklärungsbedarf nämlich selbst verschuldet, wohingegen der die Aufklärungspflicht begründende Umstand bei den bereits bestehenden Fallgruppen aus fremden Sphären stammt. Damit bleibt es in diesen Fällen bei dem Grundsatz des „casus sentit dominus“, wonach jeder seinen Schaden selber tragen muss und eine Verlagerung des Schadens auf eine andere Person nur ausnahmsweise stattfindet[597]. An einer solchen Ausnahme fehlt es in den Problemfällen, so dass der Schaden nicht abgewälzt werden kann.

---

592 *Emmerich* Wettbewerbsrecht, 181; ähnlich *Prantl* in *EuGH* GRUR Int 1984, 291, 293.

593 *EuGH* EuZW 1995, 611, 612 = NJW 1995, 3243, 3255 (Mars); EuZW 1998, 526, 528 = NJW 1998, 3183, 3184; *Oppermann* EuropaR, Rn. 2043; *Baumbach/Hefermehl* UWG, Einl Rn. 647; für einen Paradigmenwechsel spricht sich *Emmerich* Wettbewerbsrecht, 182 m. w. Nachw. in Fn. 23; *Ackermann* Wettbewerbsrecht, 249 macht eine neuere Tendenz der Rechtsprechung in diese Richtung aus.

594 Begründung zum RegE in BR-Drucks. 340/97 vom 23.5.1997, S. 53.

595 Handelsrechtsreformgesetz vom 22.6.1998, BGBl. I 1474.

596 Auch *Kiethe* NZG 2001, 107, 113 befürwortet die Anwendung des europarechtlichen Verbraucherleitbildes auf den Bereich der Bankenhaftung.

597 Vgl. zu dem Ausnahmecharakter der Aufklärungspflicht Fn. 26 (S. 9), Fn 34 (S. 10).

d. Ergebnis

Daher trifft die Bank auch dann, wenn die Informationsbeschaffung mit besonderen Schwierigkeiten verbunden ist, keine Aufklärungspflicht. Die neue Fallgruppe ist abzulehnen!

H. Grenzen der Aufklärungspflicht

Im Folgenden werden mögliche Grenzen der Aufklärungspflicht untersucht. In Betracht kommt dabei insbesondere der Verzicht (I.). Aber auch die Pflicht eines Notars zur Aufklärung der Anleger könnte die Bank von einer eigenen Aufklärungspflicht befreien (II.). Untersucht wird auch, ob die Aufklärungspflicht möglicherweise deshalb entfällt, weil sie den Anlageerfolg gefährdet (III.). Unter IV. werden dann noch weitere mögliche Grenzen der Aufklärungspflicht angesprochen.

I. Verzicht

Aufklärungspflichten sollen es dem Anleger ermöglichen, eine wohlüberlegte Entscheidung treffen zu können, in die er alle relevanten Aspekte einbeziehen kann. Die Aufklärung erfolgt somit allein im Interesse des Anlegers. Niemand muss sich jedoch etwas aufdrängen lassen, das er nicht möchte. Daher kann der Anleger auch auf eine Aufklärung verzichten[598]. Dieser Verzicht kann ausdrücklich erfolgen, oder auch konkludent, indem er sich der Bank als erfahrener und informierter Anleger präsentiert[599]. Denn da sich der Umfang der Aufklärungspflichten der Bank nach der Erkennbarkeit des Wissensvorsprungs richtet, entsteht dann keine Aufklärungspflicht, wenn der Wissensvorsprung für sie nicht erkennbar ist, da sich der Anleger informiert gibt.

Zu berücksichtigen ist allerdings auch, dass die Aufklärung gerade dem Schutz des Anlegers dient. Die Aufklärung des Anlegers ist der „Kern des Anlegerschutzkonzeptes“[600], das eine eigenverantwortliche Entscheidung eines mündigen Bürgers ermöglichen soll[601]. Daher ist von einem Verzicht des

---

598 *BGH* WM 1996, 1214, 1216 = NJW-RR 1996, 947, 948; WM 1997, 309, 311 = NJW-RR 1997, 176, 177; WM 1998, 274, 274 = NJW 1998, 994, 994; *Horn* in FS Schimansky, 653, 658; *ders.* ZBB 1997, 139, 151.

599 *BGH* WM 1996, 1214, 1216 = NJW-RR 1996, 947, 948; WM 1997, 309, 311 = NJW-RR 1997, 176, 177; WM 1998, 274, 274 = NJW 1998, 994, 994.

600 *Horn* in FS Schimansky, 653, 660.

601 Vgl. BVerfGE 89, 214, 219 = WM 1993, 2199, 2202 f. = NJW 1994, 36, 38.

Anlegers auf die Aufklärungspflicht seines Gegenüber nur unter strengen Voraussetzungen auszugehen[602]. Sofern daher für die Bank der Eindruck entsteht, dass der Anleger sich nur erfahren gibt, sich tatsächlich über die Risiken aber nicht im Klaren ist, liegt kein wirksamer Verzicht vor, bzw. ist für sie der Wissensvorsprung erkennbar. Dann trifft die Bank die Pflicht zur ordnungsgemäßen Aufklärung.

Ein Verzicht des Anlegers auf Aufklärung kann noch nicht darin gesehen werden, dass dieser bereits mit einem festen Anlageentschluss zu der Bank kommt und nur noch um das Darlehen nachsucht. Denn ein solcher Verzicht erfasst – jedenfalls bei der Fallgruppe des Wissensvorsprungs – gerade auch die Aufklärung über solche Risiken, von denen der Anleger bestimmt keine Kenntnis hat. Dass er auf eine diesbezügliche Aufklärung verzichten will, ist nicht ohne weitere Anhaltspunkte anzunehmen. Daher sind insbesondere dann, wenn spezielle Risiken vorliegen, besonders strenge Voraussetzungen an einen Verzicht zu stellen.

II. Aufklärungspflicht der Notare

Eine Aufklärungspflicht der Bank könnte dann entfallen, wenn der Anleger auch durch einen Notar aufgeklärt werden muss. Notare werden insbesondere dann einbezogen, wenn der Anleger mit einem Dritten ein umfassendes „Geschäftsbesorgungspaket“ abschließt[603].

Der Abschluss dieser Vertragspakete, die häufig neben einem Geschäftsbesorgungsvertrag und vielen weiteren Verträgen zur Abwicklung der Investition auch eine Bevollmächtigung zum Abschluss eines Darlehens enthalten, wird regelmäßig notariell beurkundet[604]; auch wenn dies – anders als bei den Erwerbermodellen wegen § 313 BGB[605] – nicht erforderlich ist[606]. Zu unter-

---

[602] So auch *Horn* in FS Schimansky, 653, 660.

[603] Vgl. dazu ausführlich unten Kapitel 4, B. II. (S. 201 ff.).

[604] Vgl. *Rösler/Willms* ZNotP 2000, 90, 90.

[605] *Streit* ZIP 1999, 477, 479; *Keidel/Winkler* BeurkG § 17 Rn. 74 f.

[606] Ob die notarielle Bevollmächtigung den Anforderungen des § 4 Abs. 1 S. 4 VerbrKrG genügen muss, ist umstritten, für die weitere Untersuchung jedoch ohne Belang: Dafür: *LG Potsdam* WM 1998, 1235, 1237; *OLG München* WM 1999, 1456, 1457 = NJW 1999, 2196, 2197; *Derleder* NJW 1993, 2401, 2404. Zurecht dagegen: *OLG Köln* WM 2000, 127, 129 f.; *OLG Stuttgart* WM 2000, 292, 301; *LG Berlin* WM 2000, 1484, 1485; *LG München I* WM 2000, 1488, 1489 f.; *Bruchner* WM 1999, 825, 837 f.; *Rösler* NJW 1999, 1150, 1152; *ders./Willms* ZNotP 2000, 90, 93 f.; *Edelmann*

suchen ist daher, ob sich die notarielle Beurkundung auf die Aufklärungspflicht der Bank auswirkt. Denn mit der Beurkundung einher geht nach § 17 BeurkG eine Belehrungspflicht des Notars. Diese umfasst die Belehrung über die rechtliche Tragweite des beurkundeten Geschäfts. Der Notar hat darüber aufzuklären, ob und unter welchen Voraussetzungen der erstrebte rechtliche Erfolg eintritt und welche unmittelbaren Rechtswirkungen sich an ihn knüpfen[607]. Außerdem trifft den Notar die aus seiner Amtsstellung[608] resultierende allgemeine Betreuungspflicht, § 14 BNotO. Danach ist er ausnahmsweise auch verpflichtet, auf die wirtschaftliche und steuerliche Tragweite des zu beurkundenden Geschäfts hinzuweisen. Dies gilt insbesondere, wenn der Notar nach den besonderen Umständen des Einzelfalls Anlass zu der Vermutung haben muss, einem Beteiligten drohe ein Schaden, weil dieser sich der mit dem beurkundeten Rechtsgeschäft verbundenen Gefahr nicht bewusst ist[609].

Diese Pflichten der Notare könnten zur Folge haben, dass die Bank den Anleger gar nicht mehr aufklären muss, da er umfassend auf die ihm drohenden Risiken hingewiesen wurde. Dieses Ergebnis ist jedoch selbst dann abzulehnen[610], wenn die Notare ihren Belehrungs- und Betreuungspflichten ordnungsgemäß nachgekommen sind[611]. Denn bei den umfangreichen Vertragspaketen können sie gar nicht alle möglichen Konsequenzen im Detail aufzeigen, die aus den einzelnen Verträgen entstehen können[612]. Dies gilt auch dann, wenn man berücksichtigt, dass unerfahrene Beteiligte einer eingehenderen Belehrung bedürfen (§ 17 Abs. 1 S. 2 BeurkG), und dass Bauherrenmodelle die „klassische Situation für die Entstehung von Betreuungspflichten“[613]

BB 1999, 2050, 2051; *Sauer* BB 2000, 1793, 1796 ff.; *LG München I* NJW 1999, 1193, solange noch kein konkretes Kreditgeschäft beabsichtigt ist.

607 *BGH* DNotZ 1992, 813, 815; *Keidel/Winkler* BeurkG § 17 Rn. 82; *Huhn/v. Schuckmann* BeurkG § 17 Rn. 29.

608 *Frenz* in Eylmann/Vaasen § 14 BNotO Rn. 1, 21.

609 *BGH* DNotZ 1987, 157, 158 f.; DNotZ 1991, 759, 761; DNotZ 1992, 813, 815; WM 1992, 1533, 1535 = NJW-RR 1992, 1178, 1180; WM 1992, 1662, 1667; *Frenz* in Eylmann/Vaasen § 14 BNotO Rn. 21; *Keidel/Winkler* BeurkG § 17 Rn. 95 ff.; *Huhn/v. Schuckmann* BeurkG § 17 Rn. 17.

610 So auch *Stüsser* NJW 1999, 1586, 1589 f.; *Fuellmich/Rieger* ZIP 1999, 427, 431.

611 Gegen den Vorwurf eines Fehlverhaltens der Notare wendet sich *Wagner* ZNotP 2000, 98, 98 f. Implizit dafür *Stüsser* NJW 1999, 1586, 1589 f.; *Fuellmich/Rieger* ZIP 1999, 427, 431 („Mitternachtsnotare“). Angedeutet auch bei *OLG Düsseldorf* WM 1993, 2207, 2208.

612 *Rösler/Willms* ZNotP 2000, 90, 93.

613 *Huhn/v. Schuckmann* BeurkG § 17 Rn. 72; ähnlich auch *Frenz* in Eylmann/Vaasen § 14 BNotO Rn. 22.

darstellen. Dies liegt insbesondere daran, dass es den Notaren häufig an der Kenntnis der tatsächlichen Umstände fehlt. Sie können daher nur abstrakt die potentiellen Gefahren erläutern. Die Bank hingegen hat im Hinblick auf das Darlehen und alle insoweit relevanten, tatsächlichen Aspekte einen viel direkteren Bezug und damit einen besseren Einblick als der Notar. Für den Fortbestand der Aufklärungspflicht spricht auch, dass sich das Vertrauen des Anlegers in die Bank, das die Bank in den Fällen der Überschreitung der Finanzierungsfunktion zur Aufklärung verpflichtet, über die notarielle Beurkundung hinaus auswirkt. Der Notar belehrt zwar über Risiken, aber der Anleger vertraut aufgrund der Mitwirkung der Bank auf die Seriosität des Projekts und hält die Risiken eher für theoretischer Natur. Daher bleibt sie auch bei notarieller Beurkundung eines der Geschäfte zur Aufklärung verpflichtet.

III. Aufklärung gefährdet Anlageerfolg

Möglicherweise entfällt die Aufklärungspflicht der Bank dann, wenn infolge von Verzögerungen, die mit der zusätzlichen Information der Anleger verbunden sind, der Erfolg des gesamten Anlageprojekts in Frage gestellt wird. Klärt die Bank den Anleger auf und wartet sie die Reaktion des aufgeklärten Anlegers ab, droht eine Schadensersatzforderung oder jedenfalls eine Verärgerung des Anlegers, wenn infolge der Verzögerung der mit dem Projekt beabsichtigte Erfolg (z.B. Steuerersparnis) nicht eintritt. Klärt die Bank den Anleger andererseits nicht auf, riskiert sie deshalb möglicherweise einen Schadensersatzanspruch. Es stellt sich somit die Frage, ob die Bank den Interessenkonflikt dahingehend lösen darf, dass sie die vorvertragliche Pflicht zur Aufklärung vernachlässigen und den Vertragsschluss herbeiführen darf, weil sie glaubt, dass dieses Verhalten im Interesse des Anlegers liegt.

Dies ist rechtlich jedoch nicht möglich. Als Schuldner einer Aufklärungspflicht kann die Bank hierauf nicht verzichten. Dies kann nur der Anleger als Gläubiger der Schuld[614]. Wegen der Relevanz der Umstände ist in der kurzfristigen Anlageentscheidung des Anlegers kein solcher Verzicht zu sehen –

---

[614] *BGH* WM 1998, 274, 274 = NJW 1998, 994, 994; WM 1998, 1391, 1392 = NJW 1998, 2674, 2676; *Horn* WM 1999, 1, 8. Dafür ist ein eindeutiger Verzichtswille erforderlich, der im Zweifel nicht bejaht werden kann, *BGH* WM 1995, 1677, 1678 = NJW-RR 1996, 237, 237; *BGH* WM 1994, 13, 13 = NJW 1994, 379, 380; *Rieble* in Staudinger BGB § 397 Rn. 100.

auch kein antezipierter[615] oder konkludenter[616]. Noch ein Gesichtspunkt spricht gegen eine Vernachlässigung der Aufklärungspflicht durch die Bank. Denn bei den Umständen, über die sie aufzuklären hat, handelt es sich um Aspekte, die für die Anlageentscheidung wesentlich sind. Insofern kann und darf die Bank (mangels gegenteiliger, ausdrücklicher Erklärung) dem Anleger die Entscheidung nicht abnehmen. Daher hat sie auch in einer solchen Situation den Anleger aufzuklären.

Ein Schadensersatzanspruch kann aus diesem Verhalten für die Bank nicht entstehen. Selbst wenn sie sich dem Initiator gegenüber vertraglich zu kurzfristigen Darlehensgewährungen verpflichtet hatte, führt dies nicht zu Schadensersatzansprüchen. Bei den divergierenden Pflichten der Bank behält die Aufklärungspflicht dem Anleger gegenüber die Oberhand. Dies ergibt sich letztlich unter dem Gesichtspunkt der Nothilfe für den Anleger. Hätte der Initiator diesen auch über die speziellen Risiken aufgeklärt, müsste die Bank dies jetzt nicht nachholen und damit den gesamten Vorgang verzögern. Daher kann der Initiator keine Ansprüche gegen die Bank geltend machen.

IV. Sonstige Grenzen

Neben dem Verzicht gibt es eine Reihe weiterer Grenzen der Aufklärungspflicht. Das Bankgeheimnis als Verpflichtung den anderen Bankkunden gegenüber zur Verschwiegenheit stellt eine solche weitere Grenze dar[617]. Soweit es reicht, ist die Bank nicht zur Aufklärung verpflichtet. Jedenfalls soweit die Bank über rechtswidrige Handlungen des durch das Bankgeheimnis Geschützten aufzuklären hat, findet unter dem Gesichtspunkt der Notwehr bzw. Nothilfe aber eine Durchbrechung statt[618], so dass die Bank zur Aufklärung verpflichtet ist. Greift der Aspekt der Notwehr / Nothilfe nicht, so kommt es

---

615 Ein Verzicht auf eine zukünftige Forderung ist nicht möglich, RGZ 124, 325, 326; 148, 257, 262. Er hat aber zur Folge, dass die Forderung erst gar nicht entsteht, vgl. nur *BGH* BB 1956, 1086; *Heinrichs* in Palandt § 397 Rn. 2.

616 Da der Verzichtswille eindeutig erkennbar sein muss, ist ein konkludenter Verzicht auch nur in seltenen Fällen gegeben, *BGH* WM 1994, 13, 13 = NJW 1994, 379, 380; *BGH* WM 1995, 1677, 1678 f. = NJW-RR 1996, 237, 237; *Rieble* in Staudinger BGB § 397 Rn. 103; großzügiger *BGH* WM 1998, 274, 274 = NJW 1998, 994, 994.

617 *Faßbender* Aufklärungspflichten, 283 ff.; vgl. dazu auch bereits oben bei Kapitel 2, D. II. 2. (S. 95 ff.).

618 Vgl. vorne Kapitel 2, D. II. 2. a. (S. 95).

immer noch zu einer Interessenabwägung[619]. Auch der Datenschutz[620] oder die Verschwiegenheitspflicht[621] können einer Aufklärung entgegenstehen.

I. Sonstige Voraussetzungen für eine c.i.c.-Haftung der Bank

I. Aufklärungspflichtverletzung

Wann eine Aufklärungspflicht besteht, wurde eingehend erörtert. Diese Pflicht muss die Bank verletzt haben, d.h. sie darf ihr nicht oder nicht ausreichend nachgekommen sein. Der materiell-rechtliche Aspekt ist aber nur ein Teil. Im Folgenden soll untersucht werden, welche Auswirkungen dies für den Anleger im Prozess hat. Dazu werden zunächst die allgemeinen Grundsätze der Beweislast dargestellt (1.). Danach wird untersucht, ob eine Beweislastumkehr (2.) oder eine Reduzierung der Beweislast (3.) in Betracht kommen.

1. Grundsätze der Beweislast

Nach allgemeinen, prozessualen Grundsätzen muss die klagende Partei die Voraussetzungen der ihr günstigen Rechtsnormen darlegen und im Prozess beweisen[622]. Daher muss der Kläger im Rahmen der c.i.c. auch die Verletzung einer Aufklärungspflicht beweisen[623]. Dazu muss er insbesondere auch das Bestehen einer solchen Pflicht beweisen. Dies kann ihm bei der Fallgruppe der Überschreitung der Finanzierungsfunktion relativ leicht gelingen, weil der besondere, berechtigte Vertrauenstatbestand verlangt, dass die vertrauensbegründende Maßnahme nach außen bekannt geworden ist.

---

619 *BGH* WM 1991, 85, 86 = NJW 1991, 693, 694; *Canaris* BankVR Rn. 60; *Kümpel* BankR Rn. 2.159; *Christopoulou* Bankgeheimnis, 101; *Hopt* Kapitalanlegerschutz, 467 ff.; *Roth* in Assmann/Schütze, Hdb.KapitalanlageR § 12 Rn. 87; *Bruchner* in Schimansky/Bunte/Lwowski, Bankrechts.Hdb. § 39 Rn. 40; *Dahm/Schebesta/Schroeter/Weber* Bankgeheimnis Rn. 66.

620 Vgl. dazu Kapitel 2, D. I. 2. b. (S. 92).

621 Vgl. dazu Kapitel 2, D. I. 2. a. (S. 86 ff.).

622 BGHZ 3, 342, 346 = NJW 1952, 142, 143; BGHZ 87, 393, 399 = WM 1983, 908, 909 = NJW 1983, 2499, 2500; *Rosenberg/Schwab/Gottwald* Zivilprozessrecht § 117 II 2 (S. 671); *Jauernig* Zivilprozessrecht § 50 I (S. 198 f.).

623 *Siol* in Schimansky/Bunte/Lwowski BankrechtsHdb. § 43 Rn. 41 f.; *Fuellmich* in FS Deutsch, 919, 954; *ders./Rieger* ZIP 1999, 465, 475; *Ellenberger* WM 2001/1, 2, 16; *Stodolkowitz* VersR 1994, 11, 11; *Häuser* WM 1989, 841, 843.

Schwieriger ist dies hingegen bei der Fallgruppe des konkreten Wissensvorsprungs, denn hier knüpft das Entstehen der Aufklärungspflicht an die Kenntnis der Bank an. Dieser innere Zustand ist aber sehr viel schwieriger zu beweisen als die nach außen bekannt gewordene vertrauensbegründende Maßnahme. Im Folgenden wird untersucht, ob und wenn ja, welche Auswirkungen dies für die Beweislast des klagenden Darlehensnehmers hat.

Grundsätzlich trifft den Beklagten keine erweiterte Obliegenheit zum Bestreiten[624] und (erst recht) nicht zum Beweis, nur weil dem beweisbelasteten Kläger die Darlegung schwerer fällt als seinem Gegner. Eine umfassende, prozessuale Aufklärungspflicht der nicht beweisbelasteten Partei zum Zwecke der Wahrheitsfindung im Prozess hat die Rechtsprechung abgelehnt[625]: Denn grundsätzlich ist keine Partei gehalten, dem Gegner für einen Prozesssieg das Material zu verschaffen, über das dieser nicht schon von sich aus verfügt[626]. Dies bedeutet hier, dass der klagende Darlehensnehmer insbesondere die Kenntnis der Bank als Voraussetzung für die Aufklärungspflicht beweisen muss[627]. Hieran hält die Rechtsprechung fest, auch wenn es sich bei der Kenntnis um eine Tatsache handelt, die im Innenbereich der Bank liegt und ihr Beweis insofern mit gewissen Schwierigkeiten verbunden ist[628].

Das Festhalten an diesem Grundsatz kann aber dazu führen, dass die materielle Rechtslage prozessual nicht durchsetzbar ist, weil sich die Voraussetzungen nicht beweisen lassen. Damit wird die erhebliche Relevanz der Darlegungs-

---

624 *BGH* NJW 1997, 128, 129.

625 *BGH* NJW 1958, 1491, 1492; NJW 1997, 128, 129; dafür: *Stürner* ZZP 98 (1985) 237, passim; zum Ganzen: *Rosenberg/Schwab/Gottwald* Zivilprozessrecht § 117 VI 2 (S. 679 f.).

626 *BGH* WM 1958, 961, 962 = NJW 1958, 1491, 1492; WM 1990, 1844, 1845 = NJW 1990, 3151, 3151; *Leipold* in Stein/Jonas ZPO § 138 Rn. 22; Ausnahme z.B. in § 423 ZPO, wonach der Beklagte eine Urkunde vorlegen muss, wenn er im Prozess selbst darauf Bezug nimmt.

627 Hierüber geht *Fuellmich* in FS Deutsch, 919, 954 f. hinweg.

628 *BGH* WM 1990, 1977, 1978 = NJW-RR 1990, 1422, 1423; *BGH* WM 1992, 901, 903 = NJW-RR 1992, 879, 881; WM 2000, 1685, 1686 = NJW 2000, 3558, 3559 = NZG 2000, 1215, 1216 (anders noch die Berufungsinstanz *OLG München* WM 1999, 1818, 1820); *OLG Stuttgart* WM 2000, 292, 297; *LG Ulm* WM 2000, 825, 827; für den Nachweis der Verletzung einer bestehenden Pflicht ist dies ganz einhellige Auffassung, vgl. dazu Nachweise bei *OLG Düsseldorf* WM 1996, 1082, 1086. Vgl. auch die Anforderungen des *OLG Stuttgart* WM 2000, 292, 296 f. an eine substantiierte Darlegung.

und Beweislast für den Ausgang des Rechtsstreits deutlich[629]. Um solche unbefriedigenden, materiellrechtlichen Haftungszuweisungen zu vermeiden, reduziert die Rechtsprechung in bestimmten Fällen die Beweislast[630] oder nimmt im Extremfall sogar eine Beweislastumkehr an[631]. Hieran kann möglicherweise im Hinblick auf Beweisprobleme hinsichtlich der Kenntnis der Bank angeknüpft werden.

2. Beweislastumkehr

Im Rahmen von Aufklärungspflichtverletzungen wird von der Rechtsprechung eine Ausnahme von dem Grundsatz der Beweislastverteilung zugelassen und eine Beweislastumkehr angenommen[632]. Danach trifft denjenigen, der nicht ausreichend aufgeklärt hat, die Beweislast dafür, dass der Schaden auch bei genügender Aufklärung entstanden wäre[633]. Damit betrifft die Beweislastumkehr jedoch die Kausalität. Bei der Frage des Wissens sind aber nicht Fra-

---

629 *Gottwald* Jura 1980, 303, 303; *Häuser* WM 1989, 841, 843; *Stoll* AcP 176 (1976) 145, 146 ff.; *Roth* ZHR 154 (1990) 513, 529.

630 BGHZ 123, 311, 315 f. = WM 1994, 78, 80 = NJW 1993, 3259, 3259 f.; *Jauernig* Zivilprozessrecht § 50 V (S. 201 f.); *Musielak* Beweislast, 120 ff.

631 Zusätzlich zu den gesetzlich bereits normierten Fällen der Beweislastumkehr (dazu *Rosenberg/Schwab/Gottwald* Zivilprozessrecht § 117 II 3 (S. 672); *Jauernig* Zivilprozessrecht § 50 VI (S. 202) ist etwa die Produzentenhaftung anerkannt, bei der mittels abgestufter Beweislastregeln den vielfältigen Beweisproblemen des Verletzten nach in Verkehr bringen eines Produkts Rechnung getragen wird. BGHZ 51, 91, 104 ff. = NJW 1969, 269, 274 f.; NJW 1973, 1602, 1603; BGHZ 67, 359, 361 f. Auch eine Beweisvereitlung kann zu einer Beweislastumkehr führen, *BGH* NJW 1998, 79, 81; *Rosenberg/Schwab/Gottwald* Zivilprozessrecht § 117 II 6 a (S. 674); *Jauernig* Zivilprozessrecht § 50 VII (S. 202 ff.); vgl. auch *Gottwald* Jura 1980, 303, 304 ff.

632 *BGH* WM 1973, 1015, 1016; WM 1990, 1276, 1280 = NJW 1990, 2461, 2463 f. (insoweit nicht abgedruckt bei BGHZ 111, 314); BGHZ 64, 46, 51 = WM 1975, 645, 647; *BGH* WM 1988, 48, 50 = NJW-RR 1988, 348, 350; *Canaris* BankVR Rn. 30; *Lang* WM 2000, 450, 459; *Häuser* WM 1989, 841, 844 ff.; kritisch hierzu: *Roth* ZHR 154 (1990) 513, 527 ff.; *Grunewald* ZIP 1994, 1162, 1163 ff.; *Stodolkowitz* VersR 1994, 11, 12 ff.

633 Vermutung für aufklärungsrichtiges Verhalten: BGHZ 124, 151, 159 f. = WM 1994, 149, 151 = NJW 1994, 512, 513 f.; WM 1992, 1310, 1311 = NJW 1992, 2146, 2147; WM 1993, 1457, 1458 = NJW 1993, 2434, 2435; WM 1997, 811, 813 = NJW 1997, 2171, 2173; BGHZ 115, 213, 223 = WM 1991, 2092, 2096 = NJW 1992, 228, 231; *Gottwald* Jura 1980, 303, 306; *v. Heymann* NJW 1999, 1577, 1585; eine Einschränkung erfolgt aber dann, wenn es nicht nur eine, sondern mehrere Möglichkeiten aufklärungsrichtigen Verhaltens gibt und damit ein Entscheidungskonflikt ausgelöst wird: *BGH* WM 1990, 681, 683 = NJW-RR 1990, 918, 920; WM 1994, 1466, 1467 = NJW 1994, 2541, 2542; WM 1997, 811, 813 = NJW 1997, 2171, 2173; WM 1998, 1527, 1529 = NJW-RR 1998, 1271, 1272; *OLG München* NZG 2000, 1090, 1092.

gen der Kausalität relevant, vielmehr geht es – bereits vorgelagert – um den Beweis eines Tatbestandsmerkmals.

Auch in Fällen einer groben Verletzung von Berufspflichten nimmt die Rechtsprechung eine Beweislastumkehr an[634]. Dies könnte auch bei Banken greifen, wenn diese durch ihr Verhalten ein besonderes Risiko für die Anleger schaffen. Denn hierin könnte eine grobe Verletzung der dem Kunden gegenüber bestehenden Vertragspflichten liegen. Gegen eine Übertragung dieses Ansatzes auf Banken sprechen jedoch insbesondere zwei Gründe. Zum einen findet auch hier wieder die Beweislastumkehr nur auf der Ebene der Kausalität statt, was bereits aus den oben erwähnten Gründen gegen eine Übertragbarkeit auf die vorliegende Problematik spricht. Zum anderen wurde diese Beweislastumkehr für Berufspflichten der Ärzte entwickelt, und nur auf solche Pflichten ausgedehnt, die „ähnlich wie beim Arztberuf gerade auf die Bewahrung anderer vor Gefahren für Körper und Gesundheit gerichtet“ sind[635]. Insofern fehlt es an der Vergleichbarkeit mit den Berufspflichten der Banken, da es hier um den Schutz vor reinen Vermögensschäden geht[636].

Eine Beweislastumkehr hinsichtlich der Kenntnis der Bank von einem speziellen Risiko ist auch unter Wertungsgesichtspunkten nicht gerechtfertigt. Sie wirkt nämlich wie eine Vermutung, die die Bank zu widerlegen hat. Es kann aber gerade nicht angenommen werden, dass die Bank immer Kenntnis von allen Risiken hat. Dies würde das Regel-Ausnahmeverhältnis der Aufklärungspflicht umkehren, zumal der Nachweis, keine Kenntnis zu haben, für die Bank wiederum mit großen Schwierigkeiten verbunden ist. Eine Beweislastumkehr findet daher im Hinblick auf das Wissen der Bank um das spezielle Risiko des Projekts nicht statt.

---

634 *BGH* NJW 1962, 959, 960; NJW 1988, 2303, 2304; *BGH* NJW 1973, 1688, 1688; *Gottwald* Jura 1980, 303, 305; *Rosenberg/Schwab/Gottwald* Zivilprozessrecht § 117 II 6 b (S. 675); *Musielak* Beweislast, 145 ff., 155, der dogmatisch die Fälle anders einordnet, indem er die an die Wahrscheinlichkeit gestellten Anforderungen vermindert.

635 *BGH* NJW 1962, 959, 960; hierunter hat *OLG Köln* VersR 1970, 229, 230 sogar einen Würstchenverkäufer auf der Kirmes gefasst, weil ihn die Pflicht treffe, das Publikum vor Schäden für Leib und Leben zu bewahren; weitergehend *Emmerich* JuS 1974, 50, 51, der eine Beweislastumkehr immer dann befürwortet, wenn der wesentliche Zweck der Berufspflicht ist, drohende Schäden für den Vertragspartner zu verhindern. Selbst bei diesem weiten Verständnis ist diese Fallgruppe dennoch nicht einschlägig, da der Schutz vor drohenden Schäden nicht primäres Ziel der Verträge mit der Bank ist.

636 Auch *Lang* WM 2000, 450, 461 meint, dass die spezifischen Besonderheiten der Arzthaftung sich kaum allgemein auf Aufklärungspflichten übertragen lassen; so auch *Stodolkowitz* VersR 1994, 11, 13 f.; *Häuser* WM 1989, 841, 846.

3. Reduzierung der Beweislast / Beweiserleichterung

Einer Beweislastumkehr bedarf es gar nicht, wenn den Beweisschwierigkeiten auch bereits im Vorfeld begegnet werden kann. In Fällen der größeren Sachnähe des Gegners zum umstrittenen Geschehen kann die behauptungs- und beweisbelastete Partei (Anleger) ihrer Darlegungslast durch eine mehr oder weniger pauschale Darlegung genügen. Diese muss der Gegner (Bank) durch eine genauere Darlegung substantiiert bestreiten. Dem Anleger obliegt es dann wiederum, die Unrichtigkeit des Bankenvortrages zu beweisen[637]. Voraussetzung hierfür ist jedoch, dass der Anleger außerhalb des von ihm darzulegenden Geschehen steht und er keine näheren Kenntnisse besitzt, während die Bank sie hat und ihr nähere Angaben zumutbar sind[638].

Dieser häufig auf den Fall der behaupteten Nichtaufklärung angewandte Grundsatz[639] kann hier übertragen werden. Denn der Anleger steht hinsichtlich der Kenntnis der Bank außerhalb des Geschehens. Er hat diesbezüglich keine näheren Informationen, da er mit den internen Bankstrukturen nicht vertraut ist und auch keinen Zugang zu ihnen hat. Die Informationen benötigt er aber, um die Kenntnis der Bank beweisen zu können. Die beklagte Bank hingegen hat Kenntnis um ihr eigenes Wissen. Ihr sind die erforderlichen Angaben nach Treu und Glauben auch zumutbar[640], weil hierbei keine sensiblen Daten betroffen sind.

Somit kommt es bei einem konkreten Wissensvorsprung der Bank immer zu einer Reduzierung der Darlegungs- und Beweislast. Daher genügt es, wenn der Anleger Umstände darlegt, die nahe legen, dass die Bank Kenntnis hatte. Für die Bank ist es mit Hinblick auf die andernfalls wertlose, materiell-

---

637 *BGH* NJW-RR 1993, 746, 747; *Siol* in Schimansky/Bunte/Lwowski BankrechtsHdb. § 43 Rn. 42.

638 Vgl. *BGH* WM 1990, 1844, 1846 = NJW 1990, 3151, 3152; BGHZ 109, 139, 149 = WM 1990, 25, 28 = NJW 90, 314, 316; *BGH* WM 1996, 208, 211 = NJW 1996, 315, 317; *BGH* NJW 1997, 128, 129; *OLG Düsseldorf* WM 1996, 1082, 1086; *Vortmann* Aufklärungspflichten, Rn. 62; *Rosenberg/Schwab/Gottwald* Zivilprozessrecht § 114 I 2 (S. 653); *Jauernig* Zivilprozessrecht § 50 I (S. 198); *Lang* WM 2000, 450, 460 versteht dies als Beweislastumkehr.

639 Vgl. die Nachweise in Fn. 637 (S. 183).

640 Die Rechtsprechung schenkt diesem Kriterium nicht viel Aufmerksamkeit. Häufig übergeht sie es ganz oder behauptet die Zumutbarkeit allenfalls ganz lapidar, wie in BGHZ 86, 23, 30 = WM 1983, 12, 14 = NJW 1983, 687, 689; *BGH* NJW 1974, 1822, 1822 f. Nur selten wird sie begründet, vgl. dazu *BGH* NJW 1961, 826, 828; BGHZ 100, 190, 196 = WM 1987, 815, 817 = NJW 1987, 2008, 2009; *BGH* NJW 1987, 1201, 1201 (insoweit nicht abgedruckt in BGHZ 98, 353).

rechtliche Aufklärungspflicht dann zumutbar, ihre interne Organisation aufzudecken und darzulegen, wer der zuständige Angestellte ist und wieso er keine Kenntnis hatte.

Darüber hinaus kann dem klagenden Anleger im Rahmen der Beweiswürdigung auch durch den richterrechtlich entwickelten Anscheinsbeweis[641] geholfen werden[642]. Danach können mit Hilfe der allgemeinen Lebenserfahrung fehlende, konkrete Indizien bei der Beweiswürdigung überbrückt werden[643]. Voraussetzung hierfür ist das Bestehen einer Lebenserfahrung[644]. Jedenfalls dann, wenn banktypische Risiken von der Bank auf den Anleger verlagert oder durch die Bank zusätzliche Risiken geschaffen werden, kann man davon ausgehen, dass die Bank auch Kenntnis von den durch sie geschaffenen Risiken hatte.

4. Zwischenergebnis

Da es mangels Informationen für die Anleger schwierig ist, die Kenntnis der Bank von einem speziellen Risiko zu beweisen, kommt es in Fällen des konkreten Wissensvorsprungs zu einer Reduzierung der Beweislast.

II. Verschulden

Neben der Verletzung der ihr obliegenden Aufklärungspflicht müssen weitere Voraussetzungen vorliegen, damit die Bank aus c.i.c. schadensersatzpflichtig ist. So muss die Bank die ihr obliegende Aufklärungspflicht schuldhaft verletzt haben[645], § 276 BGB. Dies wird allerdings vermutet. Korrespondierend

---

641 Nach *Rosenberg/Schwab/Gottwald* Zivilprozessrecht § 115 III 3 (S. 663) ist der Anscheinsbeweis kein besonderes Rechtsinstitut, sondern konsequent praktizierte Beweiswürdigung.

642 Obwohl der Anscheinsbeweis seine Bedeutung überwiegend bei Fragen des Verschuldens und der Kausalität hat, ist er auch bei Tatsachen anwendbar; vgl. BGHZ 100, 31, 33 f. = NJW 1987, 2876, 2877; BGHZ 123, 311, 316 ff. = WM 1994, 78, 80 = NJW 1993, 3259, 3260; *Lang* WM 2000, 450, 463; *Rosenberg/Schwab/ Gottwald* Zivilprozessrecht § 115 III (S. 661).

643 Ob es sich hierbei um eine Reduzierung des Beweismaßes handelt, (*Musielak* Beweislast, 125 ff., 131; *Roth* ZHR 154 (1990) 513, 521) oder ob es sich um einen Vollbeweis handelt (*BGH* NJW-RR 1988, 789, 789 f.; *BGH* VersR 1956, 710, 711; *Rosenberg/Schwab/Gottwald* Zivilprozessrecht § 115 III 1 (S. 661) m. w. Nachw.) ist zwar umstritten, spielt für die praktische Anwendung aber keine entscheidende Rolle.

644 *Stodolkowitz* VersR 1994, 11, 14 bezweifelt, ob es auch in Bezug auf Menschen eine Lebenserfahrung gibt und angenommen werden kann, dass sich der Mensch nach einer solchen richtet. Dafür *Jauernig* Zivilprozessrecht § 50 V (S. 201).

645 *Heinrichs* in Palandt § 276 Rn. 70; *Löwisch* in Staudinger BGB vor § 275 Rn. 60.

zu der oben erwähnten Beweislastumkehr bei der Kausalität hat die Bank hier zu beweisen, dass sie nicht schuldhaft gehandelt hat. Denn sie allein hat Einblick in die Umstände, die zur Pflichtverletzung geführt haben[646].

III. Schaden

Ein Schadensersatzanspruch setzt weiterhin das Bestehen eines Schadens voraus. Der Schaden des Vertragspartners der Bank ist die Differenz zwischen der hypothetischen Lage, die ohne die Pflichtverletzung bestünde und der realen Lage, die jetzt infolge der Pflichtverletzung besteht. Der Vertragspartner der Bank ist so zu stellen, wie er ohne die Pflichtverletzung stünde[647]. Bei ordnungsgemäßer Aufklärung hätte der Anleger kein Darlehen aufgenommen, um damit die Beteiligung an einem bestimmten Immobilienfonds zu zeichnen. Der Schaden[648] liegt daher in der (in der Regel wertlosen) Beteiligung an dem geschlossenen Immobilienfonds und dem Umstand, dass er ein Darlehen eingegangen ist[649].

IV. Kausalität

Ersetzt wird nur ein Schaden, der kausal durch die Pflichtverletzung entstanden ist (haftungsausfüllende Kausalität)[650].

Tritt der Anleger mit der Bank wegen eines Darlehens in Kontakt, bevor er einem Fonds beigetreten ist, ist die Verletzung der Aufklärungspflicht durch die Bank kausal für die Anlageentscheidung. Denn es ist davon auszugehen, dass der Anleger dem Fonds nicht beigetreten wäre und dementsprechend

---

646 BGHZ 23, 288, 290; 28, 251, 254; *Fuellmich* in FS Deutsch, 919, 955; *Wiedemann* in Soergel BGB vor § 275 Rn. 261; *Emmerich* in MünchKomm BGB vor § 275 Rn. 195.

647 Dazu statt aller *Siol* in Schimansky/Bunte/Lwowski BankrechtsHdb. § 43 Rn. 37; *Köndgen* NJW 1994, 1508, 1511.

648 Zu der Frage, in welchem Umfang ersparte Steuern angerechnet werden müssen, vgl. *BGH* WM 1989, 1925, 1925 f. = NJW 1990, 571, 571 f.; *OLG Düsseldorf* WM 1997, 562, 565 f.; *Siol* in Schimansky/Bunte/ Lwowski BankrechtsHdb. § 43 Rn. 40.

649 Darauf, dass auch schon das Darlehen einen Schaden darstellt, weist *Fuellmich* in FS Deutsch, 919, 954; *ders./Rieger* ZIP 1999, 465, 474 zurecht hin. *BGH* WM 1992, 1310, 1311 = NJW 1992, 2146, 2147.

650 *Siol* in Schimansky/Bunte/Lwowski BankrechtsHdb. § 43 Rn. 29; *Heinrichs* in Palandt vor § 249 Rn. 56.

auch kein Darlehen aufgenommen hätte, wenn die Bank ihn ordnungsgemäß aufgeklärt hätte[651].

Ist der Anleger hingegen zu dem Zeitpunkt, zu dem er sich wegen des Darlehens an die Bank wendet, dem Immobilienfonds bereits beigetreten, ist die fehlerhafte Aufklärung[652] der Bank nicht kausal für den Beitritt zu dem Fonds[653]. Damit stellt sich die Frage der Kausalität nur im Hinblick auf das Darlehen. Bei einem bindenden Beitritt zu dem Fonds muss der Anleger das Geld für die Einlage aufbringen[654]. Wenn er nicht über ausreichendes Eigenkapital verfügt, benötigt er dazu ein Darlehen. Dieser Finanzbedarf ist unabhängig davon, ob der Anleger vor der Darlehensvergabe ausreichend über die Risiken des Fondsprojekts aufgeklärt worden ist. Das Darlehen benötigt er auch, wenn es verpflichtender Bestandteil des Fondskonzepts ist. In dieser Situation stellt das Darlehen daher überhaupt keinen kausalen Schaden mehr dar[655]. Etwas anderes gilt jedoch dann[656], wenn sich der Anleger noch von seiner Einlageverpflichtung befreien kann, etwa indem er seinen Fondsbeitritt rückgängig macht[657]. Denn hätte sich der Anleger bei ordnungsgemäßer Aufklärung wieder von dem Investment und der damit einhergehenden, zur Darlehensaufnahme führenden Einlageverpflichtung getrennt, ist die Pflichtver-

---

651 Zu der Vermutung des aufklärungsrichtigen Verhaltens vgl. vorne bei Beweislastumkehr Kapitel 3, I. I. 2. (S. 181).

652 *BGH* WM 1988, 561, 563 = NJW 1988, 1583, 1585; WM 1988, 1225 = NJW-RR 1988, 1450; *OLG München* WM 1997, 254, 257 f.; *LG Ellwangen* WM 1999, 129, 131 lassen dann sogar schon eine Pflicht zur Aufklärung durch die Bank entfallen. Dies ist jedoch nicht zutreffend. Die Frage des Beitrittszeitpunkts spielt allein für die Frage der Kausalität eine Rolle, beeinflusst aber nicht den Bestand einer Pflicht. Wie hier auch *Fuellmich* in FS Deutsch, 919, 945; *ders./Rieger* ZIP 1999, 465, 474.

653 *Früh* ZIP 1999, 701, 704 f.

654 *BGH* WM 1990, 920, 924 = NJW-RR 1990, 876, 878; WM 1991, 85, 86 = NJW 1991, 693, 694. Nach *Fuellmich* in FS Deutsch, 919, 953 f.; *ders./Rieger* ZIP 1999, 465, 474 kommt es darauf an, ob der Anleger gewillt ist, die Einlage zu leisten. Sein Wille ist jedoch unbeachtlich, sofern er zur Leistung verpflichtet ist.

655 A.A.: *Fuellmich/Rieger* ZIP 1999, 465, 474 f.

656 *BGH* WM 1988, 561, 563 = NJW 1988, 1583, 1585; *BGH* WM 1990, 920, 924 = NJW-RR 1990, 876, 878; WM 1991, 85, 86 = NJW 1991, 693, 694; *Siol* in Schimansky/Bunte/Lwowski BankrechtsHdb. § 43 Rn. 29 und § 44 Rn. 21.

657 *OLG München* NZG 2000, 1090, 1092 erwägt bereits, genügen zu lassen, dass der Anleger versucht, sich von der Kapitalanlage zu trennen. Der Versuch alleine kann aber nicht ausreichen, entscheidend ist insoweit der tatsächliche Erfolg. Denkbar ist etwa, dass der Beitritt zu dem Fonds noch nach dem HTWG widerrufen werden kann, vgl. zur Anwendbarkeit *OLG Stuttgart* ZIP 2001, 322, 323; *Fischer/Machunsky* HTWG § 1 Rn. 48. Zu der Frage, ob ein Widerruf auch bei notarieller Beurkundung des Beitritts möglich ist, vgl. *Habersack* ZIP 2001, 353 , 353 ff. m. w. Nachw.

letzung kausal für die Einlageverpflichtung und die daraus resultierende Notwendigkeit der Darlehensaufnahme.

Eine Schadensersatzpflicht besteht nur, wenn der geltend gemachte Schaden nach Art, Umfang und Entstehungsweise unter den Schutzzweck der verletzten Norm fällt. Es muss sich um Nachteile handeln, die aus dem Bereich stammen, zu deren Abwendung die verletzte Pflicht besteht[658]. Dies gilt auch für den vorvertraglichen Bereich[659]. Verletzt die Bank ihre Aufklärungspflicht im Hinblick auf ein bestimmtes Risiko, realisiert sich jedoch ein anderes Risiko des Fonds, über das die Bank ordnungsgemäß aufgeklärt hat oder über das sie gar nicht aufklären musste, so stellt sich die Frage, ob der eingetretene Wertverlust der Anlage in den Schutzbereich der verletzten Aufklärungspflicht fällt, ob der Anleger seinen Schaden also ersetzt verlangen kann.

Nach ständiger Rechtsprechung hat derjenige, der seiner umfassenden Aufklärungspflicht nur unvollständig nachgekommen ist, auch für solche Schäden einzustehen, die sich aus Risiken entwickeln, über die er nicht aufzuklären hatte[660]. Dies wurde insbesondere für Fälle der Prospekthaftung und Anlagevermittlung entschieden. Der Schutzzweck der Aufklärungspflicht ist es nicht, den Anleger nur vor den Risiken zu warnen, die sich später realisieren. Vielmehr soll durch die Aufklärung das Selbstbestimmungsrecht der Anleger über die Verwendung ihres Vermögens sichergestellt werden. Die Aufklärungspflicht, die verletzt wurde, soll ihn gerade vor Anlageentscheidungen schützen, die er bei vollständiger Aufklärung nicht getroffen hätte. Daher fällt der Schaden (die eingegangene Beteiligung und das Darlehen) unabhängig davon

---

658 BGHZ 27, 137, 140 = NJW 1958, 1041, 1042; BGHZ 116, 209, 212 = WM 1992, 133, 134 = NJW 1992, 555, 556; WM 1990, 808, 809 = NJW 1990, 2057, 2058; WM 1991, 1629, 1629 = NJW-RR 1991, 1265; WM 1992, 1355, 1357 = NJW 1992, 2560, 2561; *v. Heymann* NJW 1999, 1577, 1585; *Heinrichs* in Palandt vor § 249 Rn. 63 f.; *Oetker* in MünchKomm BGB § 249 Rn. 114; *Emmerich* in MünchKomm BGB vor § 275 Rn. 183; a.A.: *Larenz* Schuldrecht I § 27 III 2b (S. 441), wonach die Schutzzwecklehre nur in den Bereich der haftungsbegründenden Kausalität gehört.

659 BGHZ 116, 209, 212 = WM 1992, 133, 135 = NJW 1992, 555, 556; WM 1998, 1527, 1529 = NJW-RR 1998, 1271, 1273; *BGH* WM 1962, 347, 347; *Assmann* in Assmann/Schütze Hdb.KapitalanlageR § 7 Rn. 144; *Stüsser* NJW 1999, 1586, 1588.

660 BGHZ 116, 209, 212 f. = WM 1992, 133, 135 = NJW 1992, 555, 556; NJW 1992, 2148, 2149; WM 1998, 1527, 1529 = NJW-RR 1998, 1271, 1273; *BGH* WM 1995, 344, 347 = NJW 1995, 1025, 1026; WM 1995, 344, 347 = NJW 1995, 1025, 1026; BGHZ 123, 106, 112 ff. = WM 1993, 1787, 1789 = NJW 1993, 2865, 2866; *BGH* WM 1990, 1276, 1279 f. = NJW 1990, 2461, 2463 (insoweit nicht abgedruckt bei BGHZ 111, 314); a.A.: *Canaris* BankVR(2) Rn. 2298; *Bruchner* WM 1999, 825, 833 f.

in den Schutzbereich der Pflicht, ob sich gerade das verschwiegene Risiko realisiert[661] und für den Wertverlust verantwortlich ist.

Etwas anderes soll allerdings dann gelten, wenn eine Partei – ohne Partner des Anlagegeschäfts zu sein – keine umfassende Aufklärung schuldet, sondern nur hinsichtlich einzelner für die Anlage bedeutsamer Punkte aufzuklären hat. In diesem Fall beschränkt sich die Pflicht darauf, Schäden zu verhindern, die in diesem Punkt eintreten können[662]. Wenn die Bank ihre Aufklärungspflicht zwar verletzt hat, aber über das Risiko, das sich realisiert hat, gar nicht aufklären musste oder sogar ordnungsgemäß aufgeklärt hat, fallen die Schäden, die aus dem sich realisierenden Risiko resultieren, nicht mehr in den Schutzbereich der Norm. Der Grund hierfür ist, dass den zur Aufklärung Verpflichteten keine Verantwortung dafür trifft, dass die Anlage insgesamt erfolgversprechend ist. Dieser Einschränkung ist zuzustimmen, denn der Anleger ist in diesen Fällen nicht schützenswert. Die Gefahr, die sich realisiert hat, kannte der Anleger (oder hätte sie jedenfalls kennen müssen). Dieses Risiko ist er eigenverantwortlich eingegangen. Die Gefahr, über die die Bank nicht aufgeklärt hat, hat sich nicht realisiert, sie spielt also für das Projekt überhaupt keine Rolle. Insofern besteht auch kein Anlass für einen Schadensersatzanspruch.

Realisiert sich hingegen ein Risiko, über das die Bank nicht aufgeklärt hat, aber hätte aufklären müssen oder das mit dem verschwiegenen Risiko in engem Zusammenhang steht, ist der entstehende Schaden von dem Schutzzweck der Norm erfasst.

Für die Fälle der Aufklärungspflicht der Bank im Rahmen dieser Arbeit bedeutet dies Folgendes: Sofern die Bank nur über spezielle Risiken aufzuklären hat, sie also keine umfassende Aufklärung über alle in Betracht kommenden Risiken trifft, liegt der Schutzzweck ihrer Aufklärungspflicht nicht in dem umfassenden Schutz der Willensentschließungsfreiheit, sondern erfasst nur die Konsequenzen, die aus der Verletzung ihrer beschränkten Aufklärungspflicht resultieren. Somit fallen Schäden aus anderen sich realisierenden Risiken, über die die Bank nicht aufklären musste, nicht in den Schutzbereich der

---

[661] BGHZ 123, 106, 112 ff. = WM 1993, 1787, 1789 = NJW 1993, 2865, 2866.

[662] BGHZ 116, 209, 213 f. = WM 1992, 133, 135 = NJW 1992, 555, 556; NJW 1992, 2148, 2149; WM 1998, 1527, 1529 = NJW-RR 1998, 1271, 1273; angedeutet bei *OLG Stuttgart* WM 2000, 292, 295; *Bruchner* WM 1999, 825, 833 f.; *Ellenberger* WM 2001/1 2, 10.

Aufklärungspflicht und begründen keinen Schadensersatzanspruch des Anlegers.

Nicht in den Genuss dieser Haftungsbegrenzung kommt die Bank hingegen, wenn sie Projektbeteiligte ist[663]. Denn damit ist sie zur umfassenden Aufklärung verpflichtet und hat den Anlegern eine eigenverantwortliche Entscheidung ermöglichen sollen. Damit erstreckt sich der Schutzzweck der Aufklärungspflicht auf alle Schäden, auch wenn sie über das konkrete Risiko ordnungsgemäß aufgeklärt hat.

V. Mitverschulden

Der Rechtsgedanke des Mitverschuldens ist, dass derjenige eine Kürzung seines Schadensersatzanspruchs hinnehmen muss, der die Sorgfalt außer Acht lässt, die nach der Lage der Dinge erforderlich erscheint, um sich selbst vor Schaden zu bewahren[664].

Bei Schädigungen im geschäftlichen Verkehr ist allerdings zunächst zu berücksichtigen, ob die verletzte Pflicht den Geschädigten nicht gerade vor dem Verhalten schützen sollte, durch das er selbst zur Entstehung des Schadens beigetragen hat[665]. Daher wird einem Anlageberater oder -vermittler gegenüber ein Mitverschulden des Anlegers in der Regel abgelehnt. Ein Mitverschulden des Anlegers ist nur ausnahmsweise unter besonderen Umständen etwa dann möglich, wenn er Warnungen von dritter Seite nicht beachtet oder wenn im Hinblick auf die Interessenlage, in der Anlageinteressent und Anlageberater in vertraglichen Beziehungen zueinander stehen, besondere Umstände vorliegen[666].

Nach diesem Ansatz ist davon auszugehen, dass ein Mitverschulden des Anlegers in der Regel ausscheidet. Zu diesem Ergebnis gelangt auch *Fuellmich*[667]. In den von ihm propagierten Fällen der Unerfahrenheit sei kein Raum für ein Mitverschulden der Anleger. Zuzustimmen ist ihm insoweit, als ein

---

[663] So auch *BGH* NJW 1992, 2148, 2149.

[664] RGZ 100, 42, 44; RGZ 112, 284, 287; *Heinrichs* in Palandt § 254 Rn. 1.

[665] *BGH* WM 1965, 287, 288; *Schiemann* in Staudinger BGB § 254 Rn. 59.

[666] BGHZ 100, 117, 125 = WM 1987, 495, 498 = NJW 1987, 1815, 1818; WM 1982, 90, 91 = NJW 1982, 1095, 1096 f.; *OLG Braunschweig* WM 1996, 1484, 1487 (Sache selbst nicht ganz „geheuer"); *OLG Saarbrücken* OLGR Saarbrücken 1997, 163 (mit spärlichen Informationen zufrieden); *OLG Stuttgart* OLGR Stuttgart 1999, 210 (Anlass zu Zweifeln an Seriosität); *OLG Köln* NZG 2000, 51, 52.

[667] *Fuellmich* in FS Deutsch, 919, 954; *ders./Rieger* ZIP 1999, 465, 475.

Mitverschulden nach ganz allgemeinen Regeln dann nicht anzunehmen ist, wenn die Obliegenheitsverletzung des Anlegers gegenüber dem vorsätzlich schädigenden Verhalten des Vertragspartners zurücktritt[668]. Für die Masse der Fälle ist damit aber noch keine Aussage über das Mitverschulden des Anlegers gemacht, zumal der *BGH* in Fällen der Aufklärungspflichtverletzung durch die Bank auch schon die Möglichkeit eines Mitverschuldens bejaht hat[669].

Bei der Beurteilung des Mitverschuldens ist der – bereits oben erwähnte – Umstand zu berücksichtigen, ob die verletzte Pflicht den Geschädigten nicht gerade vor dem Verhalten schützen sollte, durch das er selbst zur Entstehung des Schadens beigetragen hat[670].

Danach macht es nämlich einen Unterschied, ob sich der Anleger an jemanden wendet, um von ihm alle Informationen zu bekommen (z.B. Anlageberater, -vermittler), um also nicht selber Nachforschungen anstellen zu müssen[671], oder ob der Vertragspartner den Anlageinteressenten nur aufgrund von Nebenpflichten aus einem anderen Vertrag aufklären muss. Während die Beauftragung des Beraters darauf abzielt, eigene Nachforschungen zu vermeiden und damit ein Mitverschulden regelmäßig nicht in Betracht kommt, darf sich der Anleger, der bei der Bank ein Darlehen beantragt, nicht vollständig auf die Aufklärung der Bank verlassen. Denn ihre primäre Aufgabe ist es nicht, Anleger über Risiken aufzuklären, sondern Darlehen zu vergeben. Daher muss er sich selbständig um Informationen und Aufklärung bemühen. Insofern ist aufgrund der allgemeinen Sorgfaltspflicht bei der Teilnahme am Geschäftsverkehr auch ein Mitverschulden möglich[672].

Voraussetzung für ein Mitverschulden ist allerdings, dass auch tatsächlich ein Sorgfaltspflichtverstoß vorliegt und dem Anleger das Risiko bei eigener

---

668 Statt aller: *Heinrichs* in Palandt § 254 Rn. 53.

669 *BGH* WM 1987, 1546, 1547; *BGH* WM 1992, 1310, 1311 = NJW 1992, 2146, 2147 (betrifft allerdings die Rückabwicklung der Kapitalanlage und nicht deren Eingehung); angesprochen auch bei *BGH* WM 1993, 1238, 1240 f. = NJW-RR 1993, 1114, 1115; *BGH* WM 1995, 1306, 1307 = NJW 1995, 2218, 2218.

670 Vgl. Nachweise in Fn. 665 (S. 189).

671 Allerdings macht es für die Frage des Mitverschuldens schon einen Unterschied, ob es sich um einen Berater oder um einen Vermittler handelt, der für die kapitalsuchende Gesellschaft tätig wird und bei dem davon ausgegangen werden muss, dass aus Werbegründen möglicherweise nicht alle Aspekte gleichmäßig hervorgehoben werden: *BGH* WM 1982, 90, 91 f. = NJW 1982, 1095, 1096 f.; *v. Heymann* in Assmann/Schütze Hdb.KapitalanlageR § 5 Rn. 138.

672 Vgl. auch *BGH* WM 1987, 1546, 1547.

Nachforschung erkennbar war. Daher scheidet ein Mitverschulden dann aus, wenn die Bank über spezielle Risiken aufzuklären hat. Denn diese kann der Anleger – bereits per definitionem – auch bei eigener Nachforschung nicht erkennen. Verletzt die Bank ihre Aufklärungspflicht hinsichtlich eines speziellen Risikos und realisiert sich ein solches Risiko, über das die Bank nicht aufgeklärt hat, dann hat die Bank den vollen Schaden zu ersetzen. Es ist kein Raum für eine Reduzierung des Schadensersatzanspruchs infolge von Mitverschulden.

Hat die Bank jedoch wegen einer Überschreitung der Finanzierungsfunktion den Anleger umfassender aufzuklären, ist es dem Anleger sehr wohl auch möglich, selbst Nachforschungen in diesem Bereich anzustellen. Hier kann eine Anspruchsminderung infolge Mitverschuldens relevant werden, wenn sich der Anleger allein wegen des Vertrauens in die Bank auf das Geschäft eingelassen hat[673].

VI. Verjährung

Die Verjährung der Schadensersatzansprüche aus c.i.c. richtet sich nach allgemeinen Grundsätzen[674]. Sie beträgt daher gemäß § 195 BGB 30 Jahre.

---

673 *BGH* WM 1987, 1546, 1547 f.; *Mertens* in Soergel BGB § 254 Rn. 44.
674 Allgemein: *Emmerich* in MünchKomm BGB vor § 275 Rn. 196.

Kapitel 4: Beteiligung Dritter

Im Folgenden wird untersucht, welchen Einfluss Dritte auf die Aufklärungspflichten der Banken haben. Dabei sind zwei völlig verschiedene Problemkreise zu lösen: Zum einen geht es um die Begründung einer Aufklärungspflicht. So ist zu untersuchen, ob auch das Verhalten eines Dritten eine Aufklärungspflicht der darlehensgewährenden Bank wegen einer Überschreitung der Finanzierungsfunktion begründen kann; ob also etwa das Verhalten einer Tochtergesellschaft einer Bank einen berechtigten Vertrauenstatbestand in die Mutter setzen kann (A.). Zum anderen ist das Augenmerk auf bereits bestehende Aufklärungspflichten zu richten. Dabei ist insbesondere zu untersuchen, welche Auswirkung die Mitarbeit eines Dritten beim Zustandekommen des Darlehensvertrags auf die Aufklärungspflicht hat (B.).

A. Überschreitung der Finanzierungsfunktion infolge eines Verhaltens einer Tochtergesellschaft

Probleme wirft es auf, wenn eine rechtlich selbständige Tochtergesellschaft der darlehensgebenden Bank eine Tätigkeit ausübt, die – durch die Bank selbst verübt – eine Überschreitung der Finanzierungsfunktion darstellen würde. Begründet dies dem Darlehensnehmer gegenüber eine Aufklärungspflicht der darlehensgewährenden Mutter unter dem Gesichtspunkt der Überschreitung der Finanzierungsfunktion? Ist die Bank in diesen Fällen so zu behandeln, als habe sie selbst die Finanzierungsfunktion überschritten und damit einen Vertrauenstatbestand gesetzt? Oder ist die rechtliche Trennung in Tochter und Mutter stärker und berührt daher ein Verhalten der Tochter den Pflichtenkreis der Mutter nicht? Muss sie also aufgrund eines Verhaltens einer ihrer Töchter die Anleger aufklären oder nicht. Nach welchen Kriterien sich dies bestimmt, wird im Folgenden untersucht.

I. Erfüllungsgehilfe, § 278 BGB

Im Rahmen eines Schuldverhältnisses muss sich der Schuldner das Verhalten Dritter zurechnen lassen[675], die mit seinem Willen in seinem Pflichtenkreis tätig geworden sind, § 278 BGB. Hier geht es aber nicht um das Tätigwerden

[675] *Heinrichs* in Palandt § 276 Rn. 91; *Wiedemann* in Soergel BGB vor § 275 Rn. 177; *Emmerich* in MünchKomm BGB vor § 275 Rn. 157.

in einem bestehenden Pflichtenkreis sondern um die Begründung eines zusätzlichen Pflichtenkreises der Bank, hervorgerufen durch das Tätigwerden der Tochtergesellschaft. Die Frage, ob ein Verhalten der Tochter ein besonderes Vertrauen in die Mutter schaffen kann, lässt sich aber nicht anhand der Kriterien des § 278 BGB beantworten. Die Antwort richtet sich nicht danach, ob die Mutter für das Verhalten des Erfüllungsgehilfen einzustehen hat. Vielmehr orientiert sie sich daran, ob der Mutter das Verhalten der Tochter unter Vertrauensschutzgesichtspunkten zuzurechnen ist.

II. Zurechenbares Setzen eines Vertrauenstatbestandes

Für das Verhalten Dritter muss man grundsätzlich nicht einstehen. Etwas anderes gilt nur dann, wenn es mittelbar auf ein eigenes Verhalten zurückgeht oder wenn der Dritte zum eigenen Geschäftsbereich gehört[676]. Damit ein Verhalten des Tochterunternehmens bei der Überschreitung der Finanzierungsfunktion zu berücksichtigen ist, muss das Tochterunternehmen einen Vertrauenstatbestand gesetzt haben und dieser der Mutter zurechenbar sein.

Im Rahmen der Wissenszurechnung wurde diskutiert, unter welchen Voraussetzungen Wissen der einen Gesellschaft einer anderen zugerechnet werden kann. Die dort entwickelten Kriterien lassen sich aber nicht übertragen: Während es hier um konkretes Vertrauen des Einzelnen geht, das eine Aufklärungspflicht nach sich zieht, geht es bei der Wissenszurechnung um den Schutz des Rechtsverkehrs, dem sich ein Unternehmen nicht durch Aufspaltung entziehen können darf. Daher können die allein auf Verkehrsschutzerwägungen basierenden Gründe für die Wissenszurechnung hier nicht übertragen werden[677]. Solche Kriterien, bei denen eine Wissenszurechnung aus Vertrauensgesichtspunkten erfolgt[678], können hier hingegen herangezogen werden.

1. Setzen eines Vertrauenstatbestandes

Wird der Eindruck einer Einheit erweckt, so reicht es für die Statuierung von Aufklärungspflichten, wenn statt der Mutter- eine Tochtergesellschaft die Finanzierungsfunktion qualifiziert überschreitet[679]. Sie setzt damit einen Ver-

---

676 *Canaris* Vertrauenshaftung, 468.

677 Vgl. zu den objektiven Verkehrsschutzgründen Kapitel 2, C. II. 6. a. bb. (S. 59 f.).

678 Vgl. etwa zum Eindruck einer Einheit Kapitel 2, C. II. 6. a. aa. (S. 55 ff.).

679 Vgl. Kapitel 3, B. II. 1.-9. (S. 104 ff.).

trauenstatbestand. Allerdings sind hier nicht ganz so strenge Voraussetzungen an den erforderlichen Vertrauenstatbestand zu stellen wie bei der Wissenszurechnung. Denn anders als bei der Wissenszurechung muss das Vertrauen nicht auf den tatsächlichen Transfer von Wissen gerichtet sein. Vielmehr genügt bereits ein Vertrauen in eine seriöse, banktübliche Geschäftsführung.

Daher kann immer dann, wenn die Mutter-Tochter-Beziehung erkennbar ist, davon ausgegangen werden, dass das in der Bevölkerung verbreitete Bild der seriösen Bank auch auf die Tochtergesellschaften übertragen wird. Verhält sich eine Tochtergesellschaft dann in einer Weise, die als Verhalten der Bank gedacht einen Vertrauenstatbestand setzt[680], so setzt auch die Tochter einen Vertrauenstatbestand.

2. Zurechenbarkeit

Doch allein das Setzen eines Vertrauenstatbestandes durch die Tochter begründet keine Aufklärungspflicht der Mutter. Der Vertrauenstatbestand muss der Mutter auch zugerechnet werden. Das Verhalten der Tochter ist zurechenbar, wenn die Tochter in den Geschäftsbereich der Mutter gehört[681]. Die Mutter befasst sich mit Geldgeschäften im weiteren Sinne und insofern gehört es zu ihrem Geschäftsbereich, wenn eine Tochter eine der oben beschriebenen Maßnahmen vornimmt. Diese ist dann zurechenbar. Demgemäß ist das Vertrauen der Anleger in das fragliche Projekt auch dann berechtigt und schutzwürdig, wenn die relevante Verhaltensweise nicht durch die Mutter selbst sondern durch eine ihrer (als solche erkennbaren) Töchter vorgenommen wird. Auch dann ist die Bank zur Aufklärung verpflichtet.

3. Ergebnis

Das Verhalten eines Dritten (Tochtergesellschaft) kann unter dem Aspekt der Überschreitung der Finanzierungsfunktion eine Aufklärungspflicht der Bank begründen. Damit ein berechtigtes Vertrauen der Anleger entstehen kann, müssen zwei Voraussetzungen erfüllt sein. Dieses Verhalten des Dritten müsste durch die Bank selbst ausgeübt ein solches berechtigtes Vertrauen setzen und die Verhaltensweise des Dritten muss der Bank zurechenbar sein. Kommt die darlehensgewährende Bank ihrer Aufklärungspflicht nicht nach, macht sie sich unter den oben dargestellten, zusätzlichen Voraussetzungen schadensersatzpflichtig.

---

680 Vgl. dazu oben Kapitel 3, B. II. 1.-9. (S. 104 ff.).

681 Vgl. Fn. 676 (S. 194).

B. Mitarbeit Dritter beim Zustandekommen des Darlehensvertrags

Unter B. ist zu untersuchen, wie sich die Mitarbeit eines Dritten auf bestehende Aufklärungspflichten der Bank auswirkt. Denn Dritte sind oft am Zustandekommen eines Darlehensvertrags beteiligt, der zwischen Bank und Anleger zur Finanzierung der Fondseinlage geschlossen wird.

In der Praxis kommt es dabei zu einer Vielzahl unterschiedlicher Fallgestaltungen, sei es, dass der Dritte den Darlehensvertrag als Vertreter des Anlegers abschließt, dass der Dritte als Fondsvermittler zugleich auch Kreditvermittler ist[682] etc. Um diese Fälle zu strukturieren, ist zu differenzieren: Ist der Dritte Erfüllungsgehilfe der Bank im Hinblick auf das Darlehen oder ist er es nicht. Denn danach richtet sich, ob sie sich das Verhalten des Dritten zurechnen lassen muss oder nicht.

Daher ist zunächst die Erfüllungsgehilfeneigenschaft des Dritten zu untersuchen (I.). Danach wird die Konstellation untersucht, dass der Dritte nicht Erfüllungsgehilfe der darlehensgebenden Bank ist (II.). Unter III. werden die Probleme ins Visier genommen, die entstehen, wenn der Dritte als Erfüllungsgehilfe der Bank zu qualifizieren ist.

I. Erfüllungsgehilfeneigenschaft des Dritten

Für die darlehensgewährende Bank stellt sich die Frage, ob sie zur Aufklärung und damit im Ergebnis sogar zur Schadensersatzleistung verpflichtet ist, wenn die Angaben des Vermittlers nicht korrekt oder unvollständig sind. Dies kann möglicherweise dann bejaht werden, wenn ihr diese Angaben (bzw. deren Fehlen) zugerechnet werden können. Unter dem Aspekt der Zurechnung stellt sich daher die Frage, ob der „Vermittler“ Erfüllungsgehilfe der Bank ist.

Erfüllungsgehilfe ist, wer mit dem Willen des Schuldners bei der Erfüllung einer ihm obliegenden Verbindlichkeit als Hilfsperson tätig wird[683]. Als Erfül-

---

682 Vgl. etwa *BGH* WM 1996, 2105, 2106 = NJW-RR 1997, 116, 116; WM 2000, 1685, 1686 = NJW 2000, 3558, 3559 = NZG 2000, 1215, 1216; WM 2000, 1687, 1688 = NJW-RR 2000, 1576, 1577; *BGH* WM 1998, 1673, 1674 = NJW 1998, 2898, 2899; *OLG Karlsruhe* WM 1999, 127, 128 = NJW-RR 1999, 124, 124; *Stüsser* NJW 1999, 1586, 1587.

683 RGZ 98, 327, 328; 160, 310, 316; BGHZ 13, 111, 113 = NJW 1954, 1193; BGHZ 98, 330, 334 = WM 1987, 85, 88 = NJW 1987, 1323, 1326; BGHZ 100, 117, 122 = WM 1987, 495, 497 = NJW 1987, 1815, 1817; *BGH* WM 1996, 315, 316 = NJW 1996,

lungsgehilfen sind aber auch solche Hilfspersonen anzusehen, die von einem Erfüllungsgehilfen eingesetzt werden. Dies gilt jedenfalls dann, wenn der Geschäftsherr mit dem Einsatz solch weiterer Hilfspersonen einverstanden war oder damit rechnen musste[684]. In der Regel wird die Bank davon ausgehen müssen, dass für ihren Vertragspartner weitere Vertriebsleute tätig sind. Nur selten wird sich für sie der Eindruck eines Einmannbetriebs ergeben. Daher muss sie regelmäßig mit dem Tätigwerden von Untervermittlern rechnen, so dass auch diese als Erfüllungsgehilfen der Bank qualifiziert werden könnten[685].

1. Handeln mit dem Willen des Schuldners

Häufig steht zu dem Zeitpunkt, zu dem ein Kreditvermittler erstmalig tätig wird, die konkrete Bank als späterer Vertragspartner noch gar nicht fest – jedenfalls dann nicht, wenn der Vermittler Darlehensangebote mehr als nur einer Bank vermittelt. Damit fehlt es zu dem Zeitpunkt des Tätigwerdens des Vermittlers an der vorvertraglichen Verpflichtung einer konkreten Bank. Zudem kann der Vermittler auch gar nicht mit ihrem konkreten Willen gehandelt haben. Ob bereits das Überlassen von Blankoformularen durch die Bank ohne jeglichen Bezug zu dem konkreten Fall geeignet ist, die Probleme zu beseitigen[686] und eine Erfüllungsgehilfeneigenschaft zu begründen, kann allerdings dahinstehen. Denn weder das Fehlen des konkreten Willens noch des Schuldverhältnisses schließen eine Haftung für den Vermittler aus. Wie bei der Genehmigung eines ohne Vertretungsmacht geschlossenen Vertrags[687] muss die

---

451, 451; *Vollkommer* in Jauernig BGB § 278 Rn. 6; *Löwisch* in Staudinger BGB § 278 Rn. 13.

684 *BGH* NJW 1952, 217, 217 f.; *BGH* NJW-RR 1988, 241, 243; *Grundmann* in MünchKomm BGB § 278 Rn. 43; enger *Löwisch* in Staudinger BGB § 278 Rn. 24 f., der eine Ermächtigung verlangt.

685 *BGH* WM 1985, 125, 126 = NJW 1985, 1080, 1081; *BGH* WM 2000, 2539, 2540; *OLG Hamm* ZIP 1981, 53, 54.

686 BGHZ 47, 224, 230 = WM 1967, 450, 453 = NJW 1967, 1026, 1027 f.; WM 1971, 1295, 1296; WM 1980, 1111, 1114; *BGHZ* 95, 170, 181 = WM 1985, 906, 909 = NJW 1985, 2258, 2260; *BGH* WM 1991, 890, 890 = NJW 1991, 1881, 1882; WM 1996, 2105, 2106 = NJW-RR 1997, 116, 116; *OLG Hamm* ZIP 1981, 53, 54; *OLG Nürnberg* WM 1999, 2305 („wesentliches Indiz"); offen gelassen *LG Stuttgart* WM 2000, 1388, 1391; *Spickhoff/Petershagen* BB 1999, 165, 168; *Streit* ZIP 1999, 477, 478.

687 *BGH* NJW 1955, 297; *BGH* WM 2000, 1406, 1407 = NJW 2000, 2272, 2273; *Löwisch* in Staudinger BGB § 278 Rn. 18; *Hanau* in MünchKomm(3) BGB § 278 Rn. 6.

Bank nämlich auch hier das „gesamte Paket" annehmen[688]. Wenn der konkrete Vertrag später zustande kommt, gehören dazu auch die Maßnahmen, die im Zuge der Vertragsanbahnung erfolgt sind. Daher umfasst der Wille der Bank auch das Tätigwerden des Vermittlers. Für die Einbeziehung des Verhaltens des Vermittlers ist nicht erforderlich, dass sich die Bank ausdrücklich auf das Verhalten des Vermittlers bezieht. Sie muss nicht erklären, sie wolle sein Verhalten zur Erfüllung ihrer Verbindlichkeit genügen lassen.

2. Erfüllung einer fremden Verbindlichkeit

Um eine Person als Erfüllungsgehilfen qualifizieren zu können, muss eine Verbindlichkeit bestehen, die auch vorvertraglicher Natur sein kann[689]. Ein Erfüllungsgehilfe muss eine fremde Verbindlichkeit erfüllen, § 278 BGB, denn man darf über § 278 BGB Personen nicht für ein Verhalten haftbar machen, das nicht in ihren Verantwortungsbereich fällt[690]. Als Verbindlichkeit kommt die vorvertragliche Aufklärungspflicht aus dem Darlehensvertrag in Betracht.

Ein Kreditvermittler erbringt eigentlich eine eigene Leistung und erfüllt nicht eine Verbindlichkeit der Bank dem späteren Vertragspartner gegenüber[691]. Nichts desto trotz wird die Eigenschaft als Erfüllungsgehilfe bei Kreditvermittlern regelmäßig bejaht[692]. Beschränkt sich der Vermittler nämlich nicht auf seine Vermittlerdienste, sondern übernimmt er mit Wissen und Wollen

---

688 *BGH* WM 1992, 441, 442 = NJW 1992, 899, 900; *OLG Stuttgart* WM 1999, 2305, 2308; *Hanau* in MünchKomm(3) BGB § 278 Rn. 15; *Bruchner* WM 1999, 825, 834 spricht davon, dass es sich um „gebilligte Mitwirkung bei der Vertragserfüllung" handeln muss. Alternativ bleibt der Bank nur, sich ausdrücklich von dem Verhalten und den Angaben zu distanzieren; vgl. diesen Rechtsgedanken auch beim Haustürwiderrufsgesetz: *OLG Stuttgart* WM 1999, 2305, 2307 ff.

689 BGHZ 15, 204, 205 f. = NJW 1955, 219, 219; *Grundmann* in MünchKomm BGB § 278 Rn. 15; *Löwisch* in Staudinger BGB § 278 Rn. 34.

690 Vgl. dazu nur *Löwisch* in Staudinger BGB § 278 Rn. 32.

691 BGHZ 33, 302, 309 = WM 1960, 1351, 1352; *BGH* WM 1995, 1542, 1543 = NJW 1995, 2550, 2551; WM 1996, 315, 316 = NJW 1996, 451, 451; *Bruchner* WM 1999, 825, 834; *Vollkommer* in Jauernig BGB § 278 Rn. 16; *v. Heymann* BB 2000, 1149, 1153.

692 *BGH* WM 1996, 315, 316 = NJW 1996, 451, 451; *BGH* WM 1996, 2105, 2106 = NJW-RR 1997, 116, 116; WM 2000, 1685, 1686 = NJW 2000, 3558, 3559 = NZG 2000, 1215, 1216; WM 2000, 1687, 1688 = NJW-RR 2000, 1576, 1577; *BGH* WM 1998, 1673, 1674 = NJW 1998, 2898, 2899; *OLG Nürnberg* WM 1999, 2305; *Stüsser* NJW 1999, 1586, 1587; a.A.: *OLG Stuttgart* WM 2000, 133, 134; *OLG Schleswig* WM 2000, 1381, 1386; *OLG Karlsruhe* WM 2001, 1210, 1215; *LG Stuttgart* WM 2000, 1388, 1391.

der Bank Aufgaben, die ihr typischerweise obliegen, dann wird er in ihrem Pflichtenkreis tätig und damit zum Erfüllungsgehilfen. Wann dies der Fall ist, kann nur aufgrund einer Gesamtwürdigung der konkreten Tätigkeit beantwortet werden, wobei es letztlich darauf ankommt, ob bei wertender Betrachtung der tatsächlichen Umstände sein Verhalten dem Geschäftsherrn zuzurechnen ist[693]. Allein der Umstand, dass der Vermittler von der Bank eine Provision erhält, genügt dafür nicht[694].

Im Hinblick auf die hier interessierenden Aufklärungspflichten treffen den Vermittler aufgrund seiner Tätigkeit selbst umfassendere Pflichten als eine sich auf die Darlehensvergabe beschränkende Bank[695]. Dies bedeutet aber nicht, dass es in diesen Fällen nie zu einer Erfüllungsgehilfeneigenschaft des Vermittlers kommen kann. Wenn die Bank sich des Vermittlers bei der Anbahnung des Vertrages soweit bedient, dass der direkte Kundenkontakt und die Verhandlungen dem Vermittler überlassen werden[696], dann übernimmt er

---

693 *BGH* WM 1978, 1154, 1155 = NJW 1978, 2144, 2145; WM 1979, 429, 431 = NJW 1979, 1593, 1594; *BGH* WM 1995, 1542, 1543 = NJW 1995, 2550, 2551; WM 1996, 315, 316 = NJW 1996, 451, 451 f.; *BGH* WM 2000, 2539, 2540; *OLG Schleswig* WM 2000, 1381, 1385; *Spickhoff/Petershagen* BB 1999, 165, 167 f. Kriterien sind dabei unter anderem die konkreten Vertragsbeziehungen, die bisherigen geschäftlichen Beziehungen und die Bemühungen der Bank einen Kundenkontakt herzustellen.

694 *OLG Stuttgart* WM 2000, 2146, 2149.

695 Angedeutet bei *OLG Nürnberg* WM 2000, 2305. Auch bei Abzahlungsgeschäften trifft den Verkäufer regelmäßig eine umfassendere Aufklärungspflicht als den Kreditgeber: Die Rechtsprechung (BGHZ 47, 224, 230 = WM 1967, 450, 453 = NJW 1967, 1026, 1027; WM 1971, 1295, 1295 f.; WM 1972, 442, 443; *OLG Düsseldorf* WM 1993, 2207, 2209), nach der der Kreditgeber bei einem finanzierten Abzahlungskauf jedenfalls dann für das Verschulden des Verkäufers und Kreditvermittlers bei den Verhandlungen über den Darlehensvertrag nach § 278 BGB einzustehen hat, wenn er ihm Gelegenheit verschafft hat, sich gegenüber dem Käufer als seine Vertrauensperson auszugeben, ist hier jedoch nicht übertragbar (so aber *OLG Düsseldorf* WM 1993, 2207, 2209; im Ergebnis auch *Spickhoff/Petershagen* BB 1999, 165, 168; *Fuellmich/Rieger* ZIP 1999, 465, 471). Denn anders als beim Abzahlungskauf handelt es sich bei dem Erwerb einer Immobilienanlage und des Darlehens um rechtlich und wirtschaftlich getrennte Geschäfte. *BGH* WM 1986, 1561, 1562; *OLG Braunschweig* WM 1998, 1223, 1228; *OLG Hamm* WM 1998, 1230, 1233; *OLG Stuttgart* WM 2000, 292, 300; *OLG Stuttgart* WM 2000, 2146, 2150; *Früh* ZIP 1999, 701, 704; a.A.: BGHZ 133, 254, 261 = NJW 1996, 3414, 3415.

696 BGHZ 47, 224 230 = WM 1967, 450, 453 = NJW 1967, 1026, 1027 f.; BGHZ 114, 263, 269 ff. = WM 1991, 1171, 1173 = NJW 1991, 2556, 2557; *BGH* WM 1996, 2105, 2106 = NJW-RR 1997, 116, 116; WM 2000, 1685, 1685 = NJW 2000, 3558, 3558 = NZG 2000, 1215, 1216; *OLG München* WM 1999, 1818, 1821 (Vorinstanz zu WM 2000, 1685 = NJW 2000, 3558 = NZG 2000, 1215); *Stüsser* NJW 1999, 1586, 1587; *Spickhoff/Petershagen* BB 1999, 165, 168; *Rösler* DB 1999, 2297, 2301. Das ist aber auch dann der Fall, wenn der Vermittler die Formulare zwar nicht selber ausfüllt,

Aufgaben, die sonst typischerweise ihr selbst obliegen. Er wird im Pflichtenkreis der Bank tätig. Damit ist es richtig, den Darlehensvermittler als Erfüllungsgehilfen anzusehen.

3. Doppelstellung

Schwierigkeiten bereitet der Umstand, dass der Vermittler in der Regel von dem Anleger mit der Darlehensbeschaffung beauftragt wird. Insofern ist der Vermittler im Hinblick auf die konkrete Darlehensbeschaffung möglicherweise auch Erfüllungsgehilfe des Anlegers (z.B. im Hinblick auf die Weitergabe von Informationen über die Kreditwürdigkeit)[697]. Damit wäre der Vermittler für beide Vertragsparteien jeweils Erfüllungsgehilfe in Bezug auf den anderen Vertragspartner. Dass eine solche Doppelstellung nicht ausgeschlossen ist, zeigt etwa das Beispiel des Handelsmaklers (§§ 93 ff. HGB). Jedenfalls soweit die verschiedenen Pflichten aus den beiden Erfüllungsgehilfeneigenschaften miteinander vereinbar sind, führt die Doppelstellung nicht zu einer Reduzierung der Pflichten. Sofern es daher um Aufklärungspflichten im Hinblick auf das Anlageobjekt geht, berührt diese Doppelstellung die Aufklärungspflichten der Bank nicht. Dieser Umstand steht einer Erfüllungsgehilfeneigenschaft des Vermittlers somit nicht entgegen. Auf eine Auseinandersetzung mit der Frage, ob der Vermittler daher auch Vermittler des Anlegers ist[698], kommt es daher hier nicht an.

4. Zwischenergebnis

Dritte können Erfüllungsgehilfe der Bank sein. Wann das der Fall ist, ergibt sich aus einer Gesamtwürdigung der konkreten Umstände.

---

aber der Bank alle dafür erforderlichen Informationen gibt, *OLG Düsseldorf* WM 1993, 2207, 2209; enger *OLG Köln* WM 1994, 197, 201 und *OLG Braunschweig* WM 1998, 1223, 1229 wo darüber hinaus verlangt wird, der Vermittler müsse den Eindruck erwecken, das Angebot sei bankgeprüft.

697 *OLG Braunschweig* WM 1998, 1223, 1229; *OLG Hamm* WM 1998, 1230, 1232; *LG Ellwangen* WM 1999, 129, 131; anders *Fuellmich* in FS Deutsch, 919, 947; *ders./Rieger* ZIP 1999, 465, 473, wonach es „völlig lebensfremd [wäre], den geschäftsmäßig immer wieder massenhaft für dieselbe Bank Darlehensverträge vermittelnden Treuhänder als Erfüllungsgehilfen des Erwerbers zu sehen“. Wieso der Vermittler nicht mit Wissen und Wollen des Anlegers auftritt, wenn er etwa Informationen zur Beurteilung der Bonität an die Bank weiterleitet, bleibt jedoch im Dunklen. *BGH* WM 1985, 125, 126 = NJW 1985, 1080, 1081 meint im Hinblick auf eine Botenstellung, es wäre widersprüchlich, eine Person für bestimmte Informationen als Erklärungsbote und für andere Informationen als Empfangsbote anzusehen. Dem ist jedoch dann nicht zuzustimmen, wenn es um weitergehende Pflichten geht.

698 Ablehnend *Fuellmich*, bzw. *ders./Rieger* in Fn. 697 (S. 163).

II. Dritter ist nicht Erfüllungsgehilfe der Bank

1. Auswirkung auf die Bank

Ist der Dritte nicht als Erfüllungsgehilfe der Bank zu qualifizieren, so wirkt sich dies nicht auf die Aufklärungspflicht der Bank aus. Für die Bank gilt dann, dass sie nach allgemeinen Grundsätzen den Anleger im Vorfeld des Vertrags nur ausnahmsweise selbst über die Risiken der Anlage aufzuklären hat. Dies gilt sowohl dann, wenn sie die Finanzierungsfunktion überschritten und damit ein besonderes Vertrauen begründet hat, als auch dann, wenn sie spezielle Risiken kennt, sofern ihr der Wissensvorsprung erkennbar ist.

Ist der Dritte nicht Erfüllungsgehilfe, so wird er häufig auch nicht die Voraussetzungen eines Wissensvertreters erfüllen. Für den Umfang der Aufklärungspflicht bedeutet dies, dass das Wissen des Dritten dann auch auf Seiten der Bank nicht zu berücksichtigen ist.

Zu untersuchen ist aber auch, wie sich die Tätigkeit des Dritten auf den Anleger auswirkt. Denn häufig bevollmächtigt der Anleger, der sich an einem Fonds beteiligen will, einen Dritten zur Aufnahme eines Kredits, mit dessen Hilfe er die Einlage in den Fonds finanzieren möchte.

2. Auswirkung auf den Darlehensnehmer

a. Grundsatz

Schließt ein Dritter als Vertreter des Anlegers einen Darlehensvertrag, so bemisst sich für die Bank der zur Aufklärung verpflichtende Wissensvorsprung nicht mehr (nur) nach dem Wissen des Anlegers, sondern dem des Vertreters, § 166 Abs. 1 2. Alt. BGB[699]. Sofern der Vertreter Kenntnis von gewissen Umständen hat oder sie sich einfach besorgen kann, muss die Bank daher nicht aufklären.

Anleger beauftragen (aus Gründen der Bequemlichkeit) häufig Fondsvertreter mit der Darlehensbeschaffung[700]. Gegenüber solchen Vertretern, die der Initiatorenseite des Projekts zuzurechnen sind, hat die Bank in der Regel keinen Wissensvorsprung. Denn diese sind mit den Interna und besonderen Risiken des Projekts vertraut. Die Banken wären damit fast nie zur Aufklärung ver-

---

[699] *OLG München* WM 1985, 289, 292; *Streit* ZIP 1999, 477, 479; *Machunsky* Immobilienfonds, 137; *Hertel* WuB I G 5. - 4.99.

[700] *Stüsser* NJW 1999, 1586, 1586; *Streit* ZIP 1999, 477, 479; nach *Fuellmich/Rieger* ZIP 1999, 465, 469 wird der Kontakt häufig sogar ganz gezielt verhindert.

pflichtet, obwohl diese Vertreter nicht auf der „Seite“ der Anleger, sondern der Initiatoren stehen und damit nicht dem typischen Bild eines Vertreters entsprechen[701].

b. Einschränkung

Möglicherweise ist die Wissenszurechnung nach § 166 Abs. 1 BGB aber einzuschränken[702], so dass das Wissen des Vertreters dem Vertretenen nicht zugerechnet wird. Der zur Begründung von Aufklärungspflichten erforderliche Wissensvorsprung wäre dann – als ob es keinen Vertreter gäbe – allein im Verhältnis zwischen Bank und vertretenem Darlehensnehmer zu bestimmen.

Dieser Gedanke wird teilweise auch geäußert[703]. Begründet wird dieser Ansatz allerdings allein mit Wertungsgesichtspunkten. Es überzeugt jedoch nicht, den Banken vorzuwerfen, „aus der Ferne“ zu finanzieren und darin zu gipfeln, dass nur bei der Bejahung einer Aufklärungspflicht der Bank „nicht am Ende die staatliche Sozialhilfe (...) herhalten muss“[704], wenn sich auch eine dogmatische Begründung bietet. Als Anknüpfungspunkt für eine solche Begründung, die den Vorzug vor reinen Billigkeitserwägungen genießt, kommt der Gedanke vom Missbrauch der Vertretungsmacht in Betracht. Die Regeln darüber sind nämlich auch dann anzuwenden[705], wenn es um „Tatsachen geht, deren Kenntnis ihn [den Vollmachtgeber] vom Vertragsschluss abgehalten hätte. Danach ist es dem Vertragspartner nach Treu und Glauben verwehrt, sich auf die Kenntnis des Bevollmächtigten als dem Geschäftsherrn zurechenbar zu berufen, wenn er (...) sich sagen muss, dass der Vollmachtgeber bei Kenntnis der Tatsachen den Vertrag nicht abgeschlossen hätte und zugleich damit rechnet, dass dieser die Kenntnis von seinem Bevollmächtigten nicht erlangen werde.“[706]

---

701 Zum Vertreter als Repräsentant des Vertretenen vgl. *Schramm* in MünchKomm BGB vor § 164 Rn. 62 ff.; *Leptien* in Soergel BGB vor § 164 Rn. 9 ff.

702 *Streit* ZIP 1999, 477, 479 f. etwa spricht zwar von Wissenszurechnung der Vertreter, erwähnt die Möglichkeit einer Einschränkung jedoch nicht. Auch *Bruchner* WM 1999, 825, 832 zieht eine solche Möglichkeit nicht in Betracht.

703 *Fuellmich* in FS Deutsch, 919, 940; *ders./Rieger* ZIP 1999, 465, 470; *Feuerborn* EWiR 1991, 131, 132.

704 *Fuellmich* in FS Deutsch, 919, 940; *ders./Rieger* ZIP 1999, 465, 470.

705 *KG* 10 U 23/85 vom 12.6.1986, S. 22 (nicht veröffentlicht) spricht davon, diese Grundsätze „jedenfalls rechtsähnlich (...) anzuwenden“.

706 *BGH* WM 1972, 1380, 1381; WM 1984, 305, 306 = NJW 1984, 1461, 1462, jeweils unter Berufung auf RGZ 134, 67, 72; so auch *Leptien* in Soergel BGB § 177 Rn. 20; vgl. *Schramm* in MünchKomm BGB § 164 Rn. 103. Konkret bei einem Kapitalanla-

Auch wenn die dogmatische Begründung der Grundsätze über den Missbrauch der Vertretungsmacht und die Voraussetzungen im Einzelnen umstritten sind[707], so herrscht doch für den hier relevanten Fall einer Vertretungsmacht mit rechtsgeschäftlich festgelegtem Inhalt weitgehend Einigkeit: Der Vertreter muss jedenfalls objektiv pflichtwidrig handeln[708], was mit dem Nichtweiterleiten relevanter Informationen geschieht. Sofern darüber hinaus zusätzlich noch Fahrlässigkeit auf Seiten des Vertreters verlangt wird[709], ist auch diese ohne weiteres zu bejahen. Als Voraussetzung auf Seiten des Vertragspartners wird verlangt, dass der Vertreter für ihn in ersichtlich verdächtiger Weise von seiner Vertretungsmacht Gebrauch gemacht hat[710]. Teilweise wird allerdings auch grobe Fahrlässigkeit des Vertragspartners[711], teilweise auch Evidenz des Missbrauchs verlangt[712]. Das macht der Sache nach jedoch keinen Unterschied[713]. Daher wird im Folgenden dargestellt, wann der Missbrauch erkennbar ist (aa.) und bei welchen Umständen die nötige Relevanz der Information gegeben ist (bb.). Sodann werden mögliche Einwände gegen das gefundene Ergebnis untersucht (cc.).

aa. Erkennbarkeit des Missbrauchs

Entscheidend für die Anwendbarkeit der Grundsätze über den Missbrauch der Vertretungsmacht ist, ob die Bank damit rechnen muss, dass der Vollmacht-

---

gemodell wurde der Missbrauch der Vertretungsmacht von *KG* 10 U 23/85 vom 12.6.1986, S. 21 ff. (nicht veröffentlicht) bejaht (Urteil wurde allerdings von *BGH* WM 1988, 561, 563 = NJW 1988, 1583, 1585 aufgehoben). Z.B. *OLG München* WM 1985, 289, 292 hat bei einem Kapitalanlagemodell die Möglichkeit einer Kollusion in Erwägung gezogen.

707 Vgl. dazu statt aller *Leptien* in Soergel BGB § 177 Rn. 15.

708 *BGH* WM 1988, 1199, 1201 = NJW 1988, 3012; *K. Schmidt* GesellR § 10 II 2 c (S. 267); *Flume* AT II § 45 II 3 (S. 791); *Schilken* in Staudinger BGB § 167 Rn. 95; *Leptien* in Soergel BGB § 177 Rn. 17.

709 *BGH* NJW 1966, 1911; BGHZ 50, 112, 114 = NJW 1968, 1379, 1380; *BGH* WM 1988, 1199, 1201 = NJW 1988, 3012, 3013; die Literatur verzichtet weitgehend auf ein subjektives Element: *K. Schmidt* GesellR § 10 II 2 c (S. 267); *Flume* AT II § 45 II 3 (S. 788 ff.); *Schilken* in Staudinger BGB § 167 Rn. 95; anders *Leptien* in Soergel BGB § 177 Rn. 17, der vorsätzliches Verhalten verlangt.

710 *BGH* WM 1992, 1362, 1363 = NJW-RR 1992, 1135, 1136; NWM 1994, 1204, 1206 = NJW 1994, 2082, 2083.

711 *Leptien* in Soergel BGB § 177 Rn. 18.

712 *Medicus* BürgR Rn. 116; *Flume* AT II § 45 II 3 (S. 789).

713 *Leptien* in Soergel BGB § 177 Rn. 18.

geber von seinem Bevollmächtigten keine Kenntnis erlangen wird[714]. Hierbei ist nach der Art des Vertreters zu differenzieren:

(1) Individuell ausgewählter Vertreter

Bei einem individuell ausgewählten Vertreter, der nicht der Initiatorenseite zuzurechnen ist, kann die Bank erwarten, dass der Vertreter Informationen an den Vertretenen weiterleitet. Diese Annahme ist berechtigt, weil die Bestellung einer individuellen Vollmacht regelmäßig nur an ausgewählte Personen erfolgt[715]. Hier gibt es in der Regel keinen Anhaltspunkt für einen Missbrauch der Vertretungsmacht[716]. Somit trägt in diesen Fällen allein der Anleger das Risiko einer fehlerhaften Informationsweiterleitung. Eine Aufklärungspflicht trifft die Bank dem Vertreter gegenüber, wenn in dieser Beziehung ein Wissensgefälle besteht.

(2) Vertreter ist dem Initiatorenkreis zuzurechnen

Schwieriger stellt sich die Situation bei solchen Vertretern dar, die allen Anlegern im Hinblick auf die Darlehensbeschaffung angeboten werden und dem Initiatorenkreis zuzurechnen sind[717]. Wenn diese zum Zeitpunkt der Darlehensbeantragung den Anlegern gegenüber noch über einen relevanten Wissensvorsprung verfügen, dann werden sie die Anleger auch später nicht mehr aufklären[718]. Der Zeitpunkt für eine solche Aufklärung wäre spätestens bei Entgegennahme der Bevollmächtigung gewesen, eigentlich aber bereits in der Verkaufssituation oder sogar schon in dem Prospekt.

Da der Verkaufsprospekt die maßgebliche Informationsbroschüre ist, die den Anlegern die relevanten Informationen vermitteln soll, muss die Bank damit rechnen, dass über den Umfang dieser Broschüre hinausgehende Informatio-

---

714 Jedenfalls bei einer rechtsgeschäftlichen Vertretungsmacht setzt der Missbrauch der Vertretungsmacht auf Seiten des Vertreters kein subjektives Element voraus: *BGH* WM 1984, 305, 306 = NJW 1984, 1461, 1462; *BGH* NJW 1988, 3012, 3013; *K. Schmidt* GesellR § 10 II 2 c aa (S. 267); *Schramm* in MünchKomm BGB § 164 Rn. 103; anders noch BGHZ 50, 112, 114 = NJW 1968, 1379, 1380; *BGH* WM 1960, 611, 612; anders auch *Leptien* in Soergel BGB § 177 Rn. 17.

715 Vgl. dazu in Fn. 701 (S. 202).

716 Etwas anderes gilt natürlich, wenn die Bank weiß, dass der Vertreter die Informationen nicht weiterleitet. Dann greifen die Grundsätze über den Missbrauch der Vertretungsmacht auch hier.

717 Dies ist für die Bank erkennbar, wenn ein und derselbe Vertreter für eine Vielzahl von Personen auftritt und sich dies bereits aus den Vertragsunterlagen ergibt.

718 So auch *Fuellmich/Rieger* ZIP 1999, 465, 470.

nen den Anlegern von der Initiatorenseite nicht mitgeteilt werden. Dies gilt jedenfalls für solche Umstände, die zum Zeitpunkt der Drucklegung bereits gegeben und den Initiatoren auch bekannt waren. Sonst hätten diese Umstände auch in dem Prospekt aufgeführt werden können. Bei Umständen, die sich nicht aus dem Prospekt ergeben, muss die Bank daher ernsthaft damit rechnen, dass ein der Initiatorenseite zuzurechnender Vertreter hierüber nicht aufklärt[719].

Gibt es gar keinen Prospekt, so darf und muss die Bank von den Erfahrungen ausgehen, die sie mit dem Initiator und dem Vertrieb gemacht hat. Dabei wird sie berücksichtigen müssen, dass in einem persönlichen Verkaufsgespräch weniger sachliche Informationen transportiert werden als in einer Broschüre. Daher muss die Bank im Zweifel davon ausgehen, dass der Vertreter, der der Initiatorenseite zuzurechnen ist, den Anleger nicht umfassend aufklärt. Dies gilt natürlich erst recht, wenn die Gefahr einer Täuschung oder einer Straftat im Raum steht.

Wenn die Bank diese besondere Situation erkennen muss, dann muss sie damit rechnen, dass der Vertreter den Anleger nicht vollständig aufklärt[720].

bb. Relevanz der Information

Eine weitere Voraussetzung für die Anwendbarkeit der Regeln über den Missbrauch der Vertretungsmacht ist, dass der Vollmachtgeber bei Kenntnis der Tatsachen den Vertrag nicht abgeschlossen hätte. Dieses Erfordernis ist in den hier behandelten Fällen gegeben. Es ist bereits in der Aufklärungspflicht enthalten. Denn die Bank muss überhaupt nur über solche Umstände aufklären, die für den Vertragsschluss relevant sein können. Entscheidungserheblich sind sie aber nur dann, wenn die Möglichkeit besteht, dass der Vollmachtgeber bei ihrer Kenntnis den Vertrag nicht geschlossen hätte.

Für die Aufklärungspflicht der Bank unerheblich ist hingegen, ob der Anleger aus der Aufklärung Konsequenzen zieht. Ob er von dem Vertragsschluss absieht oder trotz des aufgezeigten Risikos an dem Vertragsschluss (bzw. der

---

719 Diese Voraussetzung für die Bejahung des Missbrauchs wird von *KG* 10 U 23/85 vom 12.6.1986, S. 23 (nicht veröffentlicht) ohne Begründung bejaht.

720 Im Zusammenhang mit dem HTWG meint BGHZ 144, 223, 229 = WM 2000, 1250, 1252 = NJW 2000, 2268, 2269, dass das bewusste Verschließen der Bank vor dem sich aufdrängenden Tatsachenhergang [Überrumpelung der künftigen Kreditnehmer durch Anlagevermittler in der Privatsphäre] nicht schadet. Dem ist aber nicht zuzustimmen, denn wenn sich dieser Vorgang aufdrängt, darf die Bank die Augen davor nicht verschließen. Kritisch auch *Lange/Frank* WM 2000, 2364, 2367 f.

Absicht eines solchen) festhält, fällt nicht in den Bereich der Bank und hat keinen Einfluss auf ihre Pflichten.

Schaltet der Anleger für den Abschluss des Darlehensvertrags einen Vertreter ein, der der Initiatorenseite zugehörig ist, so wird dem Anleger das Wissen seines Vertreters hinsichtlich der für die Anlageentscheidung relevanten Punkte nicht zugerechnet. Damit bestimmt sich die Aufklärungspflicht der Bank in dieser Situation so, als ob es keinen Vertreter gäbe.

cc. Zumutbarkeit der Aufklärung

Im Folgenden sind einige Aspekte zu beleuchten, die möglicherweise gegen eine so umfassende Aufklärungspflicht der Bank sprechen, wie sie gerade entwickelt wurde.

Gegen eine Pflicht der Bank, die Anleger (und Vollmachtgeber) in diesen Fällen über die besonderen Risiken zu informieren, könnte sprechen, dass diese mit der Vollmachtserteilung eigentlich bekundet haben, mit dem ganzen Procedere um die Kreditgewährung nichts zu tun haben zu wollen. Wenn sie im Hinblick auf die Bankgeschäfte eine Person als ihren Vertreter benennen, dient diese Person der Bank als Ansprechpartner. Andererseits ist jedoch zu beachten, dass die Anleger regelmäßig keine Risikoanlage zeichnen wollen und daher grundsätzlich an umfassenden Informationen interessiert sind. Da sich der Stellvertreter in diesen Fällen aber nur um die Abwicklung des Geschäfts, nicht aber um die zugrundliegende Entscheidung des „ob“ des Geschäfts kümmern soll, steht die Bestellung des Stellvertreters einer individuellen Aufklärung der Anleger nicht entgegen.

Dies gilt nicht nur, wenn es sich um eine isolierte Bevollmächtigung sondern auch um ein notariell beurkundetes, umfassendes „Geschäftsbesorgungspaket“ handelt, das die Anleger abschließen[721]. Denn diese Vertragspakete enthalten häufig neben einem Geschäftsbesorgungsvertrag und vielen weiteren Verträgen zur Abwicklung der Investition auch eine Bevollmächtigung zum Abschluss eines Darlehens.

Auch wenn die Bank durch die mit der Bevollmächtigung verbundene „Bequemlichkeit“ des Anlegers zusätzlich belastet ist, ist ihr dieser Mehraufwand zumutbar. Die Einschränkung der Schutzbedürftigkeit des Vertragspartners bei einem erkennbaren Missbrauch rechtfertigt den damit verbundenen Mehr-

---

[721] Vgl. zu der Frage, ob die notarielle Beurkundung die Aufklärungspflichten der Bank begrenzt, siehe oben Kapitel 3, H. II. (S. 175).

aufwand (etwa erforderliches Nachfragen). Möchte die Bank die Verträge abschließen, muss sie die Anleger erst über die Tatsachen aufklären, die für die Anlageentscheidung wesentlich sind.

3. Ergebnis

Hat der Anleger einen Vertreter bestellt, der dem Kreis der Initiatoren zuzurechnen ist, kann entgegen § 166 Abs. 1 BGB die Kenntnis des Vertreters dem Vertretenen nicht zugerechnet werden[722]. Da die Weitergabe der Information durch den Vertreter nicht sichergestellt ist, muss die Bank jeden einzelnen, kreditsuchenden Anleger selbst aufklären, wenn sich ihr der Missbrauch aufdrängen musste[723]. Maßgebend für den Umfang der Aufklärung ist diejenige Aufklärung, die sie zu leisten hätte, wenn der Anleger persönlich um einen Kredit nachsuchte. Dies gilt unabhängig von dem Grund der Aufklärungspflicht. Eine notarielle Beurkundung der Vollmachtserteilung schließt eine solche Aufklärung nicht aus. Die Bank hat sogar dann aufzuklären, wenn die aus der zusätzlichen Information resultierenden Verzögerungen den Erfolg der gesamten Anlage gefährden. Sonstige Auswirkungen ergeben sich für die Bank durch das Tätigwerden des Dritten nicht.

III. Dritter ist Erfüllungsgehilfe der Bank

Ist der Dritte als Erfüllungsgehilfe der Bank an dem Zustandekommen des Darlehensvertrags beteiligt, ist zu klären, in welchem Umfang seine Angaben über das Anlageprojekt der Bank zuzurechnen sind und in welchem Rahmen sie aufzuklären hat. Dabei werden zuerst die allgemeinen Grundsätze darge-

---

722 Vgl. auch Nachweise in Fn. 706 (S. 202); in diese Richtung auch *Machunsky* Immobilienfonds, 137 („Dies [Wissenszurechnung] erscheint sehr bedenklich"); anders BGHZ 144, 223, 229 = WM 2000, 1250, 1252 = NJW 2000, 2268, 2269 für einen Widerruf nach HTWG. Bedenken bei *Lange/Frank* WM 2000, 2364, 2367 f.

723 So im Ergebnis auch *Fuellmich* in FS Deutsch, 919, 940; *ders./Rieger* ZIP 1999, 465, 470, ohne allerdings auf den Missbrauch der Vertretungsmacht abzustellen. In einer vergleichbaren Situation verlangt *Stüsser* NJW 1999, 1586, 1590, dass eine Widerrufsbelehrung nach dem Haustürgeschäftewiderrufsgesetz, die grundsätzlich dem Vertreter gegenüber abgegeben werden kann (BGHZ 144, 223, 229 = WM 2000, 1250, 1252 = NJW 2000, 2268, 2269; *Fischer/Machunsky* HTWG § 2 Rn. 43; genauso für die vergleichbare Situation bei VerbrKrG: *Ulmer* in Ulmer/Habersack VerbrKrG § 7 Rn. 17), dem Vertretenen ausgehändigt werden muss, wenn der gestellte Vertreter auf der Seite des Initiators steht. *BGH* WM 1992, 1662, 1667 zieht bei der Frage der Betreuungspflichten des Notars in Erwägung, inwieweit ihm diese „nicht nur gegenüber dem erschienenen Treuhänder (...), sondern auch gegenüber dem Erwerber [dem Vertretenen] persönlich obliegen.".

stellt (1.), ehe auf die Besonderheiten bei den ausnahmsweise bestehenden Aufklärungspflichten der Bank eingegangen wird (2.). Danach wird untersucht, wie sich der Einsatz des Dritten auf den Umfang der Aufklärungspflicht auswirkt (3.).

1. Umfang der Zurechnung zu der Bank

Ist der Dritte als Erfüllungsgehilfe der Bank zu qualifizieren, so können seine Aussagen der Bank zugerechnet werden. Fraglich ist allein, in welchem Umfang dies der Fall ist:

a. Volle Zurechnung

Teilweise wird vertreten[724], dass der Bank alle Informationen zuzurechnen sind, die der Dritte dem Anleger gegeben hat. Dies gilt auch für Angaben über die Werthaltigkeit des Objektes. Begründet wird diese Auffassung damit, dass eine Aufspaltung der Zurechnung „den tatsächlichen und rechtlichen Zusammenhang unzulässig" verkürzen würde[725].

b. Beschränkte Zurechnung

Zu Recht überwiegt jedoch die Auffassung, dass der Bank nur darlehensbezogene Informationen des Dritten an den Anleger zuzurechnen sind[726]. Es erfolgt also nur eine beschränkte Zurechung. Denn aufgrund der rollenbedingten Verantwortlichkeit[727] ist ihr nur solches Verhalten zuzurechnen, das den Bereich der Anbahnung von Kreditverträgen betrifft. Nur insoweit ist der Dritte auch ihr Erfüllungsgehilfe. Zwischen Darlehen und Anlageprojekt ist rechtlich und tatsächlich zu trennen[728]. Dies ergibt sich etwa aus der unterschiedlichen Art der Unterlagen der verschiedenen Rechtsträger, die für die

---

724 *OLG München* WM 1999, 1818, 1820 f.; *Fuellmich* in FS Deutsch, 919, 944 f.; *ders./Rieger* ZIP 1999, 465, 471 f.; *Spickhoff/Petershagen* BB 1999, 165, 168.

725 *Fuellmich/Rieger* ZIP 1999, 465, 471 f.

726 *BGH* WM 1987, 1331, 1332 = NJW-RR 1988, 236, 237; *BGH* WM 1992, 602, 602; WM 2000, 1685, 1686 = NJW 2000, 3558, 3559 = NZG 2000, 1215, 1216; WM 2000, 1687, 1688 = NJW-RR 2000, 1576, 1577; *OLG Hamm* WM 1998, 1230, 1232; *OLG Stuttgart* WM 2001, 1667, 1672; *LG Ellwangen* WM 1999, 129; *LG Berlin* WM 2000, 1484, 1487; *Streit* ZIP 1999, 477, 479; *Stüsser* NJW 1999, 1586, 1587; *v. Heymann* WuB I G 7. - 5.92; *ders.* BB 2000, 1149, 1153; *Ellenberger* WM 2001/1, 2, 10.

727 Vgl. dazu oben Nachweise in Fn. 47 (S. 11).

728 *BGH* WM 1980, 1446, 1448 = NJW 1981, 389, 391; WM 1986, 1561, 1562; *OLG Braunschweig* WM 1998, 1223, 1228; *OLG Hamm* WM 1998, 1230, 1232; *OLG Stuttgart* WM 2000, 292, 300; *OLG Stuttgart* WM 2000, 2146, 2150; *OLG Köln* WM 2000, 2139, 2145; *Früh* ZIP 1999, 701, 704.

Fondsvermittlung und den Darlehensabschluss verwendet werden und dem Umstand, dass nur bei einer Trennung das Darlehen auch steuerwirksam geltend gemacht werden kann.

Innerhalb dieser Auffassung bestehen allerdings verschiedene Ausprägungen. Vereinzelt wird ein sehr weites Verständnis der darlehensbezogenen Informationen vertreten. So werden etwa Informationen über die Höhe der Mieteinnahmen als darlehensrelevante Information eingestuft, weil sie den Betrag beeinflussen, den der Anleger zur Begleichung der Darlehenszinsen nicht mit Mitteln aus dem Anlageprojekt decken kann[729].

Überzeugender erscheint jedoch ein unmittelbares Verständnis der darlehensbezogenen Informationen[730]. Denn Angaben über die Höhe der Mieteinnahmen beeinflussen weder die Höhe der Darlehenszinsen noch den zurückzuzahlenden Betrag und stellen daher keine darlehensbezogene Information dar. Sie betreffen vielmehr die Frage, wie der Anleger die Zinsen zu finanzieren gedenkt und berühren damit die Erfolgsaussichten der Anlage. Angaben hierzu gehören genauso wie Angaben über die Werthaltigkeit und den Sanierungsstand des Objektes, die wirtschaftliche Tragfähigkeit des Finanzierungskonzepts, die Miethöhe und die steuerlichen Auswirkungen nicht zu den darlehensbezogenen Informationen. Sie beziehen sich auf die Anlage selbst, so dass sich die Bank diese nicht zurechnen lassen muss[731]. Sind die Angaben in diesem Bereich unvollständig oder fehlerhaft, so muss sie sie nicht ergänzen oder korrigieren. Dies berührt allein die Sphäre des Projektanbieters. Insofern erfolgt durch den Einsatz eines Erfüllungsgehilfen keine Ausweitung der Pflichten der Bank[732]. Daher muss die Bank – auch bei Einsatz eines Erfüllungsgehilfen beim Zustandekommen des Darlehensvertrags – den Anleger grundsätzlich nicht über die Risiken der Anlage aufklären.

---

729 *OLG Nürnberg* WM 2000, 2305; *Stüsser* NJW 1999, 1586, 1587 unter Berufung auf *BGH* WM 1998, 1673 = NJW 1998, 2898; diese Berufung hat *BGH* WM 2000, 1685, 1686 = NJW 2000, 3558, 3559 = NZG 2000, 1215, 1216 aber zurückgewiesen.

730 So auch *BGH* WM 1992, 602, 602; WM 2000, 1685, 1686 = NJW 2000, 3558, 3559 = NZG 2000, 1215, 1216; WM 2000, 1687, 1688 = NJW-RR 2000, 1576, 1577; *OLG Stuttgart* WM 2000, 292, 296; *OLG Stuttgart* WM 2000, 2146, 2149 f.; *OLG Köln* WM 2000, 2139, 2144; *OLG Zweibrücken* WM 2000, 2150, 2152; *LG Ellwangen* WM 1999, 129; *LG Berlin* WM 2000, 1484, 1487; *LG Stuttgart* WM 2000, 1388, 1391 f.; *v. Heymann* WuB I G 7. - 5.92; *Bruchner* WuB I G 5. - 3.99.

731 Vgl. Nachweise in Fn. 730 (S. 171).

732 So ausdrücklich auch *OLG Stuttgart* WM 2000, 2146, 2150.

2. Ausnahmsweise bestehende Aufklärungspflichten der Bank

Nach dem soeben[733] Gesagten muss sich die Bank grundsätzlich nur die unmittelbar darlehensbezogenen Informationen zurechnen lassen. Nur über die Bedingungen des Darlehensvertrags treffen sie nach allgemeinen Grundsätzen auch Aufklärungspflichten. Im Folgenden ist aber zu untersuchen, was dies im Hinblick auf die ausnahmsweise bestehenden Aufklärungspflichten (Überschreitung der Finanzierungsfunktion und Wissensvorsprung über spezielles Risiko) bedeutet:

a. Aufklärungspflicht wegen Überschreitung der Finanzierungsfunktion

Die Beschränkung der Zurechnung basiert auf der klaren Abgrenzung der Bereiche „Darlehen“ und „Anlageobjekt“. Dies hat jedoch zur Folge, dass sich die Beschränkung der Zurechnung dann nicht mehr halten lässt, wenn keine getrennten Bereiche mehr erkennbar sind: Bei der Finanzierung von Immobilienanlagen ist die rechtliche Trennung der Gesellschaften jedoch schon aus steuerlichen Gründen regelmäßig erkennbar und zu beachten[734]. Der Eindruck einer Einheit entsteht aber, wenn der Anleger weiß, dass die Bank ihre Finanzierungsfunktion überschritten hat und quasi zur Projektbeteiligten geworden ist[735]. Wenn die Bank „auf beiden Seiten steht“, scheidet eine Aufspaltung der Zurechnung nach Zuständigkeiten aus[736]. Daher sind ihr dann alle Informationen zuzurechnen, die der Dritte dem Anleger gibt; auch die Informationen über das Anlageobjekt, die sonst nur der Initiatorenseite zuzurechnen sind. Die Bank hat den Anleger dann vollständig aufzuklären und daher notwendigenfalls die Angaben des Dritten zu korrigieren oder zu ergänzen.

---

733 Unter Kapitel 4, B. III. 1. (S. 207 f.).

734 *BGH* WM 1979, 1054, 1054 = NJW 1980, 41, 42; WM 1980, 1446, 1448 = NJW 1981, 389, 391; WM 1986, 671, 671 f. = NJW-RR 1986, 1167, 1168; WM 1986, 1561, 1562; *OLG Hamm* WM 1998, 1230, 1233; *OLG Stuttgart* WM 2000, 292, 300; *OLG Stuttgart* WM 2000, 2146, 2150; *OLG Köln* WM 2000, 2139, 2145; *Siol* in Schimansky/Bunte/Lwowski, Bankrechts.Hdb. § 44 Rn. 38; *Früh* ZIP 1999, 701, 704.

735 Dann wird ausnahmsweise auch ein Einwendungsdurchgriff zugelassen, *BGH* WM 1979, 1054, 1055 = NJW 1980, 41, 42 f.; WM 1988, 561, 563 = NJW 1988, 1583, 1585.

736 Angedeutet bei *Hertel* WuB I G 5. - 4.99; *Streit* ZIP 1999, 477, 479 f.; *Rösler* DB 1999, 2297, 2301. In dieser Situation kann auch einmal ein Einwendungsdurchgriff möglich sein, wenn sogar der Eindruck einer wirtschaftlichen Einheit entsteht: BGHZ 133, 254, 261 = NJW 1996, 3414, 3415; *v. Heymann* in Assmann/Schütze Hdb.KapitalanlageR § 6 Rn. 193, 195.

b. Aufklärungspflicht wegen Wissensvorsprung über spezielles Risiko

Näher untersucht werden muss die Frage, ob auch die Aufklärungspflicht wegen eines konkreten Wissensvorsprungs über ein spezielles Risiko von der beschränkten Zurechung auf den Darlehensbereich unberührt bleibt.

aa. Contra

Gegen eine Aufklärungspflicht der Bank spricht, dass ihre Aufklärungspflicht auf den reinen Darlehensbereich beschränkt wird, wenn ein Vermittler eingeschaltet wird. Die Umstände, über die die Bank unter dem Aspekt des Wissensvorsprungs aufzuklären hat, sind jedoch in der Regel dem Bereich der Anlage zuzuordnen und fallen damit nicht in den reinen Darlehensbereich.

Gegen eine Aufklärungspflicht spricht weiterhin, dass die Anleger kein berechtigtes Vertrauen in eine Aufklärung durch die Bank haben[737]. Es liegt ein Distanzgeschäft ohne direkten Kontakt mit der Bank vor[738] und außerdem treffen bereits den Vermittler umfassende Aufklärungspflichten[739]. Gegen eine solche Pflicht könnte auch das neue Fernabsatzgesetz[740] sprechen. Zwar legt es Unternehmen besondere Hinweis- und Aufklärungspflichten auf, wenn Verträge ohne persönlichen Kontakt der Vertragsparteien zustandekommen, § 2 Abs. 2 FernAbsG. Von dieser Pflicht ausdrücklich ausgenommen sind jedoch Verträge über Finanzgeschäfte sowie deren Vermittlung, § 1 Abs. 3 Nr. 3 FernAbsG. Dies spricht gegen Aufklärungspflichten der Banken in dieser Situation.

bb. Pro

Richtigerweise ergibt sich aus der Regelung des § 1 Abs. 3 Nr. 3 FernAbsG jedoch kein Anhaltspunkt für oder wider eine Aufklärungspflicht der Bank. Nach der Begründung des Gesetzentwurfs der Bundesregierung wurde der Bereich der Finanzgeschäfte aus dem Anwendungsbereich des Gesetzes herausgehalten, weil hierzu eine eigene Richtlinie der Europäischen Union fol-

---

737 *Streit* ZIP 1999, 477, 480.

738 Vgl. oben bei der Abgrenzung Kapitel 4, B. I. (S. 196): Sonst fehlt es bereits an der Eigenschaft als Erfüllungsgehilfe.

739 Siehe oben Kapitel 4, B. I. 2. (S. 198 ff.).

740 Verkündet als Art. 1 des Gesetzes über Fernabsatzverträge und andere Fragen des Verbraucherrechts sowie zur Umstellung von Vorschriften auf Euro vom 27.6.2000, BGBl. I S. 897 ff., in Kraft getreten am 30.6.2000.

gen soll[741]. Zudem ist zu berücksichtigen, dass die hier fraglichen Aufklärungspflichten von dem maßgeblichen Kanon des § 2 Abs. 2 FernAbsG ohnehin nicht erfasst werden[742]. Daher lassen sich aus dem Fernabsatzgesetz keine Schlüsse für die hier zu beantwortende Frage ziehen. Vielmehr ist auf ganz allgemeine Grundlagen zurückzugreifen.

Steht die Bank in direktem Kontakt zu dem darlehenssuchenden Anleger, muss sie ihn grundsätzlich (von den oben[743] diskutierten Ausnahmen abgesehen) nur über darlehensbezogene Umstände aufklären. Das gleiche gilt, wenn sie einen Erfüllungsgehilfen einschaltet. Deshalb werden ihr auch nur die unmittelbar darlehensbezogenen Informationen des zwischengeschalteten Vermittlers zugerechnet. Damit wird die Bank also auch ohne direkten Kontakt hinsichtlich des Bereichs, über den sie aufzuklären hat, genauso gestellt, als ob sie in direktem Kontakt mit dem Anleger stünde. Dann hat sie aber – auch wenn ein Vermittler eingeschaltet wird – ausnahmsweise über die besonderen Risiken aufzuklären. Dies gilt umso mehr, als der Einsatz eines Erfüllungsgehilfen nicht zu einer Beschränkung ihrer Pflichten führen kann. Wie sie dieser Pflicht nachkommt, spielt hierfür keine Rolle: Sie kann dies dem Erfüllungsgehilfen überlassen oder auch selbst übernehmen. Jedenfalls ist der Anleger über diese Aspekte aufzuklären.

Die zeitliche Abfolge der Vermittlungen beeinflusst die Aufklärungspflicht der Bank nicht. Die Aufklärungspflicht besteht unabhängig davon, ob dem Anleger zuerst der Fonds vermittelt wird und der Kontakt zu der Bank zeitlich danach oder ob dies beides bei einer einzigen Gelegenheit erfolgt. Auch der Umstand, dass der Erfüllungsgehilfe der Bank in seiner Eigenschaft als Fondsvermittler eine weitergehende Aufklärung schuldet, beeinflusst die ausnahmsweise gegebene Aufklärungspflicht der Bank nicht. Die Pflichten bestehen nebeneinander – und wenn er seinen Vermittlerpflichten für den Fonds umfassend nachkommt, so erfüllt er dabei gleichzeitig auch die Pflichten der

---

741 BT-Drucks. 14/2658 vom 9.2.2000, S. 32. Vgl. dazu den Vorschlag der Kommission vom 14.10.1998, KOM (1998) 468: ABl. 1998 C 385/10 = WM 1999, 1477, sowie den geänderten Vorschlag vom 23.7.1999, KOM (1999) 385 endg. (Wortlaut unter: http://europa.eu.int/eur-lex/de/com/reg/de_register_152040.html). Diese Bereichsausnahme hat allerdings für Kritik gesorgt: *Tonner* BB 2000, 1413, 1416.

742 Unter „wesentliche Merkmale der Ware oder Dienstleistung" iSv. § 2 Abs. 2 Nr. 2 FernAbsG werden Informationen verstanden, die man oft bereits zu den essentialia negotii rechnen muss, *Wendehorst* DStR 2000, 1311, 1315.

743 Kapitel 3 (S. 101 ff.).

Bank. Geschieht dies nicht, muss die Bank anderweitig für die Erfüllung dieser Verbindlichkeit sorgen.

cc. Zwischenergebnis

Die Aufklärungspflicht wegen eines konkreten Wissensvorsprungs über ein spezielles Risiko trifft die Bank auch dann, wenn ein Vermittler sowohl den Fonds als auch als Erfüllungsgehilfe der Bank das Darlehen vermittelt. Die Pflicht besteht also unabhängig von der Art und zeitlichen Reihenfolge des Kundenkontaktes.

3. Umfang der ausnahmsweise bestehenden Aufklärungspflichten

Nachdem festgestellt wurde, dass die Bank zur Aufklärung verpflichtet ist, wird im Folgenden das Augenmerk auf den Umfang der Aufklärungspflicht gerichtet. Dabei ist zu untersuchen, wie sich das Tätigwerden des Dritten auf den Umfang der Pflicht auswirkt. Der Umfang der Aufklärungspflicht richtet sich – bei allen Unterschieden im Detail[744] – nach dem Wissensgefälle. Daher ist die Aufklärungsbedürftigkeit des Anlegers (a.) und das Wissen der Bank (b.) zu begutachten.

a. Aufklärungsbedürftigkeit des Anlegers

Maßgeblich für die Aufklärungsbedürftigkeit des Anlegers ist allein sein Wissen – sofern ihm nicht auch das Wissen anderer Personen zugerechnet werden muss.

Nach § 166 Abs. 1 BGB wird das Wissen eines Vertreters zugerechnet[745]. Ist der Vermittler nur Vermittler und selbst nicht zum Abschluss des Darlehensvertrags für den Anleger bevollmächtigt, scheidet eine Zurechnung seines Wissens nach § 166 Abs. 1 BGB aus. Doch nicht nur das Wissen eines Vertreters wird zugerechnet, nach § 166 Abs. 1 BGB analog ist auch das Wissen von Wissensvertretern zu berücksichtigen. Wissensvertreter ist, wer nach der Arbeitsorganisation des Geschäftsherrn dazu berufen ist, im Rechtsverkehr als dessen Repräsentant bestimmte Aufgaben in eigener Verantwortung zu erle-

---

[744] Vgl. dazu oben bei Kapitel 3, B. IV. (S. 124) und Kapitel 3, C. V. (S. 124).

[745] Nicht zu verwechseln ist diese Fragestellung mit dem Problem, ob der Bank das Wissen des Vermittlers zuzurechnen ist. Vgl. dazu sogleich unter Kapitel 4, B. III. 3. b. (S. 211 ff.).

digen und die dabei anfallenden Informationen zur Kenntnis zu nehmen sowie gegebenenfalls weiterzuleiten[746].

Teilweise werden Anlage-[747] und Kreditvermittler[748] als Wissensvertreter angesehen. Dies trifft aber nicht die vorliegende Situation. Zwar soll der Vermittler bestimmte Aufgaben in eigener Verantwortung erledigen und die dabei anfallenden Informationen zur Kenntnis nehmen, im Rechtsverkehr ist er aber nicht als Repräsentant des Anlegers anzusehen. Dazu fehlt es bei diesem einmaligen Kontakt an einer engen, organisatorischen Verbindung oder anderen verbindenden Elementen. Selbst dann, wenn der Vermittler den Vertragsschluss des Anlegers weitgehend vorbereitet[749], ist er nicht mit einem Vertreter vergleichbar, so dass sein Wissen nicht analog § 166 Abs. 1 BGB zuzurechnen ist. Da nach dem oben festgestellten Grundsatz zum Missbrauch der Vertretungsmacht schon dann keine Wissenszurechnung erfolgt, wenn der Dritte in keiner Rechtsbeziehung zu der Bank steht[750], so muss dieses Ergebnis erst recht gelten, wenn der Dritte als Erfüllungsgehilfe der Bank noch viel weniger auf Seiten des Anlegers steht. Denn wenn der Vermittler gleichzeitig Erfüllungsgehilfe der Bank ist und in dieser Funktion häufiger für die Bank tätig wird, überwiegt dieses Verhältnis die einmalige Beziehung zu dem darlehenssuchenden Anleger[751].

Daher wird dem Darlehensnehmer nicht das Wissen des Vermittlers zugerechnet und der Umfang der Aufklärungspflicht bemisst sich entsprechend den oben[752] entwickelten Grundsätzen allein nach dem Wissen des Anlegers.

b. Wissen der Bank

Der andere Aspekt, der den Umfang der Aufklärungspflicht der Bank entscheidend beeinflusst, ist das Wissen der Bank. Insofern kann es von Bedeutung sein, ob das Wissen des Vermittlers der Bank zuzurechnen ist.

---

746 Vgl. dazu Nachweise oben in Fn. 79 (S. 18).

747 *Heinrichs* in Palandt § 166 Rn. 6; *BGH* WM 1985, 125, 126 = NJW 1985, 1080, 1081 stellt auf Empfangsboteneigenschaft ab (Zurechnung zu Anlagegesellschaft, nicht zu Anleger).

748 *OLG Hamm* ZIP 1981, 53, 54; *OLG Düsseldorf* WM 1993, 2207, 2209; *Heinrichs* in Palandt § 166 Rn. 6.

749 Dazu etwa *BGH* WM 1992, 441, 442 = NJW 1992, 899, 900.

750 Vgl. oben in Kapitel 4, B. II. (S. 201 ff.).

751 *Fuellmich/Rieger* ZIP 1999, 465, 472 f.

752 Kapitel 4, B. II. 2. b. (S. 202 ff.).

Häufig wird behauptet, dass die Wissenszurechnung gemäß § 166 BGB genauso (beschränkt) erfolge wie die Zurechnung nach § 278 BGB[753]. Ob die Möglichkeit einer selektiven Zurechnung aber auch für das Wissen einer Person gelten kann, ist fraglich. Auch wenn Personen in unterschiedlichen Pflichtenkreisen tätig werden, haben sie bei allen Handlungen ein bestimmtes Wissen und nicht nur bei solchen, die einer bestimmten Partei zugerechnet werden können.

Zunächst einmal kann nicht das Wissen jeder Hilfsperson der Bank zugerechnet werden, sondern nur das Wissen solcher Personen, die einem Vertreter vergleichbar sind. Entscheidend ist also, ob der Vermittler als Wissensvertreter der Bank anzusehen ist. Dazu müsste er im Rechtsverkehr als Repräsentant der Bank bestimmte Aufgaben in eigener Verantwortung erledigen und die dabei anfallenden Informationen zur Kenntnis nehmen sowie gegebenenfalls weiterleiten[754]. Bereitet der Vermittler den Vertragsschluss mit der Bank weitgehend vor, ist er als Wissensvertreter anzusehen, denn er bekleidet insofern eine einem Vertreter angenäherte Stellung[755]. Jedenfalls sofern der Vermittler häufiger für die Bank tätig wird, besteht auch der Eindruck der Repräsentanz der Bank.

Damit stellt sich die entscheidende Frage, in welchem Umfang das Wissen des Vermittlers der Bank zugerechnet wird. Sofern es um solche Aspekte geht, die das Darlehen unmittelbar betreffen, kann eine Zurechnung nicht in Frage stehen. Schwierig wird es jedoch bei solchem Wissen, das nur mittelbar mit dem Darlehen in Zusammenhang steht. Hier stellt sich – wie oben[756] bei § 278 BGB – die Frage, ob auch insoweit eine Zurechnung erfolgen kann. Überwiegend wird dies – parallel zu § 278 BGB – abgelehnt. Bereits der Um-

---

[753] Vgl. *BGH* WM 1996, 2105, 2107 = NJW-RR 1997, 116, 117; *OLG München* WM 1999, 1818, 1821; *OLG Stuttgart* WM 2000, 2146, 2149; *Rösler* DB 1999, 2297, 2301; *Spickhoff/Petershagen* BB 1999, 165, 167; *Bruchner* WM 1999, 825, 834; *v. Heymann* BB 2000, 1149, 1153.

[754] Vgl. dazu Nachweise oben in Fn. 79 (S. 23).

[755] Vgl. dazu nur *BGH* WM 1992, 441, 442 = NJW 1992, 899, 900; *Schilken* in Staudinger BGB § 166 Rn. 4; *Leptien* in Soergel BGB § 166 Rn. 6; bei einem neutralen Makler ist das nicht der Fall RGZ 101, 97, 98 f.; *KG* NJW-RR 1990, 399, 399; *OLG Koblenz* NJW-RR 1993, 180.

[756] Kapitel 4, B. III. 1. (S. 207 f.).

stand, dass es unterschiedliche Rechtsgrundlagen für die Zurechnung gibt[757], zeigt jedoch, dass beide Arten der Zurechnung nicht identisch und parallel erfolgen müssen.

Anders als bei § 278 BGB, wo Pflichten und Verhaltensweisen voneinander abgegrenzt werden können, ist das Wissen jedoch nicht segmentierbar, sondern immer in seiner Gesamtheit vorhanden. Und zwar unabhängig davon, welchem Pflichtenkreis das jeweilige Verhalten gerade zuzurechnen ist. Kenntnisse, die der Vermittler über das Anlageprojekt in seiner Gesamtheit hat, hat er auch, während er für die Bank das Darlehen vermittelt. Insofern ist der Bank Wissen zuzurechnen, dass der Vermittler über das Projekt hat. Dies gilt insbesondere auch dann, wenn sich die Informationen nicht unmittelbar auf das Darlehen beziehen. Denn auch wenn rechtlich und wirtschaftlich zwischen der Kapitalanlage und dem Darlehen zu trennen ist, so besteht doch jedenfalls gedanklich ein Zusammenhang zwischen diesen Geschäften, wie man daran erkennen kann, dass die Bank ausnahmsweise auch hierüber aufklären muss. Daher muss sich die Bank dann, wenn sie sich das Wissen des Vermittlers wegen seiner Stellung als Wissensvertreter zurechnen lassen muss, auch seine Kenntnisse über das sonstige Geschäft zurechnen lassen, die gedanklich dazugehören, also im mittelbaren Zusammenhang mit dem Darlehen stehen.

c. Ergebnis

Ist der Vermittler als Erfüllungsgehilfe der Bank zu qualifizieren, so sind ihr nach § 278 BGB seine unmittelbar darlehensbezogenen Aussagen zuzurechnen. Für den Umfang der Aufklärungspflicht hat sie sogar auch solches Wissen des Vermittlers zu berücksichtigen, dass mit dem Darlehen nur mittelbar im Zusammenhang steht. Dem Anleger wird hingegen kein Wissen des Vermittlers zugerechnet.

4. Ergebnis

Vermittelt die Person, die das Anlageprojekt vermittelt, zugleich auch das Darlehen zur Finanzierung dieser Anlage, wird ihr Wissen nicht dem Anleger zugerechnet. Ist er Erfüllungsgehilfe der Bank, werden ihr seine Aussagen nur

---

757 „§ 278 BGB betrifft die Zurechnung von Verschulden. Die Zurechnung anderer subjektiver Merkmale wird von § 278 BGB nicht erfasst. § 278 ist insbesondere nicht auf die Zurechnung von Fremdwissen außerhalb des Verschuldens anwendbar. Hierfür kommt (...) § 166 BGB in Betracht." *Wolf* in Soergel BGB § 278 Rn. 3; anders *BGH* nur soweit es um Zurechnung der Kenntnisse geht, die die Sittenwidrigkeit begründen, *BGH* WM 1990, 799, 801 = NJW-RR 1990, 750, 751.

insoweit zugerechnet, als es sich um Angaben über das Darlehen handelt. Sofern die Bank allerdings ausnahmsweise eine Aufklärungspflicht über spezielle Risiken oder aufgrund einer Überschreitung der Finanzierungsfunktion trifft, ist sie auch insoweit zur Aufklärung über Umstände verpflichtet, die nicht zu dem Darlehen gehören. Handelt es sich bei dem Vermittler um einen Wissensvertreter, so wird der Bank auch das Wissen des Vermittlers über das Fondsprojekt zugerechnet. Insoweit kommt es aber nicht zu einer Beschränkung, sondern sie umfasst alle Kenntnisse im Zusammenhang mit dem Anlageprojekt. Für die besonderen Aufklärungspflichten der Bank ergibt sich somit, dass sie unabhängig von der Art und Weise des Zustandekommens des Vertrags bestehen. Allein der Umfang hängt von der genauen Konstellation ab. Sofern der Anleger aber nicht einen individuell selbst ausgewählten Vertreter benennt, wird ihm das Wissen der Hilfs- und Zwischenpersonen regelmäßig nicht zugerechnet.

Kapitel 5: Alternative Lösungsansätze

Die Aufklärungspflichten der Banken spielen bei Immobilienanlagen nur deshalb eine so große Rolle, weil viele dieser Projekte gescheitert sind und ein Ersatzanspruch der geschädigten Anleger gegen die Bank die einzige Möglichkeit verspricht, den Schaden ersetzt zu bekommen[758]. Denn scheitert das Projekt, sind oder werden die Initiatoren regelmäßig insolvent. Ansprüche gegen sie lassen sich nicht durchsetzen.

Sinnvoll wäre es daher, die Probleme der Insolvenz der Initiatoren oder des Scheiterns des Projekts anzugehen. Dafür sind insbesondere zwei Ansätze denkbar. Zum einen könnte daran angeknüpft werden, wie sich Ansprüche gegen die Initiatoren durchsetzen lassen. Ließe sich ein Weg finden, Ansprüche der Geschädigten gegen die Initiatoren zu sichern, so bestünde gar nicht das Bedürfnis, die Banken in Anspruch zu nehmen (A.). Der andere Ansatzpunkt könnte noch weiter im Vorfeld liegen, indem man bereits das Scheitern der Projekte zu vermeiden sucht und deshalb bei den Anlegern gar nicht erst der „Bedarf" entsteht, sich schadlos halten zu wollen (B.).

A. Die Versicherungslösung

Das Ziel, Ansprüche der geschädigten Anleger gegen die Initiatoren zu sichern, ließe sich mit einer Versicherung erreichen. Denkbar wäre, dass – de lege ferenda – für jeden Prospektherausgeber die Pflicht statuiert wird, eine Versicherung für Prospekthaftungsansprüche abzuschließen.

Diese Norm müsste entsprechend § 651k Abs. 4 BGB so ausgestaltet sein, dass der Fonds das Geld erst entgegennehmen darf, wenn er eine Versicherung abgeschlossen hat. So könnte gewährleistet werden, dass auch wirklich Versicherungen abgeschlossen werden, denn nur eine vorherige Sicherung schützt die Vermögenswerte des Anlegers ausreichend[759]. Nur wer eine Versicherung abschließt, dürfte demnach mittels eines Prospekts auch Gelder einsammeln. Schadensersatzansprüche der Anleger wären daher in den entscheidenden Fällen immer gesichert.

---

[758] Vgl. Nachweise in Fn. 9 (S. 2).

[759] So auch *Marcks* MaBVO § 2 MaBV Rn. 2 für Vermittler, Makler etc.

I. Pro Versicherung

Die Idee, Ansprüche eines Personenkreises auch in der Insolvenz des Vertragspartners durch eine Versicherung zu sichern, ist nicht ungewöhnlich. So schützt etwa der Pensionssicherungsverein die Angestellten in der Insolvenz des Arbeitgebers vor dem wirtschaftlichen Verlust der Pensionsansprüche gegen den Arbeitgeber (§§ 7, 14 Abs. 1 BetrAVG). Nach § 651k BGB darf ein Reiseveranstalter den Reisepreis nur entgegennehmen, wenn er eine Versicherung abgeschlossen hat, die den Reisenden gegen seine Insolvenz absichert. Auch im Bereich von Kapitalinvestitionen findet sich mit § 2 Abs. 1 MaBV iVm § 34c Abs. 1 GewO eine entsprechende Norm. Danach haben z.B. Vermittler, Makler oder Bauträger, die zur Ausführung eines Auftrags Vermögenswerte des Auftraggebers erhalten, Sicherheit zu leisten oder vorher eine Versicherung abzuschließen, um Schadensersatzansprüche abzudecken, die aus vorsätzlich unerlaubter Handlung gegen das überlassene Vermögen entstehen.

Eine solche Versicherung würde neben dem tatsächlichen Schadensersatz auch aus einem weiteren Grund dem Schutz der Anleger dienen. Die Versicherungen würden die Prospekte aus Gründen der Risikoüberwachung überprüfen. „Prospekte", die ihnen zu unsicher erscheinen, könnten gar nicht oder nur gegen deutlich höhere Prämie versichert werden. Auf diese Weise würden solche Prospekte vom Markt ferngehalten, die sehr fehlerhaft sind[760]. Wer Anteile an einem Projekt erwirbt, zu dem es keinen Prospekt gibt, so dass er auch nicht von einer Versicherung geschützt ist, ist indes auch nicht schutzwürdig. Wer eine solche Investition ohne „Grundlage" eingeht, ist „selber schuld".

Die Versicherung könnte als Ersatz für eine Prüfung durch das Bundesaufsichtsamt für Wertpapierhandel anzusehen sein, die bei den hier relevanten Prospekten – anders als bei Börsenprospekten – nicht vorgesehen ist[761]. Bei Börsenprospekten erfolgt eine – jedenfalls rudimentäre – Prüfung durch das Bundesaufsichtsamt, bevor die damit vertriebenen Papiere zum Handel zuge-

---

760 Auf die ähnlich erfolgende Vorselektionsfunktion im Rahmen der Prospekthaftung, die durch die Einbeziehung der Anlagevermittler und -berater in diese Haftung erfolgt, weisen *Assmann/Kübler* in Walz Sozialwissenschaften, 205, 220 hin.

761 Auch eine Gestattung nach § 8a VerkProspG ist nicht erforderlich, da die Fondsanteile keine Wertpapiere iSv. § 1 VerkProspG sind.

lassen werden. Damit findet also eine präventive Kontrolle statt[762], so dass keine Versicherung für die gesetzlich normierten Prospekthaftungsansprüche (§§ 45, 46 BörsG) erforderlich sein könnte. Als Ersatz für eine solche Prüfung könnte die Zwangsversicherung anzusehen sein.

Damit spricht einiges für eine gesetzliche Regelung, dass der Initiator eine Versicherung abschließen muss. Auch nach einer ökonomischen Analyse der Situation ist es gerechtfertigt, ihn mit den Kosten einer Versicherung zu belasten. Denn er ist derjenige, der das Risiko schafft und der die Vermeidung des Risikos durch sorgfältige Erstellung des Prospekts in der Hand hat. Für den einzelnen Anleger ist es hingegen nicht möglich, sich gegen das Risiko abzusichern – es sei denn, er tritt dem Fonds erst gar nicht bei. Ansonsten wird sich aber keine Versicherung finden, bei der er das Insolvenzrisiko des Initiators absichern kann. Der Initiator hingegen kann durch einen ordnungsgemäßen Prospekt die Gefahr einer Inanspruchnahme vermeiden und damit auch die Prämien der Versicherung reduzieren; ein Umstand, der sich werbewirksam einsetzen ließe. Für den Anleger hätte dies zur Folge, dass er mit seiner Forderung nicht ausfällt, sondern den Anspruch gegen den Initiator durchsetzen kann.

II. Contra Versicherung

Doch es sprechen gravierendere Argumente gegen die Einführung einer gesetzlichen Zwangsversicherung für Prospektherausgeber, die diesem erheblichen Eingriff in die Privatautonomie entgegenstehen.

Zunächst einmal ist § 651k BGB zwar eine gültige Norm des deutschen Rechts, die aber auf einer EG-Richtlinie basiert und für das deutsche Recht untypisch ist[763]. Als Ausnahmevorschrift im Zivilrecht, die eine Vertragserfüllung durch den Reisenden nur nach vorherigem Nachweis einer Versicherung zulässt (§ 651k Abs. 4 BGB), ist sie nicht analogiefähig[764].

Auch der Gedanke der §§ 7, 14 Abs. 1 BetrAVG lässt sich nicht übertragen. Zwischen einem Arbeitnehmer, der auf die Altersvorsorge durch seinen Ar-

---

762 §§ 36 Abs. 3 Nr. 2, Abs. 3a, 38 BörsG; zur Prüfung der formalen Voraussetzungen durch die Zulassungsstelle vgl. *Horst* Kapitalanlegerschutz, 9 f.

763 *Führich* NJW 1994, 2446, 2449; *Eckert* in Soergel BGB § 651k Rn. 2; *Tonner* in MünchKomm BGB § 651k Rn. 1.

764 RGZ 153, 1, 23; BGHZ 2, 237, 244; 11, 135, 143; BGHZ 4, 219, 222; kritisch hierzu *Larenz/Canaris* Methodenlehre, 175.

beitgeber vertrauen durfte und einem Kapitalanleger, der sich aus steuer- oder renditeorientierten Erwägungen an einem Fonds beteiligt, bestehen erhebliche Wertungsunterschiede. Zudem konnte der Kapitalanleger den Fonds aus einem großen Angebot selbst auswählen, wohingegen der Arbeitnehmer bei seiner Entscheidung für einen Arbeitgeber (schon allein wegen der Arbeitsmarktsituation) häufig nicht so frei war. Der Übertragung des Grundgedankens der Norm steht weiter auch der Aspekt entgegen, dass es einem Kapitalanleger zuzumuten ist, die Seriosität seiner Anlage selbst zu überprüfen. Der Arbeitnehmer soll aber insbesondere auch für die Zeit nach seinem Ausscheiden geschützt werden, wenn er selber gar keinen Einfluss mehr auf den tatsächlichen Betriebsablauf hat.

Die Pflicht zur Versicherung kann auch nicht als Ersatz für die fehlende Prüfung durch das Bundesaufsichtsamt angesehen werden. Denn dessen Prüfung erstreckt sich rein formal darauf, ob alle erforderlichen Angaben gemacht wurden. Eine Kontrolle der Richtigkeit der Angaben erfolgt nicht. Das Fehlen einer rein formalen Hürde rechtfertigt eine solche Versicherung nicht.

Gegen eine Zwangsversicherung spricht auch, dass letztlich die seriösen Anbieter und deren Kunden für das Verhalten der schwarzen Schafe (deren Fehlverhalten der Grund für eine Zwangsversicherung wäre) zur Kasse gebeten werden. Den unsorgfältigen Anlegern würde auf Kosten der sorgfältigen Anleger das mit ihrem Verhalten verbundene Risiko abgenommen. Die Situation ist auch nicht mit der des Straßenverkehrs zu vergleichen, wo auch alle Kfz-Halter eine Pflichtversicherung abschließen müssen. Denn im Straßenverkehr kann man – anders als bei einem Fonds – den Kontakt nicht auf ausgewählte Personen (Vertragspartner) beschränken; vielmehr ist es zufällig, welchem anderen Verkehrsteilnehmer man gerade begegnet und zwischen welchen Parteien Schadensersatzansprüche entstehen. Bei einer Kapitalanlage hingegen hat man die Möglichkeit, sich die Partner genau auszusuchen.

Schließlich spricht noch ein weiterer entscheidender Aspekt gegen diese Versicherung. Wenn man insoweit eine Versicherungspflicht einführt, stellt sich die Frage, wieso man nicht auch in anderen Bereichen Personen vor der Insolvenz ihrer Vertragspartner durch eine Zwangsversicherung der Vertragspartner schützt. Dies würde letztlich zu einer „Rund-um"-Versicherung der gesamten Wirtschaft führen und so den Wettbewerb lähmen.

III. Ergebnis

Bei einer Zusammenschau der Argumente ist die Einführung einer gesetzlichen Zwangsversicherung, die die Rückzahlung der Einlagen im Fall von Prospekthaftungsansprüchen sicherstellen würde, abzulehnen. Das Risiko, einem unseriösen Anbieter aufzusitzen, hat jeder Anleger selbst zu tragen. Dieses Risiko kann er nicht abwälzen, zumal er dann, wenn das Geschäft erfolgreich verläuft und es korrespondierend zu dem höheren Risiko auch eine höhere Rendite abwirft, auch nicht die Allgemeinheit daran beteiligt.

Aber selbst mit einer gesetzlichen Regelung im oben angedeuteten Sinne, wäre die Frage der Aufklärungspflicht der Banken nicht obsolet. Denn neben den „Altfällen", für die eine solche Regelung keine Wirkung entfalten könnte und den Fällen, in denen Prospekthaftungsansprüche bereits verjährt wären, bestünde jedenfalls dann, wenn die Versicherungsleistung entsprechend §§ 45 Abs. 1 S. 1 BörsG, 20 Abs. 1 S. 1 KAGG auf den Betrag der Einlage beschränkt wäre, außerdem noch das Problem der Schadensersatzhaftung für den betragsmäßig die Einlage übersteigenden Schaden.

B. Die Sanierungslösung

Die Versicherungslösung scheitert daran, dass sie keinen umfassenden Schutz der Anleger gewährleistet und im Widerspruch zu Grundgedanken unserer Marktwirtschaft steht. Als Alternative bietet sich daher an, noch eine Stufe eher anzusetzen und bereits das Scheitern der Projekte und damit das Entstehen eines Schadens zu verhindern. Um das Scheitern eines Projekts zu verhindern, bedarf es einer Sanierung.

Die Sanierung[765] krisenbetroffener Unternehmen wird ganz überwiegend für sinnvoll erachtet[766]. Neben dem Erhalt von Arbeitsplätzen, wird auf die unge-

---

[765] Einen einheitlichen Rechtsbegriff gibt es hierfür nicht (*K. Schmidt* Gutachten 54. DJT, D 18 f.; *Hopt* ZHR 143 (1979) 139, 167; *Uhlenbruck* KTS 1981, 513, 536). Gemeint sind sowohl die Maßnahmen zur Überwindung der Krise bzw. der zur Krise führenden Umstände, als auch das Ziel als solches. Der Begriff „Sanierung" stammt aus dem Lateinischen „sanare", was soviel bedeutet wie „heilen". *Gless* Unternehmenssanierung, 44 f. und *Finsterer* Unternehmenssanierung, 12 differenzieren noch zwischen „Sanierung" und „Reorganisation". Wie hier verwendet aber auch *Obermüller* Insolvenzrecht, Rn. 1.512 die Begriffe synonym. Zu dieser Differenzierung *K. Schmidt* Gutachten 54. DJT, D 21 f.

heuere Kapitalvernichtung hingewiesen, die durch halbfertige oder nichtbetriebene Anlageobjekte stattfindet. Die Insolvenz – als mögliche Endstation einer Unternehmenskrise – wird als „Wertvernichter schlimmster Art“ bezeichnet[767]. Außerdem werden durch eine Liquidation in der Gesellschaft schlafende Potentiale ersatzlos vernichtet[768], die bei einer Sanierung erhalten werden könnten. Bei geschlossenen Immobilienfonds kommt noch hinzu, dass der Staat in der Anfangsphase der Gesellschaft durch steuerrechtliche Konstruktionen häufig erhebliche Steuerausfälle erlitten hat. Auch insofern kann die Fortführung der Gesellschaft sinnvoll sein[769], um im Laufe der Zeit die Steuerausfälle wieder „hereinzuwirtschaften“. Auch rechtspolitisch ist eine erfolgreiche Sanierung willkommen. So war es das Ziel der neuen Insolvenzordnung neben der Haftungsverwirklichung durch Liquidation gleichrangig das Ziel der Sanierung des schuldnerischen Unternehmensträgers zu stellen[770]. Zur Erreichung der primären Funktion der Insolvenzordnung, der Haftungsverwirklichung[771], soll das angeschlagene Unternehmen so weit wie möglich erhalten bleiben, § 1 S. 1 2. Hs. InsO. Insbesondere zur Befriedigung der Gläubiger kann nämlich eine Fortführung einer maroden Gesellschaft sinnvoller sein als die Zerschlagung. Dies gilt etwa dann, wenn das Kapital der Gesellschaft in dem Know-how der Angestellten steckt, ein Wert der sich bei der Zerschlagung nicht realisieren lässt. Auch aus dem neuen § 32a Abs. 3 S. 3 GmbHG[772] wird die Idee des Gesetzgebers ersichtlich, Sanierungen zu fördern.

Damit eine Sanierung das Scheitern des Projekts verhindern kann, muss es sanierungsbedürftig und sanierungsfähig sein. Daher werden zunächst die Sa-

---

766 *Böckenförde* Unternehmenssanierung, 3 f.; *Kayser* Sanierung, 13 f.; *Uhlenbruck* Abschreibungsgesellschaften, 65; *Hopt* ZHR 143 (1979) 139, 167; *Lutter/Hommelhoff/Timm* BB 1980, 737, 737; *Schröter/Weber* ZIP 1982, 1023, 1028; kritischer: *Henkel* ZIP 1981, 1296, 1297; *Meyer-Cording* NJW 1981, 1242, 1242.

767 *Jaeger* Lehrbuch, § 38 1 I (S. 216).

768 *Böckenförde* Unternehmenssanierung, 4.

769 *Uhlenbruck* Abschreibungsgesellschaften, 21 mahnt sogar eine besondere Verantwortung des Staates zum Schutz der Anleger in einer Abschreibungsgesellschaft an, denn der Staat habe mit den „Steuerersparnisanreizen (...) das seinige dazu beigetragen“, um die Anleger zur Beteiligung an den Gesellschaften zu veranlassen.

770 Begründung zum RegE-InsO – BT-Drucks. 12/2443, S. 77; *Smid* Grundzüge § 1 Rn. 18.

771 *Smid* Grundzüge § 1 Rn. 18, bei Rn. 24 spricht er davon, dass insoweit der Versuch eines Paradigmenwechsels vorliegt, von der Liquidation hin zur Sanierung.

772 Eingefügt durch Art. 10 Gesetz zur Kontrolle und Transparenz im Unternehmensbereich (KonTraG) vom 27.4.1998, BGBl. I 786.

nierungsbedürftigkeit (I.) und die Sanierungsfähigkeit (II.) geschlossener Immobilienfonds dargestellt. Unter III. wird dann ein Ansatz dargestellt, mit dem die Banken zu einer Unterstützung der Sanierung bewegt werden könnten.

I. Sanierungsbedürftigkeit von geschlossenen Immobilienfonds

Sanierungsbedürftig ist eine Vielzahl geschlossener Immobilienfonds[773]. Dies gilt insbesondere, wenn man akzeptiert, dass ein Unternehmen nicht erst dann sanierungsbedürftig ist, wenn eine ungewollte, nachhaltige, existentielle Bedrohung für das Unternehmen besteht, die sich aber noch zum Positiven wenden lässt (Unternehmenskrise)[774], sondern auch schon im Vorfeld einer solchen Situation, wenn sich abzeichnet, dass das Unternehmen auf eine Krise zusteuert[775]. Je eher eine solche Situation erkannt wird, desto einfacher ist es, dem Problem zu begegnen, da dann die erforderlichen Maßnahmen weniger einschneidend sein müssen. Ist jedoch bereits Insolvenzreife eingetreten, ist es für die hier im Rahmen einer „freien Sanierung"[776] diskutierten Maßnahmen zu spät. Auch dann sind zwar noch Sanierungen möglich, doch sind bei ihnen die speziellen Regelungen der Insolvenzordnung zu beachten, so dass diese Situation hier ausgeklammert werden soll.

Die Ursachen für Unternehmenskrisen geschlossener Immobilienfonds können vielfältiger Natur sein. Sie beginnen bei Managementfehlern, erstrecken sich über zu optimistische Einschätzungen der Marktlage und reichen bis hin zur Insolvenz des Hauptmieters. Sie müssen nicht immer in dem Unternehmen selbst angelegt sein, häufig kommen sogar mehrere Faktoren zusam-

---

773 Vgl. nur *Wagner* NZG 1998, 289; *ders.* NZG 1999, 868.

774 *Böckenförde* Unternehmenssanierung, 16; *Keller* Unternehmenssanierung, 3; *Finsterer* Unternehmenssanierung, 5; *Smid* Grundzüge § 1 Rn. 29; *Picot/Aleth* Unternehmenskrise Rn. 4.

775 *Böckenförde* Unternehmenssanierung, 13; enger: *Finsterer* Unternehmenssanierung, 12, der eine Sanierungsbedürftigkeit erst bei Vorliegen eines Insolvenzgrundes annimmt. Vgl. auch die exemplarische Darstellung von *Hetzer/Palan/Seeger* MM 4/2001, 245, 250.

776 *K. Schmidt* Gutachten 54. DJT, D 103.

men[777]. Die Folge ist, dass die Fondsobjekte nicht den prospektierten Erlös abwerfen, teilweise sogar völlig leerstehen oder nicht einmal fertig gestellt wurden.

II. Sanierungsfähigkeit des Fonds

Eine Sanierung kommt allerdings überhaupt nur dann in Betracht, wenn der Fonds sanierungsfähig ist[778]. Bestehen für eine Sanierung keine Erfolgsaussichten, sind Sanierungsbemühungen wenig sinnvoll und nicht unterstützungswürdig[779]. In einer solchen Situation sollte lieber eine (freiwillige) Liquidation der Gesellschaft erfolgen. Sonst besteht nämlich die Gefahr, dass die Schäden für die Gläubiger durch das „Dahinsiechenlassen" der Unternehmung noch vergrößert werden[780].

Wie die Sanierungsfähigkeit einer Gesellschaft zu ermitteln ist, ist Gegenstand zahlreicher Publikationen[781]. Denn diese Frage wird auch relevant, wenn sich Banken Sanierungskredite besichern lassen. Scheitert die Sanierung, ist im Hinblick auf eine Schädigung anderer Gläubiger (§ 826 BGB) die Sanierungsfähigkeit der fraglichen Gesellschaft zu untersuchen. Nur bei einer tatsächlichen Sanierungsmöglichkeit durfte sich die Bank neue Kredite besi-

---

777 Vgl. die Aufzählung bei *Wagner* NZG 1998, 289, 289 ff.; *ders.* NZG 1999, 868, 868 ff.; *Uhlenbruck* Abschreibungsgesellschaften, 41 ff. stellt Gründe bei den ähnlich gelagerten Abschreibungsgesellschaften dar; generelle Ursachen für eine Krise werden dargestellt in *Keller* Unternehmenssanierung, 4; *Hesselmann/Stefan* Sanierung, 36 ff.; weitere endogene Ursachen zählt *Finsterer* Unternehmenssanierung, 5 auf.

778 Das ist jedenfalls dann nicht der Fall, wenn der Liquidationswert den Fortführungswert übersteigt; *Picot/Aleth* Unternehmenskrise Rn. 260 f.; vgl. die ausführliche Darstellung bei *Maus* in Gottwald InsolvenzR.Hdb § 3 Rn. 4 ff. *Böckenförde* Unternehmenssanierung, 5, 45 ist der Überzeugung, dass fast jedes Unternehmen von den richtigen Fachleuten gerettet werden kann.
Von der Frage der Sanierungs*fähigkeit* ist die Frage der Sanierungs*würdigkeit* zu unterscheiden. Während erstere objektiv bestimmt wird, beurteilt sich letztere subjektiv nach den Interessen der verschiedenen an einer Sanierung beteiligten Personengruppen; *Picot/Aleth* Unternehmenskrise, Rn. 274; *Böckenförde* Unternehmenssanierung, 45; *Maus* in Gottwald InsolvenzR.Hdb § 3 Rn. 3 ff.; keine Differenzierung nimmt *Smid* Grundzüge § 1 Rn. 34 vor.

779 *Kayser* Sanierung, 2; *Henckel* ZIP 1981, 1296, 1297.

780 *Meyer-Cording* NJW 1981, 1242, 1242 f.

781 *Brandstätter* Sanierungsfähigkeit, passim; *Hesselmann/Stefan* Sanierung, passim; *Kayser* Sanierung, passim; *Keller* Unternehmenssanierung, 82 ff.; *Schedlbauer* Sanierungsfähigkeit, 166, 169 ff.; *Wegmann* DB 1987, 1901, 1901 ff.; *Picot/Aleth* Unternehmenskrise Rn. 240 ff.;

chern lassen, ohne damit andere Anleger zu schädigen[782]. Auch im Hinblick auf die Strafbarkeit des Verhaltens (z.B. Insolvenzbetrug, Insolvenzverschleppung, §§ 283 ff. StGB) kommt es auf die Sanierungsfähigkeit an.

Ermittelt wird die Sanierungsfähigkeit letztlich durch einen Vergleich von Unternehmenswerten, wobei nach den unterschiedlichen Ansätzen zur Ermittlung der Sanierungsfähigkeit insbesondere auf verschiedene Arten zur Bestimmung der relevanten Unternehmenswerte abgestellt wird[783]. Letztlich ist ein Unternehmen jedoch dann sanierungsfähig, wenn es nach Abschluss der Sanierung eigenständig am Markt existieren kann, so dass eine Unternehmensfortführung objektiv sinnvoll ist[784]. Stellt sich die Sanierungsfähigkeit heraus, ist es sinnvoll, die Sanierungsbemühungen zu unterstützen. Wie dies geschehen kann, soll im Folgenden untersucht werden.

III. Einschränkung der Aufklärungspflichten als sinnvoller Sanierungsansatz?

Zu einer erfolgreichen Sanierung bedarf es neben einer veränderten Geschäftspolitik und einer Neuausrichtung des Angebotes regelmäßig auch zusätzlicher finanzieller Mittel, um die für den „Neuanfang" erforderlichen Aufwendungen (z.B. Umbauten) finanzieren zu können[785]. In dieser Situation sind die Banken gefragt, die aber häufig aufgrund von Haftungsrisiken und mangels Sicherheiten nicht gewillt sind, weitere Kredite an die marode Gesellschaft zu gewähren. Ohne die Zusammenarbeit mit den Banken kann eine Sanierung aber regelmäßig nicht erfolgreich verlaufen[786]. Dies liegt zum einen an dem entsprechenden Know-how der Banken in Sanierungsfragen, zum anderen aber auch daran, dass die Sanierung scheitern muss, wenn die Bank

---

782 Vgl. dazu nur *Obermüller* Insolvenzrecht, Rn. 5.108 ff., 122 ff.; sowie *Neuhof* NJW 1998, 3225, 3225.

783 Vgl. die Nachweise bei *Maus* in Gottwald InsolvenzR.Hdb § 3 Rn. 9 ff.

784 *Maus* in Gottwald InsolvenzR.Hdb § 3 Rn. 23 ff.

785 Ob die Sanierung allein durch finanzwirtschaftliche Maßnahmen (Sanierung im engeren Sinne, dazu *Feldbauer-Durstmüller* Krisenmanagement, 45) oder durch ein Bündel von Maßnahmen, die auch den leistungswirtschaftlichen Bereich erfassen (Sanierung im weiteren Sinne: *Wöhe* ABWL 5. Abschnitt VIII 4 b (S. 823); *Brandstätter* Sanierungsfähigkeit, 7; *Böckenförde* Unternehmenssanierung, 7; *Feldbauer-Durstmüller* Krisenmanagement, 45 f.; *Gless* Unternehmenssanierung, 44 f.), erfolgt, spielt im Rahmen dieser Arbeit indes keine Rolle. Hier geht es allein um den Aspekt der Versorgung der Gesellschaft mit finanziellen Mitteln.

786 Vgl. *Kruppa* Bankenhaftung, 86; *Finsterer* Unternehmenssanierung, 1; *Hesselmann/Stefan* Sanierung, 77; *Picot/Aleth* Unternehmenskrise, Rn. 501.

ihre bereits bestehenden Kredite wegen der Krisensituation kündigt[787]. Eine Pflicht zur Kooperation gibt es für die Banken nicht. Selbst die Hausbank, als das Kreditinstitut mit den engsten Beziehungen zu der maroden Gesellschaft, ist nicht zur Gewährung von Sanierungsdarlehen verpflichtet[788].

Ist die Bank nicht gewillt, dem Fonds selbst (ausreichend) Mittel zur Verfügung zu stellen, bieten sich indes noch andere Möglichkeiten, um seinen Finanzbedarf zu decken. So kann der Gesellschaft neues Eigenkapital zugeführt werden, indem entweder neue Gesellschafter (Anleger) geworben werden oder die bisherigen Gesellschafter ihre Einlage erhöhen. Möglich ist auch, dass die Gesellschafter der Gesellschaft mit einem Darlehen zu Hilfe kommen. In allen Varianten kann die Bank das benötigte Kapital den Anlegern in Form von Krediten zur Verfügung stellen und somit ihr Risiko gegenüber einer direkten Darlehensvergabe an den Fonds streuen, was ihre Bereitschaft hierzu gegebenenfalls erhöht. Wie die Rechtsprechung des *BGH* zeigt, ist aber auch eine solche Darlehensvergabe mit erheblichen Risiken für die Bank verbunden[789]. Um die Bereitschaft der Bank zur Mitarbeit an dieser Art der Sanierung zu erhöhen, müsste man das Risiko senken, das die Bank bei einer solchen Darlehensvergabe eingeht.

Eine solche Risikoreduzierung für die Bank ist auf verschiedenen Wegen denkbar. Im Rahmen dieser Arbeit können allein juristische Varianten in Betracht kommen. Anknüpfend an die in dieser Arbeit behandelten Aufklärungspflichten könnte man bei einer solchen Darlehensvergabe das Schadensersatzrisiko wegen Verletzung einer Aufklärungspflicht minimieren. Erreicht werden könnte dies dadurch, dass die Ansprüche an die Aufklärungspflichten der Bank verringert werden. Die Folge wäre dann, dass es für die Bank unter dem Gesichtspunkt des geringeren Haftungsrisikos (im Vergleich zu einer beliebig anderen Darlehensgewährung) interessant wäre, dieses Darlehen zu gewähren und so die Bereitschaft zur Darlehensvergabe gefördert würde.

---

787 Diese Möglichkeit eröffnen die Banken-AGB regelmäßig.

788 *BGH* WM 1956, 217, 220; *OLG München* WM 1994, 1028, 1030; *Picot/Aleth* Unternehmenskrise Rn. 501, 505; *Maus* in Gottwald InsolvenzR.Hdb § 5 Rn. 45; *Hopt* ZHR 143 (1979) 139, 168; *Obermüller* Insolvenzrecht, 5.153 ff.; auf Ablehnung gestoßen insoweit *Canaris* ZHR 143 (1979) 113, 124 ff., der eine solche Pflicht annimmt.

789 Vgl. den Sachverhalt der Entscheidung *BGH* WM 1978, 896 = NJW 1978, 2547, in der von der darlehensgewährenden Bank eine Aufklärung des Kommanditisten der sanierungsbedürftigen Publikumsgesellschaft über die desolate Lage der Gesellschaft verlangt wurde, obwohl zuvor drei außerordentliche Gesellschafterversammlungen zu diesem Thema stattgefunden hatten, über deren Verlauf auch die nicht anwesenden Gesellschafter per Rundschreiben informiert wurden.

Fraglich ist, ob die Reduzierung der Aufklärungspflichten der Banken ein gangbarer Weg zur Förderung der Sanierung maroder Immobilienfonds ist. Im Folgenden werden das Pro (1.) und Contra (2.) einer Beschränkung der Aufklärungspflicht diskutiert.

1. Pro Beschränkung der Aufklärungspflicht

Man käme der Bank entgegen und könnte ihre Bereitschaft zur Darlehensvergabe erhöhen, wenn die Aufklärungspflicht allein auf die Darlehenskonditionen beschränkt wäre und ihr in den oben diskutierten Fallgruppen[790] dann keine Aufklärung obliegen würde. So könnte man die Sanierung geschlossener Immobilienfonds unterstützen. Denn Sanierungsdarlehen würden bei gleichen Ausfallrisiken und Zinsen aufgrund der Haftungsreduzierung gegenüber gewöhnlichen Darlehen deutlich bevorzugt.

Dabei könnte man eine solche Haftungsreduzierung bereits dann annehmen, wenn die Bank einen Kredit ausdrücklich zur Finanzierung einer „Sanierung“ eines Fonds vergibt[791]. Denn der Hinweis auf eine Sanierung macht dem Anleger deutlich, dass das bisherige Konzept gescheitert ist oder jedenfalls nicht den gewünschten Erfolg erzielt hat. Damit wird ihm viel deutlicher als sonst in Risikohinweisen üblich vor Augen geführt, dass ein solches Projekt auch scheitern kann. Die Bank käme in den Genuss der Haftungsreduzierung, wenn sie nur auf die bezweckte Sanierung hinweist.

Verharmlost die Bank allerdings die Risiken eines solchen Vorhabens oder beschönigt sie die Erfolgschancen, ist eine solche Haftungsreduzierung nicht möglich. Denn dann weckt sie wiederum berechtigtes Vertrauen des Anlegers, das sie durch Aufklärung über die besonderen Risiken kompensieren muss.

2. Contra Beschränkung der Aufklärungspflicht

Selbst wenn diese Methode geeignet wäre, die Gewährung von Darlehen zur Verschaffung von Liquidität und Eigenkapital für marode Fonds zu fördern, so bestehen doch grundlegende Bedenken gegen diese Konzeption. Richtigerweise kommt eine Befreiung der Bank von ihren Aufklärungspflichten

---

790 Überschreitung der Finanzierungsfunktion und konkreter Wissensvorsprung über spezielle Risiken.

791 Nicht zu verwechseln mit der Darlehensvergabe für einen „Sanierungsfonds“, der häufig in der Form eines geschlossenen Immobilienfonds angeboten wird und die Renovierung und Sanierung von Wohnraum zum Ziel hat.

auch bei der Finanzierung eines Kredits zur Sanierung eines maroden Fonds nicht in Betracht. Die Sanierung ist zwar rechtspolitisch erwünscht und wirtschaftlich sinnvoll, doch würde nach dieser Konzeption die Bereitschaft der Bank zur Mitwirkung einseitig auf dem Rücken der Kapitalanleger ausgetragen.

Eine Einschränkung der Aufklärungspflichten ist in diesen Fällen nicht diskutabel. Sie würde nämlich gerade dann erfolgen, wenn eine Aufklärung aufgrund der besonderen Risiken für die Kreditnehmer erst Recht geboten ist. Zwar ist es grundsätzlich die Aufgabe des Anlegers selbst, sich über die Chancen und Risiken der Anlage zu informieren. Aber der Grund für die besonderen Aufklärungspflichten der Bank ist gerade, dass der Kreditnehmer/Anleger sich über diese Risiken nicht ohne weiteres informieren kann. Zudem besteht gerade in einer Krise die besondere Gefahr einer Interessenkollision der Bank aufgrund der bisherigen Darlehensvergabe an die Gesellschaft. Daher ist hier erst recht eine Aufklärung geboten, zumal bei einer Investition in einen zu sanierenden Fonds eine sehr viel schlechtere Ausgangsposition und damit eine noch viel größere Unsicherheit über den Erfolg des Projekts als bei einem „normalen" Fonds besteht.

Gegen die Bevorzugung der Darlehen, mit denen ein Sanierungsbeitrag geleistet werden soll, spricht auch, dass es für den Kapitalanleger keinen Unterschied macht, zu welchem Zweck der Fonds Geld benötigt: Ob der Fonds zum ersten Mal aufgelegt wird. Ob er sich – wegen erfolgreicher Geschäftstätigkeit – vergrößert. Ob er sich, ohne sanierungsbedürftig zu sein, neu ausrichtet. Oder ob er zur Sanierung Geld benötigt, sei es dass bereits eine Krise vorliegt oder sich eine solche erst abzeichnet. Zudem sind die Übergänge fließend. Hieran so verschiedene Rechtsfolgen wie die unterschiedlichen Aufklärungspflichten zu knüpfen, ist für den Anleger nicht nachvollziehbar. Für ihn ist kein Grund ersichtlich, warum er bei einer Sanierung schlechter gestellt werden sollte. Aus dem Hinweis auf die Sanierung ergibt sich für ihn die Unzulänglichkeit des ursprünglichen Fondskonzepts. Der Hinweis wird aber eher so verstanden, dass die Schwachstellen des Konzepts nun behoben sind. Dass der Anleger in Bezug auf die Aufklärungspflichten schlechter steht, ergibt sich für ihn aus dem Hinweis nicht.

Vielmehr ist es andersherum: Wenn er bei einer „normalen" Anlage über besondere Risiken aufgeklärt werden muss, so gilt dies erst recht bei einem so gefährlichen Unterfangen wie der Sanierung. Auch ein Hinweis der Bank auf die eingeschränkte Auskunftspflicht hilft dem Kreditnehmer nur bedingt weiter. Dann weiß er zwar um die eingeschränkte Aufklärung; um die speziellen

Risiken weiß er aber noch immer nicht und hat auch keine Möglichkeit einen Überblick über sie zu erlangen. Denn es liegt in der Natur dieser Risiken, dass der Anleger sich selber über sie gerade nicht informieren kann[792]. Dies spricht gegen eine Reduzierung der Aufklärungspflichten der Banken bei der Finanzierung von Kapitalanlagen in zu sanierenden Fonds.

Gegen die grundsätzliche Bevorzugung von Sanierungskrediten spricht auch ein gesamtwirtschaftliches Argument. Um Sanierungen zu ermöglichen, ist es wichtig, dass die Rechtsordnung für die Sanierung gleiche Ausgangsbedingungen wie für eine Liquidation schafft. Weiter als erforderlich soll die Rechtsordnung aber nicht in die Entscheidungen eingreifen. Die Bank soll sich für oder gegen eine Sanierung entscheiden können, wobei sie durchaus auch die Auswirkung auf ihre weiteren Kredite im Auge haben soll. Nicht aber soll sie ihre wirtschaftlichen Entscheidungen von einer Haftungsreduzierung abhängig machen. Eine solche Bevorzugung der Sanierungsdarlehen kann von den Märkten als ein Signal in die falsche Richtung verstanden werden und (neben dem beabsichtigten Mittelzufluss) auch zu einer erheblichen Fehlallokation von Geldern führen. Es bestünde nämlich die Gefahr, dass das Geld aus dem Aspekt der geringeren Haftungsrisiken heraus, überwiegend in die Sanierung fehlgeschlagener Projekte und nicht in neue, innovative Projekte investiert wird. Zwar gehen bei der Zerschlagung und Neugründung von Unternehmen möglicherweise volkswirtschaftlich Werte verloren, so dass ein solches Vorgehen nicht sinnvoll ist[793]. Dies gilt aber nur, wenn es um vergleichbare Projekte geht[794]. Es kann keine Wirkung entfalten, sofern es um verschiedene Branchen geht. Besteht die Gefahr, dass aufgrund dieser Fehlleitung für andere Branchen das Geld teurer wird, so wird damit möglicherweise sogar ein Strukturwandel erschwert. Spätestens dann kann es nicht mehr im gesamtwirtschaftlichen Interesse sein, marode Fonds auf Kosten zukunftsträchtiger Neugründungen zu sanieren. Damit würde zusätzlich der freie Wettbewerb verzerrt, denn es würden diejenigen künstlich unterstützt, die

---

792 Zu der Bestimmung des speziellen Risikos vgl. Kapitel 3, C. I. 1. (S. 127 ff.).

793 Für wenig sinnvoll halten ein solches Vorgehen: *Böckenförde* Unternehmenssanierung, 4, wonach eine Rettung einer Neugründung vorzuziehen ist, da bei den „fallen angels" viel verloren zu gehen droht; auch *Smid* Grundzüge § 1 Rn. 24 sagt, es sei „außerordentlich naiv" davon auszugehen, dass bei der Umschichtung der Masse volkswirtschaftlich keine Werte verloren gingen, denn jedenfalls die erheblichen Transferkosten würden außer Acht gelassen. Anders: *Binz/Hess* Insolvenzrechtsreform, 9: Sie vertreten die Auffassung, der angebliche volkswirtschaftliche Schaden erweise sich „mehr als Schlagwort denn als richtig".

794 So auch *Böckenförde* Unternehmenssanierung, 4 „etwas Vergleichbares".

aufgrund wirtschaftlichem Fehlverhaltens eigentlich aus dem Markt ausscheiden müssten[795]. Damit würde eine Konkurrenz für diejenigen Fondsanbieter am Leben erhalten, die von Beginn an seriös gewirtschaftet und ihre Projekte erfolgreich verwaltet haben.

IV. Zusammenfassung

Zusammenfassend bedeutet dies, dass eine Reduzierung der Aufklärungspflichten der Banken bei der Darlehensvergabe zur Förderung der Sanierung von maroden geschlossenen Immobilienfonds nicht in Frage kommt.

---

795 *Meyer-Cording* NJW 1981, 1242, 1242 spricht von der „reinigenden Funktion des Konkurses". Dazu, dass eine Unternehmenskrise allerdings nicht immer Ergebnis eines natürlichen Ausleseprozesses zwischen den Unternehmen sein muss („Selektionstod"), sondern auch ein eigentlich aus Marktgründen nicht gerechtfertigter „Situationstod" vorliegen kann, *K. Schmidt* Gutachten 54. DJT, D 25 f. Siehe auch *Kayser* Sanierung, 12 f.

THESEN

Kapitel 1: Grundlagen zu Aufklärungspflichten der Banken gegenüber Anlegern

1. Die Anspruchsgrundlage für Schadensersatzansprüche wegen der Verletzung von Aufklärungspflichten einer – einen Beitritt zu einem geschlossenen Immobilienfonds finanzierenden – Bank ist in der c.i.c. des Darlehensvertrags zu sehen. Das gilt selbst dann, wenn sich aus dem sog. „Bankvertrag“ Aufklärungspflichten ergeben. Denn die Aufklärungspflichtverletzungen im Vorfeld des Vertragsschlusses beziehen sich auf den konkreten Darlehensvertrag. Ein Rückgriff auf den allgemeinen Bankvertrag ist somit nicht erforderlich.

2. Gewährt die Bank ein Darlehen zur Finanzierung steuersparender Immobilienanlagen, so finden die allgemeinen Grundsätze zur Aufklärung des Vertragspartners Anwendung. D.h. auch hier besteht nur ausnahmsweise eine Pflicht zur Aufklärung über andere Umstände als die reinen Darlehenskonditionen. Es besteht jedoch folgende Besonderheit: Es kann davon ausgegangen werden, dass die Anleger in der Regel selbst über die erforderlichen Kenntnisse verfügen oder sich der Hilfe von Fachleuten bedienen, um sich über die Vor- und Nachteile sowie die Risiken der in Aussicht genommenen Anlage zu informieren. Somit fehlt es regelmäßig an der besonderen Schutzwürdigkeit des Kreditnehmers.

3. Der *BGH* wendet diese erhöhten Voraussetzungen für das Vorliegen der Aufklärungspflichten explizit nur bei „steuersparenden“ Kapitalanlagen an. Richtig ist es aber, diese Grundsätze einheitlich auf alle geschlossene Immobilienfonds anzuwenden, egal ob sie rendite- oder steuerorientiert sind. Denn die Überlegungen, die zu den erhöhten Voraussetzungen geführt haben, gelten für Anleger in renditeorientierten Fonds wie für Anleger in steuerorientierten Projekten gleichermaßen.

Kapitel 2: Wissen und Wissenszurechnung

4. Wie das Wissen einer arbeitsteilig organisierten Gesellschaft zu bestimmen ist, ist für die Statuierung von Aufklärungspflichten von zentraler Bedeutung. Zuzustimmen ist dem neuen Ansatz zur Wissenszurechnung. In wertender Betrachtungsweise ist somit darauf abzustellen, ob eine Pflicht zur Organisation der Kommunikation innerhalb des Unternehmens besteht. Dies bemisst sich nach der Relevanz des Wissens und dem konkreten Anlass und bietet damit eine einheitliche, von Person und Rechtsform unabhängige Struktur.

5. Nimmt man mit der hier vertretenen Auffassung eine Pflicht zur Organisation der Kommunikation an, so ist der Vertragspartner bei einer Verletzung der Pflicht so zu stellen, als ob die Pflicht ordnungsgemäß erfüllt worden wäre. Dies bedeutet, dass dem Handelnden gespeichertes Wissen zugerechnet wird, wenn er trotz Anlass und gegebener Möglichkeit nicht auf diese Information zugegriffen hat. Diese Wissenszurechnung muss konsequenterweise aber auch dann gelten, wenn der Wissende seine Pflicht zur Speicherung der Information verletzt hat und der Handelnde deshalb gar nicht auf das Wissen zugreifen konnte, was er andernfalls gekonnt hätte.

Ausnahmen hiervon sind in engen Grenzen möglich, wenn eine Gesellschaft eine ordnungsgemäße Organisation einrichtet und die Einhaltung durch die Mitarbeiter überwacht.

6. Die Grundsätze zur Wissenszurechnung wurden für den Bereich innerhalb von Unternehmen entwickelt. Es kann jedoch zufällig sein, ob die Arbeitsteilung durch selbständige Unternehmen oder unselbständige Abteilungen erfolgt. Überzeugende Argumente sprechen dafür, dass diese Grundsätze zur Wissenszurechnung auch auf rechtlich selbständige Unternehmen übertragen werden können.

Bei der Übertragung der Grundsätze über die Wissenszurechnung innerhalb eines Unternehmens auf Fälle der Wissenszurechnung zwischen Unternehmen bewegt man sich in einem Spannungsfeld; es gilt sowohl die rechtliche Selbständigkeit als auch die wirtschaftliche Einheit der Unternehmen zu beachten. Eine pauschale Übertragung der Grundsätze über die Wissenszurechnung innerhalb arbeitsteiliger Organisationen ist daher nicht möglich.

7. Auch für den Bereich der Unternehmensgrenzen überschreitenden Wissenszurechnung ist aber an die Argumente anzuknüpfen, die zu der Statuierung der innerbetrieblichen Organisationspflichten geführt haben. Das Kriterium, nach dem sich bemisst, ob aus Verkehrsschutzgründen eine Zurechnung über die Grenzen eines Unternehmens hinweg erfolgen kann, hat sich demnach an den Erwartungen des Rechtsverkehrs im Hinblick auf eine interne Kommunikation und an dem Gleichstellungsargument zu orientieren.

Das Vorliegen eines Konzerns ist kein geeignetes Anknüpfungskriterium für die Bejahung der Wissenszurechnung. Auch die gesteigerte Abhängigkeit, die tatsächliche Einflussnahme auf eine abhängige Gesellschaft oder die Einbindung einer abhängigen Gesellschaft in eine arbeitsteilige Organisation rechtfertigen keine Unternehmensgrenzen überschreitende Wissenszurechnung.

8. Entscheidend für die Frage der Wissenszurechnung ist, wann der Verkehr trotz der rechtlichen Vielheit wegen der Verursachung einer Wissensaufspaltung eine Unternehmensgrenzen überschreitende Kommunikation erwarten darf, um die Nachteile der Wissenszurechnung für den Vertragspartner zu beseitigen. Das ist in zwei Situationen der Fall:

Zum einen wenn das Unternehmen eine bestimmte Verkehrserwartung veranlasst. Erweckt ein Unternehmen bewusst den Eindruck, mit seinen Tochterunternehmen eine große Einheit zu bilden, muss sich die Unternehmung an dem von ihr erweckten Eindruck festhalten lassen.

Neben den Erwartungen des Verkehrs können zum anderen auch objektive Verkehrsschutzgründe eine Wissenszurechnung erforderlich machen, ohne dass es auf eine Erwartung des Rechtsverkehrs ankommt, denn es liegt ein Rechtsmissbrauch vor, wenn sich eine Gesellschaft bewusst und systematisch des Wissens eines anderen Unternehmens bedient, ohne für eine umfassende Wissenszurechnung zu sorgen. Selbst wenn der Zugriff für den Verkehr nicht erkennbar ist, verbieten es objektive Verkehrsschutzgründe, dass die zugreifende Gesellschaft nur das ihr nützliche Wissen transferiert.

9. Der Frage der Beherrschbarkeit der Organisation kann als zusätzliche Voraussetzung für eine unternehmensübergreifende Wissenszurechnung nur wenig Bedeutung beigemessen werden: Wird den Außenstehenden der Eindruck vermittelt, es sei gleichgültig, mit wem sie kontrahieren, müssen sich die Gesellschaften hieran auch im Hinblick auf den internen Wissenstransfer festhalten lassen. In dieser Konstellation stimmen die Erwartungen des Verkehrs zwar nicht mit der tatsächlichen Konstruktion überein, aus Wertungsgesichtspunkten heraus müssen hier die Verkehrserwartungen an eine interne Organisation der Kommunikation die Grenzen der tatsächlichen Konstruktion aber überwinden. Damit kommt es auf die Möglichkeit der Einflussnahme der Gesellschaft auf die Organisation der Kommunikation nicht an.

10. Diese rechtsformunabhängige Wissenszurechnung wirkt sich auch auf die Mitarbeiter der betroffenen Gesellschaften aus. Denn diese müssen nun nicht mehr nur Informationen speichern, die für ihr eigenes Unternehmen relevant sein können, sondern auch solche, die für die anderen Unternehmen, mit denen eine Wissenszurechnung erfolgt, relevant sein können. Die Relevanz muss jedoch erkennbar sein. Diese Erkennbarkeit nimmt um so mehr ab, je weiter sich das Gebiet, für das die Information relevant sein könnte, von dem eigentlichen Tätigkeitsbereich des Wissenden entfernt. Er muss nicht beständig alle Informationen, die er erhält, daraufhin durchsuchen, ob es sich um relevante Informationen handelt.

11. Eine Wissenszurechnung kann sich auch auf Grund einer personellen Verflechtung von Unternehmen ergeben (z.B. Doppelorganstellung). Allerdings resultiert aus einer (partiellen) Identität der Führungsgremien noch keine perse Zurechnung des Wissens.

Für persönliches Wissen des Betroffenen gelten die ganz allgemeinen Grundsätze zur unternehmensinternen Wissenszurechnung. Das erkennbar relevante Wissen eines Organs ist daher als Wissen der Gesellschaften anzusehen.

Informationen, die das Doppelorgan nicht persönlich hat, auf die es aber zugreifen kann, weil sie sich in einer der beiden Gesellschaften befinden, können der anderen Gesellschaft nicht ohne weiteres zugerechnet werden. Solches Wissen kann aufgrund einer Doppelorganstellung nur dann zugerechnet werden, wenn und soweit das Organ die Pflicht trifft, die eine Gesellschaft auf für die jeweils andere Gesellschaft relevantes Wissen zu „durchleuchten" und dieses Wissen der ersten Unternehmung zur Verfügung zu stellen. Eine solche Pflicht zur umfassenden Ausforschung gilt nur zur Vorbereitung eigener konkreter Entscheidungen.

Ausnahmsweise erfolgt eine weitergehende Wissenszurechnung hinsichtlich solcher Informationen der einen Gesellschaft, um die der Mandatsträger weiß, auf die er Zugriff hat und die für ihn erkennbar von *erheblicher* Relevanz für die jeweils andere Gesellschaft sind. Dies gilt auch dann, wenn er die Informationen nicht persönlich positiv kennt und sie auch nicht für eine konkrete Entscheidung relevant sind.

12. Neben diesen zwei Gründen zur Wissenszurechnung bleiben die allgemeinen zivilrechtlichen Zurechnungsgrundsätze bestehen. D.h. schaltet eine Gesellschaft eine andere als rechtsgeschäftlichen Vertreter ein, greift § 166 BGB direkt. Setzt eine Gesellschaft die andere als Wissensvertreter ein, erfolgt eine Zurechnung nach § 166 BGB analog.

13. Wird die Situation beendet, die die Wissenszurechnung erforderlich macht, endet damit auch die Pflicht zum Wissenstransfer.

14. Nach ganz überwiegender Auffassung steht die Verschwiegenheitspflicht einer Wissenszurechnung entgegen. Richtig ist es jedoch, nach dem Anlass der Wissenszurechnung zu differenzieren:

Erfolgt eine Wissenszurechnung über Unternehmensgrenzen hinweg, weil sich die Unternehmen als eine Einheit präsentieren und den Eindruck einer umfassenden Zusammenarbeit vermitteln, so steht die Verschwiegenheitspflicht einer Wissenszurechnung nicht entgegen. Dies bedeutet allerdings nicht, dass die Informationen ohne weiteres an Außenstehende weitergegeben werden dürfen. Das heißt, dass die Verschwiegenheitspflicht zwar einer Unternehmensgrenzen überschreitenden Wissenszurechnung nicht entgegensteht, dass sie aber nach wie vor eine Preisgabe des Geheimnisses nach außen verhindert.

Wird das Wissen allein wegen einer Personalverflechtung zugerechnet und sind die Unternehmen sonst deutlich voneinander getrennt, so steht die Verschwiegenheitspflicht einer Wissenszurechnung entgegen. Insofern darf Wissen, das ein Unternehmensmitarbeiter etwa aufgrund seiner Aufsichtsratstätigkeit in einem anderen Unternehmen erlangt hat, dem entsendenden Unternehmen nicht zur Verfügung gestellt werden.

15. Auch das Bankgeheimnis stellt eine Grenze der Unternehmensgrenzen überschreitenden Kommunikation dar. Dabei gilt folgende Differenzierung: Wird zwischen zwei Unternehmen Wissen zugerechnet, greift das innere Bankgeheimnis als Grenze. Kommt es zwischen zwei Unternehmen nicht zu einer Wissenszurechnung, entfaltet das strengere äußere Bankgeheimnis seine Wirkung.

Kapitel 3: Aufklärungspflichten im Einzelnen

16. Nach der Rechtsprechung des *BGH* hat die Bank die Darlehensnehmer in vier Fallgruppen über die Risiken des Anlageprojekts aufzuklären. Entwickelt wurden diese Fallgruppen bei Bauherren- und Erwerbermodellen. Der konstruktive Unterschied zwischen einem geschlossenen Immobilienfonds und einem Bauherrenmodell wirkt sich auf die Beziehung des Anlegers zu der die Anlage finanzierenden Bank jedoch nicht aus. Daher ist es im Hinblick auf die Frage der Aufklärungspflicht der Bank ohne weiteres möglich, die Rechtsprechung zu den Bauherren- und Erwerbermodellen auf die geschlossenen Immobilienfonds zu übertragen.

17. Aufklärungspflichten treffen die Bank, wenn sie ihre Finanzierungsfunktion qualifiziert überschritten hat. Das hat sie dann, wenn sie gleichsam als Partei des finanzierten Geschäfts erscheint.

18. Für das Entstehen einer Aufklärungspflicht kommt es darüber hinaus auch auf die Kenntnis der Anleger von der Überschreitung der Finanzierungsfunktion an. Die üblicherweise von der Rechtsprechung geforderte Erkennbarkeit genügt nicht, denn sie vermag kein Vertrauen zu begründen. Dies gilt unabhängig davon, ob sich die Überschreitung der Finanzierungsfunktion nur einzelnen oder allen Anlegern gegenüber auswirkt. Sofern sich die Überschreitung der Finanzierungsfunktion jedoch aus Unterlagen ergibt, die allen zugänglich sind, wird die Kenntnis vermutet.

19. Die Bank ist auch dann zur Aufklärung verpflichtet, wenn sie einen konkreten Wissensvorsprung über ein spezielles Risiko hat. Da schon nach allgemeinen Grundsätzen der konkrete Wissensvorsprung Voraussetzung für jede Aufklärungspflicht ist, kommt dem Merkmal des speziellen Risikos zentrale Bedeutung zu. Es allein entscheidet darüber, ob ein beliebiger Umstand die Bank zur Aufklärung verpflichtet oder nicht.

20. Richtig ist es, das Merkmal des speziellen Risikos nicht absolut sondern in Abgrenzung von den allgemeinen Risiken zu verstehen, über die die Bank nicht aufzuklären hat. *Spezielle* Risiken sind daher all diejenigen entscheidungserheblichen Umstände, die der Anleger bei der ihm zumutbaren Überprüfung nicht entdecken konnte. Der zumutbare Umfang der Aufklärungspflicht ist für jeden Anleger individuell zu bestimmen. Was für den einen Anleger bereits ein spezielles Risiko darstellt, muss für den anderen noch kein solches sein.

21. Ob ein Umstand bei der dem Anleger zumutbaren Überprüfung entdeckt werden konnte, richtet sich nach zwei Faktoren: Dem Umfang der Überprüfung insgesamt und dem Aufwand, der gerade auf die Entdeckung dieses Risikos verwandt werden musste. Je höher die investierten Beträge und Vermögensquoten und je umfassender seine einschlägigen Erfahrungen und sein Problembewusstsein sind, desto größer ist die Obliegenheit des einzelnen Anlegers zur eigenen Aufklärung. Gleichzeitig hat der Anleger nicht auf jedes potentielle Risiko gleich viel Aufmerksamkeit zu richten. Er hat solche Umstände, die bei Kapitalanlagen im allgemeinen und bei geschlossenen Immobilienfonds im speziellen regelmäßig Risiken hervorbringen können oder für die er sonst Anhaltspunkte hat, sehr viel genauer zu untersuchen als solche Umstände, die im allgemeinen keine Risiken hervorzubringen pflegen.

22. Wenn die Bank ein spezielles Risiko kennt, spielt die Quelle keine Rolle. Insbesondere ist es irrelevant, dass die Bank das spezielle Risiko im Rahmen einer Prüfung entdeckt, zu der sie nach § 18 KWG verpflichtet war.

23. Der Kenntnis gleichgestellt werden solche Umstände, die sich ihr aufdrängen müssen. Ob sich ein Umstand aufdrängen muss oder nicht, ist objektiv zu beantworten. Entscheidende Kriterien können hierbei sein, wie intensiv und umfangreich die Bank die Anlage geprüft hat oder wie intensiv der Kontakt zu dem Initiator war. Daher ist insbesondere zu berücksichtigen, ob die Bank neben dem Anleger auch dem Fonds Darlehen gewährt hat und ob sich die Bank allen Anlegern gegenüber zur Finanzierung ihrer Einlagen angeboten hat oder nicht.

24. Eine Aufklärungspflicht aufgrund eines konkreten Wissensvorsprungs setzt nach der Rechtsprechung weiterhin voraus, dass die Unkenntnis des Anlegers nicht auf Fahrlässigkeit basiert. Nach der in dieser Arbeit vertretenen Auffassung ist das Element der Fahrlässigkeit jedoch überflüssig. Denn spezielle Risiken sind solche, die für den einzelnen nach objektiv zumutbarer Untersuchung nicht erkennbar waren. Damit wurde letztlich das Element der Fahrlässigkeit bereits in die Definition des speziellen Risikos mit aufgenommen.

25. Als weitere Voraussetzung für die Aufklärungspflicht der Bank muss für sie erkennbar gewesen sein, dass es sich um ein spezielles Risiko handelt und sie hinsichtlich dieses Umstandes dem einzelnen Anleger gegenüber einen konkreten Wissensvorsprung hat. Der Wissensvorsprung ist für die Bank ersichtlich, wenn sie erkennen kann, dass für den Anleger ein spezielles Risiko vorliegt. Die Bank darf auf der Basis der ihr offenbarten Fähigkeiten und Möglichkeiten der einzelnen Anleger typisierende Maßstäbe hinsichtlich des jedem Einzelnen zumutbaren Prüfungsumfangs ansetzen. Sie darf also eine *konkret-typisierende* Prüfung vornehmen.

26. Nach einer weiteren Fallgruppe des *BGH* kann der Anleger dann eine Aufklärung durch die Bank erwarten, wenn die Bank einen speziellen Gefährdungstatbestand schafft oder dessen Entstehung begünstigt. Diese Fallgruppe ist jedoch überflüssig, denn ihr Anwendungsbereich wird von der Fallgruppe des konkreten Wissensvorsprungs vollständig umfasst.

Gleiches gilt auch für die Fallgruppe der Interessenkollision. Dies bedeutet indes nicht, dass die Merkmale wertlos sind. Ihre richtiger Stellenwert ist jedoch nicht der einer eigenen Fallgruppe. Vielmehr können sie als Kriterium innerhalb der Fallgruppe des konkreten Wissensvorsprungs zur Bestimmung eines speziellen Risikos Verwendung finden.

27. Für die im Rahmen der Arbeit näher untersuchten drei Problemfälle (Stichtags-, Kleinanleger- und Auslandsfälle) bedeutet dies, dass sie in der Regel keine Aufklärungspflicht der Bank begründen. Damit eine solche entsteht, müssen weitere Umstände hinzukommen.

28. Da die Fälle (Stichtags-, Kleinanleger- und Auslandsfälle) in keine der bisherigen Fallgruppen passen, wird untersucht, ob möglicherweise aus Wertungsgesichtspunkten dennoch eine Aufklärung erforderlich ist, und deshalb nicht eine weitere Fallgruppe entwickelt werden muss. Die Argumente, die für eine Aufklärungspflicht der Banken in diesen Fällen sprechen könnten, überzeugen jedoch nicht. Eine Aufklärungspflicht in diesen Fällen zu statuieren, passt auch wertungsmäßig nicht zu den bereits etablierten Fallgruppen. In diesen Fällen ist der erhöhte Aufklärungsbedarf nämlich selbst verschuldet, wohingegen der die Aufklärungspflicht begründende Umstand bei den bereits bestehenden Fallgruppen aus fremden Sphären stammt.

29. Der Verzicht des Anlegers auf Aufklärung ist eine Grenze der Aufklärungspflicht. Ein Verzicht kann jedoch nicht darin gesehen werden, dass der Anleger bereits mit einem festen Anlageentschluss zu der Bank kommt und nur noch um das Darlehen nachsucht. Insbesondere dann, wenn spezielle Risiken vorliegen, sind besonders strenge Voraussetzungen an einen Verzicht zu stellen.

Nicht begrenzt wird die Aufklärungspflicht der Bank durch die Aufklärungspflichten der Notare. Daher bleibt die Bank auch bei notarieller Beurkundung eines Geschäfts zur Aufklärung verpflichtet.

Die Bank darf auch dann nicht auf die Aufklärung verzichten, wenn die mit der Aufklärung verbundenen Verzögerungen den Erfolg des Anlageprojekts in Frage stellen. Selbst wenn dies der Fall ist, muss die Bank den Anleger aufklären.

30. Nach allgemeinen Grundsätzen muss der Kläger im Rahmen der c.i.c. im Prozess auch die Verletzung einer Aufklärungspflicht beweisen. Dazu muss er insbesondere auch das Bestehen einer solchen Pflicht beweisen. Dies kann ihm bei der Fallgruppe der Überschreitung der Finanzierungsfunktion relativ leicht gelingen, weil der besondere Vertrauenstatbestand nach außen bekannt geworden ist.

Schwieriger ist dies hingegen bei der Fallgruppe des konkreten Wissensvorsprungs, denn hier knüpft das Entstehen der Aufklärungspflicht an die Kenntnis der Bank an. Dieser innere Zustand ist schwierig zu beweisen. Daher kommt es bei einem konkreten Wissensvorsprung der Bank für den Anleger zu einer Reduzierung der Darlegungs- und Beweislast. Es genügt, wenn er Umstände darlegt, die nahe legen, dass die Bank Kenntnis hatte. Für die Bank ist es mit Hinblick auf die andernfalls wertlose, materiell-rechtliche Aufklärungspflicht dann zumutbar, ihre interne Organisation aufzudecken und darzulegen, wer der zuständige Angestellte ist und wieso er keine Kenntnis hatte.

31. Liegen die Voraussetzungen für einen Schadensersatzanspruch vor, bekommt der Anleger den Schaden ersetzt, der von dem Schutzzweck der Aufklärungspflicht erfasst wird: Sofern die Bank nur über spezielle Risiken aufzuklären hat, trifft sie keine umfassende Aufklärung über alle in Betracht kommenden Risiken, so dass der Schutzzweck ihrer Aufklärungspflicht nur die Konsequenzen erfasst, die aus der Verletzung ihrer beschränkten Aufklärungspflicht resultieren. Somit fallen Schäden aus anderen sich realisierenden Risiken, über die die Bank nicht aufklären musste, nicht in den Schutzbereich der Aufklärungspflicht und begründen keinen Schadensersatzanspruch des Anlegers.

Nicht in den Genuss dieser Haftungsbegrenzung kommt die Bank hingegen, wenn sie Projektbeteiligte ist. Dann erstreckt sich der Schutzzweck der Aufklärungspflicht auf alle Schäden, auch wenn sie über das konkrete, sich realisierende Risiko aufgeklärt hat.

32. Ein Mitverschulden des Anlegers scheidet aus, wenn die Bank nur über spezielle Risiken aufzuklären hat. Hat die Bank jedoch wegen einer Überschreitung der Finanzierungsfunktion den Anleger umfassend aufzuklären, ist es dem Anleger sehr wohl auch möglich, selbst Nachforschungen in diesem Bereich anzustellen. Hier kann eine Anspruchsminderung infolge Mitverschuldens relevant werden.

Kapitel 4: Beteiligung Dritter

33. Das Verhalten eines Dritten kann unter dem Aspekt der Überschreitung der Finanzierungsfunktion eine Aufklärungspflicht der Bank begründen, wenn dieses Verhalten des Dritten – durch die Bank selbst ausgeübt – ein solches berechtigtes Vertrauen setzt und die Verhaltensweise des Dritten der Bank zurechenbar ist.

34. Hat der Anleger einen Vertreter bestellt, der dem Kreis der Initiatoren zuzurechnen ist, kann entgegen § 166 Abs. 1 BGB die Kenntnis des Vertreters dem Vertretenen nicht zugerechnet werden. Da die Weitergabe der Information durch den Vertreter nicht sichergestellt ist, muss die Bank jeden einzelnen, kreditsuchenden Anleger selbst aufklären. Maßgebend für den Umfang der Aufklärung ist diejenige Aufklärung, die sie zu leisten hätte, wenn der Anleger persönlich um einen Kredit nachsuchte.

35. Ist ein Erfüllungsgehilfe der Bank, der auch als Vermittler der Anlage tätig ist, an dem Zustandekommen des Darlehensvertrags beteiligt, muss sich die Bank grundsätzlich nur seine darlehensbezogenen Aussagen zurechnen lassen. Ist sie jedoch wegen Überschreitung der Finanzierungsfunktion zur Aufklärung verpflichtet, sind ihr alle Informationen zuzurechnen, die der Dritte dem Anleger gibt; auch solche Informationen, die sonst nur der Initiatorenseite zuzurechnen sind. Auch die Aufklärungspflicht wegen eines konkreten Wissensvorsprungs wird durch die Einschaltung eines Erfüllungsgehilfen nicht beeinflusst. Über spezielle Risiken hat die Bank aufzuklären und muss sich daher die Aussagen ihres Erfüllungsgehilfen insoweit zurechnen lassen.

Kapitel 5: Alternative Lösungsansätze

36. Die Aufklärungspflichten der Banken spielen bei Immobilienkapitalanlagen deshalb eine so große Rolle, weil nur die Inanspruchnahme der Banken den Anlegern die Möglichkeit verspricht, einen entstandenen Schaden ersetzt zu bekommen. Denn häufig sind die Initiatoren insolvent oder werden es, wenn das Projekt scheitert. Sinnvoll wäre es daher, die Probleme der Insolvenz der Initiatoren oder des Scheiterns des Projekts anzugehen. Dafür sind insbesondere zwei Ansätze denkbar. Zum einen könnte daran angeknüpft werden, wie sich Ansprüche gegen die Initiatoren durchsetzen lassen. Zum anderen könnte man noch weiter im Vorfeld versuchen, bereits das Scheitern der Projekte zu vermeiden.

37. Das Ziel, Ansprüche der geschädigten Anleger gegen die Initiatoren zu sichern, ließe sich mit einer Versicherung erreichen. Bei einer Zusammenschau der Argumente ist die Einführung einer gesetzlichen Zwangsversicherung, die die Rückzahlung der Einlagen im Fall von Prospekthaftungsansprüchen sicherstellen würde, aber abzulehnen.

38. Um ein Scheitern der Projekte zu vermeiden, bedarf es in der Regel einer Sanierung. Dann sind die Banken gefragt, die aber häufig aufgrund von Haftungsrisiken nicht gewillt sind, weitere Kredite zu gewähren. Die denkbare Möglichkeit, Darlehen, mit denen ein Sanierungsbeitrag geleistet werden soll, im Hinblick auf die geschuldeten Aufklärungspflichten zu privilegieren und nur reduzierte Aufklärungspflichten anzunehmen ist aber abzulehnen.

Literaturverzeichnis

Achterhold, Gertrud, Corporate Identity, 2. Auflage 1991, Gabler Verlag, Wiesbaden
zit: *Achterhold* Corporate Identity, Seite

Ackermann, Brunhilde, Wettbewerbsrecht, Springer, Berlin u.a. 1997
zit: *Ackermann* Wettbewerbsrecht, Seite

Aden, Menno, Wissenszurechnung in der Körperschaft, in: NJW 1999, Seiten: 3098 f.
zit: *Aden* NJW 1999, 3098, Seite

Adler, Andree, Wissen und Wissenszurechnung, insbesondere bei arbeitsteilig aufgebauten Organisationen, Dissertation Universität Mainz 1997
zit: *Adler* Wissenszurechnung, Seite

Adomeit, Klaus, Die gestörte Vertragsparität – ein Trugbild, in: NJW 1994, Seiten: 2467 ff.
zit: *Adomeit* NJW 1994, 2467, Seite

Alternativkommentar, Kommentar zum Bürgerlichen Gesetzbuch, Band 2, Allgemeines Schuldrecht, §§ 241-432, 1980, Luchterhand, Neuwied
zit: *Bearbeiter* in AK-BGB

Altmeppen, Holger, *Verbandshaftung* kraft Wissenszurechnung am Beispiel des Unternehmenskaufs, in: BB 1999, Seiten: 749 ff.
zit.: *Altmeppen* BB 1999, 749, Seite

Armbruster, Ekkehard / Jansen, Sven, Aktuelle Tendenzen im Personengesellschaftsrecht, in: DStR 1999, Seiten: 1907 ff.
zit: *Armbruster/Jansen* DStR 1999, 1907, Seite

Aschenbeck, Tanja, Personenidentität bei Vorständen in Konzerngesellschaften (Doppelmandat im Vorstand), in: NZG 2000, Seiten: 1015 ff.
zit: *Aschenbeck* NZG 2000, 1015, Seite

Assmann, Heinz-Dieter / Kübler, Friedrich, Das gescheiterte Gastronomieprojekt, in: Walz, Sozialwissenschaften im Zivilrecht, Seiten 205 ff., Luchterhand, Neuwied 1983
zit: *Assmann/Kübler* in Walz Sozialwissenschaften, 205, Seite

ders. / Schütze, Rolf, Handbuch des Kapitalanlagerechts, 2. Auflage 1997, C.H. Beck, München
zit: *Bearbeiter* in Assmann/Schütze Hdb.KapitalanlageR

Bälz, Ulrich, Einheit und Vielheit im Konzern, in: Festschrift für Raiser; Seiten: 287 ff., J.C.B. Mohr (P. Siebeck), Tübingen 1974
zit: *Bälz* in FS Raiser, 287, Seite

Bastuck, Burkhard, Enthaftung des Managements, C. Heymanns, Köln u.a. 1986
zit: *Bastuck* Enthaftung, Seite

Baum, Marcus, Die Wissenszurechnung, Duncker & Humblot, Berlin 1999
zit: *Baum* Wissenszurechung, Seite

Baumann, Horst, Die Kenntnis juristischer Personen des Privatrechts von rechtserheblichen Umständen, in: ZGR 1973, Seiten: 284 ff.
zit: *Baumann* ZGR 1973, 284, Seite

Baumbach, Adolf / Hefermehl, Wolfgang, Wettbewerbsrecht, 22. Auflage 2001, C.H. Beck, München
zit: *Baumbach/Hefermehl* UWG

ders. / Hopt, Klaus, Handelsgesetzbuch, 30. Auflage 2000, C.H. Beck, München
zit: *Bearbeiter* in Baumbach/Hopt HGB

ders. / Hueck, Alfred, GmbH-Gesetz, 17. Auflage 2000, C.H. Beck, München
zit: *Bearbeiter* in Baumbach/Hueck GmbHG

Beater, Axel, Generalklauseln und Fallgruppen (Erwiderung auf *Weber* AcP 192 (1992) 516 ff.), in: AcP 194 (1994), Seiten: 82 ff.
zit: *Beater* AcP 194 (1994) 82, Seite

Beck, Hans-Joachim, Schuss gegen die Steuersparmodelle; Klar ist nur die Übergangsregelung, in: Das Grundeigentum 1999, Seiten: 830 ff.
zit: *Beck* Grundeigentum 1999, 830, Seite

Beuthien, Volker, Zur Wissenszurechnung nach § 166 BGB, in: NJW 1999, Seiten: 3585 ff.
zit: *Beuthien* NJW 1999, 3585, Seite

Binder, Christof U., Beteiligungsführung in der Konzernunternehmung, O. Schmidt, Köln 1994
zit: *Binder* Beteiligungsführung, Seite

Binz, Fritz / Hess, Harald, Der Konkurs der Insolvenzrechtsreform, Luchterhand, Neuwied 1987
zit: *Binz/Hess* Insolvenzrechtsreform, Seite

Birk, Dieter / Kulosa, Egmont, Verfassungsrechtliche Aspekte des Steuerentlastungsgesetzes 1999/2000/2002, in: FR 1999, Seiten: 433 ff.
zit: *Birk/Kulosa* FR 1999, 433, Seite

Birkigt, Klaus / Stadler, Marinus / Funck, Hans Joachim, Corporate Identity, 9. Auflage 1998, Verlag moderne Industrie, Landsberg/Lech
zit: *Birkigt/Stadler/Funck* Corporate Identity, Seite

Böckenförde, Björn, Unternehmenssanierung, 2. Auflage 1996, Schäffer-Poeschel, Stuttgart
zit: *Böckenförde* Unternehmenssanierung, Seite

Bohrer, Michael, Anmerkung zu *BGH* V ZR 246/87 vom 8.12.89, in: DNotZ 1991, Seiten: 124 ff.
zit: *Bohrer* DNotZ 1991, 124, Seite

Boos, Karl-Heinz / Fischer, Reinfrid / Schulte-Mattler, Hermann, Kreditwesengesetz, C.H. Beck, München 2000
zit: *Bearbeiter* in *Boos/Fischer/Schulte-Mattler* KWG

Bork, Reinhard, Zurechnung im Konzern, in: ZGR 1994, Seiten: 237 ff.
zit: *Bork* ZGR 1994, 237, Seite

Brandstätter, Jörn, Die Prüfung der Sanierungsfähigkeit notleidender Unternehmen, C.H. Beck, München 1993
zit: *Brandstätter* Sanierungsfähigkeit, Seite

Breidenbach, Stephan, Die Voraussetzungen von Informationspflichten beim Vertragsschluß, C.H. Beck, München 1989
zit.: *Breidenbach* Informationspflichten, Seite

Bruchner, Helmut, Bankenhaftung bei fremdfinanziertem Immobilienerwerb, in: WM 1999, Seiten: 825 ff.
zit: *Bruchner* WM 1999, 825, Seite

ders., *Anmerkung* zu *LG Ellwangen* 2 O 618/97 vom 15.5.1998, in: WuB I G5. - 3.99
zit: *Bruchner* WuB I G5. - 3.99

Brych, Friedrich / Pause, Hans-Egon, Bauträgerkauf und Baumodelle, 3. Auflage 1999, C.H. Beck, München
zit: *Brych/Pause* Bauträger

Buck, Petra, *Wissen* und juristische Person, J.C.B. Mohr (P. Siebeck), Tübingen 2001
zit: *Buck* Wissen, Seite

Canaris, Claus-Wilhelm, Die Vertrauenshaftung im deutschen Privatrecht, C.H. Beck, München 1971
zit: *Canaris* Vertrauenshaftung, Seite

ders., *Bankvertragsrecht*, 3. Auflage, Erster Teil, 1988, W. de Gruyter, Berlin, New York
zit: *Canaris* BankVR

ders., Bankvertragsrecht, 2. Auflage 1981, W. de Gruyter, Berlin, New York
zit: *Canaris* BankVR (2)

ders., Kreditkündigung und Kreditverweigerung gegenüber sanierungsbedürftigen Bankkunden, in: ZHR 143 (1979), Seiten: 113 ff.
zit: *Canaris* ZHR 143 (1979) 113, Seite

ders., Die Schadensersatzpflicht der Kreditinstitute für eine unrichtige Finanzierungsbestätigung als Fall der Vertrauenshaftung, in: Festschrift für Schimansky, Seiten: 43 ff., RWS, Köln 1999
zit: *Canaris* in FS Schimansky, 43, Seite

Christopoulou, Christina, Das Bankgeheimnis im Wirtschaftsverkehr, Waxmann, Münster / New York 1995
zit: *Christopoulou* Bankgeheimnis, Seite

Claussen, Carsten P., Bank- und Börsenrecht, 2. Auflage 2000, C.H. Beck, München
zit: *Claussen* BankR

Dahm, Joachim / Schebesta, Michale / Schroeter, Achim / Weber, Ahrend, Bankgeheimnis und Bankauskunft in der Praxis, 5. Auflage 1995, Deutscher Genossenschaftsverlag, Wiesbaden
zit: *Dahm/Schebesta/Schroeter/Weber* Bankgeheimnis

Dauner-Lieb, Barbara, Wissenszurechnung im Gewährleistungsrecht – Ethische Neutralisierung der Arglist? –, in: Festschrift für Kraft, Seiten: 43 ff., Luchterhand, Neuwied 1998
zit: *Dauner-Lieb* in FS Kraft, 43, Seite

Decher, Christian, Personelle Verflechtungen im Aktienkonzern, Verlag Recht und Wirtschaft, Heidelberg 1990,
zit: *Decher* Verflechtung, Seite

ders., Information im Konzern und Auskunftsrecht der Aktionäre gem. § 131 Abs. 4 AktG, in: ZHR 158 (1994), Seiten: 473 ff.
zit: *Decher* ZHR 158 (1994) 473, Seite

Deilmann, Barbara, Die Entstehung des qualifizierten faktischen Konzerns, Duncker & Humblot, Berlin 1990
zit: *Deilmann* Entstehung, Seite

Derleder, Peter, Wirksamkeitsanforderungen an die vertragliche Mitverpflichtung von Ehegatten und anderen Familienangehörigen für Ratenkredite nach dem Verbraucherkreditgesetz, in: NJW 1993, Seiten: 2401 ff.
zit: *Derleder* NJW 1993, 2401, Seite

Dierdorf, Josef, Herrschaft und Abhängigkeit einer Aktiengesellschaft auf schuldrechtlicher und tatsächlicher Grundlage, C. Heymanns, Köln u.a. 1978
zit: *Dierdorf* Herrschaft, Seite

Drexl, Josef, Wissenszurechnung im Konzern, in: ZHR 161 (1997), Seiten: 491 ff.
zit: *Drexl* ZHR 161 (1997) 491, Seite

Druey, Jean N., Empfiehlt sich das Recht faktischer Unternehmensverbindungen – auch im Hinblick auf das Recht anderer EU-Staaten – neu zu regeln?, Gutachten H zum 59. DJT 1992, C.H. Beck, München 1992
zit: *Druey* Gutachten 59. DJT, H Seite

ders., Bemerkung zu dem Urteil des *Schweizer Bundesgerichts* BGE 120 II 331 („Swiss Air“), in: SZW 1995, Seiten: 93 ff.
zit: *Druey* SWZ 1995, 93, Seite

Duden, Konrad, Gleichbehandlung bei Auskünften an Aktionäre, in: Festschrift für v. Caemmerer, Seiten: 499 ff., J.C.B. Mohr (P. Siebeck), Tübingen 1978
zit: *Duden* in FS v. Caemmerer, 499, Seite

Eckert, Jörn, Übermäßige Verschuldung bei Bürgschafts- und Kreditaufnahme, in: WM 1990, Seiten: 85 ff.
zit: *Eckert* WM 1990, 85, Seite

Edelmann, Hervé, Anmerkung zu *LG Freiburg* 5 O 404/98 vom 16.3.99, in: BB 1999, Seiten: 1727 f.
zit: *Edelmann* BB 1999, 1727, Seite

ders., Anmerkung zu *BGH* XI ZR 193/99 vom 18.4.2000, in: DB 2000, Seiten: 1400 f.
zit: *Edelmann* DB 2000, 1400, Seite

ders., Anmerkung zu *LG Mannheim* 3 O 37/99 vom 29.7.1999, in: BB 2000, Seiten: 2050 ff.
zit: *Edelmann* BB 2000, 2050, Seite

Ehricke, Ulrich, Das abhängige Konzern-Unternehmen in der Insolvenz, J.C.B. Mohr (Paul Siebeck), Tübingen 1998
zit: *Ehricke* Insolvenz, Seite

Eisolt, Dirk / Verdenhalven, Werner, Gegenfinanzierungsmaßnahmen des Steuerentlastungsgesetzes 1999/200/2002 im Immobiliensektor, in: NZM 1999, Seiten: 385 ff.
zit: *Eisolt/Verdenhalven* NZM 1999, 385, Seite

Ellenberger, Jürgen, Die neuere Rechtsprechung des Bundesgerichtshofs zu Aufklärungs- und Beratungspflichten bei der Anlageberatung, in: WM 2001, Sonderbeilage 1, Seiten: 2 ff.
zit: *Ellenberger* WM 2001/1, 2, Seite

Emmerich, Volker, Das Recht des unlauteren Wettbewerbs, 5. Auflage 1998, C.H. Beck, München
zit: *Emmerich* Wettbewerbsrecht, Seite

ders., Rechtsprechungsübersicht zu *BGH* VII ZR 12/73 vom 5.7.1973, in: JuS 1974, Seiten: 50 f.
zit: *Emmerich* JuS 1974, 50, Seite

ders., Der heutige Stand der Lehre vom GmbH-Konzernrecht, in: Die AG 1987, Seiten: 1 ff.
zit: *Emmerich* AG 1987, 1, Seite

ders. / Habersack, Mathias, Aktienkonzernrecht, 2. Auflage 2001, C.H. Beck, München
zit: *Bearbeiter* in Emmerich/Habersack KonzernR

ders. / Sonnenschein, Jürgen, Konzernrecht, 6. Auflage 1997, C.H. Beck, München
zit: *Emmerich/Sonnenschein* KonzernR

dies., Konzernrecht, 5. Auflage 1993, C.H. Beck, München
zit: *Emmerich/Sonnenschein* KonzernR (5)

Ertel, Karin, Die Wissenszurechnung im deutschen und im anglo-amerikanischen Zivilrecht, Dissertation Universität Mannheim 1998
zit: *Ertel* Wissenszurechnung, Seite

Eversberg, Arndt, Doppelvorstände im Konzern, Dissertation Universität Freiburg 1992
zit: *Eversberg* Doppelvorstände, Seite

Eylmann, Horst / Vaasen, Hans-Dieter, Bundesnotarordnung / Beurkundungsgesetz, C.H. Beck, München 2000
zit: *Bearbeiter* in Eylmann/Vaasen

Faßbender, Christian, Innerbetriebliches Wissen und bankrechtliche Aufklärungspflichten, W. de Gruyter, Berlin, New York 1998
zit: *Faßbender* Aufklärungspflichten, Seite

Feldbauer-Durstmüller, Birgit, Krisenmanagement – Unternehmensfortführung im Konkurs, VWGÖ, Wien 1992
zit: *Feldbauer-Durstmüller* Krisenmanagement, Seite

Feuerborn, Sabine, Anmerkung zu *BGH* XI ZR 308/89 vom 27.11.1990, in: EWiR 1991, Seiten: 131 f.
zit: *Feuerborn* EWiR 1991, 131, Seite

Finsterer, Hans, Unternehmenssanierung durch Kreditinstitute, Deutscher Universitätsverlag, Wiesbaden 1999
zit: *Finsterer* Unternehmenssanierung, Seite

Fisahn, Andreas, Bankgeheimnis und informationelle Selbstbestimmung, in: CR 1995, Seiten: 632 ff.
zit: *Fisahn* CR 1995, 632, Seite

Fischer, Ansgar / Machunsky, Jürgen, Haustürwiderrufsgesetz, 2. Auflage 1995, Luchterhand, Neuwied u.a.
zit: *Fischer/Machunsky* HTWG

Fischer, Robert, Die Weiterbildung des Rechts durch die Rechtsprechung, C.F. Müller, Karlsruhe 1971
zit: *Fischer* Weiterbildung, Seite

Fleck, Hans-Joachim, Die Drittanstellung des GmbH-Geschäftsführers, in: ZHR 149 (1985), Seiten: 387 ff.
zit: *Fleck* ZHR 149 (1985) 387, Seite

Fleischer, Holger, Konzernrechtliche Vertrauenshaftung, in: ZHR 163 (1999), Seiten: 461 ff.
zit: *Fleischer* ZHR 163 (1999) 461, Seite

ders., Konzernvertrauenshaftung und corporate advertising – ein aktueller Streifzug durch die schweizerische Spruchpraxis zum Konzernaußenrecht, in: NZG 1999, Seiten: 685 ff.
zit: *Fleischer* NZG 1999, 685, Seite

Flume, Werner, Allgemeiner Teil des bürgerlichen Rechts, Band I 2, 1983, Springer, Berlin u.a.
zit: *Flume* AT I 2

ders., Allgemeiner Teil des bürgerlichen Rechts, Band II, 3. Auflage 1979, Springer, Berlin u.a.
zit: *Flume* AT II

ders., Die Haftung für Fehler kraft Wissenszurechnung bei Kauf und Werkvertrag, in: AcP 197 (1997), Seiten: 441 ff.
zit: *Flume* AcP 197 (1997) 441, Seite

Früh, Andreas, Die Aufklärungspflichten von Kreditinstituten bei der Kreditvergabe, in: WM 1998, Seiten: 2176 ff.
zit: *Früh* WM 1998, 2176, Seite

ders., Zur Bankenhaftung bei Immobilien-Kapitalanlagen, in: ZIP 1999, Seiten: 701 ff.
zit: *Früh* ZIP 1999, 701, Seite

Fuchs, Hans-Ulrich, Zur Lehre vom allgemeinen Bankvertrag, P. Lang, Frankfurt/Main 1982
zit: *Fuchs* Bankvertrag, Seite

Fuellmich, Reiner, Die Haftung der Banken für massenhaft fehlerhafte Treuhandmodellfinanzierungen, in: Festschrift für Deutsch, Seiten: 919 ff., C. Heymanns, Köln u.a. 1999
zit: *Fuellmich* in FS Deutsch, 919, Seite

ders. / Rieger, Stefan, Treuhandmodelle als Quelle für Massenschäden in Milliardenhöhe, in: ZIP 1999, Seiten: 427 ff.
zit: *Fuellmich/Rieger* ZIP 1999, 427, Seite

dies., Die Haftung der Banken für massenhaft fehlerhafte Treuhandmodellfinanzierungen, in: ZIP 1999, Seiten: 465 ff.
zit: *Fuellmich/Rieger* ZIP 1999, 465, Seite

Führich, Ernst, Das neue Reiserecht nach der Umsetzung der EG-Pauschalreise-Richtlinie, in: NJW 1994, Seiten: 2446 ff.
zit: *Führich* NJW 1994, 2446, Seite

Gallandi, Volker, Die Aufklärungspflicht bei Innenprovisionen, in: WM 2000, Seiten: 279 ff.
zit: *Gallandi* WM 2000, 279, Seite

Gallwas, Hans-Ullrich / Geiger, Hansjörg / Schneider, Jochen / Schwappach, Jürgen / Schweinoch, Joachim, Datenschutzrecht, Stand: 6. Lieferung, Januar 1986, W. Kohlhammer Verlag, Stuttgart u.a.
zit: *Bearbeiter* in Gallwas/Geiger/Schneider/Schwappach/Schweinoch Datenschutz

Ganßauge, Klaus, Datenverarbeitung und -nutzung von Kreditwürdigkeitsdaten durch fremdnützige Verarbeiter, Duncker & Humblot, Berlin 1995
zit: *Ganßauge* Datenverarbeitung, Seite

Gast, Gerald, Die Problematik der Fremdfinanzierung von Anteilen an geschlossenen Immobilienfonds, Kovac, Hamburg 1997
zit: *Gast* Fremdfinanzierung, Seite

Geßler, Ernst / Hefermehl, Wolfgang, Aktiengesetz, Hrsg.: Geßler, Ernst / Hefermehl, Wolfgang / Eckardt, Ulrich / Kropff, Bruno, Band II (§§ 76-147), 1974, Band VI (§§ 291-410), 1994, F. Vahlen, München
zit: *Bearbeiter* in Geßler/Hefermehl AktG

Gierke, Otto von, Die Genossenschaftstheorie und die deutsche Rechtsprechung, 1883, 2. Nachdruck Berlin 1887, Nachdruck Edition Olm, Zürich 1983
zit: *v. Gierke* Genossenschaftstheorie, Seite

ders., Das Wesen der menschlichen Verbände, Sonderausgabe 1954, Wissenschaftliche Buchgemeinschaft Darmstadt
zit: *v. Gierke* Verbände, Seite

Gieseke, Horst, Besondere Probleme bei der „mittelbaren Beteiligung“ an einer Publikums-KG durch einen Treuhandkommanditisten, in: DB 1984, Seiten: 970 ff.
zit: *Gieseke* DB 1984, 970, Seite

Gless, Sven-Erik, Unternehmenssanierung, Deutscher Universitätsverlag, Wiesbaden 1996
zit: *Gless* Unternehmenssanierung, Seite

Goedecke, Wolfgang / Kerl, Volkher / Scholz, Helmut, Die deutschen Hypothekenbanken, 4. Auflage 1997, F. Knapp Verlag, Frankfurt/Main
zit.: *Goedecke/Kerl/Scholz* Hypothekenbanken, Seite

Gola, Peter / Schomerus, Rudolf, Bundesdatenschutzgesetz, 6. Auflage 1997, C.H. Beck, München
zit: *Gola/Schomerus* BDSG

Gottwald, Peter, Insolvenzrechtshandbuch, C.H. Beck, München 1990
zit: *Bearbeiter* in Gottwald InsolvenzR.Hdb

ders., Sonderregelungen der Beweislastverteilung, in: Jura 1980, Seiten: 303 ff.
zit: *Gottwald* Jura 1980, 303, Seite

Gromann, Hans-Georg, Die Gleichordnungskonzerne im Konzern- und Wettbewerbsrecht, C. Heymanns, Köln u.a. 1979
zit: *Gromann* Gleichordnungskonzern, Seite

Großkommentar, Aktiengesetz, 1. Band 2. Teil (§§ 76-147), 1973, 3. Auflage, W. de Gruyter, Berlin u.a.
zit: *Bearbeiter* in Großkommentar AktG

Grün, Beate, Die Generalklauseln als Schutzinstrument der Privatautonomie am Beispiel der Kreditmithaftung von vermögenslosen nahen Angehörigen, in: WM 1994, Seiten: 713 ff.
zit: *Grün* WM 1994, 713, Seite

Grunewald, Barbara, Wissenszurechnung bei juristischen Personen, in: Festschrift für Beusch, Seiten: 301 ff., W. de Gruyter, Berlin, New York 1993
zit: *Grunewald* in FS Beusch, 301, Seite

dies., Die Beweislastverteilung bei der Verletzung von Aufklärungspflichten, in: ZIP 1994, Seiten; 1162 ff.
zit: *Grunewald* ZIP 1994, 1162, Seite

Habersack, Mathias, Widerruf notariell beurkundeter Willenserklärungen?, in: ZIP 2001, Seiten: 353 ff.
zit: *Habersack* ZIP 2001, 353, Seite

Hachenburg, Gesetz betreffend die Gesellschaften mit beschränkter Haftung – Großkommentar, 2. Band, §§ 35-52, 1997, 8. Auflage, W. de Gruyter, Berlin, New York
zit: *Bearbeiter* in Hachenburg

Hadding, Walther, Zur Abgrenzung von Unterrichtung, Aufklärung, Auskunft, Beratung und Empfehlung als Inhalt bankrechtlicher Pflichten, in: Festschrift für Schimansky, Seiten: 67 ff., RWS, Köln 1999
zit: *Hadding* in FS Schimansky, 67, Seite

Hagen, Horst, Wissenszurechnung bei Körperschaften und Personengesellschaften als Beispiel richterlicher Rechtsfortbildung, in: DRiZ 1997, Seiten: 157 ff.
zit: *Hagen* DRiZ 1997, 157, Seite

Hamann, Uwe, Kurzkommentar zu *BGH* XI ZR 105/96 vom 15.4.1997, in: EWiR 1998, Seiten: 61 f.
zit: *Hamann* EWiR 1998, 61, Seite

Handbuch des Gesellschaftsrechts, Münchener Handbuch des Gesellschaftsrechts, Band 4, Aktiengesellschaft, 2. Auflage 1999, C.H. Beck, München
zit: *Bearbeiter* in Hdb.GesellR

Hartung, Manfred, Wissenszurechnung beim Unternehmenskauf, in: NZG 1999, Seiten: 524 ff.
zit: *Hartung* NZG 1999, 524, Seite

Häuser, Franz, Zur Beweislast für die Schadensursächlichkeit der Verletzung der Mitteilungspflicht über die Nichteinlösung einer Einzugsermächtigungslastschrift mangels Deckung, in: WM 1989, Seiten: 841 ff.
zit: *Häuser* WM 1989, 841, Seite

Haussmann, Fritz, Die Tochtergesellschaft, O. Liebmann, Berlin 1923
zit: *Haussmann* Tochtergesellschaft, Seite

Henckel, Wolfram, Die Verbindung des Sanierungsverfahrens zum Konkursverfahren, in: ZIP 1981, Seiten: 1296 ff.
zit: *Henckel* ZIP 1981, 1296, Seite

Hennrichs, Joachim, Funktionsauslagerung (Outsourcing) bei Kreditinstituten, in: WM 2000, Seiten: 1561 ff.
zit: *Hennrichs* WM 2000, 1561, Seite

Hertel, Christian, Anmerkung zu *OLG Stuttgart* 9 U 55/98 vom 22.7.1998 und *OLG Hamm* 31 U 168/97 vom 12.1.1998, in: WuB I G5. - 4.99
zit: *Hertel* WuB I G5. - 4.99

Hesselmann, Stephan / Stefan, Ute, Sanierung oder Zerschlagung insolventer Unternehmen, C.E. Poeschel, Stuttgart 1990
zit: *Hesselmann/Stefan* Sanierung, Seite

Hetzer, Jonas / Palan, Dietmar / Seeger, Christoph, Milliarden versenkt, in: Manager Magazin 4/2001, Seiten: 245 ff.
zit: *Hetzer/Palan/Seeger* MM 4/2001, 245, Seite

Heymann, Ekkehardt von, Bankenhaftung bei Immobilienanlagen, 14. Auflage 2000, Wertpapiermitteilungen, Frankfurt a. Main
zit: *v. Heymann* Bankenhaftung, Seite

ders., Die neuere Rechtsprechung zur Bankenhaftung bei Immobilien-Kapitalanlagen, in: NJW 1999, Seiten: 1577 ff.
zit: *v. Heymann* NJW 1999, 1577, Seite

ders., Bankenhaftung bei Immobilienanlagen: Neueste Rechtsprechung, in: BB 2000, Seiten: 1149 ff.
zit: *v. Heymann* BB 2000, 1149, Seite

ders., Anmerkung zu *BGH* XI ZR 301/90 vom 28.1.1992, in: WuB I G7. - 5.92
zit: *v. Heymann* WuB I G7. - 5.92

Hoegen, Dieter, Einzelfragen zur Haftung bei Anlagevermittlung und Anlageberatung unter Berücksichtigung der Rechtsprechung des Bundesgerichtshofes, in: Festschrift für Stimpel, Seiten: 247 ff., W. de Gruyter, Berlin, New York 1985
zit: *Hoegen* in FS Stimpel 1985, 247, Seite

Hoffmann, Thomas, Rechtliche Schranken interner Informationsflüsse in Kreditinstituten, Nomos, Baden-Baden 1998
zit: *Hoffmann* Schranken, Seite

Hoffmann-Becking, Michael, Vorstands-Doppelmandate im Konzern, in: ZHR 150 (1986), Seiten: 570 ff.
zit: *Hoffmann-Becking* ZHR 150 (1986) 570, Seite

ders., Der Aufsichtsrat im Konzern, in: ZHR 159 (1995), Seiten: 325 ff.
zit: *Hoffmann-Becking* ZHR 159 (1995) 325, Seite

ders., Das erweiterte Auskunftsrecht der Aktionärs nach § 131 Abs. 4 AktG, in: Festschrift für Rowedder, Seiten: 155 ff., C.H. Beck, München 1994
zit: *Hoffmann-Becking* in FS Rowedder, 155, Seite

Holtmann, Michael, Personelle Verflechtungen auf Konzernführungsebene, Gabler, Wiesbaden 1989
zit: *Holtmann* Verflechtung, Seite

Hommelhoff, Peter, Die Konzernleitungspflicht, C. Heymanns, Köln u.a. 1982
zit: *Hommelhoff* Konzernleitungspflicht, Seite

ders., Zivilrecht unter dem Einfluß europäischer Rechtsangleichung, in: AcP 192 (1992), Seiten: 71 ff.
zit: *Hommelhoff* AcP 192 (1992) 71, Seite

ders. / Timm, Wolfram, Anmerkung zu *LG Köln*, 3 O 121/76 vom 13.7.1976, in: AG 1976, Seiten: 330 ff.
zit: *Hommelhoff/Timm* AG 1976, 330, Seite

Hopt, Klaus, Der Kapitalanlegerschutz im Recht der Banken, C.H. Beck, München 1975
zit: *Hopt* Kapitalanlegerschutz, Seite

ders., Rechtspflichten der Kreditinstitute zur Kreditversorgung, Kreditbelassung und Sanierung von Unternehmen, in: ZHR 143 (1979), Seiten: 139 ff.
zit: *Hopt* ZHR 143 (1979) 139, Seite

ders., Nichtvertragliche Haftung außerhalb von Schadens- und Bereicherungsausgleich, in: AcP 183 (1983), Seiten: 608 ff.
zit: *Hopt* AcP 183 (1983) 608, Seite

ders., Haftung der Banken bei der Finanzierung von Publikumsgesellschaften und Bauherrenmodellen, in: Festschrift für Stimpel, Seiten: 265 ff., W. de Gruyter, Berlin, New York 1985
zit: *Hopt* in FS Stimpel, 265, Seite

ders., Funktion und Dogmatik und Reichweite der Aufklärungs-, Warn- und Beratungspflichten der Kreditinstitute, in: Aufklärungs- und Beratungspflichten der Kreditinstitute – Der moderne Schuldturm?, Bankrechtstag 1992, Seiten: 1 ff., W. de Gruyter, Berlin, New York 1993
zit: *Hopt* Bankrechtstag, 1, Seite

Horn, Norbert, Die Aufklärungs- und Beratungspflichten der Banken, in: ZBB 1997, Seiten: 139 ff.
zit: *Horn* ZBB 1997, 139, Seite

ders., Der Ausschluß von Aufklärung und Beratung im Anlegerschutzrecht, in: Festschrift für Schimansky, Seiten: 653 ff., RWS, Köln 1999
zit: *Horn* FS Schimansky, 653, Seite

ders., Anlageberatung im Privatkundengeschäft der Banken, in: WM 1999, Seiten: 1 ff.
zit: *Horn* WM 1999, 1, Seite

Horst, Peter, Kapitalanlegerschutz, Florentz, München 1987
zit: *Horst* Kapitalanlegerschutz, Seite

Hueck, Alfred, Das Recht der offenen Handelsgesellschaft, 4. Auflage 1971, W. de Gruyter, Berlin New York
zit: *Hueck* oHG

Hüffer, Uwe, Aktiengesetz, 4. Auflage 1999, C.H. Beck, München
zit: *Hüffer* AktG

Huhn, Dieter / von Schuckmann, Hans-Joachim, Beurkundungsgesetz, 3. Auflage 1995, W. de Gruyter, Berlin
zit: *Huhn/v. Schuckmann* BeurkG

Immenga, Ulrich, Bankenhaftung bei der Finanzierung steuerbegünstigter Anlagen, in: ZHR 151 (1987), Seiten: 148 ff.
zit: *Immenga* ZHR 151 (1987) 148, Seite

Jaeger, Ernst, Lehrbuch des deutschen Konkursrechts, Reprint der 8. Auflage 1932, W. de Gruyter, Berlin 1973
zit: *Jaeger* Lehrbuch, Seite

Jährig, Alfred / Schuck, Hans, Handbuch des Kreditgeschäfts, 5. Auflage 1989, Gabler, Wiesbaden
zit: *Bearbeiter* in Jährig/Schuck Hdb.Kreditgeschäft, Seite

Jahn, Joachim, „Kapitalvernichtung großen Stils und organisierter Massenbetrug“, in: FAZ vom 17.7.2000, Seite: 34
zit: *Jahn* FAZ vom 17.7.2000, S. 34

Jaschinski, Susanne, Die Haftung von Schwestergesellschaften im GmbH-Unterordnungskonzern, P. Lang, Frankfurt/Main 1997
zit: *Jaschinski* Schwestergesellschaften, Seite

Jauernig, Bürgerliches Gesetzbuch, 9. Auflage 1999, C.H. Beck, München
zit: *Bearbeiter* in Jauernig BGB

Jauernig, Othmar, Zivilprozessrecht, 26. Auflage 2000, C.H. Beck, München
zit: *Jauernig* Zivilprozessrecht

Junker, Carolin, Aktuelle Rechtsfragen zum Bankgeheimnis und zur Bankauskunft, in: DStR 1996, Seiten: 224 ff.
zit: *Junker* DStR 1996, 224, Seite

Kapitza, Martin, Die Rechtsstellung der Treugeber in geschlossenen Immobilienfonds in der Form der kupierten Publikumskommanditgesellschaft, Duncker & Humblot, Berlin 1996
zit: *Kapitza* Treugeber, Seite

Karlsruher Forum 1994, Möglichkeiten der Wissenszurechnung, Diskussionsbeiträge in Anschluss an Referate von *Medicus* und *Taupitz*, in: VersR 1994, Beiheft
zit: *Bearbeiter* in Karlsruher Forum, Diskussion, Seite

Kayser, Georg, Sanierung oder Auflösung, P. Lang, Frankfurt/Main 1983
zit: *Kayser* Sanierung, Seite

Keidel, Theodor / Winkler, Karl, Beurkundungsgesetz, 14. Auflage 1999, C.H. Beck, München
zit: *Keidel/Winkler* BeurkG

Keller, Richard, Unternehmenssanierung, Verlag neue Wirtschaftsbriefe, Herne 1999
zit: *Keller* Unternehmenssanierung, Seite

Kieser, Timo / Kloster, Lars, Wissenszurechnung bei der GmbH, in: GmbHR 2001, Seiten: 176 ff.
zit: *Kieser/Kloster* GmbHR 2001, 176, Seite

Kiethe, Kurt, Kapitalanlagen in Immobilien – Aufklärungspflicht über Innenprovisionen, in: NZG 2001, Seiten: 107 ff.
zit: *Kiethe* NZG 2001, 107, Seite

Kirchhof, Paul, Der Auftrag des Grundgesetzes an die rechtsprechende Gewalt, in: Festschrift für die jur. Fakultät der Universität Heidelberg, Seiten: 11 ff., C.F. Müller, Heidelberg, 1986
zit: *P. Kirchhof* in FS Uni Heidelberg, 11, Seite

Koller, Ingo, Wissenszurechnung, Kosten und Risiken, in: JZ 1998, Seiten 75 ff.
zit: *Koller* JZ 1998, 75, Seite

Kölner Kommentar, Aktiengesetz, 1. Band (§§ 1-147), 1985, 2. Band (§§ 76-117), 2. Auflage 1996, 6. Band, 1. Lieferung (§§ 291-328), 2. Auflage 1987, C. Heymanns, Köln u.a.
zit: *Bearbeiter* in Kölner Kommentar

Köndgen, Johannes, Die Entwicklung des privaten Bankrechts in den Jahren 1990/91, in: NJW 1992, Seiten: 2263 ff.
zit: *Köndgen* NJW 1992, 2263, Seiten

ders., Die Entwicklung des Bankkreditrechts in den Jahren 1991 – 93, in: NJW 1994, Seiten: 1508 ff.
zit: *Köndgen* NJW 1994, 1508, Seite

Kort, Michael, Das Informationsrecht des Gesellschafters der Konzernobergesellschaft, in: ZGR 1987, Seiten: 46 ff.
zit: *Kort* ZGR 1987, 46, Seite

Kronstein, Heinrich, Die abhängige juristische Person, J. Schweitzer, München, Berlin, Leipzig, 1931, unveränderter Nachdruck 1973
zit: *Kronstein* juristische Person, Seite

Kropff, Bruno, Konzernleitungspflicht, in: ZGR 1984, Seiten: 112 ff
zit: *Kropff* ZGR 1984, 112, Seite

Kruppa, Thomas, Die Bankenhaftung bei der Sanierung einer Kapitalgesellschaft im Insolvenzfall, P. Lang, Frankfurt/Main 1982
zit: *Kruppa* Bankenhaftung, Seite

Kümpel, Siegfried, Bank- und Kapitalmarktrecht, 2. Auflage 2000, O. Schmidt, Köln
zit: *Kümpel* BankR

Lang, Volker, Die Beweislastverteilung im Falle der Verletzung von Aufklärungs- und Beratungspflichten bei Wertpapierdienstleistungen, in: WM 2000, Seiten: 450 ff.
zit: *Lang* WM 2000, 450, Seite

Lange, Knut W. / Frank, Michael, Widerruflichkeit von Darlehensverträgen zur Finanzierung von Immobilienfonds nach dem Haustürwiderrufsgesetz, in: WM 2000, Seiten: 2364 ff.
zit: *Lange/Frank* WM 2000, 2364, Seite

Larenz, Karl, Lehrbuch des Schuldrechts, 1. Band: Allgemeiner Teil, 14. Auflage 1987, C.H. Beck, München
zit: *Larenz* Schuldrecht I

ders. / Canaris, Claus-Wilhelm, Methodenlehre der Rechtswissenschaft, 3. Auflage 1995, Springer, Berlin u.a.
zit: *Larenz/Canaris* Methodenlehre, Seite

Lehmann, Christoph, Wissenszurechnung in Vertragsverhältnissen: Bestandsaufnahme unter Berücksichtigung der Privatisierungsverträge der Treuhandanstalt, in: DStR 1995, Seiten: 1027 ff.
zit: *Lehmann* DStR 1995, 1027, Seite

Lehmann, Michael, Die missglückte Probefahrt, in: Walz, Sozialwissenschaften im Zivilrecht, Seiten: 35 ff., Luchterhand, Neuwied 1983
zit: *Lehmann* in Walz Sozialwissenschaften, 35, Seite

ders., Die bürgerlichrechtliche Haftung für Webeangaben, in: NJW 1981, Seiten: 1235 ff.
zit: *Lehmann* NJW 1981, 1235, Seite

Lerche, Peter, Bankgeheimnis – verfassungsrechtliche Rechtsgrundlagen, in: ZHR 149 (1985), Seiten: 165 ff.
zit: *Lerche* ZHR 149 (1985) 165, Seite

Lindermann, Edgar, Doppelmandat gleich Haftungsdurchgriff?, in: Die AG 1987, Seiten: 225 ff.
zit: *Lindermann* AG 1987, 225, Seite

Loipfinger, Stefan, Modernisierungsfonds werden die Gewinner sein, in: FAZ vom 18.7.1997, Seite: 39
zit: *Loipfinger* FAZ vom 18.7.1997, S. 39

ders., Markt für steuersparende Kapitalanlagen wird zur Bankendomäne, in: FAZ vom 20.2.1998, Seite: 45
zit: *Loipfinger* FAZ vom 20.2.1998, S. 45

ders., Rekordjahr für steuersparende Kapitalanlagen, in: FAZ vom 5.2.1999, Seite: 52
zit: *Loipfinger* FAZ vom 5.2.1999, 52

ders., Auslandsimmobilien waren 1999 die Aufsteiger, in: FAZ vom 18.2.2000, Seiten: 57 f.
zit: *Loipfinger* FAZ vom 18.2.2000, S. 57

Looman, Volker, Die geschlossenen Immobilienfonds sind Anlagen mit hohem Risiko, in: FAZ vom 27.11.1999, Seite 27
zit: *Looman* FAZ vom 27.11.1999, S. 27

ders., Geschlossene Immobilienfonds bergen Risiken, in: FAZ vom 11.12.1999, Seite: 27
zit: *Looman* FAZ vom 11.12.1999, S. 27

ders., Steuersparmodelle führen in aller Regel zur Geldvernichtung, in: FAZ vom 12.8.2000, Seite: 25
zit: *Looman* FAZ vom 12.8.2000, S. 25

ders., Der Verkauf von Steuersparmodellen ist für viele Anleger eine bittere Lektion, in: FAZ vom 14.10.2000, Seite: 27
zit: *Looman* FAZ vom 14.10.2000, S. 27

ders., Die Erfolge geschlossener Immobilienfonds stehen in den Sternen, in: FAZ vom 9.9.2000, Seite 23
zit: *Looman* in FAZ vom 9.9.2000, S. 23

Loritz, Karl-Georg, Innenprovisionen bei Kapitalanlagen, insbesondere beim Immobilienvertrieb, in: WM 2000, Seiten: 1831 ff.
zit: *Loritz* WM 2000, 1831, Seite

ders., Zur Zukunft der Immobilienkapitalanlagen – Von der Steuerorientierung zur Steuerfreiheit, in: BB 2000, Beilage 11, Seiten: 2 ff.
zit: *Loritz* BB 2000/11, Seite

ders. / Wagner, Klaus R., Fördergebietsgesetz und steuerorientierte Immobilienkapitalanlagen, Teil I, in: WM 1993, Seiten: 489 ff.
zit: *Loritz/Wagner* WM 1993, 489, Seite

Lutter, Marcus, Information und Vertraulichkeit im Aufsichtsrat, 2. Auflage 1984, C. Heymanns, Köln u.a.
zit: *Lutter* Information, Seite

ders., Bankenvertreter im Aufsichtsrat, in: ZHR 145 (1981), Seiten: 225 ff.
zit: *Lutter* ZHR 145 (1981) 225, Seite

ders., 100 Bände BGHZ: Konzernrecht, in: ZHR 151 (1987), Seiten: 444 ff.
zit: *Lutter* ZHR 151 (1987) 444, Seite

ders., Organzuständigkeiten im Konzern, in: Festschrift für Stimpel, Seiten: 825 ff., W. de Gruyter, Berlin, New York 1985
zit: *Lutter* in FS Stimpel, 825, Seite

ders., Haftung aus Konzernvertrauen?, in: Gedächtnisschrift für Knobbe-Keuk; Seiten: 229 ff., O. Schmidt Verlag, Köln 1997
zit: *Lutter* in GS Knobbe-Keuk, 229, Seite

ders. / Hommelhoff, Peter / Timm, Wolfram, Finanzierungsmaßnahmen zur Krisenabwehr in der Aktiengesellschaft, in: BB 1980, Seiten: 737 ff.
zit: *Lutter/Hommelhoff/Timm* BB 1980, 737, Seite

ders. / Timm, Wolfram, Konzernrechtlicher Präventivschutz im GmbH-Recht, in: NJW 1982, Seiten: 409 ff.
zit: *Lutter/Timm* NJW 1982, 409, Seite

Machunsky, Jürgen, Immobilienfonds und Erwerbermodelle, 3. Auflage 1997, Luchterhand, Neuwied u.a.
zit: *Machunsky* Immobilienfonds, Seite

Marcks, Peter, Makler- und Bauträgerverordnung, C.H. Beck, München 1998
zit.: *Marcks* MaBVO

Martens, Klaus-Peter, Rechtsgeschäft und Drittinteressen, in: AcP 177 (1977), Seiten: 113 ff.
zit: *Martens* AcP 177 (1977) 113, Seite

ders., Die Entscheidungsautonomie des Vorstands und die „Basisdemokratie" in der Aktiengesellschaft, in: ZHR 147 (1983), Seiten: 377 ff.
zit: *Martens* ZHR 147 (1983) 377, Seite

ders., Grundlagen des Konzernarbeitsrechts, in: ZGR 1984, Seiten: 417 ff.
zit: *Martens* ZGR 1984, 417, Seite

ders., Der Aufsichtsrat im Konzern, in: ZHR 159 (1995), Seiten: 567 ff.
zit: *Martens* ZHR 159 (1995) 567, Seite

Mayen, Barbara, Aufklärungspflichten bei neuen Kreditformen – Zur Übertragbarkeit der Rechtsprechung des Bundesgerichtshofs auf den Fall der Bausparsofortfinanzierung mit Fremdgeldbesparung, in: WM 1995, Seiten: 913 ff.
zit: *Mayen* WM 1995, 913, Seite

Mayer-Maly, Theo, Was leisten die guten Sitten?, in: AcP 194 (1994), Seiten: 105 ff.
zit: *Mayer-Maly* AcP 194 (1994) 105, Seite

Medicus, Dieter, Bürgerliches Recht, 18. Auflage 1999, C.H. Beck, München
zit: *Medicus* BürgR

ders., Probleme der Wissenszurechnung, in: Karlsruher Forum 1994, Beiheft zum VersR 1994, Seiten: 4 ff.
zit: *Medicus* in Karlsruher Forum, 4, Seite

Messer, Herbert, Einleitende Bemerkung zur Diskussion (2), in: Aufklärungs- und Beratungspflichten der Kreditinstitute – Der moderne Schuldturm?, Bankrechtstag 1992, Seiten: 73 ff., W. de Gruyter, Berlin, New York 1993
zit: *Messer* Diskussion, 73, Seite

Meyer-Cording, Ulrich, Konkursverzögerung durch erfolglose Sanierungsversuche, in: NJW 1981, Seiten: 1242 ff.
zit: *Meyer-Cording* NJW 1981, 1242, Seite

Meyer-Reim, Martin / Testorf, Regina, Wissenszurechnung im Versicherungsunternehmen, in: VersR 1994, Seiten: 1137 ff.
zit: *Meyer-Reim/Testorf* VersR 1994, 1137, Seite

Michalski, Lutz, Produktbeobachtung und Rückrufpflicht des Produzenten, in: BB 1998, Seiten: 961 ff.
zit: *Michalski* BB 1998, 961, Seite

Mülbert, Peter O., Empfehlen sich gesetzliche Regelungen zur Einschränkung des Einflusses der Kreditinstitute auf Aktiengesellschaften?, Gutachten E zum 61. DJT 1996, C.H. Beck, München 1996
zit: *Mülbert* Gutachten 61. DJT, E Seite

Münchener Kommentar zum Bürgerlichen Gesetzbuch, Band 1, AT, §§ 1-240, 4. Auflage 2001, Band 2, Schuldrecht AT, §§ 241-432, 4. Auflage 2001, Band 4, Schuldrecht BT II, §§ 607-704, 3. Auflage 1997, C.H. Beck, München
zit: *Bearbeiter* in MünchKomm BGB

Münchener Kommentar zum Bürgerlichen Gesetzbuch, Band 1, AT, §§ 1-240, 3. Auflage 1993, Band 2, Schuldrecht AT, §§ 241-432, 3. Auflage 1994, C.H. Beck, München
zit: *Bearbeiter* in MünchKomm(3) BGB

Musielak, Heinz-Joachim, Die Grundlagen der Beweislast im Zivilprozeß, W. de Gruyter, Berlin 1975
zit: *Musielak* Beweislast, Seite

Neuhof, Rudolf, Sanierungsrisiken der Bank: Die Vor-Sanierungsphase, in: NJW 1998, Seiten: 3225 ff.
zit: *Neuhof* NJW 1998, 3225, Seite

Nirk, Rudolf, Das Kreditwesengesetz – Einführung und Kommentar, 11. Auflage 1999, F. Knapp Verlag, Frankfurt a.M.
zit: *Nirk* KWG, Seite

Nobbe, Gerd, Bankrecht, RWS, Köln 1999
zit: *Nobbe* Bankrecht, Rn.

ders., Aufklärungspflichten und Beratungspflichten bei Wertpapieranlagen, in: Horn/Schimansky, Bankrecht 1998, Seiten: 235 ff., RWS, Köln 1998
zit: *Nobbe* Aufklärungspflichten, 235, Seite

Obermüller, Manfred, Insolvenzrecht in der Bankpraxis, 5. Auflage 1997, O. Schmidt, Köln
zit: *Obermüller* InsolvenzR

Olsen, Bradley, Bei deutschen Investoren ist die Amerika-Begeisterung verflogen, in: FAZ vom 28.7.2000, Seite: 53
zit: *Olsen* FAZ vom 28.7.2000, S. 53

Oppermann, Thomas, Europarecht, 2. Auflage 1999, C.H. Beck, München
zit: *Oppermann* Europarecht

Palandt, Bürgerliches Gesetzbuch – Kommentar, 60. Auflage 2001, C.H. Beck, München
zit: *Bearbeiter* in Palandt

Pape, Gerhard, Die neue Bürgschaftsrechtsprechung – Abschied vom „Schuldturm"?, in: ZIP 1994, Seiten: 515 ff.
zit: *Pape* ZIP 1994, 515, Seite

Pfeiffer, Thomas, Anmerkung zu *BGH* VIII ZR 297/94 vom 31.1.1996, in: EWiR 1996, Seiten: 635 f.
zit: *Pfeiffer* EWiR 1996, 635, Seite

Picker, Eduard, Positive Forderungsverletzung und culpa in contrahendo – Zur Problematik der Haftung „zwischen" Vertrag und Delikt, in: AcP 183 (1983), Seiten: 369 ff.
zit: *Picker* AcP 183 (1983) 369, Seite

Picot, Gerhard / Aleth, Franz, Unternehmenskrise und Insolvenz, C.H. Beck, München 1999
zit: *Picot/Aleth* Unternehmenskrise

Pikart, Heinz, Die Rechtsprechung des Bundesgerichtshofs zum Bankvertrag, in: WM 1957, Seiten: 1238 ff.
zit: *Pikart* WM 1957, 1238, Seite

Pressler, Christoph-Marc, Das Bauherrenmodell, P. Lang, Frankfurt/Main 1991
zit: *Pressler* Bauherrenmodell, Seite

Priester, Hans-Joachim, Unbeschränkte Konzernhaftung des GmbH-Gesellschafters, in: ZIP 1986, Seiten: 137 ff.
zit: *Priester* ZIP 1986, 137, Seite

Produkthaftungshandbuch, Band 1, 2. Auflage 1997, C.H. Beck, München
zit: Bearbeiter in Prodhaft.Hdb.

Raupach, Arndt / Böckstiegel, Martin, Die Verlustregelungen des Steuerentlastungsgesetzes 1999/ 2000/2002, in: FR 1999, Seiten: 617 ff.
zit: *Raupach/Böckstiegel* FR 1999, 617, Seite

Rehbinder, Eckard, Konzernaußenrecht und allgemeines Privatrecht, Gehlen, Bad Homburg v.d.H. 1969
zit: *Rehbinder* Konzernaußenrecht, Seite

Reifner, Udo, Handbuch des Kreditrechts, C.H. Beck, München 1991
zit: *Reifner* Kreditrecht

Reinersdorff, Wolfgang von, Anmerkung zu *BGH* V ZR 239/94 vom 2.2.1996, in: WiB 1996, Seiten: 495 f.
zit: *v. Reinersdorff* WiB 1996, 495, Seite

ders., Anmerkung zu *BGH* VIII ZR 297/94 vom 31.1.1996, in: WiB 1996, Seiten: 395 f.
zit: *v. Reinersdorff* WiB 1996, 395, Seite

Reischauer, Friedrich / Kleinhans, Joachim, Kreditwesengesetz, Band I, Stand: August 1999 (5. Erg.Lfg. aus 1999), E. Schmidt, Berlin
zit: *Reischauer/Kleinhans* KWG

Reithmann, Christoph / Meichssner, Claus / von Heymann, Ekkehardt, Kauf vom Bauträger, 7. Auflage 1995, O. Schmidt, Köln
zit: *Bearbeiter* in Reithmann/Meichssner/v. Heymann Bauträger

Richardi, Reinhard, Die Wissensvertretung, in: AcP 169 (1969), Seiten: 385 ff.
zit: *Richardi* AcP 169 (1969) 385, Seite

Ritter, Fritz, Die gestörte Vertragsparität und das Bundesverfassungsgericht, in: NJW 1994, Seiten: 3330 f.
zit: *Ritter* NJW 1994, 3330, Seite

Rosenberg, Leo / Schwab, Karl Heinz / Gottwald, Peter, Zivilprozessrecht, 15. Auflage 1993, C.H. Beck, München
zit: *Rosenberg/Schwab/Gottwald* Zivilprozessrecht

Rösler, Patrick, Risiken der Banken bei Finanzierung von Immobilien als Kapitalanlagen, in: DB 1999, Seiten: 2297 ff.
zit: *Rösler* DB 1999, 2297, Seite

ders., Formbedürftigkeit der Vollmacht, in: NJW 1999, Seiten: 1150 ff.
zit: *Rösler* NJW 1999, 1150, Seite

ders., Haftung der finanzierenden Bank bei Immobilienkapitalanlagen, in: Die Bank 1999, Seiten: 856 ff.
zit: *Rösler* Die Bank 1999, 856, Seite

ders., Anmerkung zu *OLG München* 25 U 4876/98 vom 20.4.1999, in: WuB I G5. - 1.00
zit: *Rösler* WuB I G5. - 1.00

ders. / Willms, Michael, Abschluß eines Verbraucherkreditvertrages durch notariell beurkundete Vollmacht, in: ZNotP 2000, Seiten: 90 ff.
zit: *Rösler/Willms* ZNotP 2000, 90, Seite

Roth, Günther / Altmeppen, Holger, Gesetz betreffend die Gesellschaften mit beschränkter Haftung, 3. Auflage 1997, C.H. Beck, München
zit: *Bearbeiter* in Roth/Altmeppen GmbHG

Roth, Herbert, Beweismaß und Beweislast bei der Verletzung von bankvertraglichen Aufklärungs- und Beratungspflichten, in: ZHR 154 (1990), Seiten: 513 ff.
zit: *Roth* ZHR 154 (1990) 513, Seite

Rüchardt, Konrad, Handbuch des Hypothekarkredits, 3. Auflage 1993, F. Knapp Verlag, Frankfurt/Main
zit: *Bearbeiter* in Rüchardt Hdb.Hypothekarkredit, Seite

Rümker, Dietrich, Haftung der Bank aus der Finanzierung von Bauherrenmodellen und geschlossenen Immobilienfonds-Modellen, in: ZHR 151 (1987), Seiten: 162 ff.
zit: *Rümker* ZHR 151 (1987) 162, Seite

ders., Aufklärungs- und Beratungspflichten der Kreditinstitute aus Sicht der Praxis, in: Aufklärungs- und Beratungspflichten der Kreditinstitute – Der moderne Schuldturm?, Bankrechtstag 1992, Seiten: 29 ff., W. de Gruyter, Berlin, New York 1993
zit: *Rümker* Bankrechtstag, 29, Seite

ders., Kurzkommentar zu *OLG Zweibrücken* 1 U 244/82 vom 21.9.1984, in: EWiR 1985, Seiten: 61 f.
zit: *Rümker* EWiR 1985, 61 Seite

Säcker, Franz J., Zur Problematik von Mehrfachfunktionen im Konzern, in: ZHR 151 (1987), Seiten: 59 ff.
zit: *Säcker* ZHR 151 (1987) 59, Seite

Sauer, Stefan, Form- und Inhaltsvoraussetzungen von Treuhandvollmachten zum Abschluss von Verbraucherkreditverträgen, in: BB 2000, Seiten: 1793 ff.
zit: *Sauer* BB 2000, 1793, Seite

Schäfer, Hans-Bernd / Ott, Claus, Lehrbuch der ökonomischen Analyse des Zivilrechts, 3. Auflage 2000, Springer, Berlin u.a.
zit: *Schäfer/Ott* ökonomische Analyse

Schaffland, Hans-Jürgen / Wiltfang, Noeme, Bundesdatenschutzgesetz, Stand: März 1993 (45. Erg.Lfg), E. Schmidt, Berlin
zit: *Schaffland/Wilfang* BDSG

Schedlbauer, Hans, Prüfung der Sanierungsfähigkeit, in: Beiträge zur Reform des Insolvenzrechts, Seiten: 166 ff., IDW, Düsseldorf 1987
zit: *Schedlbauer* Sanierungsfähigkeit, 166, Seite

Scheuch, Silke, „Wissenszurechnung" bei GmbH und GmbH & Co., in: GmbHR 1996, Seiten: 828 ff.
zit: *Scheuch* GmbHR 1996, 828, Seite

dies., Die Zurechnung des Wissens ausgeschiedener Gesellschafter von Personen-Handelsgesellschaften, in: Festschrift für Brandner, Seiten: 121 ff., O. Schmidt, Köln 1996
zit: *Scheuch* in FS Brandner, 121, Seite

Schilken, Eberhard, Wissenszurechung im Zivilrecht, E. und W. Gieseking, Bielefeld 1983
zit: *Schilken* Wissenszurechnung, Seite

Schimansky, Herbert, Einleitende Bemerkungen zur Diskussion (1), in: Aufklärungs- und Beratungspflichten der Kreditinstitute – Der moderne Schuldturm?, Bankrechtstag 1992, Seiten: 67 ff., W. de Gruyter, Berlin, New York 1993
zit: *Schimansky* Diskussion, 67, Seite

ders. / Bunte, Hermann-Josef / Lwowski, Hans-Jürgen, Bankrechts-Handbuch, Band I §§ 1-68, Band II §§ 69-103, C.H. Beck, München 1997
zit: *Bearbeiter* in Schimansky/Bunte/Lwowski Bankrechts.Hdb

Schmidt, Karsten, Gesellschaftsrecht, 3. Auflage 1997, C. Heymanns, Köln u.a.
zit: *K. Schmidt* GesellR

ders., Vom Handelsrecht zum Unternehmens-Privatrecht?, in: JuS 1985, Seiten: 249 ff.
zit: *K. Schmidt* JuS 1985, 249, Seite

ders., Möglichkeiten der Sanierung von Unternehmen durch Maßnahmen im Unternehmens-, Arbeits-, Sozial- und Insolvenzrecht, in: Verhandlungen des 54. Deutschen Juristentag 1982, Band I (Gutachten), C.H. Beck, München 1982
zit: *K. Schmidt* Gutachten 54. DJT, D Seite

Schmidt-Aßmann, Eberhard / Ulmer, Peter, Die Berichterstattung von Aufsichtsratsmitgliedern einer Gebietskörperschaft nach § 394 AktG, in: BB 1988, Sonderbeilage 13, Seiten: 1 ff.
zit: *Schmidt-Aßmann/Ulmer* BB 1988/13, 1, Seite

Schneider, Uwe H., Konzernbildung, Konzernleitung und Verlustausgleich im Konzernrecht der Personengesellschaften, in: ZGR 1980, Seiten: 511 ff.
zit: *Schneider* ZGR 1980, 511, Seite

ders., Grundsätze oder Grundregeln ordnungsgemäßer Konzernfinanzierung, in: Der Konzern im Umbruch, Seiten: 259 ff., herausgegeben von. M. Theisen, Schäffer-Poeschel, Stuttgart 1998
zit: *Schneider* Grundsätze, Seite

Scholz, Kommentar zum GmbHG, I. Band, §§ 1-44, KonzernR, 9. Auflage 2000, O. Schmidt, Köln
zit: *Bearbeiter* in Scholz GmbHG

Schröter, Jürgen / Weber, Ahrend, Sanierungsverfahren aus der Sicht der Banken, in: ZIP 1982, Seiten: 1023 ff.
zit: *Schröter/Weber* ZIP 1982, 1023, Seite

Schüler, Wolfgang, Die Wissenszurechnung im Konzern, Duncker & Humblot, Berlin 2000
zit: *Schüler* Wissenszurechnung, Seite

Schultz, Michael, Zur Vertretung im Wissen, in: NJW 1990, Seiten: 477 ff.
zit: *Schultz* NJW 1990, 477, Seite

Schultz, Wolfgang, Die Bedeutung der Kenntnis des Vertretenen bei Vertreterhandeln für juristische Personen und Gesellschaften, in: NJW 1996, Seiten: 1392 ff.
zit: *Schultz* NJW 1996, 1392, Seite

Schwark, Eberhard, Anlegerschutz durch Wirtschaftsrecht, C.H. Beck, München 1979
zit: *Schwark* Anlegerschutz, Seite

Schweitzer, Michael / Hummer, Waldemar, Europarecht, 5. Auflage 1996, Luchterhand, Neuwied
zit: *Schweitzer/Hummer* Europarecht

Schwintowski, Hans-Peter, Verschwiegenheitspflicht für politisch legitimierte Mitglieder des Aufsichtsrats, in: NJW 1990, Seiten: 1009 ff.
zit: *Schwintowski* NJW 1990, 1009, Seite

ders. / Schäfer, Frank A., Bankrecht, C. Heymanns, Köln u.a. 1997
zit: *Bearbeiter* in Schwintowski/Schäfer Bankrecht

Seer, Roman / Schneider, Norbert, Die Behandlung der sogenannten Verlustzuweisungsgesellschaften nach dem neuen § 2b EstG, in: BB 1999, Seiten: 872 ff.
zit: *Seer/Schneider* BB 1999, 872, Seite

Semler, Johannes, Leitung und Überwachung der Aktiengesellschaft, 2. Auflage 1996, C. Heymanns, Köln u.a.
zit: *Semler* Leitung

ders., Doppelmandats-Verbund im Konzern – Sachgerechte Organisationsform oder rechtlich unzulässige Verflechtung?, in: Festschrift für Stiefel, Seiten: 719 ff., C.H. Beck, München 1987
zit: *Semler* in FS Stiefel, 719, Seite

Simitis, Spiros / Dammann, Ulrich / Mallmann, Otto / Reh, Hans-Joachim, Kommentar zum Bundesdatenschutzgesetz, 3. Auflage 1981, Nomos Verlag, Baden-Baden
zit: *Bearbeiter* in Simitis/Dammann/Mallmann/Reh

Smid, Stefan, Grundzüge des neuen Insolvenzrechts, 3. Auflage 1999, C.H. Beck, München
zit: *Smid* Grundzüge

Soergel, Kommentar zum Bürgerlichen Gesetzbuch, AT 2, §§ 104-240, 13. Auflage 1999, Band 2, Schuldrecht I, §§ 241-432, 12. Auflage 1990, Band 4/2, Schuldrecht III, §§ 651a-704, 12. Auflage 2000, Band 5/2, Schuldrecht IV, §§ 823-853, 12. Auflage 1999, W. Kohlhammer, Stuttgart u.a.
zit: *Bearbeiter* in Soergel BGB

Spickhoff, Andreas / Petershagen, Jörg, Bankenhaftung bei fehlgeschlagenen Immobilienerwerber-Treuhandmodellen, in: BB 1999, Seiten: 165 ff.
zit: *Spickhoff/Petershagen* BB 1999, 165, Seite

Staudinger, Kommentar zum Bürgerlichen Gesetzbuch, Erstes Buch, §§ 164-240, 13. Auflage 1995, Zweites Buch, §§ 249-254, 13. Auflage 1998, Zweites Buch, §§ 255-292, 13. Auflage 1995, Zweites Buch, §§ 293-327, 13. Auflage 1995, Zweites Buch, §§ 397-432, 13. Auflage 1999, Sellier - de Gruyter, Berlin
zit: *Bearbeiter* in Staudinger BGB

Stebut, Dietrich von, Geheimnisschutz und Verschwiegenheit im Aktienrecht, C. Heymanns, Köln u.a. 1972
zit: *v. Stebut* Geheimnisschutz, Seite

Stein / Jonas, Kommentar zur Zivilprozessordnung, 1. Band, §§ 1-252, 2. Auflage 1984, J.C.B. Mohr (Paul Siebeck), Tübingen
zit: *Bearbeiter* in Stein/Jonas ZPO

Stodolkowitz, Heinz D., Beweislast und Beweiserleichterungen bei der Schadensursächlichkeit von Aufklärungspflichtverletzungen, in: VersR 1994, Seiten: 11 ff.
zit: *Stodolkowitz* VersR 1994, 11, Seite

Stoll, Hans, Haftungsverlagerung durch beweisrechtliche Mittel, in: AcP 176 (1976), Seiten: 145 ff.
zit: *Stoll* AcP 176 (1976) 145, Seite

Streit, Georg, Erfüllungsgehilfenhaftung der Kreditinstitute für Vermittler von Immobilienanlagen?, in: ZIP 1999, Seiten: 477 ff.
zit: *Streit* ZIP 1999, 477, Seite

Stuhrmann, Gerd, Die wesentlichen ertragssteuerlichen Änderungen durch das Steuerentlastungsgesetz 1999/2000/2002 vom 24.3.1999, in: NJW 1999, Seiten: 1657 ff.
zit: *Stuhrmann* NJW 1999, 1657, Seite

Stürner, Rolf, Parteipflichten bei der Sachverhaltsaufklärung im Zivilprozeß, in: ZZP 98 (1985), Seiten: 237 ff.
zit: *Stürner* ZZP 98 (1985) 237, Seite

Stüsser, Jörg, Bankenhaftung bei gescheiterten Immobilien-Treuhandmodellen, in: NJW 1999, Seiten: 1586 ff.
zit: *Stüsser* NJW 1999, 1586, Seite

Taupitz, Jochen, Wissenszurechnung nach englischem und deutschem Recht, in: Karlsruher Forum 1994, Beiheft zum VersR 1994, Seiten: 16 ff.
zit: *Taupitz* in Karlsruher Forum, 16, Seite

ders., Anmerkung zu *BGH* V ZR 239/94 vom 2.2.1996, in: JZ 1996, Seiten: 734 ff.
zit: *Taupitz* JZ 1996, 734, Seite

Teubner, Gunther, Unitas Multiplex – Das Konzernrecht in der neuen Dezentralität der Unternehmensgruppen, ZGR 1991, Seiten: 189 ff.
zit: *Teubner* ZGR 1991, 189, Seite

Theisen, Manuel R., Der Konzern – Betriebswirtschaftliche und rechtliche Grundlagen der Konzernunternehmung, C.E. Poeschel, Stuttgart 1991
zit: *Theisen* Konzern, Seite

Tintelnot, Albrecht, Gläubigeranfechtung kraft Wissenszurechnung – insbesondere zu Lasten Minderjähriger, in: JZ 1987, Seiten: 795 ff.
zit: *Tintelnot* JZ 1987, 795, Seite

Tonner, Klaus, Das neue Fernabsatzgesetz - oder: System statt „Flickenteppich“, in: BB 2000, Seiten: 1413 ff.
zit: *Tonner* BB 2000, 1413, Seite

Uhlenbruck, Wilhelm, Abschreibungsgesellschaften, Anlegerprobleme bei Sanierung – Konkurs – Vergleich, Werner, Düsseldorf 1974
zit: *Uhlenbruck* Abschreibungsgesellschaften, Seite

ders., Sanierung und Reorganisation als drittes Insolvenzverfahren in einem künftigen Recht?, in: KTS 1981, Seiten: 513 ff.
zit: *Uhlenbruck* KTS 1981, 513, Seite

Ulmer, Peter, Aktienrechtliche Beherrschung durch Leistungsaustauschbeziehungen?, in: ZGR 1978, Seiten: 457 ff.
zit: *Ulmer* ZGR 1978, 457, Seite

ders., Gläubigerschutz im „qualifizierten“ faktischen GmbH-Konzern, in: NJW 1986, Seiten: 1579 ff.
zit: *Ulmer* NJW 1986, 1579, Seite

ders. / Habersack, Mathias, Verbraucherkreditgesetz, 2. Auflage 1995, C.H. Beck, München
zit: *Bearbeiter* in Ulmer/Habersack VerbrKrG

Ungnade, Dieter, Datenschutz im Kreditgewerbe, 2. Auflage 1991, F. Knapp Verlag, Frankfurt/Main
zit: *Ungnade* Datenschutz, Seite

Vortmann, Jürgen, Die neuere Rechtsprechung zu den Aufklärungs- und Beratungspflichten der Banken, in: WM 1989, Seiten: 1557 ff.
zit: *Vortmann* WM 1989, 1557, Seite

ders., Aufklärungs- und Beratungspflichten der Banken, 6. Auflage 1999, RWS, Köln
zit: *Vortmann* Aufklärungspflichten

Wagner, Klaus-R., Krisenmanagement in notleidenden geschlossenen Immobilienfonds, in: NZG 1998, Seiten: 289 ff.
zit: *Wagner* NZG 1998, 289, Seite

ders., Kapitalanleger in notleidenden geschlossenen Immobilienfonds, in: NZG 1998, Seiten: 657 ff.
zit: *Wagner* NZG 1998, 657, Seite

ders., Umsetzung von Krisenmanagement bei notleidenden geschlossenen Immobilienfonds, in: NZG 1999, Seiten: 868 ff.
zit: *Wagner* NZG 1999, 868, Seite

ders., Neuere Entwicklungen steuerorientierter Fonds von 1996-1998, in: NZG 1999, Seiten: 229 ff.
zit: *Wagner* NZG 1999, 229, Seite

ders., Zwischenruf „Mitternachtsnotare", in: ZNotP 2000, Seiten: 98 f.
zit: *Wagner* ZNotP 2000, 98, Seite

ders. / Loritz, Karl-Georg, Konzeptionshandbuch der steuerorientierten Kapitalanlage, Band 1: Immobilienanlagen – Baumodelle, 2. Auflage 1997, Jehle Rehm, München
zit: *Bearbeiter* in Wagner/Loritz Bd.1

dies., Konzeptionshandbuch der steuerorientierten Kapitalanlage Band 2: Gesellschafterliche Beteiligungen, 1. Auflage 1995, Jehle Rehm, München
zit: *Bearbeiter* in Wagner/Loritz Bd.2

Waltermann, Raimund, Zur Wissenszurechnung – am Beispiel der juristischen Person des privaten und des öffentlichen Rechts, in: AcP 192 (1992), Seiten: 181 ff.
zit: *Waltermann* AcP 192 (1992) 181, Seite

ders., Arglistiges Verschweigen eines Fehlers bei der Einschaltung von Hilfskräften (zugleich eine Besprechung von BGHZ 117, 104 = NJW 1992, 1099), in: NJW 1993, Seiten: 889 ff.
zit: *Waltermann* NJW 1993, 889, Seite

Watter, Rolf, Chinese Walls bei Universalbanken, in: SJZ 1991, Seiten: 109 ff.
zit: *Watter* SJZ 1991, 109, Seite

Weber, Ralph, Einige Gedanken zur Konkretisierung von Generalklauseln durch Fallgruppen, in: AcP 192 (1992), Seiten: 516 ff.
zit: *Weber* AcP 192 (1992) 516, Seite

Wegmann, Jürgen, Die Sanierungsprüfung (Reorganisationsprüfung) – Möglichkeiten der formellen und materiellen Konkretisierung, in: DB 1987, Seiten: 1901 ff.
zit: *Wegmann* DB 1987, 1901, Seite

Wendehorst, Christiane, Das neue Gesetz über Fernabsatzverträge und andere Fragen des Verbraucherrechts, in: DStR 2000, Seiten: 1311 ff.
zit: *Wendehorst* DStR 2000, 1311, Seite

Werner, Winfried, Aufsichtsratstätigkeit von Bankenvertretern, in: ZHR 145 (1981), Seiten: 252 ff.
zit: *Werner* ZHR 145 (1981) 252, Seite

Wiedemann, Herbert, Die Unternehmensgruppe im Privatrecht, J.C.B. Mohr (Paul Siebeck), Tübingen 1988
zit: *Wiedemann* Unternehmensgruppe, Seite

ders., Anmerkung zu *BVerfG*, Beschluss 1 BvR 567 und 1044/89 vom 19.10.1993, in: JZ 1994, Seiten: 411 ff.
zit: *Wiedemann* JZ 1994, 411, Seite

Wilhelm, Jan, Kenntniszurechnung kraft Kontovollmacht?, in: AcP 183 (1983), Seiten: 1 ff.
zit: *Wilhelm* AcP 183 (1983) 1, Seite

Windbichler, Christine, Arbeitsrecht im Konzern, C.H. Beck, München 1989
zit: *Windbichler* Arbeitsrecht im Konzern, Seite

Wittmann, Arno, Zivilrechtliche Prospekthaftung beim Vertrieb von steuerbegünstigten Kapitalanlagen, in: DB 1980, Seiten: 1579 ff.
zit: *Wittmann* DB 1980, 1579, Seite

Wöhe, Günter, Einführung in die Allgemeine Betriebswirtschaftslehre, 20. Auflage 2000, F. Vahlen, München
zit: Wöhe ABWL

Wullenkord, Axel, Kosten- und Erfolgs-Controlling im Konzern, F. Vahlen, München 1995
zit: *Wullenkord* Controlling, Seite

Wunderlich, Wolfgang, Haftungsfragen im Zusammenhang mit öffentlich angebotenen Vermögensanlagen, in: DStR 1975, Seiten: 688 ff.
zit: *Wunderlich* DStR 1975, 688, Seite

Zöllner, Wolfgang, Datenschutzrechtliche Aspekte der Bankauskunft, in: ZHR 149 (1985), Seiten: 179 ff.
zit: *Zöllner* ZHR 149 (1985) 179, Seite

Stichwortverzeichnis

Schriften zum Gesellschafts- und Kapitalmarktrecht

Herausgegeben von Lutz Michalski,
Axel Jäger und Klaus-Rudolf Wagner

Band 1 Volker Schulenburg: Bankenhaftung bei geschlossenen Immobilienfonds. Zugleich eine Untersuchung der Wissenszurechnung im Konzern. 2002.

Band 2 Jan Wittenberg: Der Bestandsschutz von Arbeitsverhältnissen im Umwandlungsrecht. 2002.